PUHUA BOOKS

我们一起解决问题

弗布克流程设计与工作标准丛书

行政办公后勤
流程设计与工作标准

流程设计 · 执行程序 · 工作标准 · 考核指标 · 执行规范

孙宗虎　编著

人 民 邮 电 出 版 社
北　京

图书在版编目（CIP）数据

行政办公后勤流程设计与工作标准 ： 流程设计·执行程序·工作标准·考核指标·执行规范 / 孙宗虎编著. -- 北京 ： 人民邮电出版社, 2020.7（2023.2重印）
（弗布克流程设计与工作标准丛书）
ISBN 978-7-115-53980-9

Ⅰ. ①行… Ⅱ. ①孙… Ⅲ. ①企业管理－行政管理－后勤管理 Ⅳ. ①F272.9

中国版本图书馆CIP数据核字(2020)第075832号

内容提要

这是一本关于行政办公后勤管理人员如何干好工作的图书。本书始于流程，细说过程，关注全程，附带规程，成于章程，体现了很强的操作性和实务性。

本书在介绍流程与流程管理的基础上，详细介绍了日常接待事务管理、会议管理、文书事务管理、办公事务管理、公关事务管理、法律事务管理、办公用品与设备管理、资料与档案管理、办公费用管理、办公安全管理、车辆与司机管理、后勤服务管理、网络信息管理等13大行政办公后勤管理事项。

本书适合企业中高层管理人员、行政主管人员及行政管理流程设计者阅读，也适合高等院校相关专业师生、培训和管理咨询人员阅读及使用。

◆编　　著　孙宗虎
责任编辑　贾淑艳
责任印制　彭志环
◆人民邮电出版社出版发行　　北京市丰台区成寿寺路11号
邮编 100164　　电子邮件 315@ptpress.com.cn
网址 https://www.ptpress.com.cn
北京虎彩文化传播有限公司印刷
◆开本：787×1092　1/16
印张：20.25　　2020年7月第1版
字数：350千字　　2023年2月北京第12次印刷

定　价：89.80元

读者服务热线：（010）81055656　印装质量热线：（010）81055316
反盗版热线：（010）81055315
广告经营许可证：京东市监广登字20170147号

“弗布克流程设计与工作标准丛书”序

“弗布克流程设计与工作标准丛书”自2007年上市以来受到了广大读者的认可，其间，结合广大读者提出的许多宝贵意见和管理发展现状，我们对这套书进行了改版。在此我们向通过邮件、电话给我们提出意见、指出错误的热心读者深表谢意！

为了满足广大读者细化内容、增强标准的实用性、添加考核指标、提供执行规范、更新业务流程的诉求，我们对本丛书中的15本图书再次进行了修订。

在借鉴前两版的基础上，我们对本丛书进行了全新的设计，务求根据读者的新诉求、管理的新变化、业务的新形态、技术的新发展，以流程化、标准化、绩效化和规范化为中心，直面企业的管理和业务两大类工作，提供工作流程、设计范本，细化包括执行程序、工作标准、考核指标、执行规范在内的整体工作解决方案，以实现向工作要效率、向管理要效能、向结果要价值的目标。

本丛书通过流程、程序、标准、指标和规范，将完成一项工作的所有过程要素“逐一细化，一网打尽”，从而让管理者、业务执行者能够更系统、更规范、更有效地完成工作任务，实现工作目标，倍增工作价值。

工作流程：让执行有导图可看，有路径可鉴。

工作程序：让执行有步骤可依，有重点可抓。

工作标准：让执行有依据可参，有尺度可量。

工作指标：让执行有结果可考，有效益可算。

工作规范：让执行有制度可循，有方案可用。

本丛书的写作始于流程，细说过程，关注全程，附带规程，成于章程。通过流程、过程、全程、规程，最终形成关于各项工作的章程。

始于流程：对每一项工作都绘制了工作流程图，将工作显性化、程序化、阶段化。

细说过程：对每个程序步骤都给出了重点提示，将工作关键化、细节化、重点化。

关注全程：对工作的进展和目标的达成全程关注，将工作阶段化、进程化、成果化。

附带规程：对每项工作都附带了相关制度规范，将工作制度化、规范化、方案化。

成于章程：通过对工作的360度解析，最终形成一系列关于工作规则的规范性文书。

在修订图书的过程中，我们也考虑了技术变化对工作的影响，并将新技术对工作方式、工作方法、工作流程的改变，尽力体现在相关的流程、程序、标准、指标和规范的设计中。

本丛书试图通过完美的设计，并兼顾技术发展对工作的影响，为读者提供贴合工作实际的管理内容，以达成“人与事的完美结合”，实现从“如何做”向“如何有效地做”的转变，最终为读者提供一套关于“干工作，干好工作，追求卓越工作”的有效解决方案。

我们希望本丛书能够为您的管理工作减少一些流程设计方面的麻烦，为您提供流程设计方面的帮助，并为您和您的企业在工作规范化方面提供完备的章程。

您的意见对我们下次改版非常重要！再次期待您的宝贵建议！

2020 年 6 月

前言

《行政办公后勤流程设计与工作标准：流程设计·执行程序·工作标准·考核指标·执行规范》是“弗布克流程设计与工作标准丛书”中的一本，本书围绕行政办公后勤管理的流程设计，辅以相应的工作标准，将行政办公后勤管理的13大事项的执行工作落实到具体的流程上，既解决了“由谁做”“做什么”的问题，也解决了“如何有效地做、按照什么标准做”的问题。本书提供了一套关于行政办公后勤管理人员如何干工作、干好工作、追求卓越工作的有效解决方案。

为符合当前企业发展的大趋势及精细化管理的需求，本书在之前版本的基础上做了大量修订，具体如下所述。

一、重构了流程体系，使逻辑关系更清晰

首先，从整体内容结构上，本书重新梳理了原书的流程顺序，在介绍流程与流程管理的基础上，详细介绍了日常接待事务管理、会议管理、文书事务管理、办公事务管理、公关事务管理、法律事务管理、办公用品与设备管理、资料与档案管理、办公费用管理、办公安全管理、车辆与司机管理、后勤服务管理、网络信息管理等13大行政办公后勤管理事项。理顺了行政办公后勤管理的工作内容，使原有的流程更加符合当今企业的实际情况。

其次，根据梳理后的行政办公后勤管理流程体系，结合当今企业更加务实地推行流程管理的需要，本书又增补了一些新的流程和工作标准，进一步细化了行政办公后勤管理的具体工作事项，使行政办公后勤管理流程更加全面、详细，便于企业将流程管理应用到行政办公后勤管理的每一个具体事项上。

最后，为方便企业推行流程管理或应用本书推行流程再造，本书在每一章都新设了一节内容，即在进行流程设计之前，都先对流程设计的目的或流程在企业中发挥的作用进行了说明，并给出本章流程之间的内在逻辑关系，为企业选用本书流程时提供决策依据。

二、细化了管理过程，使内容更翔实

（1）对于某一个具体的流程，本书按企业运行的实际重新梳理或更新流程的步骤，进一步细化、补充了流程中节点事项的工作标准，使行政办公后勤管理流程与工作标准更符合行政办公后勤管理的实际工作需要，方便企业相应部门的员工“拿来即用”。

（2）本书还针对行政办公后勤管理流程中关键事项的落实与执行设计了相应的考核指标与操作说明，对流程中关键事项的执行效果提供了考核依据，从而确保流程与工作标准能够得到高效执行，最终为企业推行流程管理提供有力的保障。

三、根据管理现状编写，使企业能据实而作

本书提供的是一本“参照式”流程设计范本。随着企业管理水平的不断提高，企业的流程与工作标准也在不断地发生变化，因此，读者在应用本书时可参考以下建议。

（1）对于本书中提供的行政办公后勤管理的流程与工作标准，读者可根据所在企业的实际情况加以适当修改或重新设计，使之更加适合本企业的情况。

（2）读者可参照本书中的流程，将所在企业每个部门内每个岗位的工作流程适当压缩，力求达到流程再造的目的，以提高企业的运营效率。

（3）读者要在实践中不断改进已经形成的工作流程，真正做到因需而变、高效管理、高效工作，最终达到“赢在执行”的目标。

最后，衷心希望本书能为企业在行政办公后勤管理方面推行流程管理提供业务运用层面的借鉴和实务性的解决方案。

再次感谢数以万计的读者对本书的支持与厚爱，没有你们这些“意见领袖”，就不会有对本书的这些改进和修订！

目录 Contents

第3章 会议管理

第4章 文书事务管理

目录

第 14 章 网络信息管理

目录

第1章 流程与流程管理

管理的核心目标是用制度管人，按流程做事。不论是制度设计，还是流程设计，都是每一个企业要开展的工作，而且是每年都要循环开展的工作。

企业在进行流程设计之前，应先对流程的概念有一个清晰的认识，并在此基础上掌握流程图绘制的方法，选好绘制工具，然后着手设计。同时，企业要根据自身的运营情况，及时对流程进行修改、调整和再造。

1.1 流程

1.1.1 流程的定义

关于流程，不同的人有不同的看法。有人认为，流程就是程序，其实，“流程”和“程序”是两个互相关联但绝不等同的概念。“程序”体现出一件工作中若干作业项目哪个在前、哪个在后，即先做什么、后做什么。而在“流程”中，除了体现出先做什么、后做什么之外，还体现出每一项具体任务是由谁来做，即甲项工作由谁负责，乙项工作由谁负责等，从而反映出他们之间的工作关系。

只有通过流程，才能把一件工作的若干作业项目或工作环节，以及责任人之间的相互工作关系清晰地表示出来。

一般情况下，企业流程有以下五大特征：

（1）流程是为达成某一结果所必需的一系列活动；

（2）流程活动是可以被准确重复的过程；

（3）流程活动集合了所需的人员、设备、物料等；

（4）流程活动的投入、产出、品质和成本可以被衡量；

（5）流程活动的目标是为服务对象创造更多的价值。

我们不妨给流程下一个定义：“**流程就是为特定的服务对象或特定的市场提供特定的产品或服务所精心设计的一系列活动。**”

流程包括六大要素，即输入的资源、活动、活动的相互作用（结构）、输出的结果、服务对象和价值。流程的基本模式如图 1-1 所示。

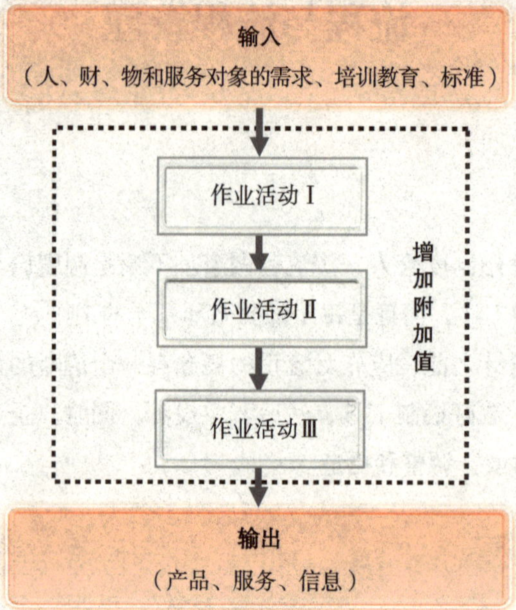

图 1-1　流程的基本模式

1.1.2　流程的分类

企业流程可分为决策流程、管理流程和业务流程三大类，具体内容如表 1-1 所示。

表 1-1　企业流程的分类

序号	类别	定义	特点 / 构成
1	决策流程	◎能确保企业达到战略目标的流程 ◎确定企业的发展方向和战略目标，整合、发展和分配企业资源的过程	◎股东、董事、监事会等组建流程 ◎战略、重大问题及投资流程 ◎企业决策流程的构成如图 1-2 所示
2	管理流程	◎企业开展各种管理活动的相关流程 ◎通过管理活动对企业业务的开展进行监督、控制、协调、服务，间接为企业创造价值	◎上级组织对下级组织的管控流程 ◎资源配置流程（人、财、物以及信息） ◎企业管理流程的构成如图 1-3 所示
3	业务流程	◎直接参与企业经营运作的相关流程 ◎安排完成某项工作的先后顺序，对每一步工作的标准、作业方式等内容做出明确规定，主要解决“如何完成工作”这一问题	◎涉及企业“产、供、销”环节 ◎包括核心流程和支持流程 ◎企业业务流程的构成如图 1-4 所示
备注	从企业经营活动角度来说，企业流程又可分为战略流程、经营流程和支持流程		

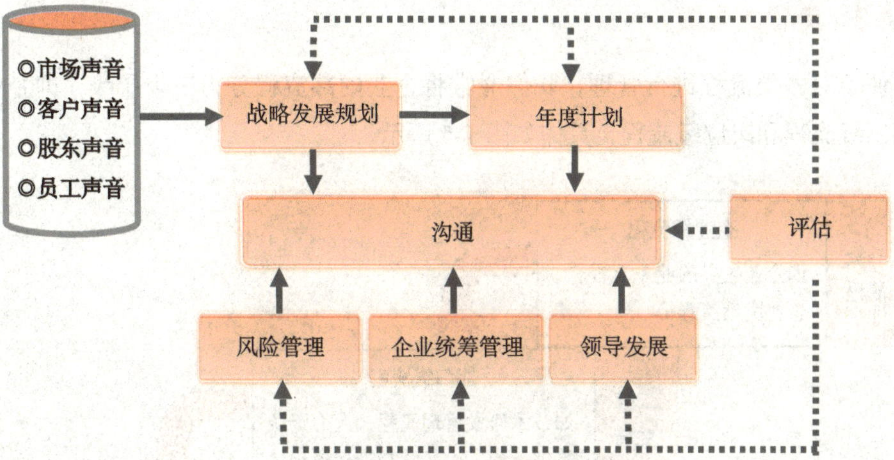
◎市场声音
◎客户声音
◎股东声音
◎员工声音
战略发展规划
年度计划
沟通
评估
风险管理
企业统筹管理
领导发展
图 1-2　企业决策流程的构成

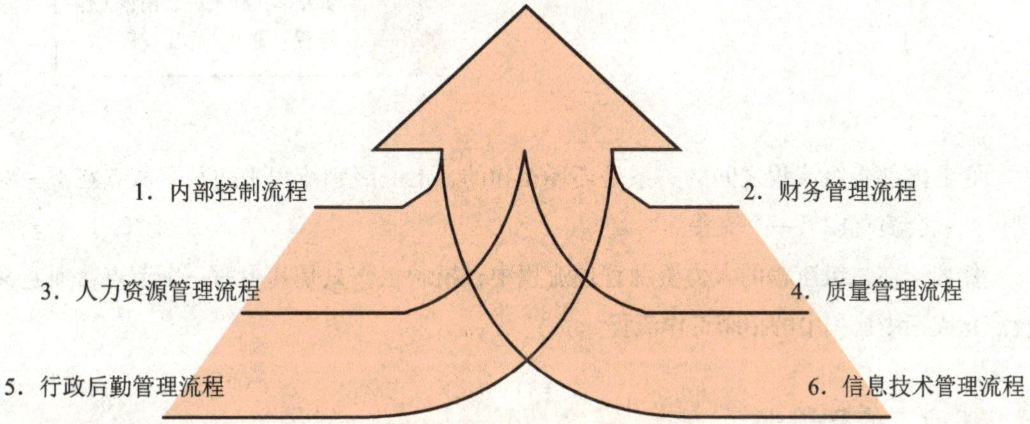
1. 内部控制流程
2. 财务管理流程
3. 人力资源管理流程
4. 质量管理流程
5. 行政后勤管理流程
6. 信息技术管理流程
图 1-3　企业管理流程的构成

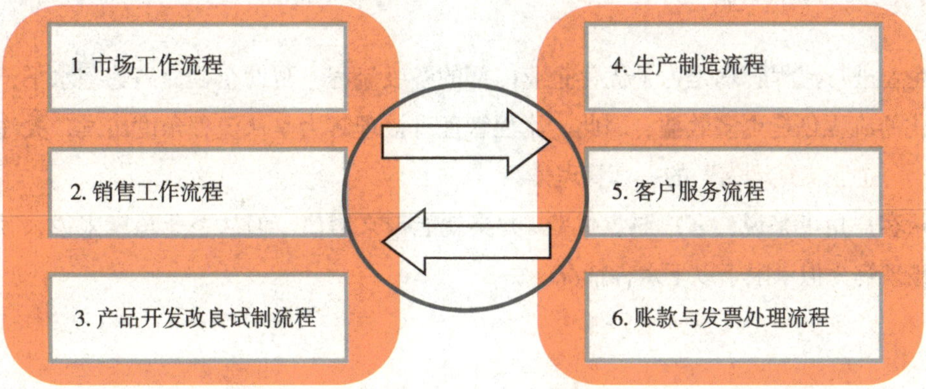
1. 市场工作流程
2. 销售工作流程
3. 产品开发改良试制流程
4. 生产制造流程
5. 客户服务流程
6. 账款与发票处理流程
图 1-4　企业业务流程的构成

1.1.3 流程的层级

为便于对各类流程进行管理，我们通常将企业内部流程分为三个层级，即企业级流程、部门级流程和岗位级流程，具体如图 1-5 所示。

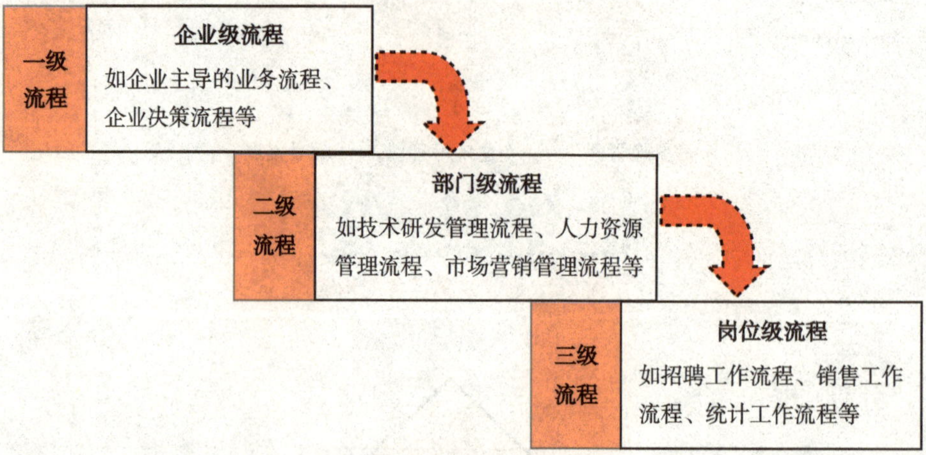

图 1-5 企业内部流程的层级

企业内部各级流程之间的关系是环环相扣的，上一级别流程中的某个节点在下一级别可能就会演化成另一个流程。

例如，在二级流程的人力资源管理流程中，招聘工作只是其中的一个节点，而它又会演化成三级流程中的招聘工作流程。

1.2 流程管理

1.2.1 流程管理的含义分析

企业进行流程管理是为了优化企业内部的各级流程，帮助企业提高管理水平，并通过优化的流程创造更多效益。因此，流程管理可被理解为是从流程角度出发，关注流程能否**“为企业实现增值”**的一套管理体系。

从客户角度来说，客户愿意付费 / 购买就能带来增值。但从企业角度来说，“增值”可以被理解为但不限于以下六种情况：

（1）效益提升，投资回报率上升；

（2）工作效率提高，业绩提升；

（3）工作质量、产品 / 服务质量提升；

（4）各种浪费减少，经营成本降低；

（5）沟通顺畅，办公氛围和谐、向上；

（6）品牌价值提升，知名度提升。

企业流程管理主要是对企业内部进行革新，解决职能重叠、中间层次多、流程堵塞等问题，使每个流程从头至尾责任界定清晰，职能不重叠、业务不重复，达到缩短流程周期、节约运作成本的目的。

1.2.2 流程管理的目标分析

流程管理是按业务流程标准，在职能管理系统授权下进行的一种横向例行管理，是一种以目标和服务对象为导向的责任人推动式管理。

流程管理的目标分析说明如表 1-2 所示。

表 1-2 流程管理的目标分析说明

项次	分析项	具体描述
1	流程管理的最终目的	◎提升客户满意度，提高企业的市场竞争能力 ◎提升企业绩效
2	流程管理的宗旨	◎通过精细化管理提高管控程度 ◎通过流程优化提高工作效率 ◎通过流程管理提高资源的合理配置程度 ◎快速实现管理复制
3	流程管理的总体目标	管理者依据企业的发展状况制定流程改善的总体目标
4	总体目标分解	在总体目标的指导下，制定每类业务或单位流程的改善目标
5	流程管理的工作标准与要求	◎保证业务流程面向客户，管理流程面向企业目标 ◎流程中的活动都是增值的活动 ◎员工的每一项活动都是实现企业目标的一部分 ◎流程持续改进
6	流程管理在企业发展各阶段的具体目的	企业需要根据自身发展阶段和遇到的具体问题对流程管理有所侧重 ◎梳理：工作顺畅，信息畅通 ◎显化：建立工作准则，便于查阅、了解流程，便于沟通并发现问题，便于复制流程以及对流程进行管理 ◎监控：找到监测点，监控流程绩效 ◎监督：便于上级对工作进行监督 ◎优化：不断改善工作，提升工作效率

1.2.3 流程管理工作的三个层级

总体来说，企业流程管理工作包括三个层级，即流程规范、流程优化和流程再造。各个层级的主要内容及适用情况如表 1-3 所示。

表 1-3　流程管理工作三个层级的主要内容及适用情况

层级划分	主要内容	关键输出	适用时机 / 阶段
第一层级 流程规范	整理企业流程，界定流程各环节的工作内容及相互之间的关系，形成业务的无缝衔接	流程清单 流程体系框架图 各流程图	适合所有企业的正常运营时期
第二层级 流程优化	流程的持续优化过程，持续审视企业的流程，不断完善和强化企业的流程体系	流程诊断表 流程清单（新） 流程体系框架图（新） 各流程图（新）	适合企业任何时期
第三层级 流程再造	重新审视企业的流程和再设计	流程再造分析报告 流程清单（新） 流程体系框架图（新） 各流程图（新）	适合企业变革时期，以适应企业变革阶段治理结构的变化、战略改变、商业模式变化，以及出现的新技术、新工艺、新产品、新市场等情况

需要注意的是，在流程建设管理工作中，企业应遵循“点面结合”的原则，在加强流程管理体系整体建设（面）的同时持续改进具体流程内容（点）。

1.3　流程管理工作的开展

1.3.1　项目启动

为确保流程能够满足企业战略发展的要求，企业需要从全局视角开展流程管理工作，构建企业流程体系框架，找到关键流程，设计出符合企业实际和发展需求的流程与流程体系。

企业可组建流程建设项目小组，启动流程建设项目的工作指引，具体如表 1-4 所示。

表 1-4　启动流程建设项目的工作指引

步骤	步骤细分	具体说明	责任主体	输出
启动流程建设项目	成立项目小组	具体参见表 1-5	流程管理部门	◎项目小组成员名单及职责说明 ◎项目工作计划
	选择规划工具或方法	包括基于岗位职责的建设方法（从下到上）、基于业务模型的建设方法（从下到上）和借助第三方（咨询公司）的流程建设方法等	流程管理部门	◎规划项目操作指引 ◎会议记录 / 纪要
	制订工作计划	明确项目里程碑，确定各项具体工作清单与步骤及其责任主体，可使用甘特图	流程规划项目组	

（续表）

步骤	步骤细分	具体说明	责任主体	输出
启动流程建设项目	发布项目操作指引	包括项目简介、工作计划、成员名单及职责、建设步骤方法、各步骤的详细操作说明、流程图模板、案例、已有流程清单、项目组激励方案等	流程管理部门	◎规划项目操作指引 ◎会议记录 / 纪要
	召开项目启动会	会议重点是项目整体介绍、背景及理念、角色与职责定位、总体计划、项目最终成果及意义等	流程管理部门	
备注	本阶段常用的工具或方法有甘特图、项目管理法等			

流程建设工作需要得到企业领导层的重视与支持，项目小组的组建及成员构成如表1-5所示。

表1-5　流程建设项目小组的组建及成员构成

角色定位	成员构成	主要职责
企业流程管理委员会	由企业高层领导组成，如总经理、各主管副总等，成员人数控制在3~5人	◎提供资源支持 ◎任命建设项目经理 ◎审核建设项目计划 ◎参与关键问题决策 ◎参与关键环节的建设及决策
流程建设项目经理	可由流程管理部门经理担任，也可考虑增设项目副总，由相关部门经理担任	◎编制项目计划 ◎监督项目成员完成目标 ◎评估项目成员工作表现
项目助理	可由流程管理部门人员担任	协助项目经理管理项目日常工作，如整理文档等
成员（各部门负责人）	项目成员应具有丰富的工作经验，多为各部门负责人，由其参与部门流程建设工作；也可指派部门人员参与项目小组的工作。各业务部门的流程应统一建设	◎根据项目计划，组织本部门完成相应的流程建设工作 ◎参与本部门流程图和企业全景流程图的绘制，宣贯和应用流程建设成果
成员（流程管理部门的人员）	流程管理部门的工作人员均应参与到项目中来	负责流程建设方法、工具的开发及各部门的相关培训与指导工作

1.3.2　识别流程

在识别流程阶段，企业需要做的是识别本企业有哪些流程，编制流程清单，界定流程之间的界限及为流程命名，帮助企业从流程的视角弄清企业管理现状，为后续的流程建设、每个流程的具体描述提供良好的基础。

由于各部门流程识别、流程清单的梳理对之后的工作至关重要，因此这项工作一般应由各部门领导牵头组织，先整理出部门业务流程主线，明确本部门的关键环节和核心业务，进而确定主要业务流程及流程之间的关系。识别流程阶段的工作指引如表 1-6 所示。

表 1-6　识别流程阶段的工作指引

步骤	步骤细分	具体说明	责任主体	输出
识别流程	流程建设培训	流程管理部门对各部门进行流程建设方面的培训，培训的重点是如何使用各种表格等，具体内容包括项目简介、涉及的概念、目的和产出、职责划分、建设步骤、表格编制、工作计划、答疑等	流程管理部门	◎培训课程 ◎培训计划 ◎部门流程清单 ◎企业流程清单（参见表 1-7）
	各部门流程识别	进行部门内岗位分析、业务线分析；将职责分解，细化到岗位、业务活动，并按活动的先后顺序排列，提炼出流程；界定流程的上下接口、输入输出及责任主体；汇总部门内流程，编制部门流程清单	各部门，包括岗位代表人员、部门负责人	
	编制企业流程清单	流程管理部门汇总各部门流程清单，与各部门充分沟通，删除重复流程，查漏补缺，形成企业流程清单	流程管理部门	
备注	本阶段常用的工具及方法有战略地图、业务单元分析法、部门职能分析法、岗位工作分析法等			

1.3.3　构建流程清单

流程建设项目小组在本阶段的主要任务是与各部门进行沟通、讨论，对企业流程进行分类和分级，构建企业流程框架，输出企业流程清单，具体如表 1-7 所示。

表 1-7　企业流程清单

序号	一级流程	二级流程	三级流程	归口管理部门	流程状态
备注	流程状态的填写说明：1——流程已有且有效；2——流程已有，待梳理；3——无文件，待设计梳理				

1.3.4　评估流程重要程度

本阶段的工作任务是评估企业流程的重要程度，识别出关键流程、核心流程等，将其作为流程设计、运行管理、优化再造工作的重点，以提高企业流程建设工作的效率和效益。

企业的所有活动都是为了提高客户的满意度，实现价值，企业流程重要程度的衡量标准是流程的增值性。一般情况下，直接与客户产生业务关系的流程（如售后服务流程）、与企业核心竞争力相关的流程（如产品质量管理流程）等为企业的重要流程。

表 1-8 为某公司流程建设项目的流程重要程度评估分析表，供读者参考。

表 1-8　某公司流程建设项目的流程重要程度评估分析表

流程名称	与客户相关度（30%）	与整体绩效相关度（30%）	与战略相关度（25%）	流程横向跨度（15%）	评估得分	重要程度等级
×××× 流程	60	60	60	60	60	
用表说明	1. 以"×××× 流程"的评估为基准，其他各流程与之对比 2. 各评估项单项总分为 100 分，各单项评分乘以权重后的"和"为总分 3. 重要程度评估根据最终评分结果，采取强制百分比法，排名前 5% 的为 A 级流程，排名前 5% ~ 20%（包含）的为 B 级流程，排名前 20% ~ 30%（包含）的为 C 级流程，排名前 30% ~ 50%（包含）的为 D 级流程，其他为 E 级流程 4. 评级结果为 A、B、C 级的流程要重点管理					

1.3.5　完善体系框架

完成流程重要程度评估分析后，企业需要在流程清单的基础上进一步完善流程体系框架，标注流程的重要程度等级，具体如表 1-9 所示。

表 1-9　企业流程的重要程度等级

一级流程	二级流程	三级流程	归口管理部门	流程状态
×××× 流程（B 级）	×××× 流程（B 级）	×××× 流程（A 级）		
		×××× 流程（B 级）		
	×××× 流程（C 级）	×××× 流程（C 级）		
		×××× 流程（D 级）		

1.3.6　进行流程设计

企业在进行流程设计时，可遵循以下七个步骤。

第 1 步：界定流程范围

流程设计的第 1 步是界定流程范围，即确定信息的输入和输出。

在这一环节，企业需要回答以下几个问题。

- 有哪些流程业务活动？
- 流程从何处开始、何处终止？
- 流程的输入和输出是什么？
- 输出的成果交给谁（客户）？
- 客户有何要求？

在此，我们以设计“外部招聘管理流程”为例，来说明流程范围界定，具体内容如表 1-10 所示。

表 1-10　外部招聘管理流程范围界定

流程名称	外部招聘管理流程	流程编号	
流程责任部门 / 责任人	人力资源部 / 招聘主管	流程对应客户	各用人部门
本流程业务活动	人力资源部招聘、面试、录用管理工作		
流程开始	招聘需求	流程结束	录用决策、签订劳动合同
流程输入	已批准的招聘计划、临时招聘需求	流程输出	面试评估报告、劳动合同
流程客户要求（目标）	1. 期限内完成招聘任务 2. 人岗匹配		

第 2 步：确定流程活动的主要步骤

流程设计人员在界定完流程范围后，接下来需要进行调查分析，确定本流程活动的主要步骤，操作方法如图 1-6 所示。

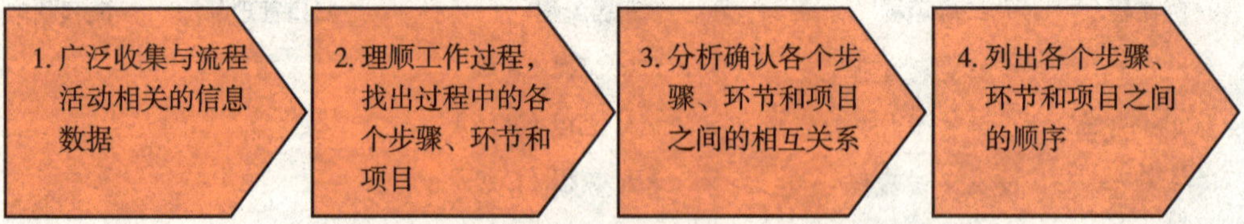
1. 广泛收集与流程活动相关的信息数据
2. 理顺工作过程，找出过程中的各个步骤、环节和项目
3. 分析确认各个步骤、环节和项目之间的相互关系
4. 列出各个步骤、环节和项目之间的顺序

图 1-6　确定流程活动的主要步骤

我们以设计“外部招聘管理流程”为例，其主要步骤（参见表 1-11）包括招聘需求汇总、招聘岗位分析与条件确定、发布招聘信息、简历收取与筛选、面试与评估、做出录用决策、签订劳动合同及试用期管理等。

第 3 步：步骤详细说明

本阶段应针对已确定的流程活动的主要步骤进行分析和描述，需要完成的工作如下：

- 分析每一个步骤的输入、输出（成果）；

- 明确后续步骤的客户要求；
- 确定每一步骤工作 / 活动的检查、考核、评估指标；
- 确定每一步骤涉及的部门 / 人员，明确其责任、权限和资源需求；
- 确定本流程的层次及与上下层级之间的关系。

我们仍以设计“外部招聘管理流程”为例，本阶段流程活动的主要步骤及具体描述如表 1-11 所示。

表 1-11　外部招聘管理流程活动的主要步骤及具体描述

流程名称	外部招聘管理流程	流程编号	
流程责任部门 / 责任人	人力资源部 / 招聘主管	流程对应客户	各用人部门
本流程业务活动	人力资源部招聘、面试、录用管理工作		
流程开始	招聘需求	流程结束	录用决策、签订劳动合同
流程输入	已批准的招聘计划、临时招聘需求	流程输出	面试评估报告、劳动合同
流程客户要求（目标）	1. 期限内完成招聘任务 2. 人岗匹配		
流程步骤	步骤描述	重要输入	重要输出
招聘需求汇总	人力资源部在经过批准的年度招聘计划指导下，按时进行计划内的人员招聘工作	招聘计划	—
	计划外招聘需由部门提出招聘申请并拟定上岗要求和资格条件，报总经理或相关副总经理审核	岗位说明书	招聘岗位清单
招聘岗位分析与条件确定	人力资源部根据当时的市场薪资行情和企业薪资架构体系，初步拟定待招聘的职位等级及基本薪资范围	—	—
招聘岗位分析与条件确定	根据待招聘职位的高低，呈交相应的决策层核准，之后正式启动招聘工作 ◎部门经理及以上管理职位由总裁核准 ◎部门主管及主管以下职位由分管人力资源副总经理核准	—	—
发布招聘信息	通过内外部多种渠道发布招聘信息，同时收集人才资料，可经由下列方式进行 ◎刊登内部职位空缺公告 ◎刊登报纸广告 ◎接洽人才中介机构 ◎请高校推荐 ◎参加人才交流会等	岗位说明书	招聘广告

（续表）

简历收取与筛选	人力资源部收到应聘者的各项资料后，先进行初步审核，审阅其学历、经验是否符合企业要求，再将审核通过的应聘者的资料转交用人部门进一步审核，通过书面资料审核淘汰一部分不符合岗位要求的应聘者	应聘简历	面试人员清单
面试与评估	由人力资源部主导，对通过审核的应聘者进行笔试及面试，从人员的基本素质方面进行评估，筛选出符合要求的应聘者	面试清单	面试记录 面试评估表
	在人力资源部的协助下，由相关业务部门的人员对应聘者进行专业技能考核	—	面试评估表
	◎主管级别及以下职位由副总经理进行最终面试 ◎部门经理及以上管理职位由总经理进行最终面试	—	面试评估表
做出录用决策	根据企业高层领导及用人部门的意见，人力资源部告知被录用者其最终职位和薪资金额	—	—
	将其他优秀但未被录用的应聘者的资料存入人才库	—	人才库
	通过面试的应聘者必须参加体检，体检未通过者不予录用	—	体检报告
签订劳动合同	人力资源部发出录用通知单，与被录用者签订劳动合同，并根据招聘 / 录用管理制度为被录用者办理相关的入职手续	—	劳动合同
试用期管理	执行试用期管理流程	—	—
考核评估方法	招聘任务是否按期完成、招聘人数完成率、招聘计划出错次数、招聘广告出错次数等		

第 4 步：选择流程形式

根据流程的分类、层级、复杂程度，以及流程活动的内部关联性等因素，企业流程主要有四种展现形式，即箭头式流程图、业务流程图、矩阵式流程图和泳道式流程图。

☆ 箭头式流程图

箭头式流程图的特点是直观、一目了然，适用于企业员工都熟悉流程中各项作业概况的情况或流程中各项作业任务较简单的情况。箭头式流程图的示例如图 1-7 所示。

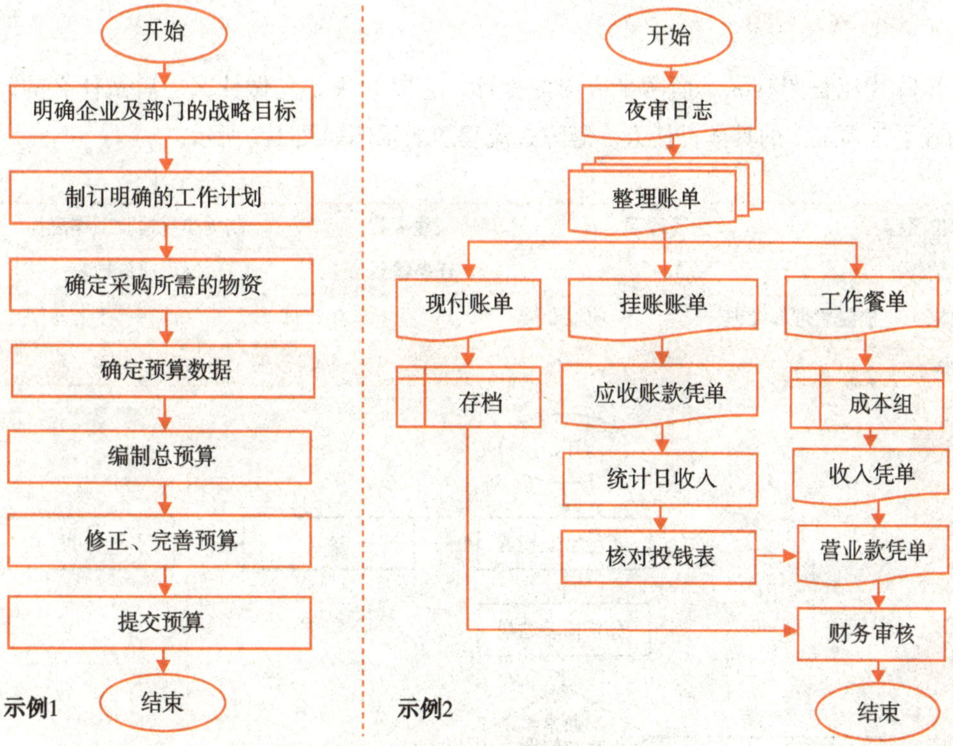

图 1-7　箭头式流程图的示例

企业在设计箭头式流程图时，需要注意以下两个问题。

- 在图中明确执行主体，如果是单一的执行主体，可将执行主体省略。
- 用简洁的语言对流程图中的主要活动进行解释说明，以进一步明确活动要求和指令。

☆ 业务流程图

在业务流程图中，需要明确流程的上下执行主体、活动内容、要求及指令，并将要求和指令用统一的语言表达出来。流程活动的承担者之间必须是平等、互助、尊重、关怀的关系。业务流程图的示例如图 1-8 所示。

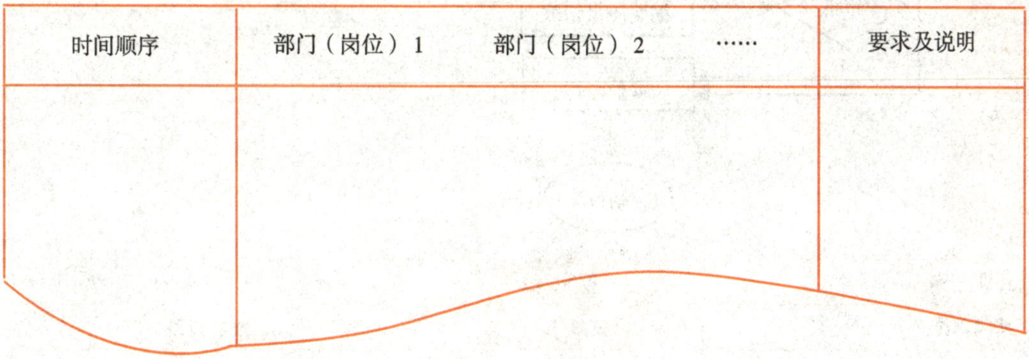

图 1-8　业务流程图的示例

☆ 矩阵式流程图

矩阵式流程图有纵、横两个方向的坐标，它既解决了先做什么、后做什么的问题，又明确了各项工作的具体责任人。矩阵式流程图的示例如图 1-9 所示。

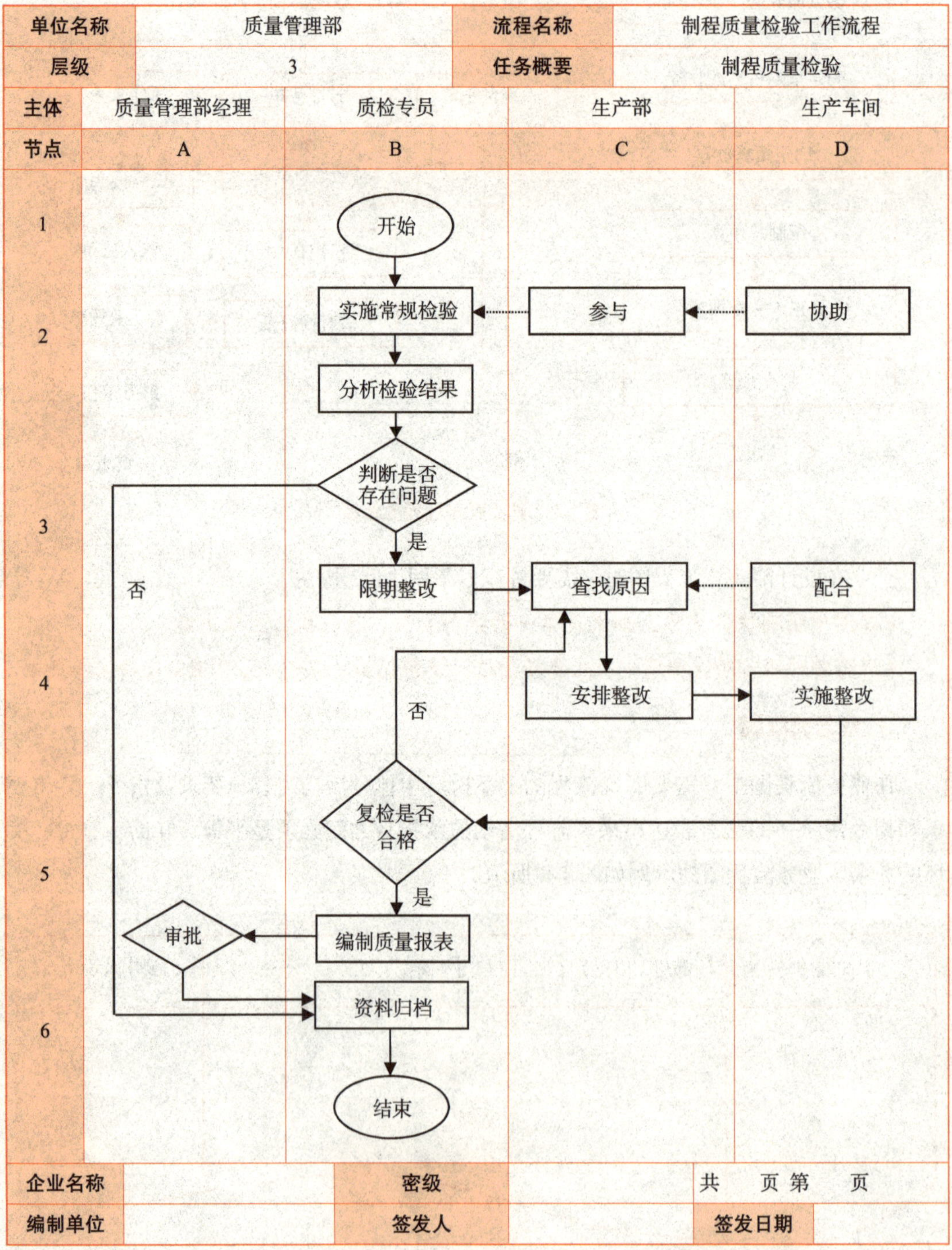

单位名称
质量管理部
流程名称
制程质量检验工作流程
层级
3
任务概要
制程质量检验
主体
质量管理部经理
质检专员
生产部
生产车间
节点
A
B
C
D
1
2
3
4
5
6
开始
实施常规检验
参与
协助
分析检验结果
判断是否存在问题
是
否
限期整改
查找原因
配合
安排整改
实施整改
否
复检是否合格
是
审批
编制质量报表
资料归档
结束
企业名称
密级
共　页 第　页
编制单位
签发人
签发日期

图 1-9　矩阵式流程图的示例

☆ 泳道式流程图

与矩阵式流程图相似，泳道式流程图也是通过纵、横双向坐标来设计流程，纵向为分项工作任务，横向是承担任务的部门、岗位（即执行主体）。

这种流程图样式与其他流程图类似，但在业务流程的执行主体上，主要通过泳道（纵向条）区分执行主体。泳道式流程图的示例如图 1-10 所示。

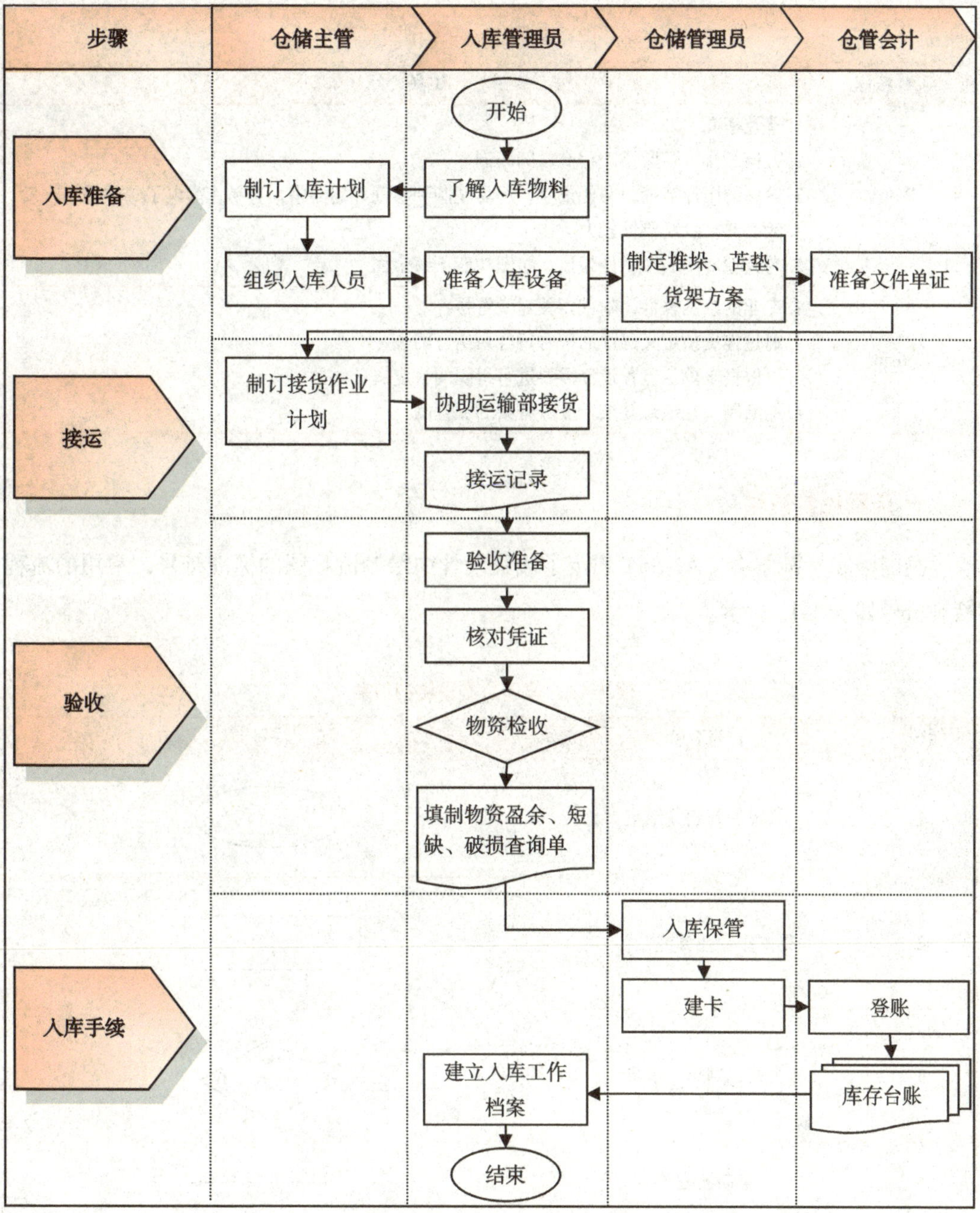

图 1-10　泳道式流程图的示例

第 5 步：绘制流程草图

流程图的绘制是指流程设计人员将流程设计或流程再造的成果以书面形式呈现出来。

☆ 绘制工具的选择

绘制流程图常用的工具有 Word、Visio 等，这两个工具各有各的特点（见表 1-12），流程图设计人员可根据本企业流程设计的要求、个人的使用习惯等自由选择。

表 1-12　常用的流程图绘制工具

工具名称	工具介绍
Word	1. 普及率高 2. 方便发排、打印及流程文件的印制 3. 绘制的图片清晰，文件量小，容易复制到移动存储器中，容易作为电子邮件进行收发 4. 较费时，绘制难度较大 5. 与其他专用绘图软件相比，绘图功能不够全面
Visio	1. 专业的绘图软件，附带相关建模符号 2. 通过拖曳预定义的图形符号很容易组合图表 3. 可根据本单位流程设计需要进行组织的自定义 4. 能绘制一些组织复杂、业务繁杂的流程图

☆ 流程绘制符号

美国国家标准学会（ANSI）规定了流程设计中绘制流程图的标准符号，常用的流程绘制符号如表 1-13 所示。

表 1-13　常用的流程绘制符号

序号	符号名称	符号
1	流程的开始或结束	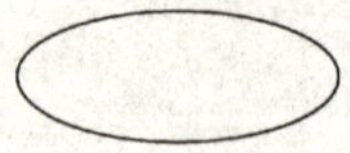
2	具体作业任务或工作	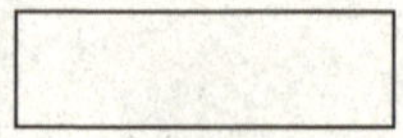
3	决策、判断、审批	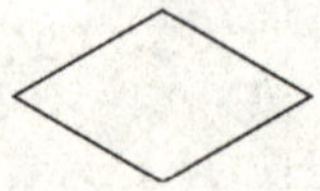
4	单向流程线	

（续表）

序号	符号名称	符号
5	双向流程线	
6	两项工作跨越、不相交	
7	两项工作连接	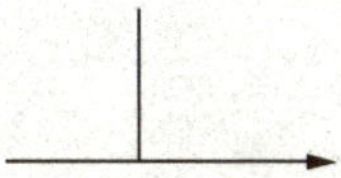
8	作业过程中涉及的文档信息	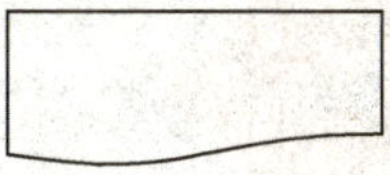
9	作业过程中涉及的多文档信息	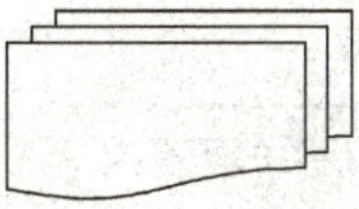
10	与本流程关联的其他流程	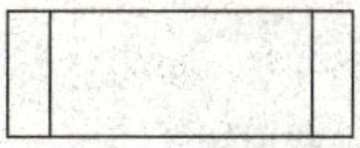
11	信息来源	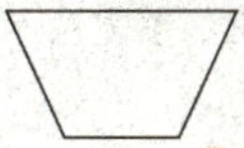
12	信息储存与输出	

实际上，流程绘制的标准符号远不止表 1-13 所列的这些。但是，流程图的绘制越简洁、明了，操作起来就越方便，企业也更容易接受和落实；符号越多，流程图就越复杂，越难以落实到位。所以，一般情况下，企业使用 1~4 项流程绘制的标准符号就基本可以满足绘制流程图的需要了。

☆ 绘制草图

不同的流程展现形式体现了不同层次的流程。例如，一二级流程适合用矩阵式流程图和泳道式流程图呈现，而三级流程中的部分业务流程适合用箭头式流程图和业务流程图呈现。

值得一提的是，流程设计人员在绘制流程图的过程中，需要确定该流程与上下游流程之间的接口，以及与规范流程运行要求相关联的制度之间的关系，并根据实际情况尽量将其在流程图中反映出来，如流程图中可根据流程节点给出相应的制度、表单等。

第 6 步：流程意见反馈

流程图绘制完成后，需要通过意见征询、试运行等方式获得相关意见和建议，发现不足和纰漏，以便对其做出进一步修改和完善，直至最终定稿。

针对初步绘制的流程图，流程设计人员可通过以下三种方式征求各方的意见，具体如图 1-11 所示。

流程讲解会：

（1）与本流程相关的所有人员参加流程讲解会

（2）由流程设计负责人讲解其设计思路和每一步的具体规定，并现场解答与会人员的质询和疑问，及时发现遗漏、重复及不合理的地方

一定范围内试行：

（1）将初步绘制的流程图在一定范围内试行

（2）征求试行部门及相关人员对流程图的意见，判断流程的可行性及需要增删的步骤、环节和程序

听取管理人员意见：

（1）将流程图提交相关管理人员及与制度相关的部门负责人审核

（2）征求管理人员对流程图的意见

图 1-11　流程图草案意见征询方式

第 7 步：流程调整修正

通过上述方式进行意见征询后，流程设计人员应综合分析意见征询结果，汇总各种修改意见，对流程图进行修改和完善，提交权限主管领导审核后再呈交总经理批准，或在董事会审议通过后公示执行。

☆ 流程定稿要求

老员工能够按流程图做事，新员工能够根据流程图知道怎样做事。

☆ 流程试运行与检查

流程设计人员要监控流程试运行过程，检查并汇总试运行过程中出现的问题，做好检查记录，为问题分析和流程改善做准备。流程实施与检查内容说明如表 1-14 所示。

表 1-14　流程实施与检查内容说明

项次	检查项目	具体检查内容
1	检查流程是否稳定	◎在实施过程中是否出现例外活动 ◎在实施过程中是否出现步骤、时间、权责方面的冲突 ◎是否出现上一部分的步骤成果（输入）不能充分影响下一步骤的活动 ◎是否出现资源（特别是人力资源）与任务不匹配的情况
2	检查程序是否合理	◎适宜性：程序适应内外部环境变化的能力 ◎充分性：程序各过程的展开程度 ◎有效性：达到的结果与所使用的资源之间的关系，确保程序的经济性

☆ 流程简化

流程简化的目标是用最少的资源执行流程，减少资源浪费。流程简化的方法包括取消环节、合并环节、环节调序、简单化环节、自动化环节以及一体化环节等。

流程简化工作的一般操作方法如下：

- 对评估流程进行再评估，确认和削减增加资源耗费的活动；
- 评估各种测量方法，判断其能否提供有用和可控的信息；
- 缩短时间，测试输出数量 / 质量是否相应减少；
- 依据上述变动调整程序简化计划；
- 将程序置于自动运行状态，通过周期性检查发现问题。

1.3.7　发布、实施与检查

1. 流程的确定与发布

流程设计人员将经过实践检验的流程图提交企业领导审核签字后，以适当的方式向全体员工公示，并自公示之日起生效，便于员工遵照执行。

一般情况下，常用的流程公示方式有四种，企业可根据实际情况选择运用，具体做法如表 1-15 所示。

表 1-15　流程公示的四种方式及操作说明

序号	公示方式	操作说明
1	全文公告公示	在企业公共区域将流程图及相关说明全文公告，并将公告现场以拍照、录像等方式记录备案
2	集中学习	召开员工会议或组织员工进行集中学习、培训，并让员工签到确认参与了学习或培训

（续表）

序号	公示方式	操作说明
3	员工阅读并签字确认	将流程及相关说明做成电子或纸质文件交由员工阅读并签字确认。确认方式包括在流程文件的尾页签名、另行制作表格登记、制作单页的“声明”或“保证”
4	作为劳动合同附件	将流程文件作为劳动合同的附件，在劳动合同专项条款中约定“劳动者已经详细阅读，并自愿遵守本企业的各项规定”等内容

企业的经营管理人员或人力资源管理人员，对流程公示工作要细心谨慎，注意以下两大事项。

事项 1：务必让当事人知晓

务必将相关通知、决定等送到当事人手中，而不是“通告一贴，高高挂起”，要确保能够达到公示与告知的目的。

事项 2：注意留存公示的证据

不同的公示方式有不同的证据留存方式。例如，让员工在“签阅确认函”上签字确认，可签“已经阅读、明了，并且承诺遵守”等。

2. 优化流程实施的环境

设计了流程并不意味着企业的运行效率和经济效益必然会有大幅度的提高，更重要的工作是抓好流程管理的落实。

在管理和实施流程的过程中，企业不能忽视对流程实施环境的管理，应该注意以下几点。

- **建立合适的企业文化**

企业流程设计或再造一般均以流程为中心、以追求客户满意度的最大化为目标，这就要求企业从传统的职能管理向过程管理转变。

企业在实施流程管理时，需要改变过去的传统观念和习惯做法，建立一种能够适应这种转变的以“积极向上、追求变革、崇尚效率”为特征的企业文化，以使每个流程中的各项活动都能实现最大化增值的目标，为企业经济效益的提高做贡献。

- **提高企业领导对流程管理的认识**

提高企业领导，特别是企业高层领导对流程管理的认识是企业发展中的重要问题，是企业提高运营效率和经济效益的重要措施，是企业战胜竞争对手的主要手段，是企业发展战略的重要因素。

只有企业的董事长、总经理、总监等高层领导重视流程管理，才能推动企业的流程再造，实施才能见到效果。

- **加强培训，使企业上下共同提高对流程的认识**

在实施流程管理的过程中，企业高、中层管理人员是推动流程管理的骨干，广大员工则是推动流程管理的重要力量。

通过培训，使企业的管理团队与员工提高对流程设计或再造的认识，共同认识到流程的意义，认识到流程再造对企业生存和发展的作用，只有这样推动与实施流程再造，才能达到良好的效果。

此外，通过培训，可以提高员工的自觉性，使员工自觉遵守新的流程。

3. 实现流程的有效落实

企业的流程图绘制完毕、装订成册后，应发给企业各部门，以便员工遵照执行。流程图实际上是企业的一项规章制度，它可以帮助企业建立正常的工作规则和工作秩序。

以下是流程有效落实的四种思路，具体如图 1-12 所示。

新员工入职流程、制度培训
明确流程负责人，实行问责制
流程E化
流程制度化

注：流程 E 化是指应用现有的 IT 技术，实现企业各项管理和业务流程的电子化。

图 1-12　流程有效落实的四种思路

4. 开展有针对性的流程检查

流程检查的目的是提高企业的效益，保证流程目标的最终实现。

- 控制流程检查的成本投入。流程检查成本投入需要与该流程的产出价值相匹配，否则既浪费资源，又不能创造价值。企业在流程检查工作中要有成本意识，强化“投资回报”的概念。

- 把握好流程检查的度。在设计流程检查方案时，需要确定流程检查的精细度、频次及抽样方法，控制检查成本。流程检查工作要抓住关键流程，抓住流程的关键环节，结合实际情况和流程的运转时间确定流程检查的频次和抽样方式。

5. 流程检查重点的选取

流程检查需要与流程实际执行情况相匹配，合理设置流程关键控制点。

- 对于流程成熟度高（流程绩效表现合理且稳定）、人员能力较强的流程，企业可降低检查投入，也可取消相关的关键控制点。
- 对于流程成熟度较低（流程绩效波动较大）的流程，企业需要加强对该流程的检查力度或新增关键控制点，以稳定流程绩效。

流程检查重点选取的矩阵分析如图 1-13 所示。

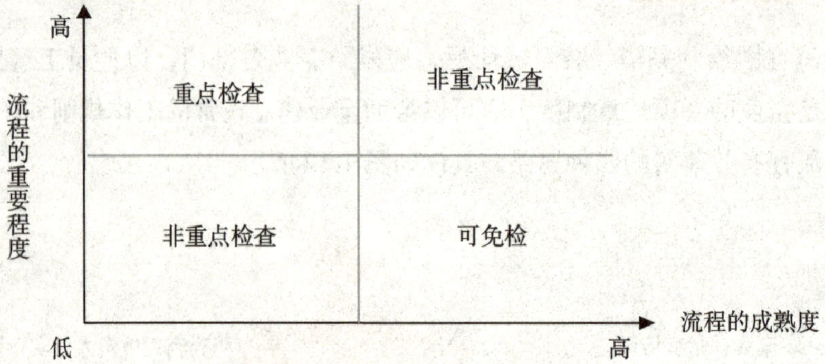

注：流程的重要程度评估请参照本章 1.3.4 所述。

图 1-13　流程检查重点选取的矩阵分析

6. 流程检查工作的实施程序

流程检查工作的实施程序如图 1-14 所示。

7. 流程绩效评估与改进

从本质上看，流程绩效评估是为企业战略与经营服务的，企业需要对某些关键的流程进行绩效评估，将流程绩效作为企业绩效管理的一个重要维度。

- **确定流程的绩效目标**

企业战略目标被分解为部门绩效目标与岗位绩效目标，并被包含在关键流程中，即流程被赋予绩效目标。因此，流程的绩效评估需围绕目标展开，实行目标导向的流程绩效评估。

- **流程绩效评估维度**

企业流程绩效评估的维度及指标如表 1-16 所示。

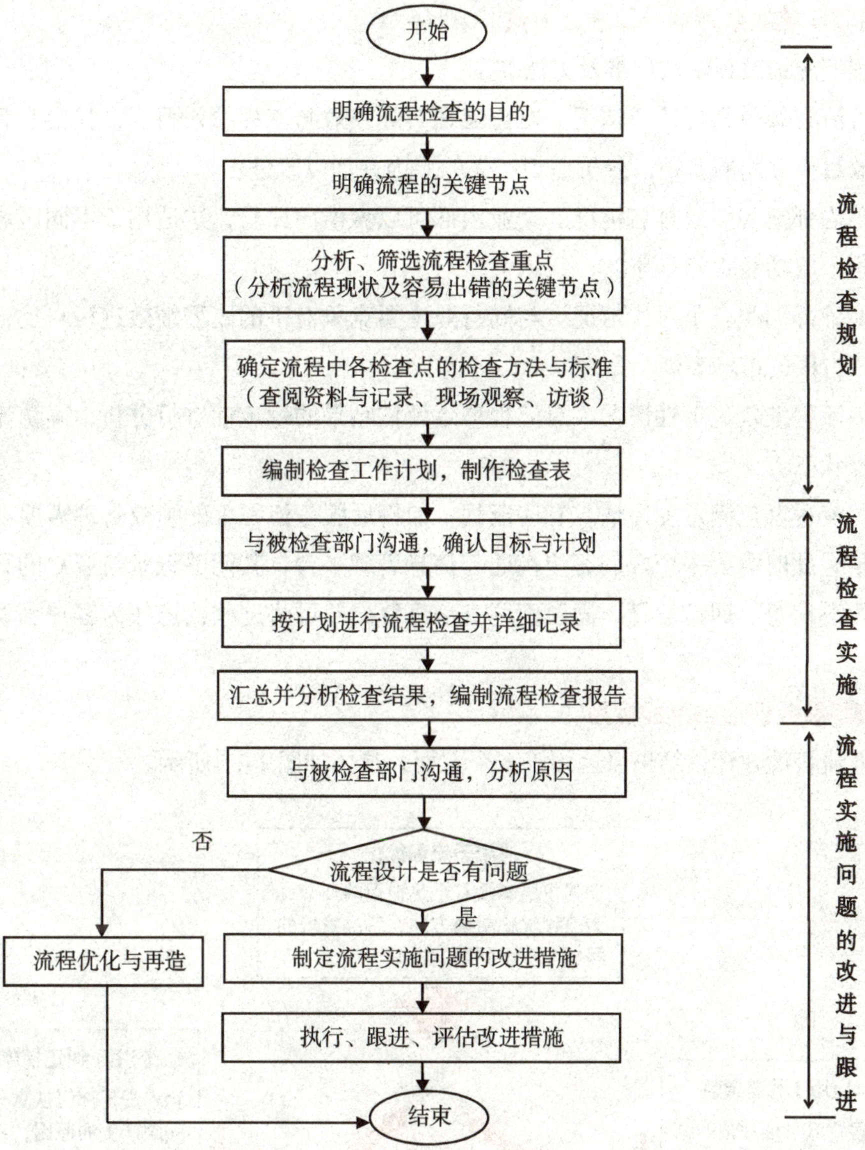

开始
明确流程检查的目的
明确流程的关键节点
分析、筛选流程检查重点
（分析流程现状及容易出错的关键节点）
确定流程中各检查点的检查方法与标准
（查阅资料与记录、现场观察、访谈）
编制检查工作计划，制作检查表
与被检查部门沟通，确认目标与计划
按计划进行流程检查并详细记录
汇总并分析检查结果，编制流程检查报告
与被检查部门沟通，分析原因
否
流程设计是否有问题
是
流程优化与再造
制定流程实施问题的改进措施
执行、跟进、评估改进措施
结束
流程检查规划
流程检查实施
流程实施问题的改进与跟进

图 1-14　流程检查工作的实施程序

表 1-16　流程绩效评估的维度及指标

评估维度	详细说明	指标举例
效果	◎流程的产出 ◎流程的产出满足客户（包括内部客户和外部客户）需求和期望的程度	产量、产值、计划目标完成率、外部客户满意度、内部客户满意度等
效率	通过效果评估，确认资源节约与浪费的情况	处理时间、投入产出比、增值时间比、质量成本等
弹性	流程应具备调整能力，以便满足客户当前的特殊要求和未来的要求	处理客户特殊要求的时间、被拒绝的特殊要求所占的比例、特殊要求递交上级处理的比例等

- **流程实施绩效评估的标准及方法**

流程实施绩效评估的标准及方法如下。

（1）流程绩效目标达成情况。对比流程实际绩效与流程绩效目标，找出实际绩效与流程绩效目标之间的差距，分析差距产生的原因并加以改进。

（2）内部流程绩效排名情况。企业内部可以做横向比较，这适用于不同区域的业务流程竞争、成功经验分享等。

（3）外部同类竞争对比情况。与同行业主要竞争对手的流程绩效进行对比，以了解企业在该方面的市场表现。

（4）流程绩效稳定性情况。对流程绩效评估结果的稳定性进行分析，确认流程是否处于受控状态。

（5）流程客户满意度评估。有些流程（如售后服务流程）的绩效管理需要客户与市场的评估，此时需要一个好的客户沟通与信息管理平台，其能够记录与客户的日常沟通信息、投诉信息、回访信息、满意度调查信息等，并可将这些信息作为客户满意度评估的依据。

- **流程绩效评估结果的运用**

企业流程绩效评估结果可运用于五个方面，具体如图 1-15 所示。

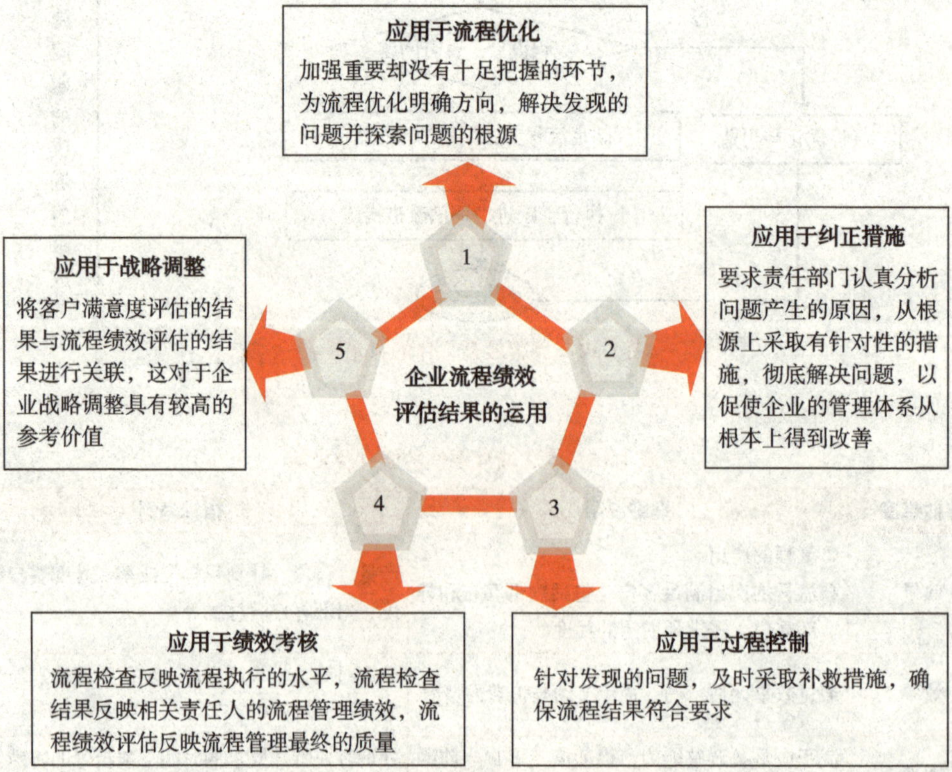
应用于流程优化
加强重要却没有十足把握的环节，为流程优化明确方向，解决发现的问题并探索问题的根源
应用于战略调整
将客户满意度评估的结果与流程绩效评估的结果进行关联，这对于企业战略调整具有较高的参考价值
应用于纠正措施
要求责任部门认真分析问题产生的原因，从根源上采取有针对性的措施，彻底解决问题，以促使企业的管理体系从根本上得到改善
1
2
3
4
5
企业流程绩效评估结果的运用
应用于绩效考核
流程检查反映流程执行的水平，流程检查结果反映相关责任人的流程管理绩效，流程绩效评估反映流程管理最终的质量
应用于过程控制
针对发现的问题，及时采取补救措施，确保流程结果符合要求

图 1-15　企业流程绩效评估结果的运用

1.4 流程执行章程设计

1.4.1 配套制度设计

制度是规范员工行为的标尺之一，是企业进行规范化、制度化管理的基础。只有不断推进规范化、制度化管理，企业才能逐步发展壮大。

1. 制度设计步骤

企业在设计流程配套制度时，要明确需要解决的问题及要达到的目的，为制度准确定位，开展内外部调研，明确制度规范化的程度，统一制度格式，等等。制度设计的步骤如图 1-16 所示。

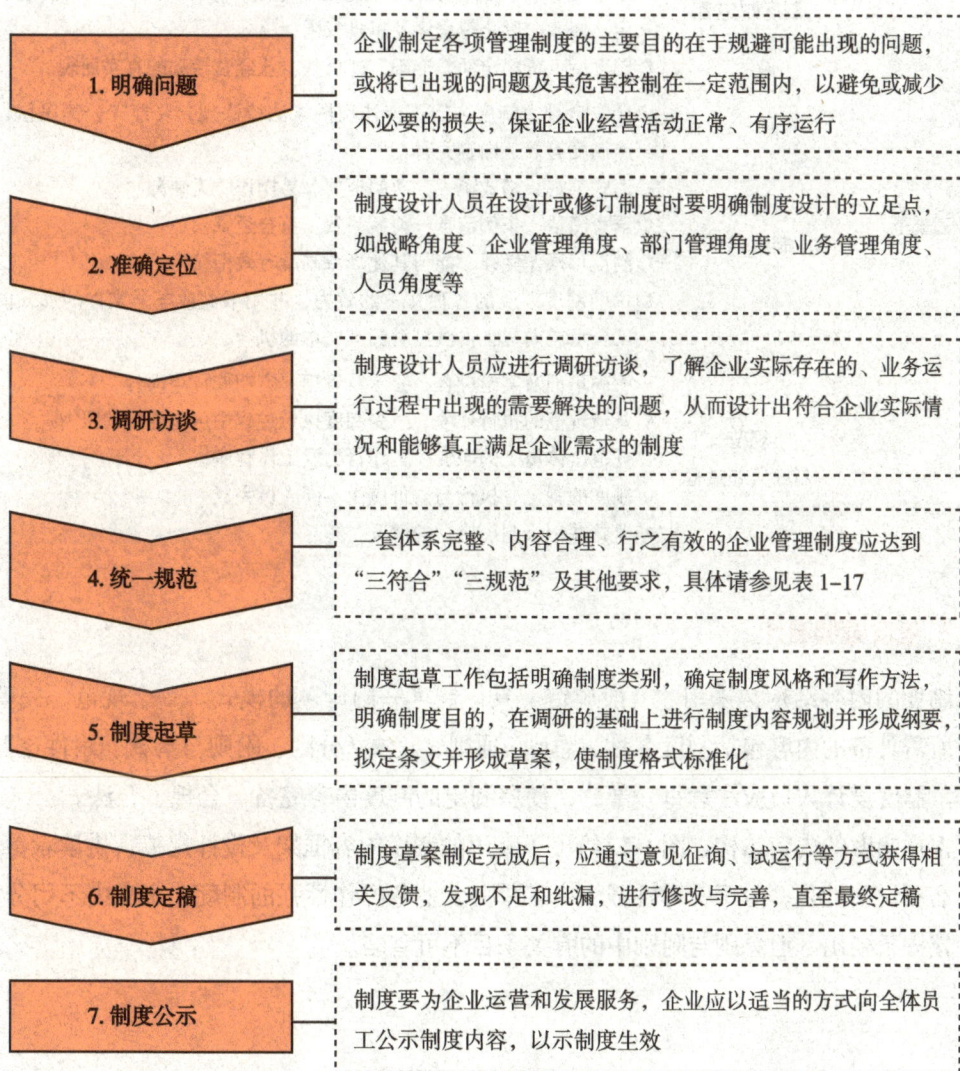

1. 明确问题	企业制定各项管理制度的主要目的在于规避可能出现的问题，或将已出现的问题及其危害控制在一定范围内，以避免或减少不必要的损失，保证企业经营活动正常、有序运行
2. 准确定位	制度设计人员在设计或修订制度时要明确制度设计的立足点，如战略角度、企业管理角度、部门管理角度、业务管理角度、人员角度等
3. 调研访谈	制度设计人员应进行调研访谈，了解企业实际存在的、业务运行过程中出现的需要解决的问题，从而设计出符合企业实际情况和能够真正满足企业需求的制度
4. 统一规范	一套体系完整、内容合理、行之有效的企业管理制度应达到"三符合""三规范"及其他要求，具体请参见表 1–17
5. 制度起草	制度起草工作包括明确制度类别，确定制度风格和写作方法，明确制度目的，在调研的基础上进行制度内容规划并形成纲要，拟定条文并形成草案，使制度格式标准化
6. 制度定稿	制度草案制定完成后，应通过意见征询、试运行等方式获得相关反馈，发现不足和纰漏，进行修改与完善，直至最终定稿
7. 制度公示	制度要为企业运营和发展服务，企业应以适当的方式向全体员工公示制度内容，以示制度生效

图 1-16 制度设计的步骤

2. 制度设计规范及要求

要想设计一套体系完整、内容合理、行之有效的企业管理制度，制度设计人员必须遵循一定的规范及要求，具体内容如表 1-17 所示。

表 1-17　制度设计规范及要求

<table>
<tr><th>设计规范</th><th colspan="2">具体要求</th></tr>
<tr><td rowspan="3">三符合</td><td colspan="2">符合企业管理者最初设想的状态</td></tr>
<tr><td colspan="2">符合企业管理科学原理</td></tr>
<tr><td colspan="2">符合客观事物发展规律或规则</td></tr>
<tr><td rowspan="3">三规范</td><td>规范
制度制定者</td><td>◎品行好，能做到公正、客观，有较强的文字表达能力和分析能力，熟悉企业各部门的业务及具体工作方法
◎了解国家相关法律法规、社会公序良俗和员工习惯，了解制度的制定、修改、废止等程序及审批权限
◎制度所依资料全面、准确，能反映企业经营活动的真实面貌</td></tr>
<tr><td>规范
制度内容</td><td>◎合法合规，制度内容不能违反国家法律法规，要遵守公德民俗，确保制度有效、内容完善
◎形式美观、格式统一、简明扼要、易操作、无缺漏
◎语言简洁、条例清晰、前后一致、符合逻辑
◎制度可操作性强，能与其他规章制度有效衔接
◎说明制度涉及的各种文本的效力，并用书面或电子文件的形式向员工公示或向员工提供接触标准文本的机会</td></tr>
<tr><td>规范
制度实施过程</td><td>◎明确培训及实施过程、公示及管理、定期修订等内容
◎营造规范的执行环境，减少制度执行过程中可能遇到的阻力
◎规范全体员工的职责、工作行为及工作程序
◎制度的制定、执行与监督应由不同人员完成
◎监督并记录制度执行的情况</td></tr>
</table>

3. 制度框架设计

制度的内容结构常采用“一般规定—具体制度—附则”的模式。一个规范、完整的制度所需具备的内容包括制度名称、总则 / 通则、正文 / 分则、附则与落款、附件这五大部分。制度设计人员应注意每一部分，使所制定的制度内容完备、合规、合法。

根据制度的内容结构，图 1-17 给出了常用的制度内容框架及设计规范，供读者参考。

需要说明的是，对于针对性强、内容单一、业务操作性强的制度，正文中不用分章，可直接分条列出，但总则与附则中的有关条目不可省略。

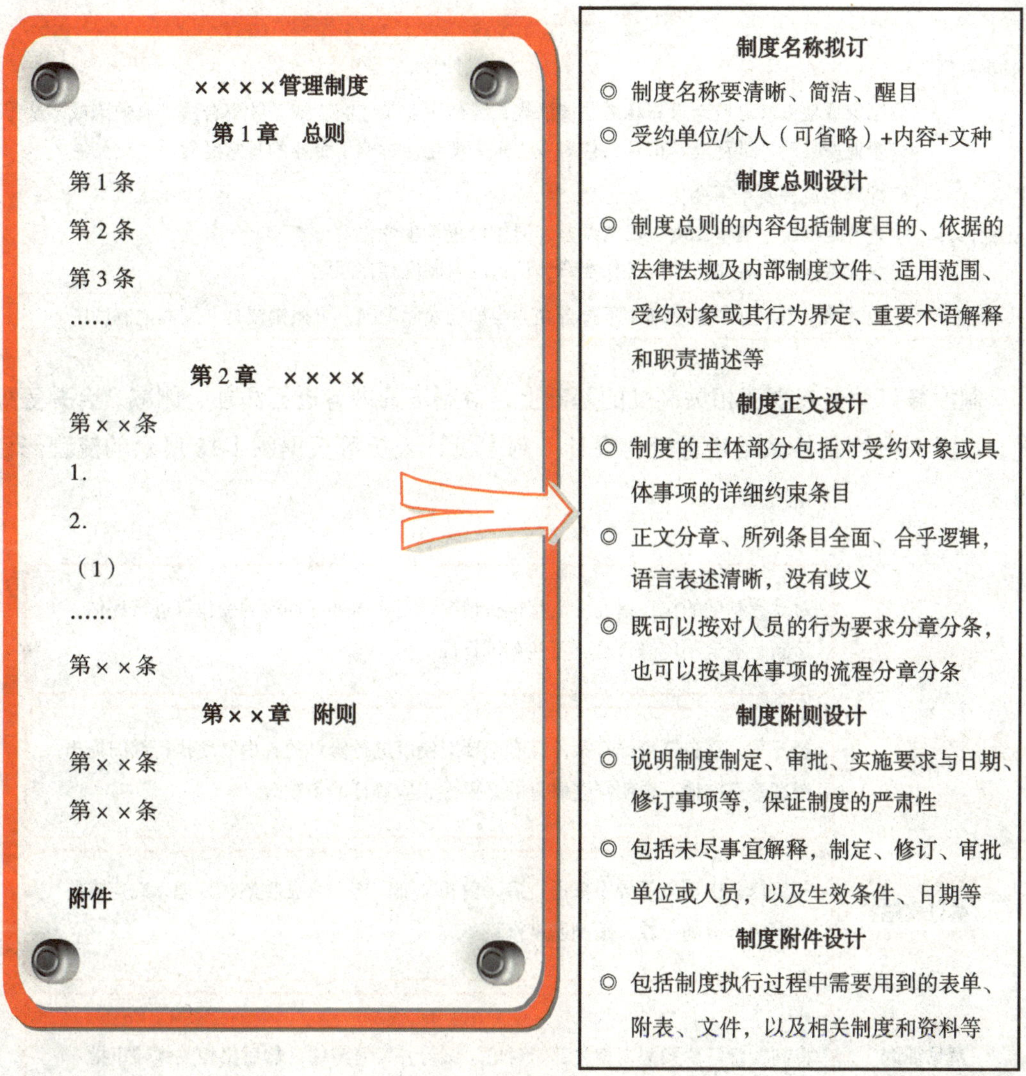
××××管理制度
第1章　总则
第1条
第2条
第3条
……
第2章　××××
第××条
1.
2.
（1）
……
第××条
第××章　附则
第××条
第××条
附件
制度名称拟订
◎ 制度名称要清晰、简洁、醒目
◎ 受约单位/个人（可省略）+内容+文种
制度总则设计
◎ 制度总则的内容包括制度目的、依据的法律法规及内部制度文件、适用范围、受约对象或其行为界定、重要术语解释和职责描述等
制度正文设计
◎ 制度的主体部分包括对受约对象或具体事项的详细约束条目
◎ 正文分章、所列条目全面、合乎逻辑，语言表述清晰，没有歧义
◎ 既可以按对人员的行为要求分章分条，也可以按具体事项的流程分章分条
制度附则设计
◎ 说明制度制定、审批、实施要求与日期、修订事项等，保证制度的严肃性
◎ 包括未尽事宜解释，制定、修订、审批单位或人员，以及生效条件、日期等
制度附件设计
◎ 包括制度执行过程中需要用到的表单、附表、文件，以及相关制度和资料等

图 1-17　制度内容框架及设计规范

4. 制度修订

企业在发展过程中，有些制度可能会成为制约其发展的主要因素，因此企业需要不断修订、完善甚至废止这些制度。总之，不断推进制度化管理伴随着企业发展的整个过程。

制度设计人员或修订人员需要根据实际情况，及时修订与企业发展不相适应的规范、规则和程序，以满足企业日常经营及长远发展的需要。配套制度修订时间的选择如表1-18所示。

表 1-18　配套制度修订时间的选择

状况类别	修订时间
企业外部	◎国家或地方修订或新颁布相关法律法规，导致企业某些制度或条款不合法、有缺陷或多余等 ◎企业所处的外部环境、市场条件等发生重大变化，影响了企业的日常经营活动
企业内部	◎配套的流程发生了变化 ◎企业定期统一复审制度、机构调整、岗位设置发生变化等 ◎企业各部门或各岗位通过工作实践，认为已有制度存在问题
备注	在上述情况下，如果制度确实不符合企业当前的实际情况，可撤销或合并到其他制度中

制度修订就是在现存相关制度的基础上，对制度的内容进行添加、删减、合并等处理，以及对制度的体系结构进行再设计。制度设计人员可根据图 1-18 所示的流程修订制度。

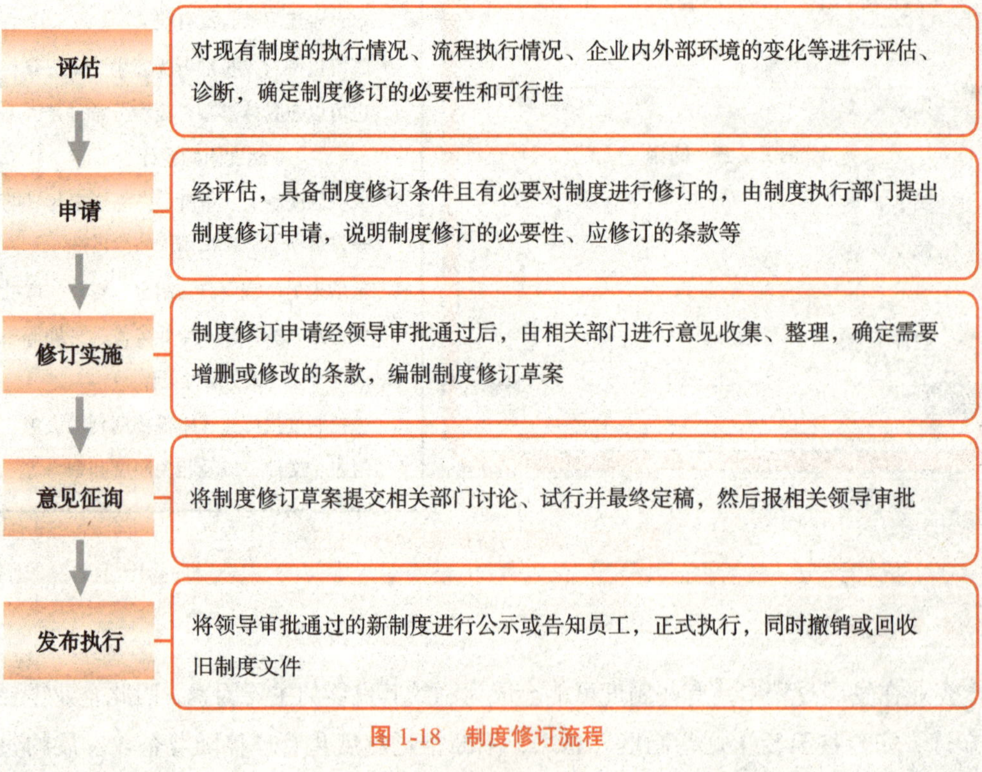
评估
对现有制度的执行情况、流程执行情况、企业内外部环境的变化等进行评估、诊断，确定制度修订的必要性和可行性
申请
经评估，具备制度修订条件且有必要对制度进行修订的，由制度执行部门提出制度修订申请，说明制度修订的必要性、应修订的条款等
修订实施
制度修订申请经领导审批通过后，由相关部门进行意见收集、整理，确定需要增删或修改的条款，编制制度修订草案
意见征询
将制度修订草案提交相关部门讨论、试行并最终定稿，然后报相关领导审批
发布执行
将领导审批通过的新制度进行公示或告知员工，正式执行，同时撤销或回收旧制度文件

图 1-18　制度修订流程

在制度修订的过程中，制度设计人员要注意以下几点：

- 要适应企业新的机构运行模式与流程管理的要求；
- 要发挥各制度管理部门的主动性和制度执行部门的能动性；
- 要强化各项工作的管理责任要求；
- 要强调各职能部门的管理服务标准；
- 要规范制度的编制格式，为制度的再修订和日后的统稿工作制定标准。

1.4.2 辅助方案设计

方案是指某一项工作或行动的具体计划或针对某一问题制定的规划。撰写工作方案是员工必须完成的一项任务。一份实操性强、思路清晰、富有创新性的方案，不仅有利于方案的实际操作，而且还能获得上级领导的称赞。

1. 方案设计的步骤

方案设计的步骤如图 1-19 所示。

第 1 步　确定方案目标主题

将方案的目标主题确立在一定范围内，力求主题明晰，重点突出

第 2 步　收集相关资料

围绕目标主题收集相关资料

第 3 步　调查外部环境态势

围绕目标主题进行全面的外部环境调查，掌握第一手资料

第 4 步　整理与分析资料

综合调查获得的第一手资料和手中的其他资料，整理出对目标主题有用的信息

第 5 步　提出具体的创意/措施

根据企业的实际需要提出方案策划的创意/措施，并将其具体化

第 6 步　选择、编制可行方案

将符合目标主题的创意细化成具体的执行方案

第 7 步　制定方案实施细则

根据选定的方案，将具体的任务分配到各职能部门，分头实施，并按进度表与预算表进行监控

第 8 步　制定检查、评估办法

对选定的方案制定出详细可行的检查办法、评估标准及成果巩固措施

图 1-19　方案设计的步骤

2. 方案的内容结构

方案一般包括指导思想、主要目标、工作重点、实施步骤、政策措施和具体要求等内容，其结构如图 1-20 所示。

方案内容结构

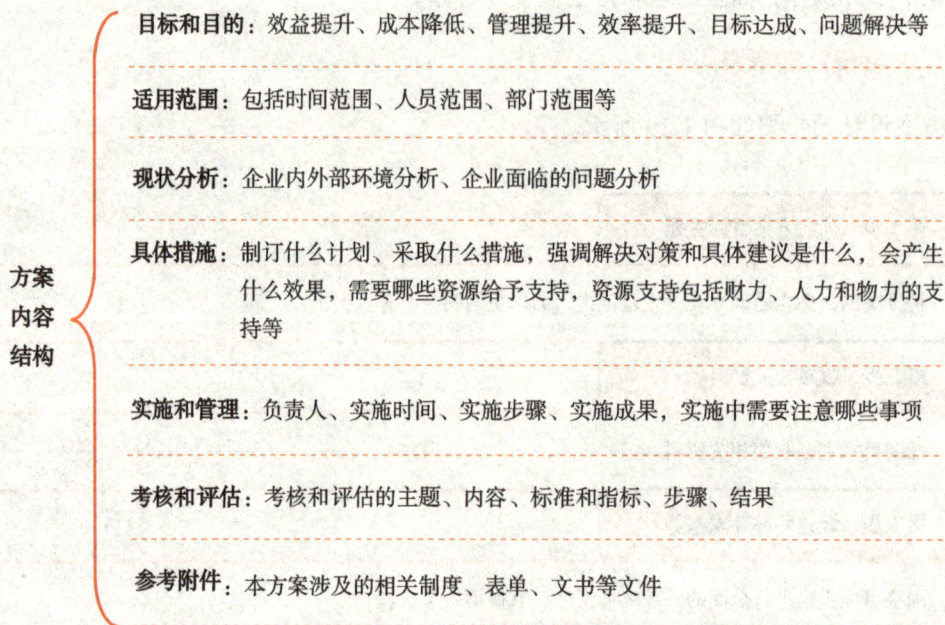

- **目标和目的**：效益提升、成本降低、管理提升、效率提升、目标达成、问题解决等
- **适用范围**：包括时间范围、人员范围、部门范围等
- **现状分析**：企业内外部环境分析、企业面临的问题分析
- **具体措施**：制订什么计划、采取什么措施，强调解决对策和具体建议是什么，会产生什么效果，需要哪些资源给予支持，资源支持包括财力、人力和物力的支持等
- **实施和管理**：负责人、实施时间、实施步骤、实施成果，实施中需要注意哪些事项
- **考核和评估**：考核和评估的主题、内容、标准和指标、步骤、结果
- **参考附件**：本方案涉及的相关制度、表单、文书等文件

图 1-20　方案的内容结构

1.4.3　附带文书设计

文书是用于记录信息、交流信息和发布信息的一种工具。企业管理文书是指企业为了某种需要，按照一定的体例和要求形成的书面文字材料，包括各类文书、公文、文件等。

1. 企业管理文书分类

企业管理文书分类如表 1-19 所示。

表 1-19　企业管理文书分类

文书分类	具体文书种类
通用类文书	请示、批复、批示、通知、决定等，由企业统一规定编写格式与编号
合同类文书	劳动合同、业务合同等
会务类文书	企业各类会议的开幕词、闭幕词、演讲稿、会议记录、会议纪要、会议报告和会议提案等

（续表）

文书分类	具体文书种类
社交类文书	介绍信、感谢信、慰问信、表扬信、祝贺信和邀请函等
法务类文书	纠纷报告书、申诉书、仲裁申请书、起诉书和答辩书等
事务类文书	计划、总结、建议、报告、倡议、简报、启事、消息、号召书、意向书、企划书、调查报告等
制度规范类文书	制度、守则、规定、办法、细则、方案、手册等
与业务工作相关的文书	各项职能及日常事务相关文书，如内部竞聘公告、招聘广告、营销广告等

2. 文书设计的注意事项

- 遵循企业规定的文书格式、编写要求和编号规范。
- 语言表述规范、完整、准确，避免表达残缺、出现歧义等错误。
- 语言简明精炼、言简意赅，行文流畅，主题明确。

3. 文书设计规范

我们以工作计划为例，对文书的设计规范进行说明。工作计划是对即将开展的工作的设想和安排，如提出任务指标、任务完成时间和实施方法等。工作计划既是明确工作目标、推进工作开展的有效指导，也是对工作进度和工作质量进行考核的依据之一。工作计划的内容结构如图 1-21 所示。

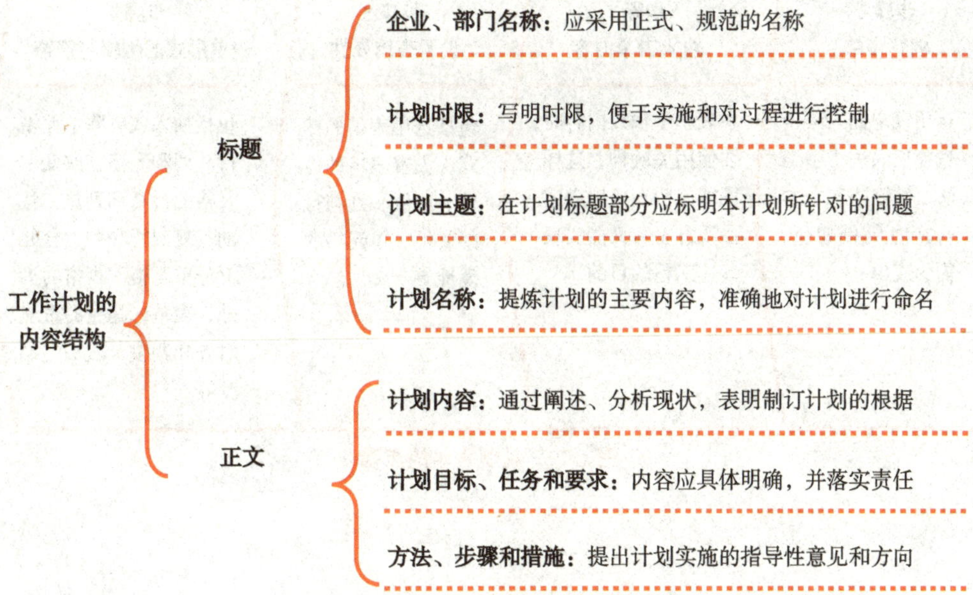
工作计划的内容结构
标题
企业、部门名称：应采用正式、规范的名称
计划时限：写明时限，便于实施和对过程进行控制
计划主题：在计划标题部分应标明本计划所针对的问题
计划名称：提炼计划的主要内容，准确地对计划进行命名
正文
计划内容：通过阐述、分析现状，表明制订计划的根据
计划目标、任务和要求：内容应具体明确，并落实责任
方法、步骤和措施：提出计划实施的指导性意见和方向

图 1-21　工作计划的内容结构

1.4.4 表单设计

1. 表单种类

表单主要分为文字表单、工具表单和数量表单三种：

- 文字表单就是将文字信息按要求整理成表单，借以说明某一概念或事项等；
- 工具表单是企业员工经常使用的一种表单；
- 数量表单用于呈现数据，以便相关人员进行统计。

2. 表单的编制要求

表单的编制要求如下：

- 表单的内容要与标题相符；
- 表单的内容应言简意赅；
- 表单的格式应简洁明了且前后连贯。

3. 设计表单

设计表单就是将表单的行、列看作一个坐标的横轴、纵轴，将需要表达的内容清晰、简洁、直观地置入坐标中予以展现。

常见的表单绘制工具有 Word、Excel 等，表单设计人员可以根据工作需要进行选择。下面以 Word 为例介绍绘制表单的步骤，具体如图 1-22 所示。

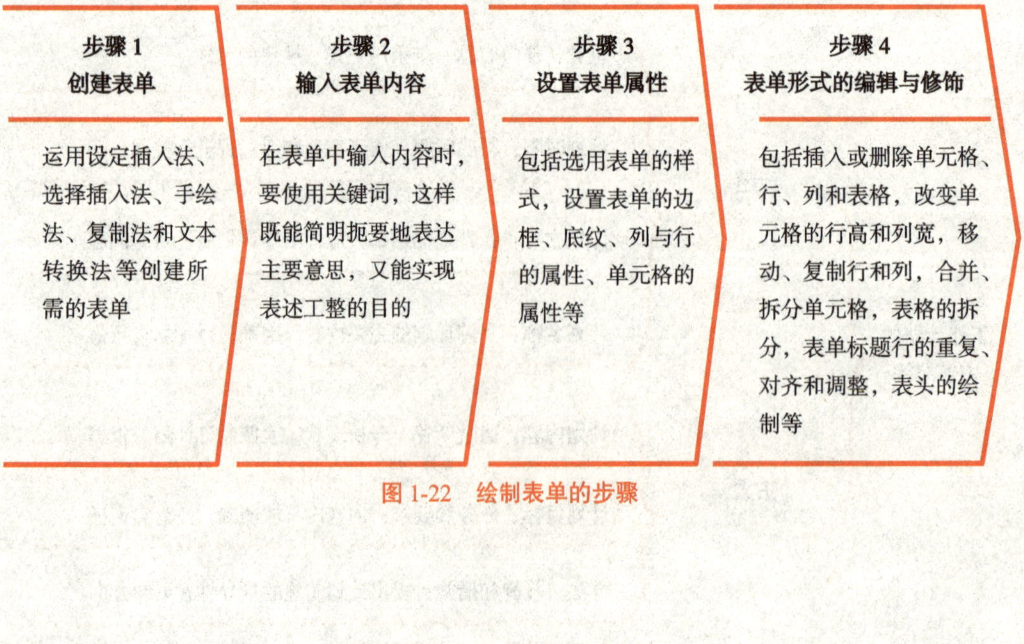
步骤 1
创建表单
运用设定插入法、选择插入法、手绘法、复制法和文本转换法等创建所需的表单
步骤 2
输入表单内容
在表单中输入内容时，要使用关键词，这样既能简明扼要地表达主要意思，又能实现表述工整的目的
步骤 3
设置表单属性
包括选用表单的样式，设置表单的边框、底纹、列与行的属性、单元格的属性等
步骤 4
表单形式的编辑与修饰
包括插入或删除单元格、行、列和表格，改变单元格的行高和列宽，移动、复制行和列，合并、拆分单元格，表格的拆分，表单标题行的重复、对齐和调整，表头的绘制等

图 1-22　绘制表单的步骤

1.5 流程诊断与优化

1.5.1 流程诊断分析

流程优化的前提是对现有流程进行调查和研究，分析流程中存在的问题，即流程诊断。

1. 流程诊断分析工作的步骤

流程诊断分析工作的步骤如表 1-20 所示。

表 1-20 流程诊断分析工作的步骤

步骤	工作内容	采用的方法
1. 流程信息收集	◎收集信息 / 数据，了解企业流程执行现状 ◎找出流程建设、管理中存在的问题 ◎了解企业员工所关心的问题 ◎加强企业员工之间的沟通，让所有员工树立流程管理意识	内部调查、专家访谈、讨论会、外部客户访谈和座谈会等
2. 问题查找与分析	◎清晰地阐述需要解决的问题 ◎将大问题细分成若干小问题，这样更容易解决 ◎分析、探究问题的根源，提出解决方案	NVA/VA 分析法、5Why 分析法、鱼骨图法和逻辑树法等
3. 编制诊断报告	◎根据问题的根源，结合企业的实际情况，编制诊断报告 ◎提出问题解决方案，提供创意，优化 / 再造流程	—

2. 流程诊断分析工作的要求

在流程诊断分析过程中，流程管理人员要重视以下要求，提高诊断工作的科学性、合理性和有效性。

- 不要拘泥于数据，要探究“我试图回答什么问题”。
- 不要在一个问题上绕圈子。
- 开阔视野，避免钻牛角尖。
- 假设也可能被推翻。
- 反复检验观点。
- 细心观察。
- 寻找突破性的观点。

3. 流程诊断分析的方法

企业常用的流程诊断分析方法有 NVA/VA 分析法、5Why 分析法等，具体内容如下。

- **NVA/VA 分析法**

NVA/VA 分析法是指将构成某一个流程的各项工作任务分为三类，即非增值活动、增值活动和浪费。NVA/VA 分析法的说明如图 1-23 所示。

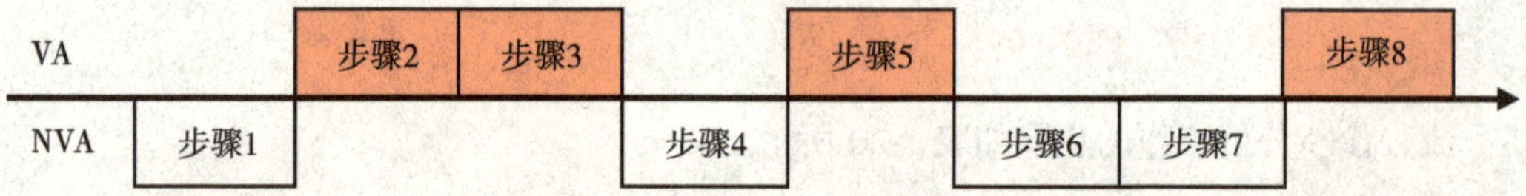
VA
NVA
步骤1
步骤2
步骤3
步骤4
步骤5
步骤6
步骤7
步骤8

注：了解增值活动（VA）在流程的全部活动中所占的比重，找出需要改进的重点，制定切实可行的改进目标。

◆非增值活动（NVA）指不增加附加值，但却是实现增值不可缺少的活动，是各项增值活动的重要衔接。

◆增值活动（VA）指能提高产品或服务的附加值的活动。

◆浪费（Waste）指既不能增值，也不是必需的活动。

图 1-23　NVA/VA 分析法的说明

- **5Why 分析法**

5Why 分析法是指在对某一个流程进行诊断、分析和改进时，需针对其提出以下问题并给出答案。

◆为什么确定这样的工作内容？

◆为什么在这个时间和这个地点做？

◆为什么由这个人来做？

◆为什么采用这种方式做？

◆为什么需要这么长时间？

流程管理人员根据以上五个问题的答案，找出企业流程在实际运行过程中存在的问题，分析问题的根源，从而制定流程优化或再造方案。

1.5.2　流程优化的注意事项

流程优化的注意事项如下：

- 优化那些不能给企业带来利润或者效率、效益较差的流程，或者在日常运行中容易出现问题的流程；
- 优化那些对企业运营非常重要且急需改造的流程；
- 优化流程必须先易后难；
- 经过优化的流程必须和原有流程紧密衔接，确保流程管理的系统性和全面性；
- 经过优化的流程必须具有可操作性和稳定性。

1.5.3 流程优化程序

企业流程优化工作应抓住重点，找出最急迫和最重要的需求点。流程优化的具体程序如图 1-24 所示。

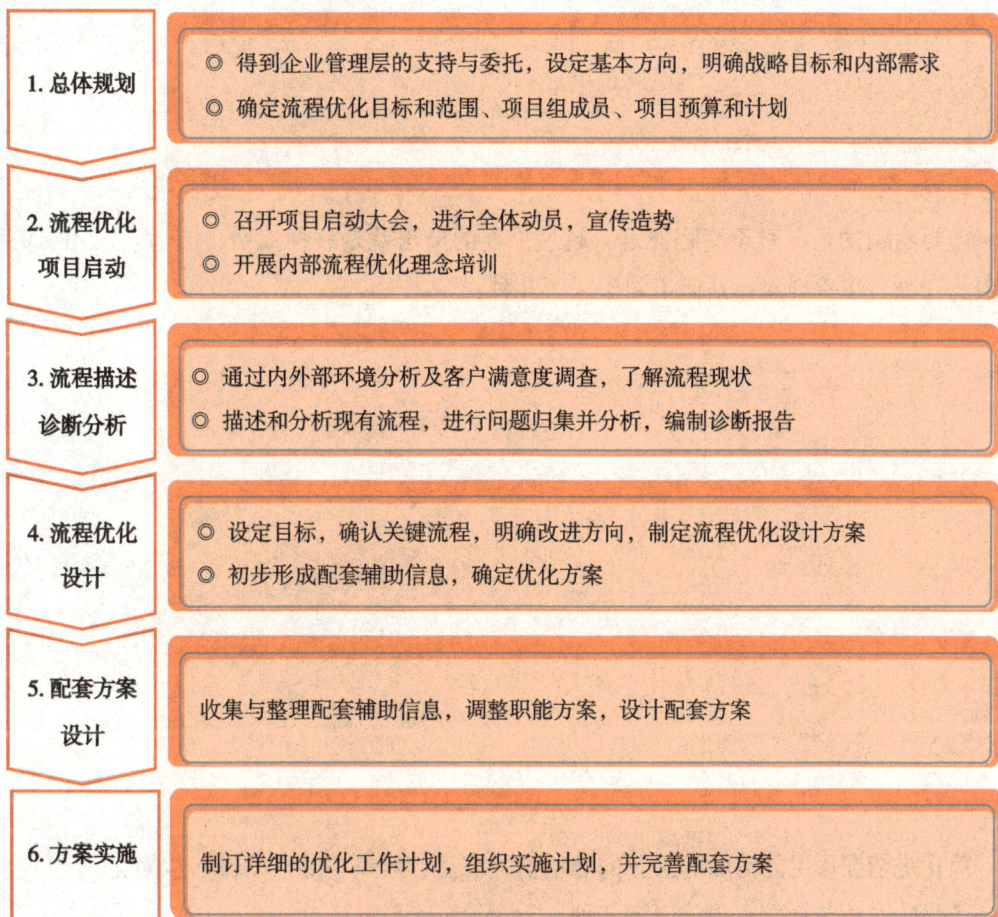

1. 总体规划	◎ 得到企业管理层的支持与委托，设定基本方向，明确战略目标和内部需求 ◎ 确定流程优化目标和范围、项目组成员、项目预算和计划
2. 流程优化项目启动	◎ 召开项目启动大会，进行全体动员，宣传造势 ◎ 开展内部流程优化理念培训
3. 流程描述诊断分析	◎ 通过内外部环境分析及客户满意度调查，了解流程现状 ◎ 描述和分析现有流程，进行问题归集并分析，编制诊断报告
4. 流程优化设计	◎ 设定目标，确认关键流程，明确改进方向，制定流程优化设计方案 ◎ 初步形成配套辅助信息，确定优化方案
5. 配套方案设计	收集与整理配套辅助信息，调整职能方案，设计配套方案
6. 方案实施	制订详细的优化工作计划，组织实施计划，并完善配套方案

图 1-24 流程优化的具体程序

总体来说，流程优化工作包括以下三步：

- 现在何处——流程现状分析；
- 应在何处——流程优化目标；
- 如何到达该处——流程优化方法和途径。

1.5.4 流程优化 ESIA 法

企业流程优化可以从清除（Eliminate）、简化（Simplify）、整合（Integrate）和自动化（Automate）四个方面入手，该方法简称为“ESIA 法”，它可以帮助企业减少流程中的非增值活动和调整流程的核心增值活动。

1. 清除

清除主要指对企业现有流程内的非增值活动予以清除。

企业可通过以下问题判断某一活动环节是属于增值还是非增值。

- 这个环节存在的意义？
- 这个环节的成果是整个流程完成的必要条件吗？
- 这个环节有哪些直接或间接的影响？
- 清除该环节可以解决哪些问题？
- 清除该环节可行吗？

需要明确的是，对于流程而言，超过需要的产出就是一种浪费，因为它占用了流程有限的资源。浪费现象包括但不限于以下几种：

- 过量产出；
- 活动间的等待；
- 不必要的运输；
- 反复的作业；
- 过量的库存（包括流程运行过程中大量文件和信息的淤积）；
- 缺陷、失误；
- 重复的活动，如信息重复录入；
- 活动的重组；
- 不必要的跨部门协调。

2. 简化

简化是指在尽可能清除非必要的非增值环节后，对剩下的活动进一步简化。

简化的方法包括但不限于以下几种。

- 简化表单：消除表单设计上的重复内容，借助相关技术，梳理表单的流转，从而减少工作量和一些不必要的活动环节。
- 简化流程步骤 / 环节：运用 IT 技术，提高员工处理信息的能力，简化流程步骤，整合工作内容，提高流程结构效率。
- 简化沟通。
- 简化物流：如调整任务顺序或增加信息的提供。

3. 整合

整合，即对分解的流程进行整合，以使流程顺畅、连贯，更好地满足客户的需求。

- 活动整合：将活动进行整合，授权一个人完成一系列简单活动，减少活动转交过程中的出错率，缩短工作处理时间。

- 团队整合：合并专家组成团队，形成“个案团队”或“责任团队”，缩短物料、信息和文件传递的距离，改善在同一流程中工作的人与人之间的沟通。
- 供应商（流程的上游）整合：减少企业和供应商之间的一些不必要的业务手续，建立信任和伙伴关系，整合双方流程。
- 客户（流程的下游）整合：面向客户，与客户建立良好的合作关系，整合企业和客户的各种关系。

4. 自动化

- 简单、重复与乏味的工作自动化。
- 数据的采集与传输自动化。减少反复的数据采集，并缩短单次采集的时间。
- 数据的分析自动化。通过分析软件，对数据进行收集、整理与分析，提高信息利用率。

1.6 流程再造

1.6.1 流程再造的核心

企业流程再造也叫作“企业再造”，或简称为“再造”。它是20世纪90年代初期兴起的一种新的管理理念和管理方法，被誉为继“科学管理”和全面质量管理（TQC）之后的“第三次管理革命”。

企业再造概念的创始者迈克尔·哈默（Michael Hammer）和詹姆斯·钱皮（James Champy）在《企业再造——商业革命宣言》（*Reengineering the Corporation: A Manifesto for Business Revolution*）一书中指出，“再造就是对企业的流程、组织结构、文化进行彻底的、急剧的重塑，以达到绩效的飞跃。”

流程再造的核心，不是单纯地对企业的管理与业务流程进行再造，而是将以职能为核心的传统企业改造成以流程为核心的新型企业，这也就是我们所说的企业再造。通过不断地变革与创新（从广义上讲，这里不仅包括流程再造，还包括企业组织的再造和变革），使原来趋向衰落的企业重新焕发生机，并且永远充满朝气和活力。

1.6.2 流程再造的基础

当前，市场竞争越来越激烈，企业要想在激烈的市场竞争中求得生存和发展，且立于不败之地，就必须全面、彻底地了解客户的需求，最大限度地满足客户的需求，并且不断适应外部市场环境的变化。企业进行流程设计与流程再造的目的是使内部管理流程规范化，并对其不断加以改造，只有这样企业才能适应不断变化的市场形势。

通常情况下，现代企业所面临的外部挑战主要来自客户（Customer）、变化（Change）、竞争（Competition）三个方面。由于这三个英文单词的首字母都是C，所以外部挑战又称为“3C”。企业在进行流程设计与流程再造时，切记要把握好“3C”。只有这样，企业所设计或再造的流程才能够适应自身的发展和市场的变化，满足客户的需求。

以上是企业进行流程设计或流程再造时的外部条件。

就企业内部而言，企业中长期发展战略规划是流程设计与流程再造的基础条件。因此，企业应先制定出发展战略，再着手开展流程设计与流程再造工作。

1.6.3 流程再造的程序

企业流程再造的一般程序如表1-21所示。

表1-21 企业流程再造的一般程序

一般程序	具体事项
1. 设定基本方向	（1）得到高层管理者的支持 （2）明确战略目标，确定流程再造的基本方针 （3）分析流程再造的可行性 （4）设定流程再造的出发点
2. 项目准备与启动	（1）成立流程再造小组 （2）设立具体工作目标 （3）宣传流程再造工作 （4）设计与落实相关的培训
3. 流程问题诊断	（1）进行现状分析，包括内外部环境分析、现行流程状态分析等 （2）发现问题
4. 确定再造方案，重设流程	（1）明确流程方案设计与工作重点 （2）确认工作计划目标、时间以及预算计划等 （3）分解责任、任务 （4）明确监督与考核办法 （5）制定具体行动策略
5. 实施流程再造方案	（1）成立实施小组 （2）对参加人员进行培训 （3）发动全员配合 （4）新流程试验性启动、检验 （5）全面开展新流程

（续表）

一般程序	具体事项
6. 流程监测与改善	（1）观察流程运作状况 （2）与预定再造目标进行比较分析 （3）对不足之处进行修正和改善

企业流程评估及流程再造的操作要点如下。

1. 流程评估的操作要点

- 确定企业与上下游互动关系的流程。
- 定义企业核心流程绩效评估的指标。
- 分析企业现有流程运作模式的优势和劣势。
- 确认企业流程现有运作模式。
- 确认企业流程的客户价值点。
- 确认企业流程与组织的关系。
- 确认企业流程的资源及成本。
- 分析决定企业流程再造的优先级别。

2. 流程再造的操作要点

- 了解现有流程及其目标、范围。
- 对比现有流程结构的优势和劣势。
- 分析流程各活动环节的责任归属。
- 确认与流程相匹配的绩效指标。
- 分析流程的瓶颈及再造切入点。
- 确定是否对流程控制点重新设计。
- 确认经重新设计的新流程系统。
- 建立评估体系，对新流程进行监测。

1.6.4 流程再造的技巧

图 1-25 提供了一些流程再造的技巧，供读者参考。

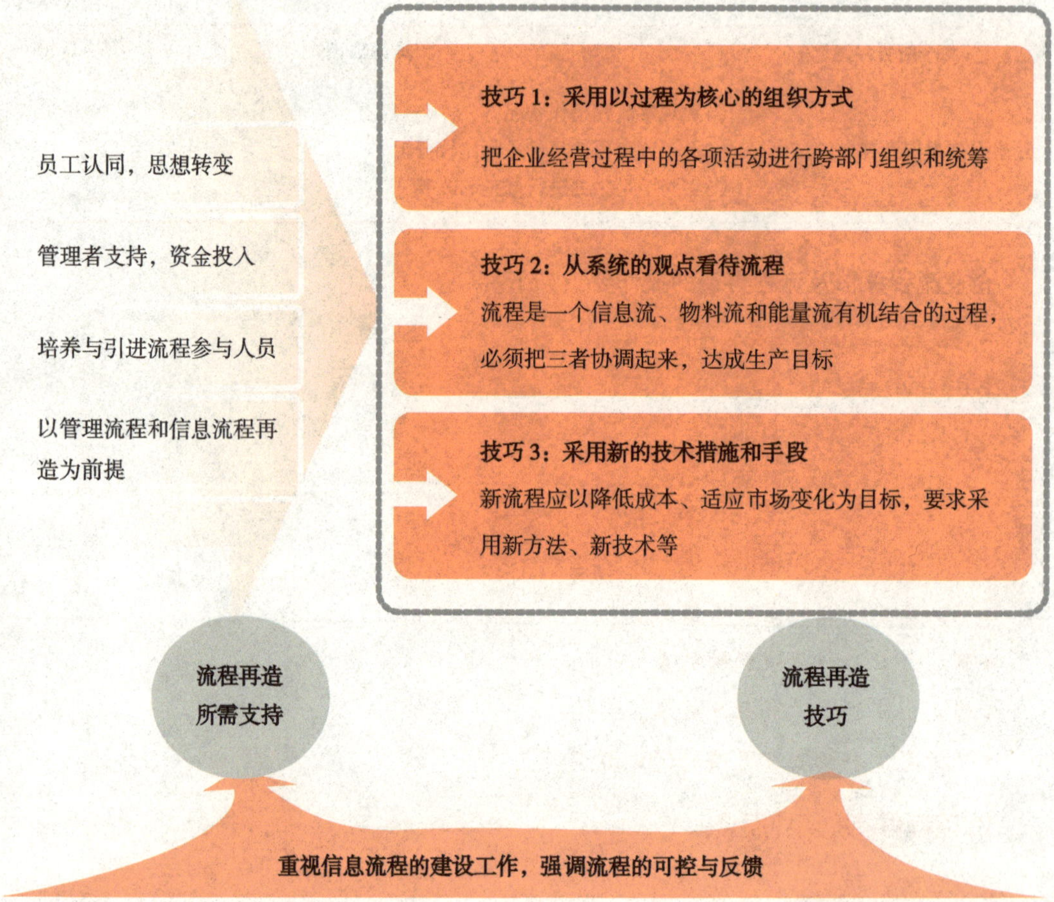
员工认同，思想转变
管理者支持，资金投入
培养与引进流程参与人员
以管理流程和信息流程再造为前提
技巧 1：采用以过程为核心的组织方式
把企业经营过程中的各项活动进行跨部门组织和统筹
技巧 2：从系统的观点看待流程
流程是一个信息流、物料流和能量流有机结合的过程，必须把三者协调起来，达成生产目标
技巧 3：采用新的技术措施和手段
新流程应以降低成本、适应市场变化为目标，要求采用新方法、新技术等
流程再造所需支持
流程再造技巧
重视信息流程的建设工作，强调流程的可控与反馈

图 1-25　流程再造的技巧

第2章 日常接待事务管理

2.1 日常接待事务管理流程设计

2.1.1 流程设计的目的

行政管理中的日常接待事务比较繁杂，涉及的方面也十分广泛，所以企业有必要对行政管理中的日常接待事务进行流程化、标准化设计。

日常接待管理流程设计的目的主要有四个，具体如图 2-1 所示。

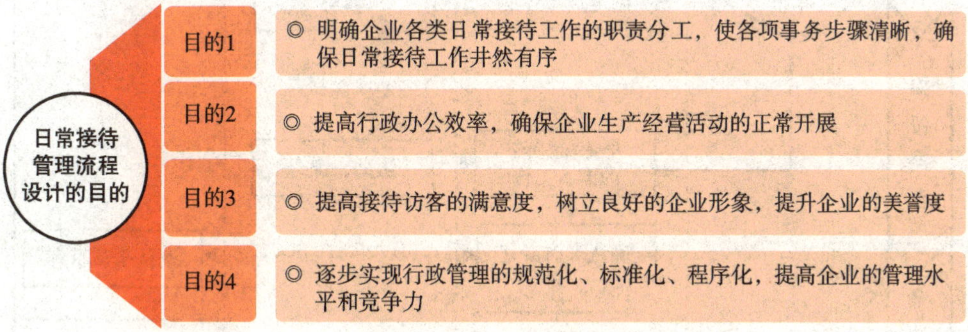

日常接待管理流程设计的目的
目的1
◎ 明确企业各类日常接待工作的职责分工，使各项事务步骤清晰，确保日常接待工作井然有序
目的2
◎ 提高行政办公效率，确保企业生产经营活动的正常开展
目的3
◎ 提高接待访客的满意度，树立良好的企业形象，提升企业的美誉度
目的4
◎ 逐步实现行政管理的规范化、标准化、程序化，提高企业的管理水平和竞争力

图 2-1　日常接待事务管理流程设计的目的

2.1.2 流程结构设计

日常接待事务管理流程结构可按接待的类型进行设计，具体如图 2-2 所示。

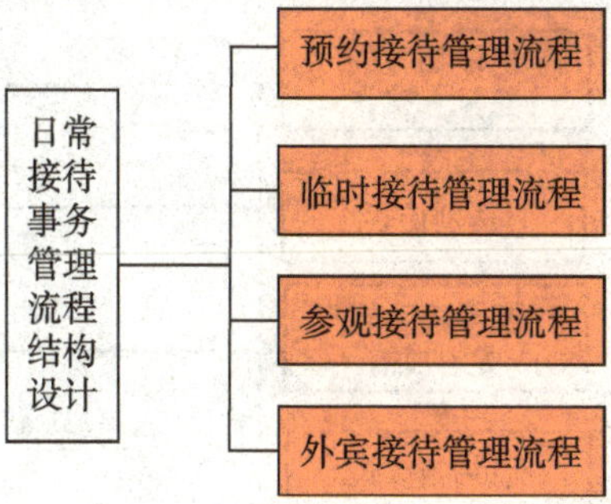

日常接待事务管理流程结构设计
预约接待管理流程
临时接待管理流程
参观接待管理流程
外宾接待管理流程

注：行政部日常的电话接待工作，请参照企业的电话接听礼仪与行为规范。

图 2-2　日常接待事务管理流程结构设计

2.2 预约接待管理流程设计与工作执行

2.2.1 预约接待管理流程设计

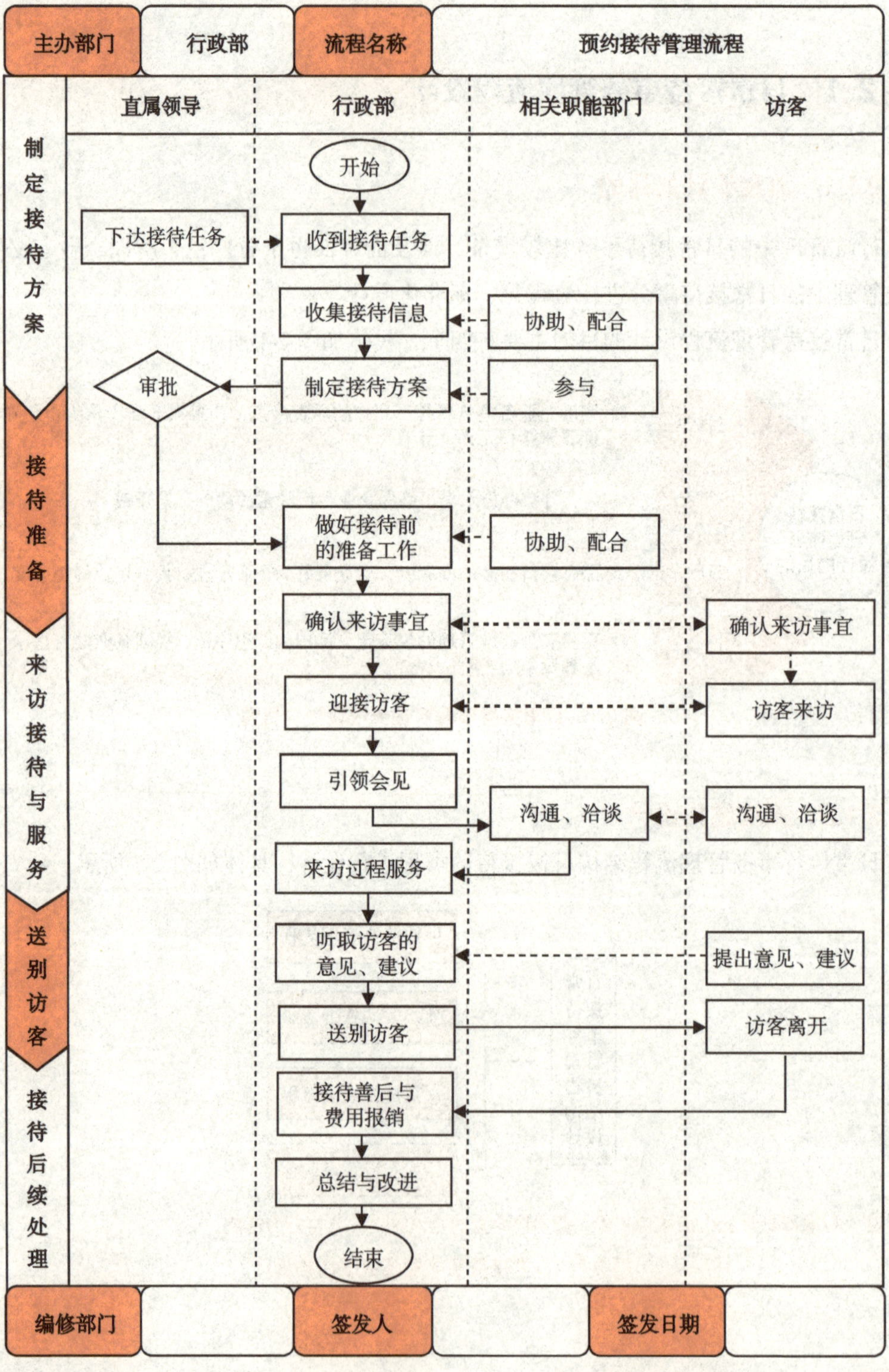

主办部门
行政部
流程名称
预约接待管理流程
直属领导
行政部
相关职能部门
访客
制定接待方案
接待准备
来访接待与服务
送别访客
接待后续处理
开始
下达接待任务
收到接待任务
收集接待信息
协助、配合
审批
制定接待方案
参与
做好接待前的准备工作
协助、配合
确认来访事宜
确认来访事宜
迎接访客
访客来访
引领会见
沟通、洽谈
沟通、洽谈
来访过程服务
听取访客的意见、建议
提出意见、建议
送别访客
访客离开
接待善后与费用报销
总结与改进
结束
编修部门
签发人
签发日期

2.2.2 预约接待管理执行程序、工作标准、考核指标、执行规范

任务名称	执行程序、工作标准与考核指标
制定接待方案	**执行程序**
	1. 收集接待信息 行政部收到直属领导下达的接待任务后，及时收集接待信息，并对其进行整理。 **2. 制定接待方案** 行政部根据预约来访事宜的类别及访客的特点和要求制定接待方案，并报直属领导审批。 **工作重点** 行政部在制定接待方案时应考虑在接待过程中可能突发的状况。
	工作标准
	☆内容标准：接待方案的内容应包括接待时间、接待地点、接待标准、接待程序、接待成本、接待人员职责分工。 ☆参照标准：接待方案中涉及的接待规格可参照企业的接待规定执行。
	考核指标
	☆接待方案审批一次性通过率。接待方案审批一次性通过率 $=\frac{\text{首次审批通过的方案数}}{\text{审批的方案总数}}\times 100\%$ ☆接待方案制定及时率。接待方案制定及时率 $=\frac{\text{期限内完成的正式方案数}}{\text{正式方案总数}}\times 100\%$ ☆接待方案错漏处数。
接待准备	**执行程序**
	1. 做好接待前的准备工作 接待方案审批通过后，行政部要做好接待前的准备工作，包括接待场地、所需材料、物料工具等。 **2. 确认来访事宜** 行政部在接待前____日与访客进行沟通，确认来访事宜。 **工作重点** 前期准备工作需灵活根据来访情况进行细致的准备。
	工作标准
	☆内容标准：前期准备的内容包括场所布置、车辆安排、接待人员培训、来访过程招待、往返安排等。 ☆质量标准：明确来访时间、来访人数及人员名单、来访特殊要求，确保接待准备工作有序进行。
	考核指标
	☆接待准备工作完成及时率。接待准备工作完成及时率 $=\frac{\text{期限内完成准备的接待次数}}{\text{总接待次数}}\times 100\%$ ☆接待准备工作质量达标率，目标值为____%。
来访接待与服务	**执行程序**
	1. 迎接访客 行政部组织相关部门的陪同人员迎接访客。

（续）

任务名称	执行程序、工作标准与考核指标
来访接待与服务	**2. 引领会见** ☆行政部通知与会人员访客的到访信息和行程安排，以便其做好会见准备。 ☆行政部需安排专人引领访客同领导或会议负责人会面，并做好记录。 **3. 来访过程服务** 行政部在访客来访过程中要根据行程安排做好各阶段的招待工作。 **工作重点** 接待人员在接待过程中的行为要符合接待礼仪及行为规范。 **工作标准** ☆参照标准：招待费用严格按照企业的规定使用，将其控制在预算内。 ☆质量标准：在接待过程中，接待人员不得出现服务失误。 **考核指标** ☆访客接待服务满意度。$\text{访客接待服务满意度}=\frac{\text{访客满意及以上程度的接待服务好评数}}{\text{访客接待服务评价总数}}\times 100\%$ ☆接待服务出错次数。
送别访客	**执行程序** **1. 听取访客的意见、建议** 行政部要虚心听取访客提出的意见、建议，并及时对这些信息汇总、分析与上报。 **2. 送别访客** ☆行政部为访客安排返程，确保访客返程顺利。 ☆行政部按相关礼仪规范送别访客。 **工作重点** ☆行政部应仔细观察访客的反应，了解访客的心理。 ☆行政部在听取访客意见、建议时，应对其中的相关事项做出积极的回应。 **工作标准** ☆内容标准：访客的意见、建议包括对企业整体影响的评价、对接待工作的评价及其他方面的建议等。 ☆数量标准：行政部在访客时间较为充裕时，要尽可能多地收集访客的意见、建议；在访客比较匆忙时，可在访问结束后致电询问其意见、建议。每次访问时，记录意见的数量不得少于一条。
接待后续处理	**执行程序** **1. 接待善后与费用报销** ☆访客离开后，行政部要将接待场地恢复原貌。 ☆行政部对接待各事项的费用报销单据进行汇总，并按类别整理后提交财务部报销。 **2. 总结与改进** ☆来访记录人员负责整理接待进程中的各项信息，并对接待结果进行汇总。 ☆行政部负责对接待工作进行总结，查找不足之处，据此撰写接待报告，以进一步改进接待工作。

（续）

任务名称	执行程序、工作标准与考核指标
接待后续处理	**工作重点** 行政部要及时对此次的接待工作进行总结。
	工作标准
	☆质量标准：接待费用报销单据及时提交，并保证单据完整、金额准确。 ☆内容标准：接待总结中必须要有工作改进的措施。
	考核指标
	☆接待预算超支率。接待预算超支率 = $\frac{接待实际发生金额}{接待预算金额}\times 100\%$ ☆接待费用报销单据提交的准确率。
执行规范	
“访客接待需求申请表”“接待对象信息调查表”“接待方案”“接待管理制度”“接待标准规定”“接待工作总结报告”。	

2.3 临时接待管理流程设计与工作执行

2.3.1 临时接待管理流程设计

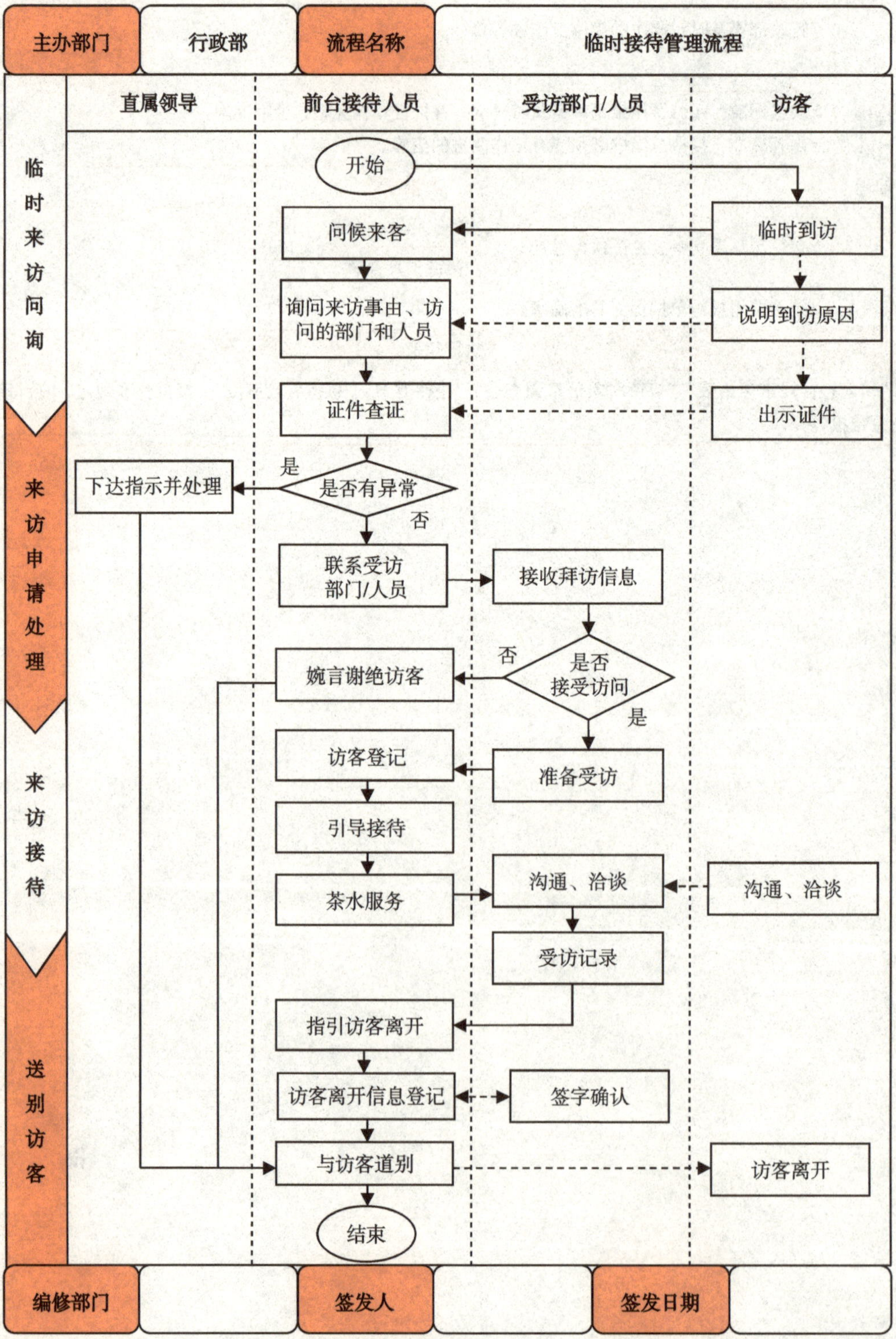
主办部门
行政部
流程名称
临时接待管理流程
直属领导
前台接待人员
受访部门/人员
访客
临时来访问询
来访申请处理
来访接待
送别访客
开始
临时到访
问候来客
说明到访原因
询问来访事由、访问的部门和人员
出示证件
证件查证
是否有异常
是
否
下达指示并处理
联系受访部门/人员
接收拜访信息
是否接受访问
否
是
婉言谢绝访客
准备受访
访客登记
引导接待
茶水服务
沟通、洽谈
沟通、洽谈
受访记录
指引访客离开
访客离开信息登记
签字确认
与访客道别
访客离开
结束
编修部门
签发人
签发日期

2.3.2 临时接待管理执行程序、工作标准、考核指标、执行规范

任务名称	执行程序、工作标准与考核指标
临时来访问询	**执行程序**
	1. 询问来访事由、访问的部门和人员 ☆前台接待人员礼貌问候访客。 ☆前台接待人员询问访客详细说明来访事由、访问的部门和人员等。 **2. 证件查证** ☆前台接待人员请访客出示有效身份证件及相关工作证件。 ☆前台接待人员要认真、仔细检查，核对证件真伪，发现有异常的，需请示直属领导，直属领导根据具体情况做出处理。 **工作重点** ☆在查明证件过程中，若访客拒绝出示证件，前台接待人员向上级领导确认后礼貌要求访客离开。 ☆前台接待人员应及时发现来访异常情况并上报处理，确保企业安全。
	工作标准
	☆质量标准：前台接待人员问询访客时需符合礼仪规范，语气温和，避免引起纠纷。 ☆目标准备：前台接待人员对所有临时来访人员必须进行证件查证。
	考核指标
	☆问询反馈的及时性。 ☆证件查证遗漏率。证件查证遗漏率 = $\frac{\text{查证遗漏的接待次数}}{\text{接待总次数}} \times 100\%$ ☆访客有效投诉次数。
来访申请处理	**执行程序**
	1. 联系受访部门 / 人员 前台接待人员检查访客证件真实有效后联系受访部门或人员，就访客的来访事宜与受访部门进行沟通，确认其是否接受访问。 **2. 确认是否接受访问** ☆若受访部门及人员拒绝接待或选择择日会见，前台接待人员应婉言谢客。 ☆若受访部门及人员确认接受访问，前台接待人员按照企业的相关规定进行接待。 **工作重点** ☆前台接待人员需掌握企业内可以接待来访者的人员姓名、部门、职务、分机号码等。 ☆前台接待人员在进行接待时要根据情况灵活应对，避免访客出现不良情绪。
	工作标准
	☆质量标准：前台接待人员联系受访部门或人员时，务必说明访客信息。 ☆时间标准：在没有其他紧急工作的情况下，前台接待人员须及时联系受访部门 / 人员。
来访接待	**执行程序**
	1. 访客登记 受访部门或人员确认接受访问后，前台接待人员对访客进行来访登记。

（续）

任务名称	执行程序、工作标准与考核指标
来访接待	**2. 引导接待** ☆完成来访登记后，前台接待人员需引导访客进入会客区，并请其稍等片刻。 ☆前台接待人员为访客提供茶水、刊物等。 ☆受访部门或人员安排与访客会面，进行沟通、洽谈，并做好受访记录。 **工作重点** ☆前台接待人员需准备一些便笺纸，如果受访人员不在，可请访客在便笺纸上留言后转交受访部门或相关人员。 ☆企业应设立专门的会客区或等候区，前台接待人员不得引领访客进入办公区域。
	工作标准
	☆内容标准：访客登记信息包括访客姓名、所属企业、身份证号、来访事由、来访对象、来访时间、联系方式等。 ☆质量标准：前台接待人员在引导接待时热情大方，同时要做好企业信息的保密工作。
	考核指标
	☆访客登记完整率。访客登记完整率 $=\frac{\text{登记的必填项数}}{\text{登记的总项数}}\times 100\%$ ☆访客登记遗漏率。
送别访客	**执行程序**
	1. 访客离开信息登记 访客离开时，前台接待人员应指引访客离开，确认访客离开时间并进行离开登记，受访部门或人员签字确认登记信息。 **2. 与访客道别** 前台接待人员在访客离开时要与访客道别。 **工作重点** 前台接待人员需注意观察访客离开时携带的物品情况，如有异常，及时上报。
	工作标准
	☆存档标准：行政部接待人员将所有接待记录认真存档，以备查验。 ☆质量标准：访客离开记录与实际情况相符。
执行规范	
“来客登记表”“接待管理制度”“员工礼仪与行为规范”。	

2.4 参观接待管理流程设计与工作执行

2.4.1 参观接待管理流程设计

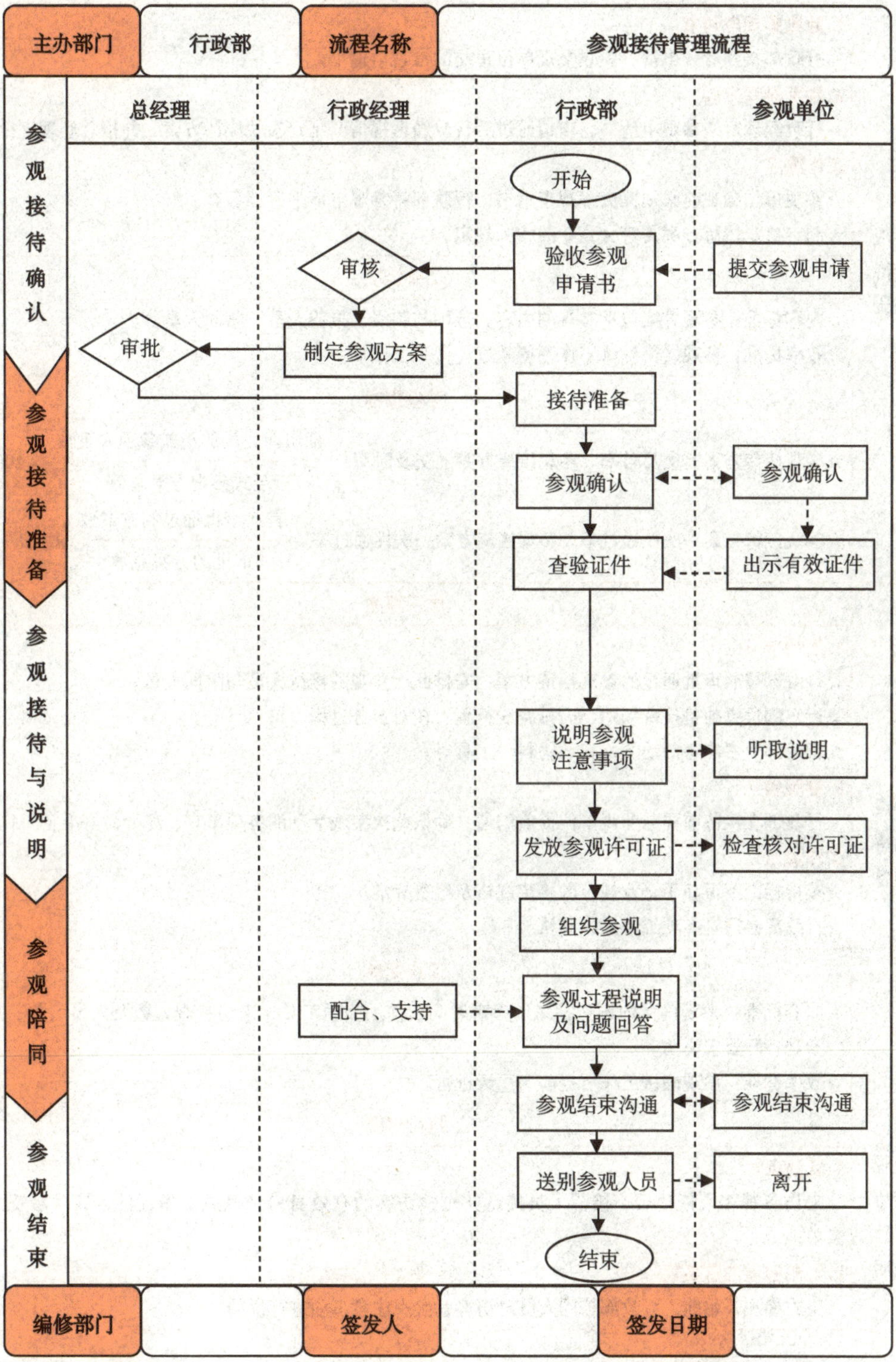

主办部门
行政部
流程名称
参观接待管理流程
总经理
行政经理
行政部
参观单位
参观接待确认
参观接待准备
参观接待与说明
参观陪同
参观结束
开始
验收参观申请书
提交参观申请
审核
制定参观方案
审批
接待准备
参观确认
参观确认
出示有效证件
查验证件
说明参观注意事项
听取说明
发放参观许可证
检查核对许可证
组织参观
配合、支持
参观过程说明及问题回答
参观结束沟通
参观结束沟通
送别参观人员
离开
结束
编修部门
签发人
签发日期

2.4.2 参观接待管理执行程序、工作标准、考核指标、执行规范

任务名称	执行程序、工作标准与考核指标
参观接待确认	**执行程序**
	1. 验收参观申请书 行政部接到参观申请，验收参观单位提交的参观申请书。 **2. 制定参观方案** 行政经理审核参观申请书，申请通过后行政经理视情况制定参观接待方案，并报总经理审批。 **工作重点** ☆参观单位参观前必须提交参观申请书，行政部将参观申请书存档备查。 ☆制定参观接待方案需符合企业的相关规定。
	工作标准
	☆内容标准：参观方案包括参观的内容、范围与路线、接待人员、陪同人员等。 ☆效率标准：参观接待确认工作不得超过____个工作日。
	考核指标
	☆参观接待方案上交及时率。参观接待方案上交及时率 = $\frac{\text{期限内完成的正式参观方案数}}{\text{正式参观方案总数}} \times 100\%$ ☆参观接待方案一次性通过率。参观接待方案一次性通过率 = $\frac{\text{首次审批通过的方案数}}{\text{审批的方案总数}} \times 100\%$
参观接待准备	**执行程序**
	1. 接待准备 ☆行政部按照审批通过的参观接待方案，安排此次参观的接待人员与陪同人员。 ☆行政部负责准备接待场地、安排路线行程、核对服务过程。 ☆行政部负责准备活动的材料、物料、工具等。 **2. 参观确认** 行政部在接待前要与参观单位提前沟通，确认此次参观活动的各项事宜，充分做好准备工作。 **工作重点** ☆接待标准不得高于企业规定的接待规格及经费标准。 ☆行政部必须对各项细节加以确认。
	工作标准
	☆内容标准：参观确认内容包括来访参观时间、使用交通工具、来访参观人数及人员名单、来访参观特殊要求说明等。 ☆效率标准：参观确认工作需提前____天进行。
参观接待与说明	**执行程序**
	1. 查验证件 来访参观客人抵达后，接待人员接待并查验访客的有效身份信息或工作证件，核对参观人员名单。 **2. 说明参观注意事项** 正式参观开始前，行政部陪同人员对访客就参观注意事项进行说明。

（续）

任务名称	执行程序、工作标准与考核指标
参观接待与说明	**3. 发放参观许可证** 行政部向参观人员发放参观许可证，并告知其需随身携带不得遗失。 **工作重点** ☆行政部要确保参观活动顺利进行的同时，也不妨碍企业正常生产经营活动。 ☆严格检查，防止非参观者进入。
	工作标准
	☆内容标准：参观说明包括参观路线的简要说明、拍照摄像许可、安全规章等；参观许可证内容包括证件编号、参观人员姓名、所在单位、行政部参观服务电话、陪同人员姓名及联系电话等。 ☆质量标准：确保访客证件 100% 得到了查验，参观过程中未持有参观许可证的人员不得进行参观。
参观陪同	**执行程序**
	1. 组织参观 ☆行政部根据参观种类确定接待方式，并派遣陪同人员。 ☆陪同人员负责带领参观人员到企业参观。 **2. 参观过程说明及问题回答** ☆陪同人员负责讲解参观地点、参观内容、企业文化等。 ☆陪同人员需回答参观人员提出的问题。 **工作重点** ☆在参观过程中，陪同人员要严格遵守此次参观接待方案和企业的保密规定，回答参观人员提出的问题。 ☆行政部要对参观结果进行详细的记录并做成文档。
	工作标准
	☆质量标准：在参观过程中不得出现重大错误及纰漏。 ☆参照标准：按照制定完成的参观方案及企业的保密规定执行。
	考核指标
	☆参观服务投诉率。参观服务投诉率 $=\frac{\text{访客投诉的参观次数}}{\text{参观接待总数}}\times 100\%$ ☆参观服务满意度。参观服务满意度 $=\frac{\text{访客满意及以上程度的参观服务好评数}}{\text{访客参观服务评价总数}}\times 100\%$
参观结束	**执行程序**
	1. 参观结束沟通 ☆参观活动结束后，陪同人员同参观人员进行结束性沟通谈话。 ☆行政部安排专人对参观全程进行记录。

（续）

<table>
<tr><th>任务名称</th><th>执行程序、工作标准与考核指标</th></tr>
<tr><td rowspan="3">参观结束</td><td>2. 送别参观人员
☆访客离开时，行政部收回参观许可证。
☆陪同人员礼貌送别参观人员。
工作重点
在送别参观人员时，陪同人员要注意参观人员是否未经企业同意私自将物品带走。</td></tr>
<tr><td>工作标准</td></tr>
<tr><td>☆质量标准：在参观结束环节，陪同人员要给参观人员留下良好的印象。
☆效率标准：在参观结束时，陪同人员及时与参观人员进行结束性沟通谈话。</td></tr>
<tr><td colspan="2">执行规范</td></tr>
<tr><td colspan="2">“参观申请书”“参观接待方案”“参观注意事项”“参观手册”“参观许可证”“员工礼仪及行为规范”。</td></tr>
</table>

2.5 外宾接待管理流程设计与工作执行

2.5.1 外宾接待管理流程设计

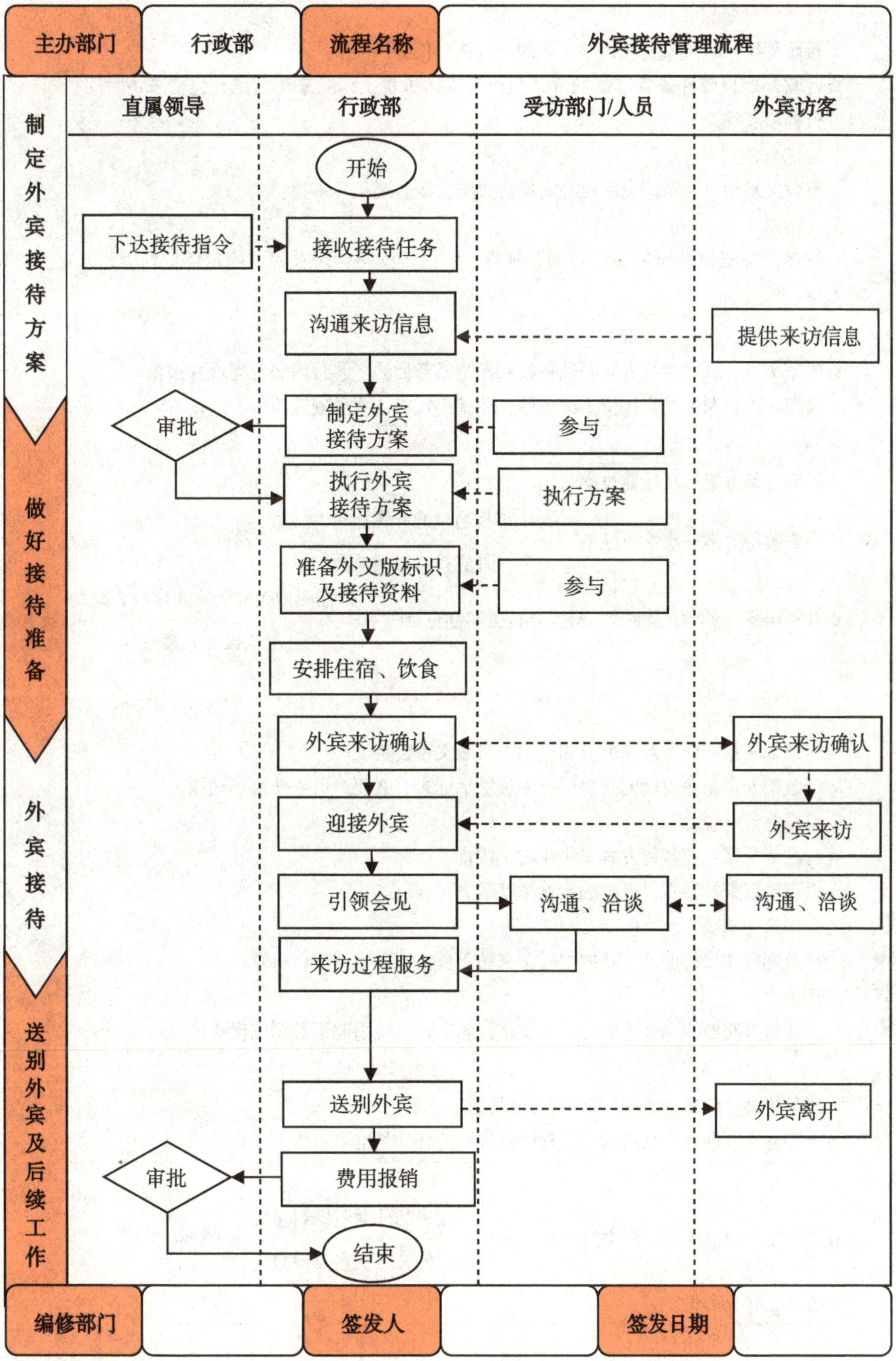
主办部门
行政部
流程名称
外宾接待管理流程
直属领导
行政部
受访部门/人员
外宾访客
制定外宾接待方案
做好接待准备
外宾接待
送别外宾及后续工作
开始
下达接待指令
接收接待任务
沟通来访信息
提供来访信息
审批
制定外宾接待方案
参与
执行外宾接待方案
执行方案
准备外文版标识及接待资料
参与
安排住宿、饮食
外宾来访确认
外宾来访确认
迎接外宾
外宾来访
引领会见
沟通、洽谈
沟通、洽谈
来访过程服务
送别外宾
外宾离开
审批
费用报销
结束
编修部门
签发人
签发日期

2.5.2 外宾接待管理执行程序、工作标准、考核指标、执行规范

任务名称	执行程序、工作标准与考核指标
制定接待方案	**执行程序** **1. 接收接待任务** ☆行政部须及时接收直属领导下达的外宾接待任务。 ☆行政部要以邮件或者电话的方式与外宾来访负责人沟通来访信息，包括来访时间、随行人员、行程事宜等。 **2. 制定接待方案** 行政经理根据来访信息制定外宾接待方案，报直属领导审批。 **工作重点** 行政经理根据外宾来访的目的、规格、意愿等安排参观项目，确定活动内容，制定外宾接待方案。 **工作标准** ☆效率标准：外宾接待方案必须在收到接待任务后的____日内制定完成并报批。 ☆参照标准：制定外宾接待方案按照企业接待规格的相关规定执行。 **考核指标** ☆外宾接待方案一次性通过率。 $\text{外宾接待方案一次性通过率}=\frac{\text{首次审批通过的外宾接待方案数}}{\text{外宾接待方案总数}}\times 100\%$ ☆外宾接待方案制定及时率。$\text{外宾接待方案制定及时率}=\frac{\text{期限内完成的正式接待方案数}}{\text{正式接待方案总数}}\times 100\%$
做好接待准备	**执行程序** **1. 准备外文版标识及接待资料** ☆行政部根据来访者意图准备相应的外文版文字资料。 ☆行政部要在企业内设置必要的外文版警示标志，必要时可悬挂两国国旗。 **2. 安排住宿、饮食** ☆行政部根据外宾接待方案安排住宿、饮食。 ☆由行政部安排参观、考察的地点和路线。 **3. 外宾来访确认** 行政部需在接待前____日内与外宾来访负责人再次确认来访事宜。 **工作重点** 在接待外宾前要充分了解外宾的文化及风俗，以免引起不必要的误会。 **工作标准** ☆质量标准：保证外文版文字资料无错漏。 ☆效率标准：在外宾来访前____日内做好接待外宾的准备工作。 **考核指标** ☆外文版资料准确率。$\text{外文版资料准确率}=\frac{\text{正确的外文版资料份数}}{\text{外文版资料总份数}}\times 100\%$ ☆准备工作充分性。

（续）

<table>
<tr><th>任务名称</th><th>执行程序、工作标准与考核指标</th></tr>
<tr><td rowspan="4">外宾接待</td><td>执行程序</td></tr>
<tr><td>1. 迎接外宾
行政部接待人员根据外宾接待方案，确定是在活动现场等待还是前往机场迎接外宾。
2. 引领会见
☆接待人员按照行程计划引领外宾前往会客厅。
☆企业领导或会谈负责人、受访部门人员与外宾进行会谈前，要向外宾赠送礼物以示双方友好。
3. 来访过程服务
在外宾访问行程中，行政部陪同人员为外宾提供必要的服务，如茶水供应。
工作重点
☆ 会见场所内应有双语对照的欢迎标牌或横幅，会见地点应选择在会客厅。
☆ 来访过程服务应注意服务礼仪。</td></tr>
<tr><td>工作标准</td></tr>
<tr><td>☆质量标准：在外宾接待过程中接待人员应热情周到、严守机密。
☆参照标准：赠送外宾礼物的费用标准应参照企业接待规定的标准执行。</td></tr>
<tr><td rowspan="4">送别外宾及后续工作</td><td>执行程序</td></tr>
<tr><td>1. 送别外宾
外宾访问行程结束后，由陪同人员或会谈领导亲自送别外宾。
2. 费用报销
行政部统计外宾访问行程中各项费用支出，统一汇总报直属领导审批。
工作重点
送别时根据来访外宾级别及企业领导日程安排选择送别人员。</td></tr>
<tr><td>工作标准</td></tr>
<tr><td>☆效率标准：外宾接待结束后____日内受访部门恢复日常工作。
☆质量标准：统计各项费用支出时需以事实为依据，准确率达到____%。</td></tr>
<tr><td colspan="2">执行规范</td></tr>
<tr><td colspan="2">“外宾接待物品明细表”“外宾接待费用管理制度”“外宾接待方案”“外宾接待行为规范”。</td></tr>
</table>

第3章 会议管理

3.1 会议管理流程设计

3.1.1 流程设计的目的

会议是各级行政机关实施行政管理的重要手段，而会议组织和服务的情况能够直接影响会议的质量和效果。

行政部是会议组织与服务的归口责任部门，负责会议的筹备、组织、开展、服务等工作，并对会议的质量与效果负有重要责任，所以行政部有必要对会议管理流程进行设计。

会议管理流程设计的目的如图 3-1 所示。

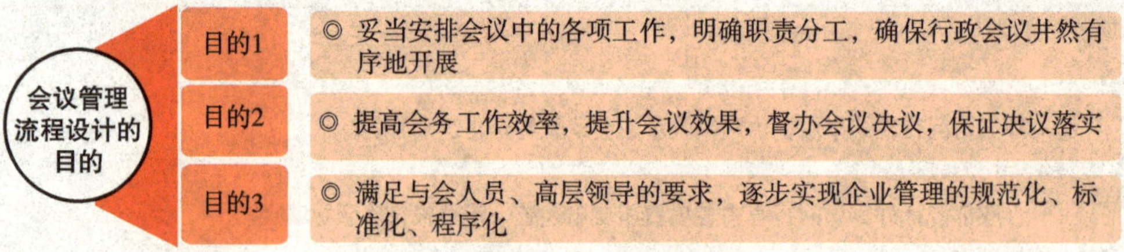

会议管理流程设计的目的		
目的1	◎	妥当安排会议中的各项工作，明确职责分工，确保行政会议井然有序地开展
目的2	◎	提高会务工作效率，提升会议效果，督办会议决议，保证决议落实
目的3	◎	满足与会人员、高层领导的要求，逐步实现企业管理的规范化、标准化、程序化

图 3-1 会议管理流程设计的目的

3.1.2 流程结构设计

会议管理流程结构可采取总分结构设计，即先设计出会议管理总流程，再设计会议筹划管理、会议开展管理、会议评估管理、企业年会管理、视频会议管理等子流程，具体如图 3-2 所示。

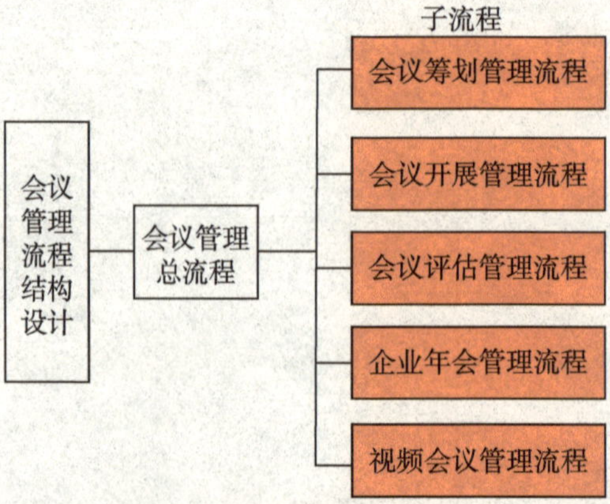

图 3-2 会议管理流程结构设计

3.2 会议管理流程设计与工作执行

3.2.1 会议管理流程设计

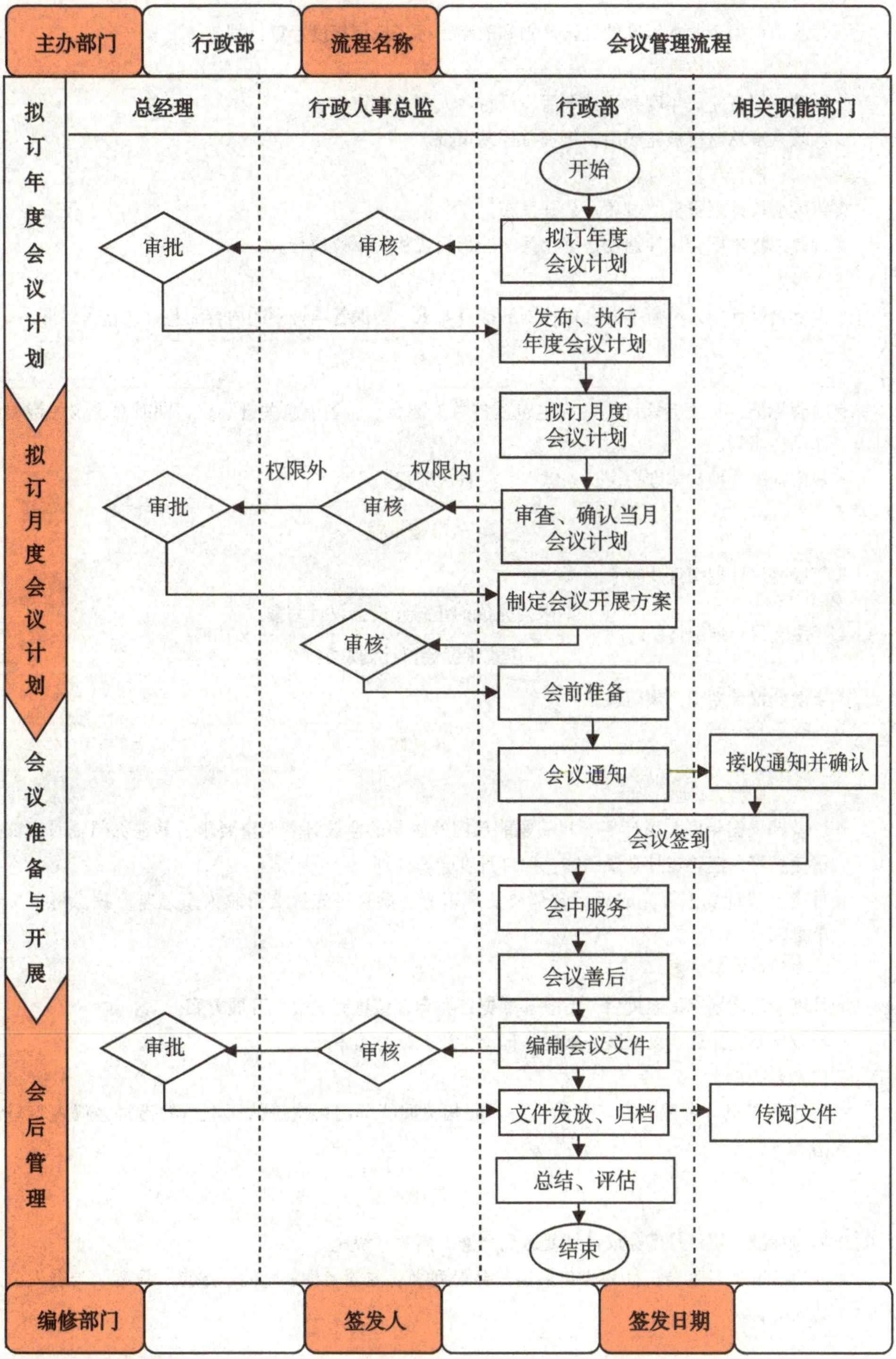

主办部门
行政部
流程名称
会议管理流程
拟订年度会议计划
拟订月度会议计划
会议准备与开展
会后管理
总经理
行政人事总监
行政部
相关职能部门
开始
拟订年度会议计划
审核
审批
发布、执行年度会议计划
拟订月度会议计划
审查、确认当月会议计划
权限外
权限内
审核
审批
制定会议开展方案
审核
会前准备
会议通知
接收通知并确认
会议签到
会中服务
会议善后
编制会议文件
审核
审批
文件发放、归档
传阅文件
总结、评估
结束
编修部门
签发人
签发日期

3.2.2 会议管理执行程序、工作标准、考核指标、执行规范

任务名称	执行程序、工作标准与考核指标
拟订年度会议计划	**执行程序** **1. 拟订年度会议计划** 行政部根据企业本年度的经营计划和战略目标来拟订年度会议计划。 **2. 年度会议计划审批** ☆行政部拟订完成年度会议计划后，报行政人事总监审核。 ☆行政人事总监审核完成后，再报总经理审批。 **3. 发布、执行年度会议计划** ☆年度会议计划审批通过后，公开发布。 ☆行政部将年度会议计划发送到相关职能部门或相关单位执行。 **工作重点** 拟订会议计划人员需掌握会议计划的拟订要求，确保各项计划的内容完整，无重大错漏。
	工作标准 ☆内容标准：年度会议计划的内容包括各类关键会议、各节点关键会议，同时对会议关键要素做详尽说明等。 ☆效率标准：拟订年度会议计划需在____日内完成。
	考核指标 ☆年度会议计划拟订及时率。 $年度会议计划拟订及时率=\frac{期限内完成的正式年度会议计划数}{正式年度会议计划总数}\times 100\%$ ☆年度会议计划拟订规范性。
拟订月度会议计划	**执行程序** **1. 拟订月度会议计划** ☆行政部根据年度会议计划、相关职能部门及领导的会议计划调整要求、其他部门临时会议的申请信息等，汇总当月会议内容，拟订月度会议计划。 ☆月度会议计划拟订完成后行政部要认真审查、确认，先提交行政人事总监审核，再报总经理审批。 **2. 制定会议开展方案** ☆月度会议计划审批通过后，行政部根据各类会议信息制定会议开展方案。 ☆行政部制定完成会议开展方案后，提交行政人事总监审核。 **工作重点** 行政部在拟订月度工作计划前，需要向相关职能部门再次确认所汇总的当月会议内容是否有遗漏。
	工作标准 ☆质量标准：拟订月度会议计划要做到严谨、高效、快速。 ☆内容标准：月度会议计划应包括当月会议列表、主题名称、时间、地点、议程、与会人员、主持人等。

（续）

任务名称	执行程序、工作标准与考核指标
会议准备与开展	**执行程序**
	1. 会前准备 ☆行政部至少在会议前____天准备会议。 ☆行政部根据会议内容、性质对会议开展场地进行合理布置，准备会议现场所需会议资料和用品。 **2. 会议通知** 行政部需提前____天通过邮件、电话等形式通知并提醒相关与会人员，确认其出席情况。 **3. 会中服务** ☆行政部组织与会人员签到，引导人员入席定，管理会场秩序，统计到会人员数量和缺席人员。 ☆行政部安排会议记录员进行全程会议记录。 ☆行政部提供其他会中服务，维持会议纪律。 **工作重点** 行政部要确保在不影响会议进程的前提下提供会中服务。
	工作标准
	☆内容标准：会议通知至少包括会议名称、主题、议程、时间、地点、注意事项等内容。 ☆质量目标：会议记录清晰、明了、完整、易懂，符合企业文件的编写要求；会议异常问题解决及时、有效，尽量减少对会议进程的影响。
	考核指标
	☆会议记录错漏次数。 ☆会议记录准确性。
会后管理	**执行程序**
	1. 会议善后 ☆行政部组织指引散会，确保参会人员有序离场。 ☆整理会场。 **2. 编制会议文件** ☆行政部编制会议纪要及会议成果文件，经行政人事总监审核后报总经理审批。 ☆行政部将审批通过的会议成果文件按密级、权限进行发放、传阅。 ☆行政部将会议记录、会议成果文件等编号、归档。 **3. 总结、评估** ☆行政部根据各次会议组织的实践经验，总结组织工作的成果，进一步提升会议组织效率与质量。 ☆行政部要跟踪会议成果的执行情况，督查会后指令，评估会议效果。 **工作重点** 行政部对会议成果文件的发放和传阅要严格遵循保密规定，避免文件越级发放。
	工作标准
	☆效率标准：会议成果文件编制及时，在会议结束后____日内完成。 ☆质量标准：会后评估有依据、有标准、有反思、有改进。

（续）

<table>
<tr><th>任务名称</th><th>执行程序、工作标准与考核指标</th></tr>
<tr><td rowspan="2">会后管理</td><td>考核指标</td></tr>
<tr><td>☆会议成果文件一次性通过率。
$$会议成果文件一次性通过率=\frac{首次审批通过的会议成果文件数}{审批的会议成果文件总数}\times 100\%$$
☆会议效果评估及时率。
$$会议效果评估及时率=\frac{期限内完成的会议效果评估次数}{会议效果评估总次数}\times 100\%$$</td></tr>
<tr><th colspan="2">执行规范</th></tr>
<tr><td colspan="2">“会议计划调整申请表”“临时会议申请表”“会议用品列表”“会议签到表”“会议管理制度”“会议跟踪评估表”“会议管理工作报告”“会议成果文件”“会议管理制度修订方案”“档案管理制度”“会议准备工作流程”。</td></tr>
</table>

3.3 会议筹划管理流程设计与工作执行

3.3.1 会议筹划管理流程设计

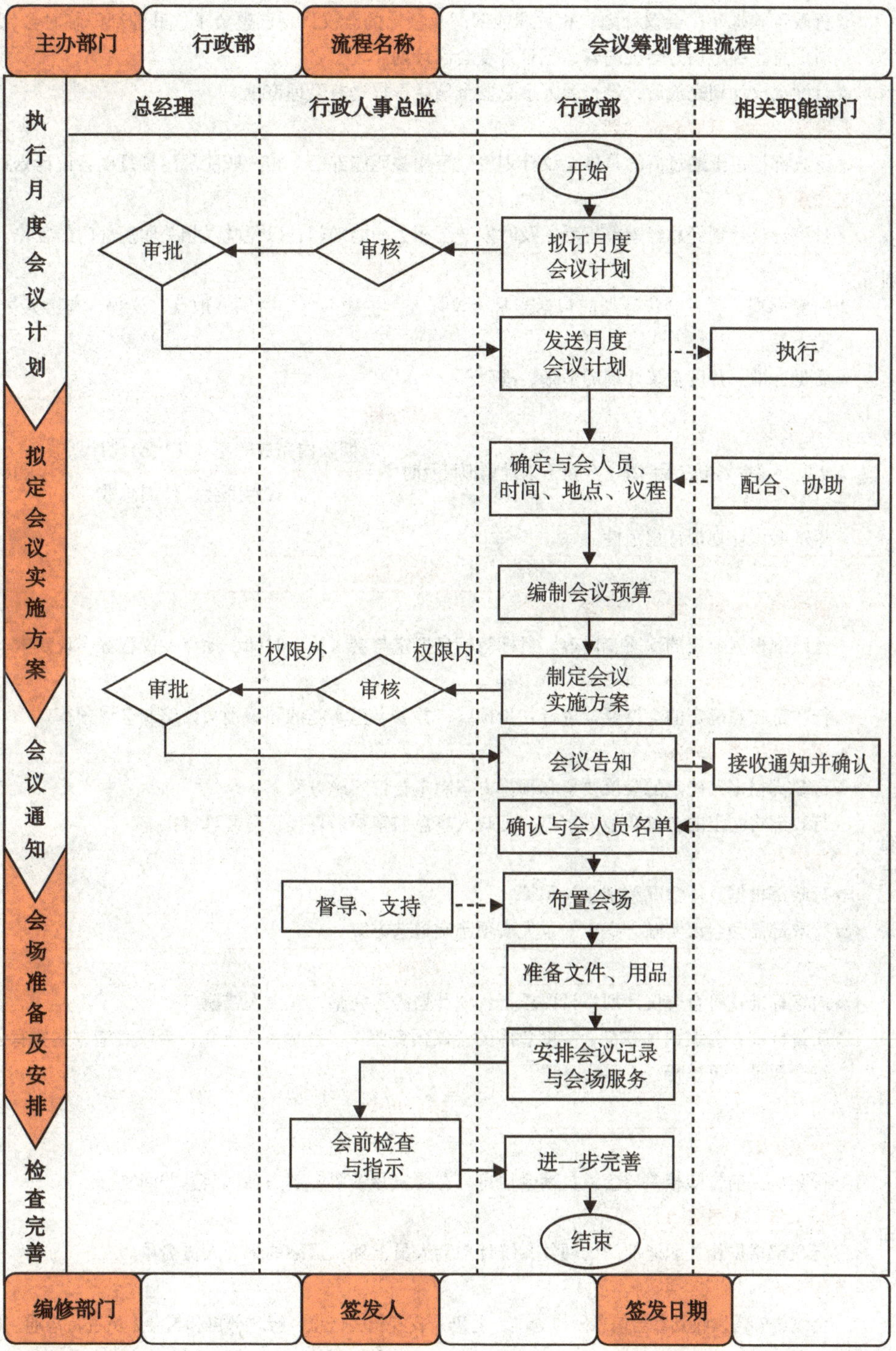

主办部门
行政部
流程名称
会议筹划管理流程
总经理
行政人事总监
行政部
相关职能部门
执行月度会议计划
拟定会议实施方案
会议通知
会场准备及安排
检查完善
开始
拟订月度会议计划
审核
审批
发送月度会议计划
执行
确定与会人员、时间、地点、议程
配合、协助
编制会议预算
权限外
权限内
制定会议实施方案
审核
审批
会议告知
接收通知并确认
确认与会人员名单
督导、支持
布置会场
准备文件、用品
安排会议记录与会场服务
会前检查与指示
进一步完善
结束
编修部门
签发人
签发日期

3.3.2 会议筹划管理执行程序、工作标准、考核指标、执行规范

任务名称	执行程序、工作标准与考核指标
执行月度计划	**执行程序** **1. 拟订月度会议计划** ☆行政部根据年度会议计划、相关职能部门及领导的会议计划调整要求、其他部门临时会议的申请信息，确定当月会议内容，拟订月度会议计划。 ☆月度会议计划完成后，经行政人事总监审核后再报送总经理审批。 **2. 发布、执行月度会议计划** 行政部把审批通过后的月度会议计划发送至相关职能部门，相关职能部门按月度会议计划执行。 **工作重点** 月度会议计划经总经理审批后须及时发送至相关职能部门，以免耽误相关职能部门的工作。 **工作标准** ☆内容标准：当月会议计划应包括当月会议列表、主题名称、时间、地点、议程、与会人员、主持人等。 ☆质量标准：月度会议计划需清晰、准确。 **考核指标** ☆年度会议计划拟订及时率。$年度会议计划拟订及时率=\frac{\text{期限内完成的正式年度会议计划数}}{\text{正式年度会议计划总数}}\times 100\%$ ☆年度会议计划拟订规范性。
制定会议实施方案	**执行程序** **1. 确定与会人员、时间、地点、议程** 行政部根据会议的性质、内容、目标等信息拟定与会人员、时间、地点、议程等会议要素。 **2. 编制会议预算** 行政部按照确定的会议要素进行初步预算，并参考已实施的同级别会议编制会议预算。 **3. 制定会议实施方案** ☆行政部根据已确定的会议要素和预算方案制定会议实施方案。 ☆行政部将制定的会议实施方案提交行政人事总监审核后再提交总经理审批。 **工作重点** ☆行政部根据具体情况编制会议预算。 ☆行政部需为会议实施方案中的重大事项制定备选方案。 **工作标准** ☆内容标准：符合会议计划拟订要求，各项计划内容完整，无重大错漏。 ☆质量标准：会议预算需符合年度总体的会议预算要求，且尽量明细化；会议实施方案要有创意、符合要求、可执行。
会议通知	**执行程序** **1. 会议告知** 行政部提前告知相关与会人员参会信息，并要求相关职能部门确认信息并回复。 **2. 确认与会人员名单** 行政部根据相关职能部门的回复，统计与会人员，确认最终的与会人员名单。 **工作重点** 会议告知需以收到参会信息回执为准，若仍未收到相关信息，行政部再和与会人员进行沟通、确认

（续）

任务名称	执行程序、工作标准与考核指标
会议通知	**工作标准** ☆质量要求：会议通知及时、无误、有条理。 ☆效率要求：会议告知需要在会议开始前____日内完成，与会人员名单需要在会议开始前____日内完成。
会场准备及安排	**执行程序** **1. 布置会场** 行政部提前确认会议场地，根据会议的性质、内容和主体布置会场的空间、座次、设备等。 **2. 准备文件、用品** 行政部将会议可能用到的所有文件、资料、用品等配备齐全。 **3. 安排会议记录与会场服务** ☆会议记录员要规范记录会议内容。 ☆行政部会议服务人员根据会议要求提供会场服务。 **工作重点** ☆行政部指定专人负责会议记录，并明确会议记录要求。 ☆关于文件、用品准备，行政部可提前制定文件用品表，避免物品缺漏。 **工作标准** ☆参照标准：会场空间安排应便于与会人员进出，会议座位安排应考虑会议的目的，单向沟通、双方沟通、多方沟通的会议其座位安排应有所不同。 ☆质量准备：准备工作要细致、周到，做好登记，便于统一管理。
检查完善	**执行程序** **1. 会前检查与指示** ☆行政人事总监在会议准备就绪后要及时进行会前检查。 ☆根据会场准备情况，行政人事总监或行政部提出问题、指示和要求。 **2. 进一步完善** 行政人事总监根据发现的问题、指示和要求进一步完善会场，以避免重大纰漏。 **工作重点** 在筹备大中型会议的过程中，行政人事总监有必要进行多次检查。 **工作标准** ☆效率标准：行政人事总监要确保在规定的时限内完成对会场准备工作的检查，给出工作指示，提出改善意见。 ☆质量标准：行政人事总监能够有效落实会场准备工作的各项要求，确保会场准备工作无疏漏，保障会议顺利进行。 **考核指标** ☆会议准备检查及时性。$\text{会议准备检查及时性}=\frac{\text{期限内完成的会议准备检查数}}{\text{会议准备检查总数}}\times 100\%$ ☆会议准备完善遗漏率。$\text{会议准备完善遗漏率}=\frac{\text{完善后有遗漏项的会议数}}{\text{准备完善后的会议总数}}\times 100\%$

执行规范

“会议计划调整申请表”“临时会议申请表”“会议议程安排表”“会议预算表”“月度会议计划”“会议管理制度”“会议通知单”“会议用品列表”“会议记录模板”“会议准备工作报告”“会议准备工作改进意见”“文件编制规范”。

3.4 会议开展管理流程设计与工作执行

3.4.1 会议开展管理流程设计

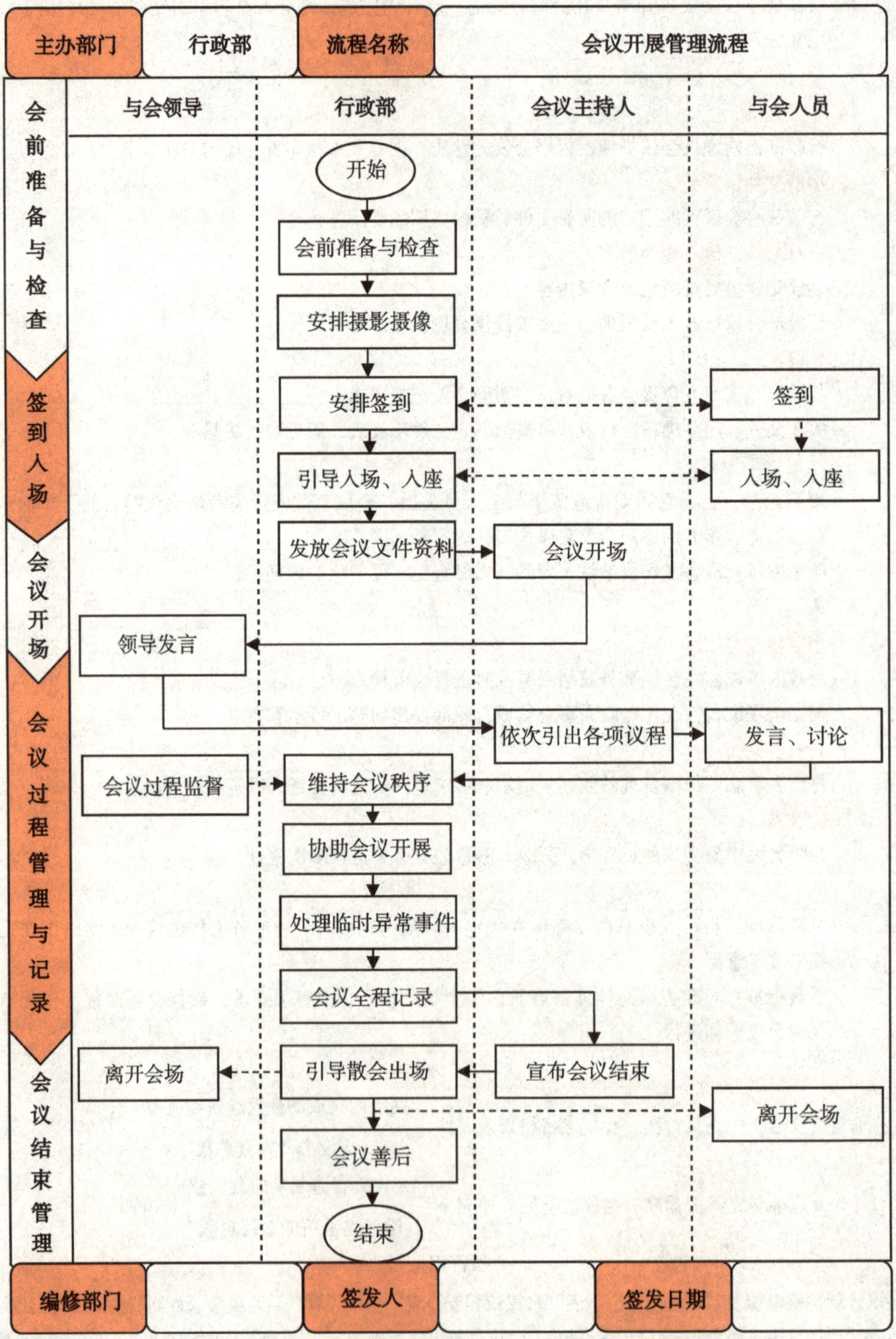
主办部门
行政部
流程名称
会议开展管理流程
与会领导
行政部
会议主持人
与会人员
会前准备与检查
签到入场
会议开场
会议过程管理与记录
会议结束管理
开始
会前准备与检查
安排摄影摄像
安排签到
签到
引导入场、入座
入场、入座
发放会议文件资料
会议开场
领导发言
依次引出各项议程
发言、讨论
会议过程监督
维持会议秩序
协助会议开展
处理临时异常事件
会议全程记录
宣布会议结束
离开会场
引导散会出场
离开会场
会议善后
结束
编修部门
签发人
签发日期

3.4.2 会议开展管理执行程序、工作标准、考核指标、执行规范

任务名称	执行程序、工作标准与考核指标
会前准备与检查	**执行程序**
	1. 会前准备与检查 ☆行政部工作人员至少在会议前 1 天或会议前____小时进行会议前准备。 ☆会议准备完成后，行政部工作人员应立即对场地、人员、议程、材料、资料、用品配备等会议事项进行整体检查、核实，保证会议顺利开展。 **2. 安排摄影摄像** 行政部安排摄影摄像人员就位，确保摄影摄像设备准备妥当，保证影像记录工作顺利开展。 **工作重点** ☆对于重要的会议，行政部需要进行彩排预演，并多次检查会议设备。 ☆行政部要确保摄影摄像记录工作能够顺利开展。
	工作标准
	☆内容标准：会议准备与检查的内容包括会场布置情况、会议文件资料、用品准备情况、会议各类事项人员与工作安排情况等。 ☆效率标准：会前准备需在会前____小时内完成。
签到入场	**执行程序**
	1. 安排签到 ☆行政部根据确认的与会人员名单编制人员签到表。 ☆行政部在会场入口设签到处，组织到场人员有序签到。 **2. 引导入场、入座** 签到完成后，会场工作人员需引导与会人员入场。 **工作重点** ☆签到表需按照一定顺序进行排列，便于与会人员快速找到自己的名字。 ☆签到处设置不可阻挡入口，与会人员较多时，需合理安排签到时间，避免引起混乱。
	工作标准
	☆质量标准：签到指引及时、明确、清晰，与会人员签到无误。 ☆参照标准：与会人员名单之外的其他人员参会需向上级汇报。
	考核指标
	☆签到表的准确率。 ☆签到指引及时率。$签到指引及时率=\frac{\text{期限内完成签到指引的会议数}}{\text{会议总数}}\times 100\%$
会议开场	**执行程序**
	1. 会议开场 ☆行政部负责发放会议文件资料。 ☆由会议主持人主持开场发言，说明会议主题，宣读会议议程。

（续）

任务名称	执行程序、工作标准与考核指标
会议开场	**2. 领导发言** 与会领导根据准备好的内容讲话。 **工作重点** ☆会议开始前会议主持人可通过游戏调动气氛。 ☆会议主持人需灵活应对紧急情况，合理安排会议时间。
	工作标准
	☆数量标准：发放的会议文件资料要确保相关人员人手一份。 ☆参照标准：会议开场后，会议各项议程严格按照会议开展方案进行。
会议过程管理与记录	**执行程序**
	1. 依次引出各项议程 ☆会议主持人按照会议开展方案，依次引出各项议程。 ☆会议主持人掌控议程进度，引导参会人员积极发言、讨论。 **2. 维持会议秩序** ☆行政部负责维持会议现场的秩序。 ☆行政部接受领导的全程监督，维护好会议的秩序。 **3. 协助会议开展** ☆在会议进程中，行政部工作人员要注意内外联系和信息传递工作，确保所需物品供应充足，及时满足会议需求。 ☆如果会议中出现突发情况，行政部工作人员要及时做出反应，对于无法或无权处理的，要及时请示领导，根据指示快速采取应对措施。 **4. 会议全程记录** 行政部需安排专人负责对会议全程进行记录。 **工作重点** 行政部负责维持好会议纪律，确保与会人员做到不接打电话、不大声喧哗、不交头接耳、不打瞌睡、不做与会议无关的事、不随意走动、保持清洁卫生、不打断其他人的发言等，发生相应情况按照预案进行处理。
	工作标准
	☆内容标准：会议议程包括会议内容、讨论事项、达到目的、时间、地点、大约时长、需要发言的人员和内容要求等。 ☆质量标准：由于会场服务不周造成会议中断，影响会议进程的次数，其目标值为 0；会议记录要求准确、真实、清楚、完整，能够客观地反映会议的内容和进程。
会议结束管理	**执行程序**
	1. 引导散会离场 ☆会议议程全部完成后，主持人宣布会议结束。 ☆行政部要维持好离场秩序，先送领导离开，再引导与会人员有序离场，确保所有与会人员安全离场。

（续）

任务名称	执行程序、工作标准与考核指标
会议结束管理	**2. 会议善后** 清理会场卫生，整理会场物品。 **工作重点** 行政部要派专人提醒与会人员注意携带个人物品，不要遗漏在会场。
	工作标准
	☆质量标准：严格执行企业的员工礼仪规范，确保出入场秩序良好。 ☆效率标准：散会离场时严格遵守相关规定，有序离开。
	考核指标
	☆会议出入场指引投诉率。 ☆会议善后完成率。
执行规范	
“会议准备工作检查表”“会议准备工作记录”“与会人员签到表”“会议管理制度”。	

3.5 会议评估管理流程设计与工作执行

3.5.1 会议评估管理流程设计

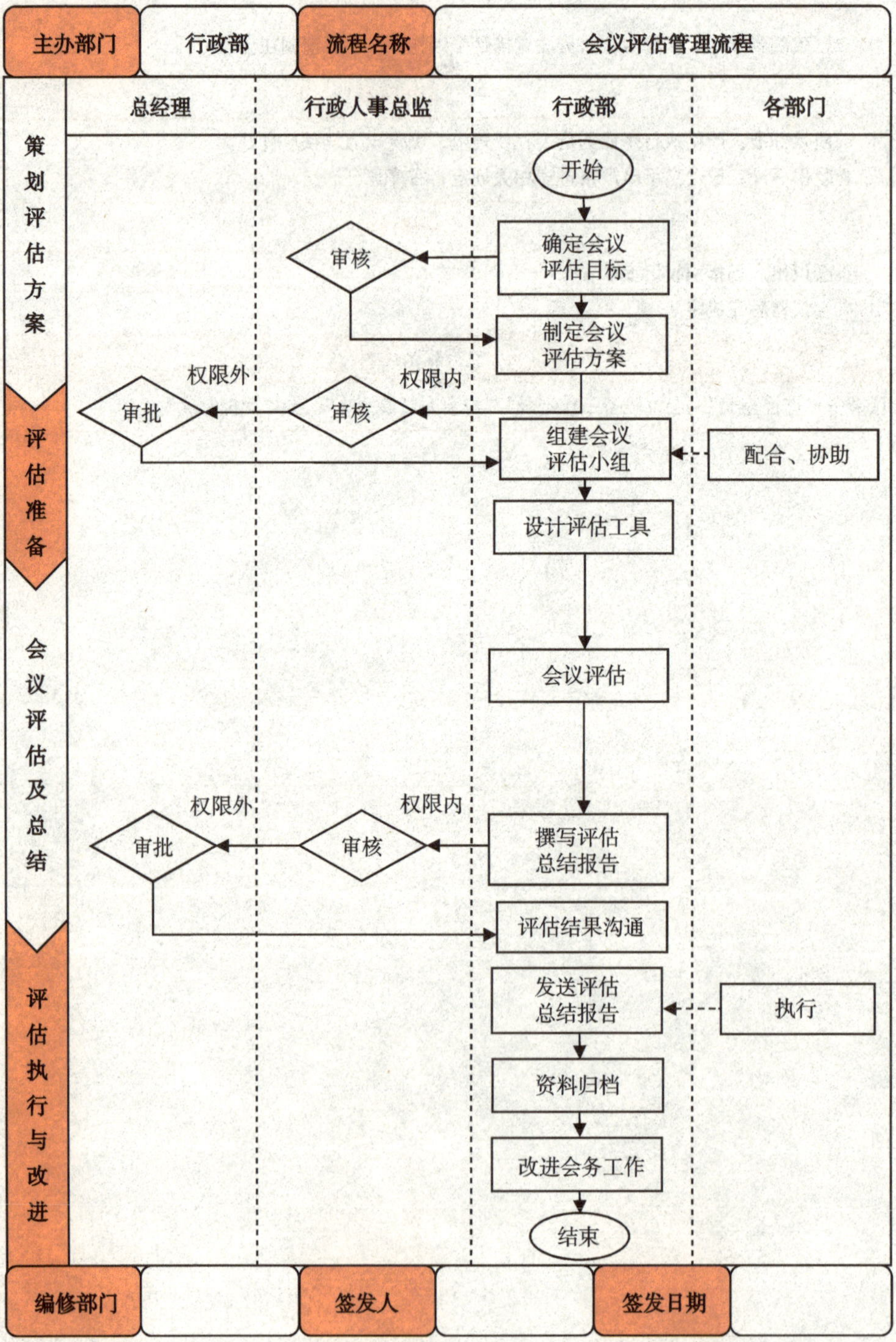
主办部门
行政部
流程名称
会议评估管理流程
总经理
行政人事总监
行政部
各部门
策划评估方案
评估准备
会议评估及总结
评估执行与改进
开始
确定会议评估目标
审核
制定会议评估方案
权限外
权限内
审批
审核
组建会议评估小组
配合、协助
设计评估工具
会议评估
权限外
权限内
审批
审核
撰写评估总结报告
评估结果沟通
发送评估总结报告
执行
资料归档
改进会务工作
结束
编修部门
签发人
签发日期

3.5.2 会议评估管理执行程序、工作标准、考核指标、执行规范

任务名称	执行程序、工作标准与考核指标
策划评估方案	**执行程序** **1. 确定会议评估目标** 行政部根据会议的目的和内容，确定会议评估目标后，提交行政人事总监审核。 **2. 制定会议评估方案** ☆会议评估目标审核通过后，行政部围绕会议评估目标制定会议评估方案。 ☆行政部提交会议评估方案给行政人事总监审核，超出权限的报总经理审批。 **工作重点** 会议评估工作应每季度进行一次，主要从会议准备工作是否充分，会议决议是否得到贯彻落实等方面进行评估。 **工作标准** ☆质量标准：会议评估目标清晰、合理，会议评估方案具有操作性。 ☆效率标准：在会议结束后的____日内确定会议评估目标，围绕评估目标制定会议评估方案。
评估准备	**执行程序** **1. 组建会议评估小组** 由行政部负责组建会议评估小组，各部门需协助、配合。 **2. 设计评估工具** 行政部领导会议评估小组根据会议的具体特点和内容，共同设计会议评估工具。 **工作重点** 会议评估小组的建立需要各部门的协助与配合。 **工作标准** ☆质量标准：会议评估小组组建迅速，评估工具能够发挥应有的作用。 ☆参照标准：会议评估小组的建立与操作根据会议评估方案执行。
会议评估及总结	**执行程序** **1. 会议评估** ☆行政部与会议评估小组一起，就会议前期的筹备、宣传等事项进行评估。 ☆行政部与会议评估小组需针对会议的内容议程、会议效率、会议重要成果等进行会中评估。 ☆会议结束后，行政部与会议评估小组需做好会后效果评估。 **2. 撰写评估总结报告** ☆行政部与会议评估小组借助评估工具，对整个会议过程各阶段的评估结果及时进行汇总与整理，撰写评估总结报告提交行政人事总监审核，超出权限的报总经理审批。 ☆会议评估报告审核通过后，行政部组织相关人员进行评估结果沟通，分析会议的成果和问题。 **工作重点** 行政部撰写会议评估总结报告时，应着重撰写会议的改进措施，并据此对会议管理制度和会议管理工作流程进行修订和完善。 **工作标准** ☆质量标准：会议评估过程沟通顺畅，评估工具合理，评估内容正确。 ☆效率标准：会议评估小组需在____日内完成会议评估工作。

（续）

任务名称	执行程序、工作标准与考核指标
会议评估及总结	**考核指标**
	☆会议评估的有效性。 ☆会议评估总结报告的完整性。
评估执行与改进	**执行程序**
	1. 发送评估总结报告 ☆行政部向各部门发送会议评估总结报告，督促各部门认真执行。 ☆行政部对会议过程、评估过程中的文件资料进行分类整理，及时归档保存。 **2. 改进会务工作** 行政部根据会议评估总结报告及会议工作管理的实际情况，制订会务工作的改进计划，汲取经验教训，不断改进会务工作。 **工作重点** 行政部根据会议决议执行情况评估表对各部门的执行情况进行评估。
	工作标准
	☆质量标准：会议评估报告发送率达到100%，各部门能够认真执行。 ☆效率标准：行政部在下一次大型会议上必须改进会务工作。
执行规范	
“会务管理制度”“会议评估规范”“会议评估方案”“会议评估总结报告”。	

3.6 企业年会管理流程设计与工作执行

3.6.1 企业年会管理流程设计

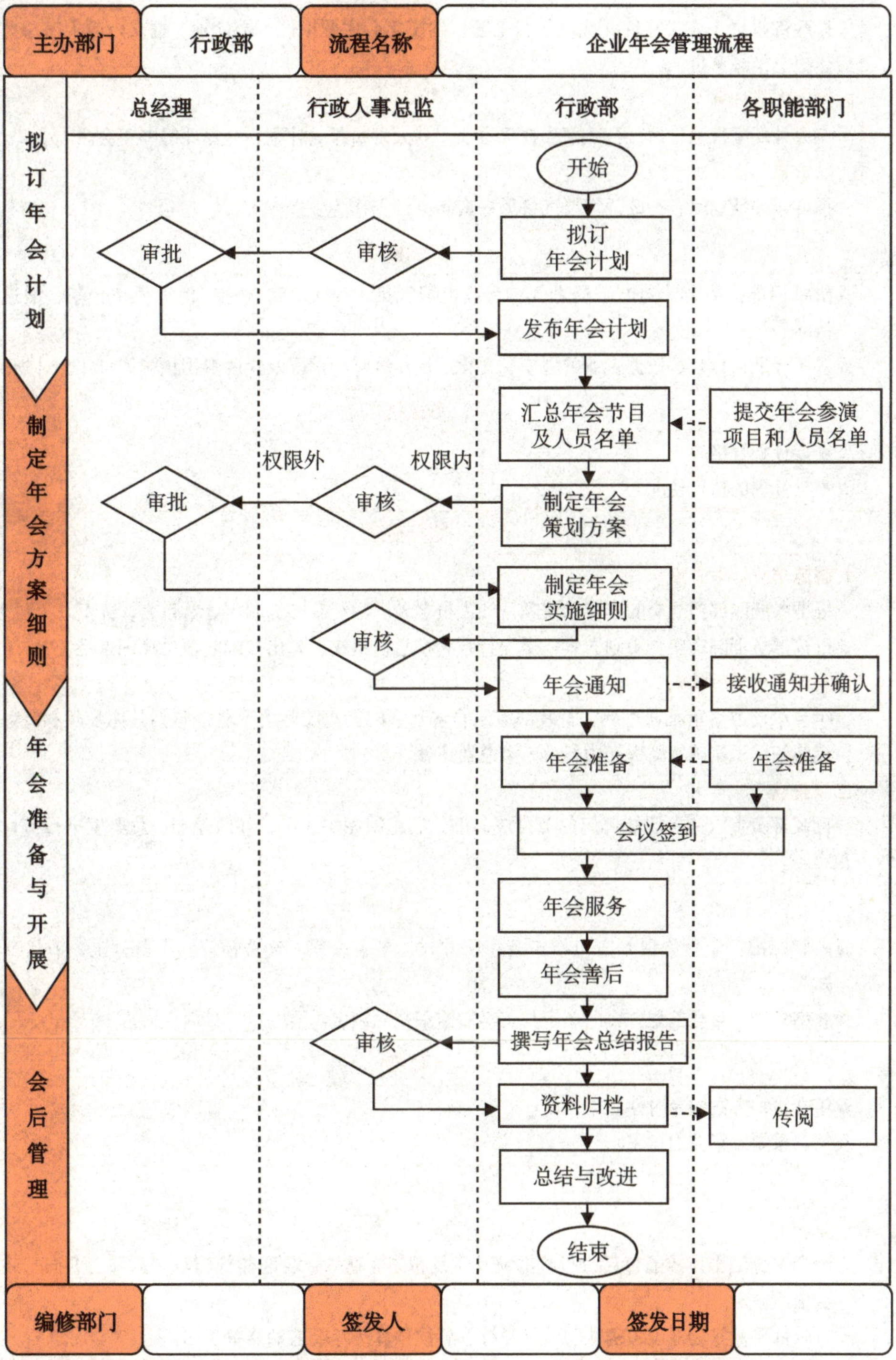

主办部门
行政部
流程名称
企业年会管理流程
总经理
行政人事总监
行政部
各职能部门
拟订年会计划
制定年会方案细则
年会准备与开展
会后管理
开始
拟订年会计划
审核
审批
发布年会计划
提交年会参演项目和人员名单
汇总年会节目及人员名单
权限外
权限内
制定年会策划方案
审核
审批
制定年会实施细则
审核
年会通知
接收通知并确认
年会准备
年会准备
会议签到
年会服务
年会善后
撰写年会总结报告
审核
资料归档
传阅
总结与改进
结束
编修部门
签发人
签发日期

3.6.2 企业年会管理执行程序、工作标准、考核指标、执行规范

任务名称	执行程序、工作标准与考核指标
拟订年会计划	**执行程序** **1. 拟订年会计划** 行政部根据企业实际情况确认年会主题，围绕年会主题拟订年会计划，提交行政人事总监审核后，报总经理审批。 **2. 发布年会计划** 年会计划审批通过后，行政部需在年会前____天发布年会计划，并据此筹办年会。 **工作重点** 拟订年会计划时，行政部需要准备另一套年会计划作为备选方案。 **工作标准** ☆质量标准：年会计划可激扬士气，营造组织气氛、深化内部沟通、促进战略分享、增进目标认同。 ☆参照标准：行政部根据企业的规模、文化、往年的年会情况及年度费用预算拟订年会计划。 **考核指标** ☆年会计划合格率。 ☆年会计划的执行情况。
制定年会方案细则	**执行程序** **1. 制定年会策划方案** ☆根据各职能部门提交的年会参演项目和人员名单，由行政部编制年会节目表，并汇总人员名单。 ☆行政部负责制定年会策划方案，提交行政人事总监审核，超出权限的报总经理审批。 **2. 制定年会实施细则** 年会策划方案审批通过后，行政部应结合场地、时间等实际情况制定包括具体步骤和流程的年会实施细则，实施细则提交由行政人事总监审核。 **工作重点** 行政部负责收集各职能部门的节目单，汇总后组织相关人员、部门经理、总经理进行节目筛选和彩排。 **工作标准** ☆内容标准：年会策划方案包括年会开展方式、年会议程、经费预算、人员分工、节目征集通知等。 ☆效率标准：年会策划方案的制定与年会实施细则的确定需要在____日内完成。 **考核指标** ☆年会策划方案的及时性。 ☆年会策划方案的通过率。
年会准备与开展	**执行程序** **1. 年会准备** ☆年会实施细则审核通过后，行政部须及时发布年会通知，各职能部门收到通知后要向行政部确认信息。 ☆行政部要做好场地设备确认、节目彩排、餐饮预算等年会前期准备工作。

（续）

任务名称	执行程序、工作标准与考核指标
年会准备与开展	**2. 年会服务** ☆行政部负责组织到场人员签到，引导员工入场，控制年会气氛。 ☆在年会进行过程中，行政部需灵活应对各种情况，确保年会正常进行。 **3. 年会善后** ☆年会结束后，行政部要组织人员安全、有序地离场。 ☆行政部负责清理、恢复现场，外包场地结算费用后需保留票据。 **工作重点** ☆年会开始前至少要进行 2 次彩排。 ☆行政部要将年会各个流程的时间、地点、负责人、具体计划等以书面的形式发送到企业各职能部门，确保全体员工都了解年会各阶段的具体时间、地点和流程等。
	工作标准
	☆质量标准：充分做好年会前准备工作；控制好年会期间的主持人讲话、领导致辞与获奖员工发言的时间；年会善后工作有序进行。 ☆参照标准：年会准备及年会服务参照年会策划方案和年会实施细则执行。
会后管理	**执行程序**
	1. 撰写年会总结报告 行政部根据年会举办的实际情况，并听取员工意见和建议后，认真撰写年会总结报告，提交行政人事总监审核。 **2. 资料归档** ☆总结报告审核通过后，行政部将报告发送至各职能部门传阅。 ☆行政部将年会总结报告等资料归档。 **3. 总结与改进** 行政部回顾整个年会流程，总结自身工作存在的不足之处，汲取经验教训，不断改进自身的工作。 **工作重点** 在广泛听取员工意见后，行政部再撰写年会总结报告。
	工作标准
	☆质量标准：撰写年会总结报告时，要广泛听取员工意见，结合实际，做到有条理，可操作。 ☆效率标准：年会总结报告的撰写和发布需要在年会开展后的____日内完成。
执行规范	
“年度费用预算计划”“年会策划方案”“年会实施细则”“年会节目申报单”“年会节目审批表”。	

3.7 视频会议管理流程设计与工作执行

3.7.1 视频会议管理流程设计

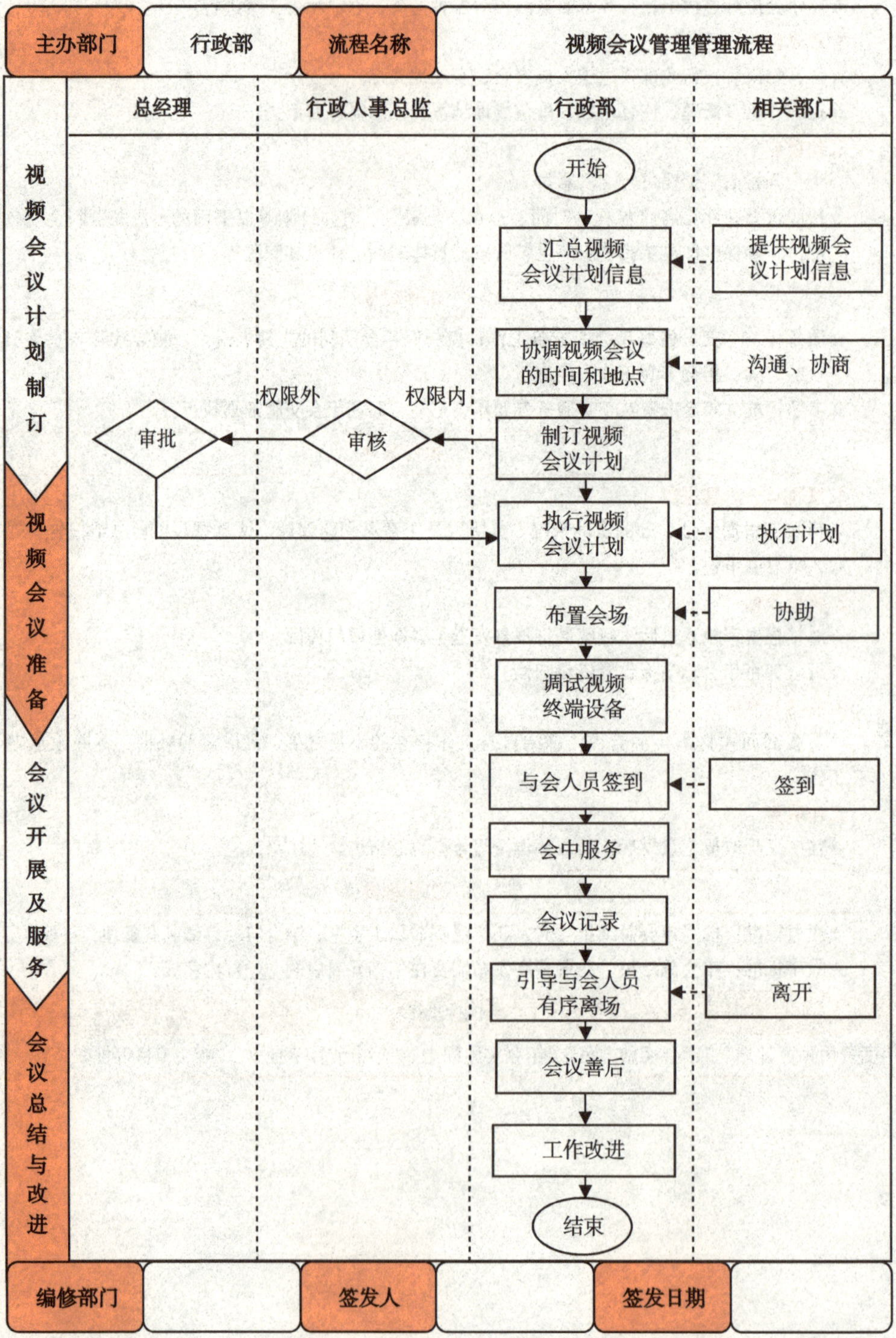

主办部门
行政部
流程名称
视频会议管理管理流程
总经理
行政人事总监
行政部
相关部门
视频会议计划制订
视频会议准备
会议开展及服务
会议总结与改进
开始
汇总视频会议计划信息
提供视频会议计划信息
协调视频会议的时间和地点
沟通、协商
制订视频会议计划
审核
权限内
权限外
审批
执行视频会议计划
执行计划
布置会场
协助
调试视频终端设备
与会人员签到
签到
会中服务
会议记录
引导与会人员有序离场
离开
会议善后
工作改进
结束
编修部门
签发人
签发日期

3.7.2 视频会议管理执行程序、工作标准、考核指标、执行规范

任务名称	执行程序、工作标准与考核指标
视频会议计划制订	**执行程序**
	1. 制订视频会议计划 ☆行政部接收各相关部门提交的视频会议计划信息进行汇总，并根据各部门提交的视频会议计划，协调安排各相关部门视频会议的时间和地点。 ☆行政部制订视频会议计划，提交行政人事总监审核，超出权限的报总经理审批。 **2. 执行视频会议计划** 视频会议计划审批通过后，行政部发放正式会议计划到各相关部门，各相关部门要认真执行视频会议计划。 **工作重点** 企业整体视频会议计划的制订需协调好各相关部门的视频会议需求。
	工作标准
	☆质量标准：视频会议计划要满足企业各相关部门的需求，同时也要确保各个视频会议不发生冲突。 ☆效率标准：在各相关部门提交视频会议信息后的____日内完成视频会议计划的制订工作。
视频会议准备	**执行程序**
	会议相关部门需协助行政部布置会场；行政部负责调试运行会场的视频终端设备，检查节点交换设备，保证传输设备运行良好，以确保视频会议顺利开展。 **工作重点** 会场服务人员预先检查会议室的桌椅、门窗、空调、计算机、投影仪、话筒等设备是否完好，如有问题须及时请维修人员或 IT 专员进行维修或调试。
	工作标准
	☆质量标准：视频会议设备完好、检查过程顺畅。 ☆效率标准：视频会议能按时进行，在会议进行中设备出现故障能及时解决。
会议开展及服务	**执行程序**
	1. 与会人员签到 行政部负责组织人员签到，引导与会人员到指定摄像范围内就座。 **2. 会中服务** 在进行视频会议的过程中，行政部要实时维护视频设备的正常运转，保证网络信息的流畅传输，并及时提供会议所需物品和服务。 **3. 会议记录** ☆行政部按照会议记录要求记录视频会议，保存相应影像资料。 ☆行政部安排会议记录人员记录、整理视频会议的内容和成果。 ☆行政部要引导相关部门的与会人员有序离场，关闭终端设备，确认信息安全，清理、恢复会场。 **工作重点** ☆做好会议保卫、保密工作。 ☆在会议进行的过程中，会场服务人员要留意会议进程，密切关注与会人员的各种需要。
	工作标准
	☆质量标准：行政人员需掌握多种会议签到的方法，做好会议签到和会议服务工作。 ☆效率标准：行政人员需在规定时间内完成人员签到、会议记录等各项工作。

（续）

任务名称	执行程序、工作标准与考核指标
会议开展及服务	**考核指标**
	☆人员签到率。 ☆会议记录完整度。
会议总结与改进	**执行程序**
	☆行政部要对视频会议管理工作进行总结，梳理管理流程，总结经验教训。 ☆行政部负责制订视频会议管理工作改进计划，不断改进视频会议管理工作。 **工作重点** 会议服务人员听从会场管理员的调配，密切关注与会人员的需要，积极听取相关人员的意见和建议并做好记录。
	工作标准
	☆质量标准：视频会议有总结，有改进，有成效。 ☆效率标准：行政部在规定时间内完成视频会议的改进工作。
执行规范	
“会务管理制度”“视频会议管理制度”“视频会议申请表”“视频会议安排表”。	

第4章 文书事务管理

4.1 文书事务管理流程设计

4.1.1 流程设计的目的

企业的文书包括决定、报告、通知、请示、批复、函、简报、会议纪要、外来信件、外来公文等。文书事务管理是企业正常开展工作的基础，是行政部的重要工作内容之一，其流程设计的目的如下。

（1）统一文书的工作标准，明确各项职责分工，梳理各步骤操作标准，从而正确、有效地处理文书事务。

（2）提高文书编制质量和文书事务处理工作的效率，进而提升企业办公效率。

（3）及时处理与外部单位联系的相关事宜，维护企业形象，提高企业美誉度。

（4）逐步实现企业管理的规范化、标准化、程序化，提升管理水平与管理效率，提高企业的综合竞争力。

4.1.2 流程结构设计

文书事务管理工作比较烦琐，其管理流程结构可按各不同类型的文书进行设计，也可按照文书事务管理职能进行设计。图 4-1 是文书事务管理流程结构设计示意图，仅供参考。

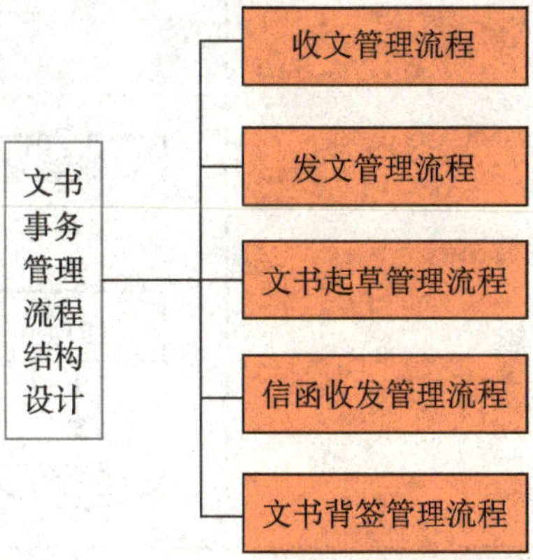

图 4-1 文书事务管理流程结构设计

4.2 收文管理流程设计与工作执行

4.2.1 收文管理流程设计

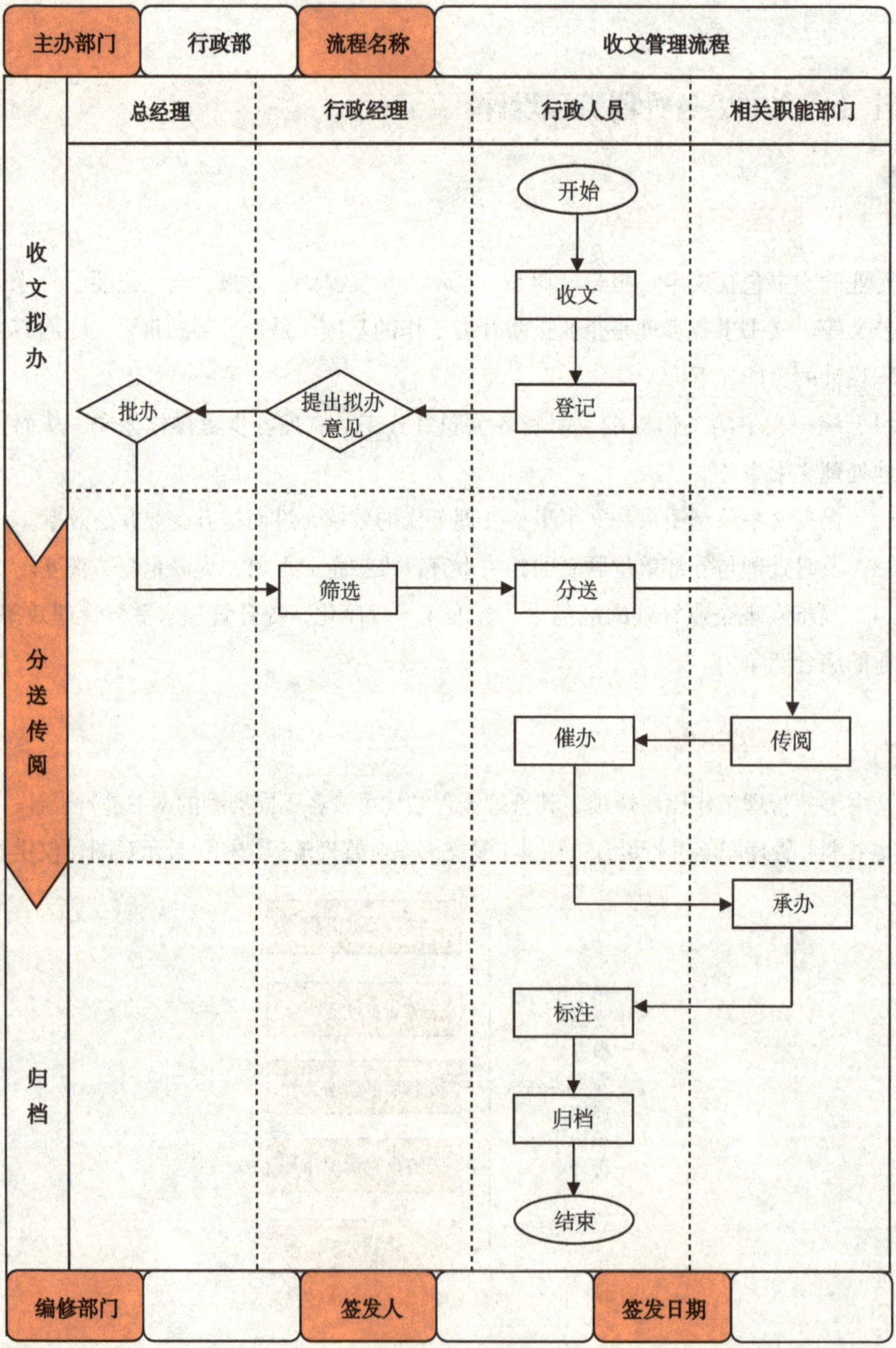

4.2.2 收文管理执行程序、工作标准、考核指标、执行规范

任务名称	执行程序、工作标准与考核指标
收文拟办	**执行程序**
	1. 收文 由行政人员接收文书，清点、确认后填写回单。 **2. 登记** 行政人员对来文进行分类、整理、编号后在收文登记簿上登记。 **3. 提出拟办意见** 行政经理对文书进行初步处理，填写公文处理单，提出拟办意见，报总经理批办。 **工作重点** 行政人员收到文书时，需清点、检查无误后再填写回单。
	工作标准
	☆质量标准：收文准确。 ☆效率标准：拟办及时。
	考核指标
	☆收文登记及时率。收文登记及时率 $=\frac{\text{期限内完成收文登记的次数}}{\text{收文登记总数}}\times 100\%$ ☆收文登记错漏次数。 ☆拟办及时率。拟办及时率 $=\frac{\text{期限内完成拟办的次数}}{\text{拟办总数}}\times 100\%$
分送传阅	**执行程序**
	1. 筛选 文书经批办后，行政经理按文书的承办方式、处理类型、批示对象等进行分类筛选。 **2. 分送** 行政人员按照文书事务管理制度标明文书信息，将总经理的批办意见及行政经理的筛选结果一同送达各相关职能部门。 **3. 传阅** 相关职能部门根据分发意见、文书传阅要求和保密规定传阅文书，任何个人对所阅文书不得有增删、带离、转借、外泄等违规行为。 **4. 催办** ☆行政人员应在相关文书的办文时限前____日催办。 ☆行政人员要定期跟踪重要文书，并督促相关职能部门及时办理。 **工作重点** ☆相关职能部门阅读文件应抓紧时间，不得抄录全文，不得任意取走文件夹内任何文件及附件，如果确实有需要，需办理借阅手续，以防止丢失、泄密。 ☆行政部对文书在超过办文时限前可采用电话或派人催办等方式进行催办。 ☆要求退回归档的文件，行政部要在文件上标明“阅后请退回归档”字样，以便及时收回，防止丢失。

（续）

任务名称	执行程序、工作标准与考核指标
分送传阅	**工作标准** ☆质量标准：文书分送工作要符合企业文件事务管理规定，操作准确无误。 ☆内容标准：分送的文件要在文件眉头右上方加盖收文戳记、填明编号、收文日期等，不需要登记的一般文件、简报等，也要在文件右上角写上领导的名字和部门名称，以示区别。 **考核指标** ☆分送及时率。$分送及时率=\frac{期限内分送完成的文件数}{分送文件总数}\times100\%$ ☆传阅及时率。$传阅及时率=\frac{期限内完成传阅的文件数}{传阅文件总数}\times100\%$
归档	**执行程序** **1. 承办** ☆相关职能部门在收到需办理的文书后，及时处理。 ☆行政人员对权限不明、授权不清的文书要及时向领导请示，明确权限，尽快办理。 **2. 标注** 文书办理完成后，行政人员要及时在收文登记簿和公文处理单上标注出来，并填写办理结果信息。 **3. 归档** 行政人员将处理完成的文书按其分类或编号归档到对应的文件区域，以备在保管期内查证取用。 **工作重点** ☆需要跨部门联合承办的文书，相关职能部门应注意协调关系，做好承办工作。 ☆属上级下发的阅知文件，相关职能部门根据领导提出的意见执行。 **工作标准** ☆质量标准：归档正确、沟通明确、授权准确。 ☆效率标准：归档及时，确保在____日内完成归档工作。 **考核指标** ☆归档及时率。$归档及时率=\frac{期限内完成归档的文件数}{归档文件总数}\times100\%$ ☆归档出错次数。
执行规范	
“送件回单”“收文登记簿”“文书事务管理制度”“来文承办卡”“收文承办卡”“领导批示卡”“文件资料借阅单”“文件督办记录”“公文处理单”“归档管理制度”。	

4.3 发文管理流程设计与工作执行

4.3.1 发文管理流程设计

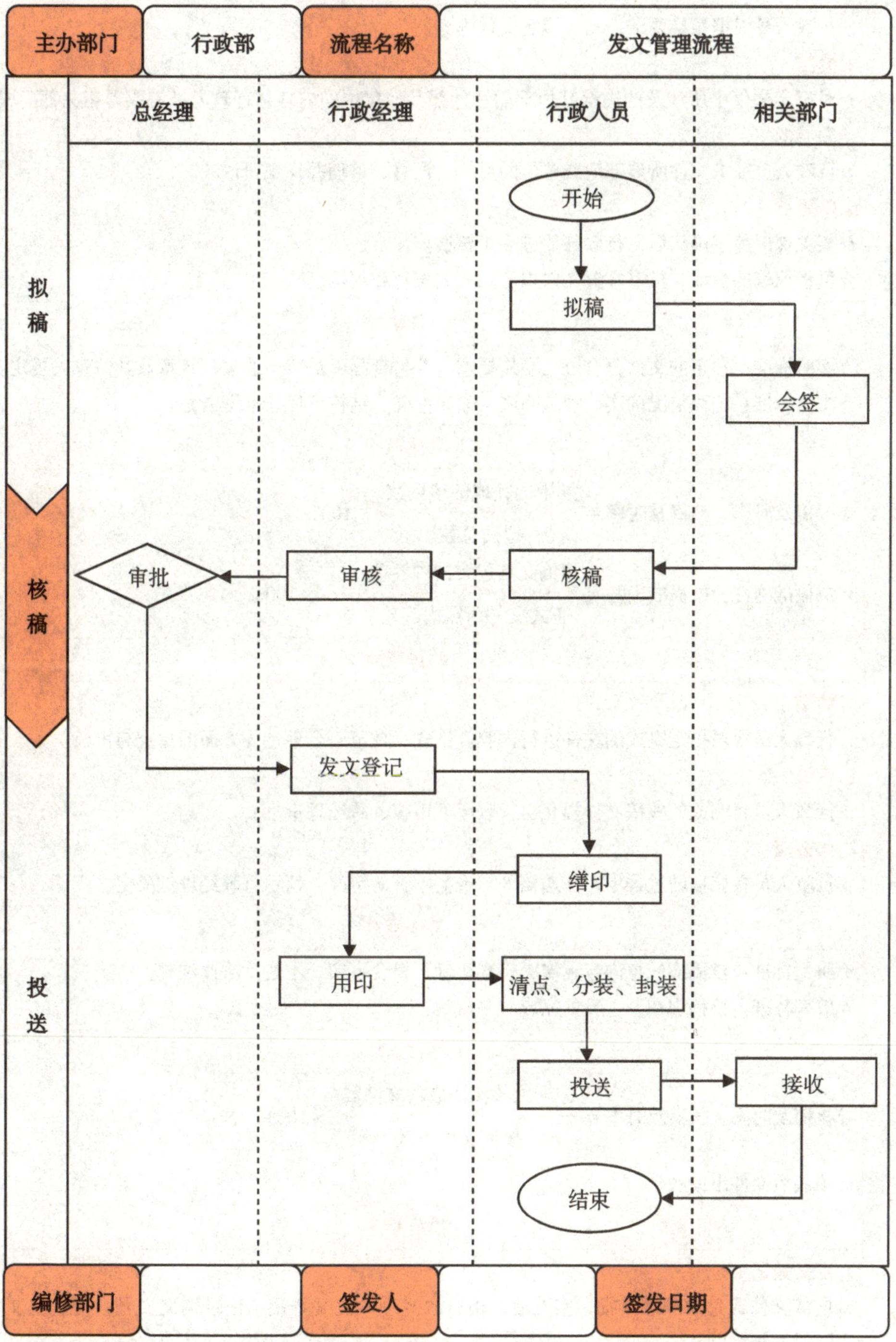

主办部门
行政部
流程名称
发文管理流程
总经理
行政经理
行政人员
相关部门
拟稿
核稿
投送
开始
拟稿
会签
核稿
审核
审批
发文登记
缮印
用印
清点、分装、封装
投送
接收
结束
编修部门
签发人
签发日期

4.3.2 发文管理执行程序、工作标准、考核指标、执行规范

任务名称	执行程序、工作标准与考核指标
拟稿	**执行程序** **1. 拟稿** 行政人员根据领导要求，初步拟定文件内容。 **2. 会签** ☆对拟定文件中所涉及的内部其他部门和外部其他单位的内容，行政人员需取得相关部门或单位领导的签字确认。 ☆行政人员征求文件所涉部门或单位的意见，汇总、整理并仔细研讨。 **工作重点** ☆相关部门签字确认后，行政部要进一步核稿。 ☆负责拟稿的行政人员需掌握文件拟定的相关技巧和规范。 **工作标准** ☆参照标准：拟定的文件符合公文写作要求，并符合国际法律、法规、规章及其他有关规定。 ☆质量标准：拟稿情况确实、观点明确、表述准确、结构严谨、条理清楚。 **考核指标** ☆拟稿及时率。拟稿及时率 = $\frac{\text{期限内完成的拟稿数}}{\text{拟稿总数}} \times 100\%$ ☆拟稿准确性。拟稿准确性 = $\frac{\text{拟稿文件包含的内容条款数}}{\text{正式文件所需内容条款数}} \times 100\%$
核稿	**执行程序** **1. 核稿** 行政人员要对拟定完成的文件进行内容、格式、规范、合理性等方面的检查与审核。 **2. 审批** 行政人员将完成的核稿文件提交由行政经理审核、总经理审批。 **工作重点** 行政人员在核稿的过程中，如遇稿件与现实不符的情况，请示行政经理做决定。 **工作标准** ☆质量标准：核稿应注意内容无误，格式正确，符合事实，不违反法律法规。 ☆效率标准：核稿需在____日内完成。 **考核指标** ☆核稿及时率。核稿及时率 = $\frac{\text{限期内核稿完成的文件数}}{\text{核稿文件总数}} \times 100\%$ ☆核稿后文件出错次数。
投送	**执行程序** **1. 发文登记** 核稿文件通过总经理审批、签发后，由行政经理做发文登记，记录编发文号，确定发文范围、印刷数量与发出方式。

（续）

任务名称	执行程序、工作标准与考核指标
投送	**2. 缮印** 行政人员将确认签发并登记完成的文件进行最终的校对与修正，制成正式文件后完成印制。 **3. 用印** 行政经理检查制成的正式文件，确认无误后加盖单位公章。 **4. 清点、分装、封装** 行政人员按照发文范围对正式文件进行清点、分装、封装。 **5. 投送** 包装完成的文件由行政人员按计划投送。 **工作重点** 在投送过程中行政人员需要对已投送的部门进行记录，以避免重复投送。
	工作标准
	☆质量标准：投送文件准确、范围准确。 ☆效率标准：投送迅速、及时。
	考核指标
	☆投送及时率。投送及时率 = $\frac{\text{期限内投送完成的文件数}}{\text{投送文件总数}} \times 100\%$ ☆投送出错次数。
执行规范	
“文件编写规范与行文规则”。	

4.4 文书起草管理流程设计与工作执行

4.4.1 文书起草管理流程设计

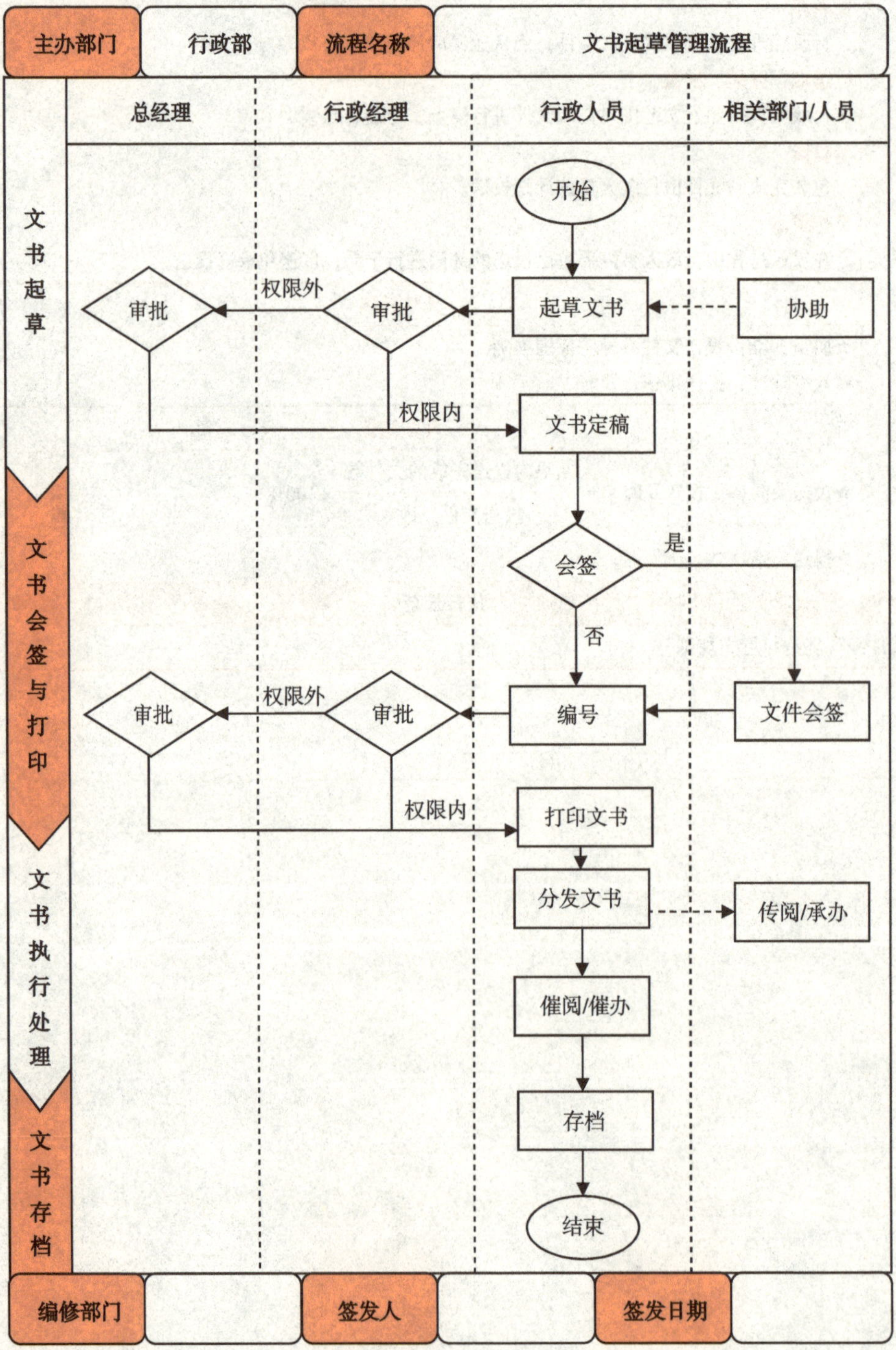
主办部门
行政部
流程名称
文书起草管理流程
总经理
行政经理
行政人员
相关部门/人员
文书起草
文书会签与打印
文书执行处理
文书存档
开始
起草文书
协助
审批
权限外
审批
权限内
文书定稿
会签
是
否
文件会签
编号
审批
权限外
审批
权限内
打印文书
分发文书
传阅/承办
催阅/催办
存档
结束
编修部门
签发人
签发日期

4.4.2 文书起草管理执行程序、工作标准、考核指标、执行规范

任务名称	执行程序、工作标准与考核指标
文书起草	**执行程序** **1. 起草文件** 行政人员按相关要求或需求起草文书，文书内容涉及的相关部门或人员应积极协助文书起草工作，文书起草完成后，送行政经理审批，权限外报总经理审批。 **2. 文书定稿** 文书审批通过后，如果内容确定不再更改，就可定为最终稿的公文，可以履行生效程序。 **工作重点** 行政人员在起草公文的过程中需要注意与相关部门的人员之间的沟通。 **工作标准** ☆质量标准：文书起草须及时、准确、可行。 ☆内容标准：企业文书一般由文头、发文字号、标题、主送部门、正文、附件、发文部门署名、成文日期、印章、印发传达范围、主题词、印制单位、印发时间与份数组成。 **考核指标** ☆文书起草及时率。文书起草及时率 = $\frac{\text{期限内起草完成的确定文书数}}{\text{起草确定文书总数}} \times 100\%$ ☆文书内容错漏次数。
文书会签与打印	**执行程序** **1. 会签** ☆行政人员根据定稿文书确定是否需要会签，以及需要哪些部门、哪些人会签。 ☆定稿文书需内部相关部门或人员会签的，由行政人员送签；需外部单位或人员会签的，由负责相关工作的行政人员送签。 **2. 编号** ☆定稿文书不需要会签的，直接由行政人员进行编号。 ☆文书编号完成后，送行政经理审批、签发，权限外再报总经理审批。 **3. 打印文件** 文书审批完成后，由行政人员按计划份数打印，文书打印要及时、准确。 **工作重点** 行政人员对要打印的文书进行校对，发现错误，及时纠正。 **工作标准** ☆质量标准：文书会签流程权责清晰，流程正确，不得出现错误。 ☆参照标准：文书按照企业规定的规格进行打印。
文书执行处理	**执行程序** **1. 分发文件** ☆行政人员将打印完成的文书分发到相关部门或人员。 ☆接收文书的相关部门或人员按照文书要求及时传阅或承办。 **2. 催阅 / 催办** 行政人员应积极跟踪、关注文书执行情况，针对传阅速度慢、办理速度慢的部门或人员进行及时的催促和监督，确保文书在办文时限前完成。

（续）

任务名称	执行程序、工作标准与考核指标
文书执行处理	**工作重点** 行政人员在进行催阅和催办的过程中需要注意方式和方法，避免引起不必要的纠纷。
	工作标准
	☆质量标准：文书分发需在____日内完成。 ☆参照标准：文书按照企业规定的查阅权限及查阅人数进行发放。
文书存档	**执行程序**
	☆执行完成的文书，行政人员须及时登记，并按文书归属进行存档。 ☆行政人员要系统有序地进行文书存档工作，确保安全、便于查找。 **工作重点** 文书存档需要按照相应的规范进行。
	工作标准
	☆效率标准：执行完成的文书需在____日内存档。 ☆质量标准：文书存档要确保安全、便于查找。
执行规范	
“起草文书登记表”“文书发放登记表”“档案管理制度”“文书定稿”“企业文书管理办法”“文书起草印发规范”“文书管理办法”。	

4.5 信函收发管理流程设计与工作执行

4.5.1 信函收发管理流程设计

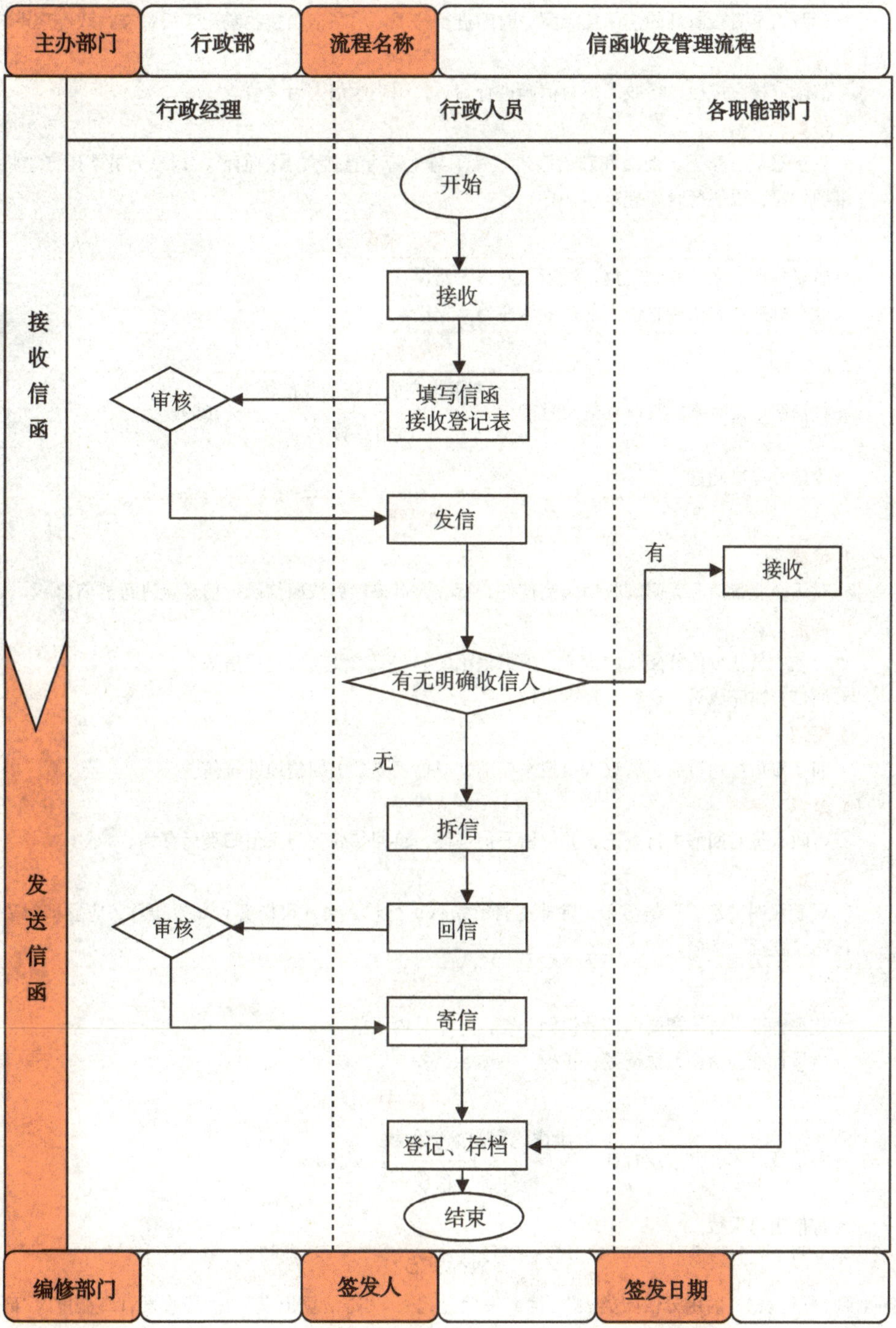

主办部门
行政部
流程名称
信函收发管理流程
行政经理
行政人员
各职能部门
接收信函
发送信函
开始
接收
填写信函接收登记表
审核
发信
有无明确收信人
有
接收
无
拆信
回信
审核
寄信
登记、存档
结束
编修部门
签发人
签发日期

4.5.2 信函收发管理执行程序、工作标准、考核指标、执行规范

任务名称	执行程序、工作标准与考核指标
接收信函	**执行程序** **1. 填写信函接收登记表** 行政人员对接收到的信函按类型、时间进行整理，填写信函接收登记表后提交行政经理审核。 **2. 发信** 信函审核完成后，行政人员对信函进行归类，明确收信人后发信。 **工作重点** 对于报纸、杂志、商品和邮购广告，除了与主管有直接关系的信函，行政人员要用红笔将有关事项勾出，以便行政经理审核。
	工作标准 ☆质量标准：来信登记完整、清晰，发信无错误。 ☆效率标准：有明确收信人的信函需在当天发信。
	考核指标 ☆收信登记及时率。收信登记及时率 = $\frac{\text{期限内完成登记的收信数}}{\text{收信总数}}\times 100\%$ ☆收信分类准确性。
发送信函	**执行程序** **1. 拆信** 对于企业收信和无明确收信人的信件，行政人员整理后按照信函拆信规定进行拆信。 **2. 回信** ☆行政人员在拆信并阅读内容后，根据信函内容和要求及时拟定回信稿。 ☆回信拟稿完成后，送行政经理审核。 **3. 寄信** 回信稿审核通过后，行政人员按来信地址或信函要求的回信地址寄信。 **4. 登记、存档** 行政人员对回信进行登记，并保留回信底稿，将回信底稿与来信归类后存档。 **工作重点** 对于注明“亲启”的信函，除非主管有指示，行政人员才可以拆。如果误拆，应立即封妥，并注明“误拆”字样。
	工作标准 ☆效率标准：对于需要回信的信函，需在____日内回信。 ☆质量标准：信函发送清楚、正确、具体、完备。
	考核指标 ☆寄信及时率。寄信及时率 = $\frac{\text{期限内寄出的信件数}}{\text{信件寄出总数}}\times 100\%$ ☆寄信出错次数。
执行规范	
“信函接收登记表”“信函分信归类表”“信函发信登记表”“寄信登记表”“信函收发管理制度”“部门信函拆信管理规定”。	

4.6 文书背签管理流程设计与工作执行

4.6.1 文书背签管理流程设计

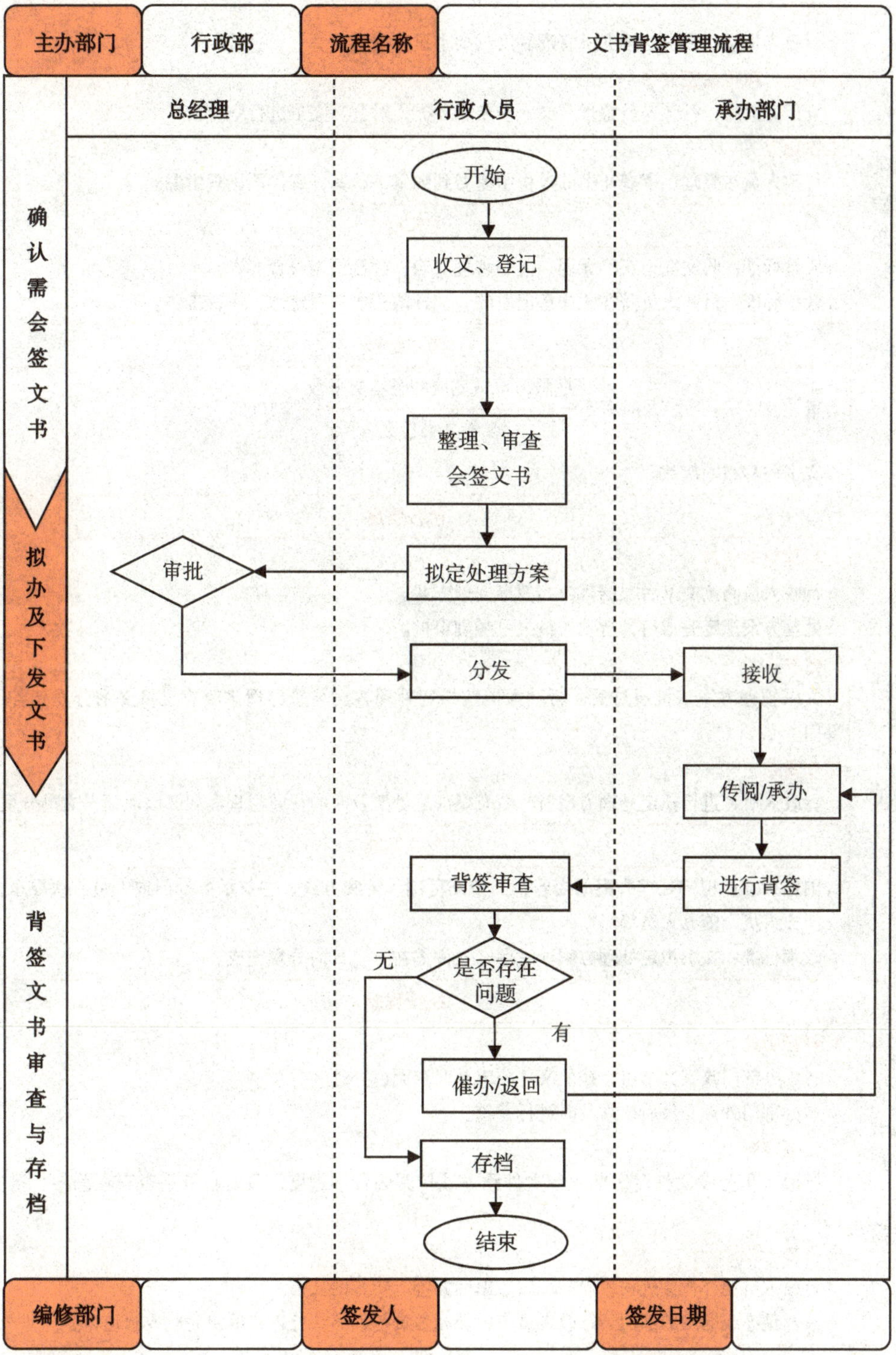

主办部门
行政部
流程名称
文书背签管理流程
总经理
行政人员
承办部门
确认需会签文书
拟办及下发文书
背签文书审查与存档
开始
收文、登记
整理、审查会签文书
拟定处理方案
审批
分发
接收
传阅/承办
进行背签
背签审查
是否存在问题
无
有
催办/返回
存档
结束
编修部门
签发人
签发日期

4.6.2 文书背签管理执行程序、工作标准、考核指标、执行规范

任务名称	执行程序、工作标准与考核指标
确认需会签文书	**执行程序（撰写每一个子程序的步骤都需要用固定的语式）** **1. 收文、登记** 行政人员接收文书后按文书管理制度的要求进行登记。 **2. 整理、审查会签文书** 登记完成后，行政人员整理收文，按要求分类，对会签文书进行审查。 **工作重点** 行政人员在整理、审查文书的过程中要做到细致，认真，确保不出现纰漏。 **工作标准** ☆质量标准：收文登记正确无误，文书整理准确，会签审查符合规定。 ☆效率标准：行政人员需在收文登记后的____日内完成文书整理、审查工作。 **考核指标** ☆审核及时率。审核及时率 $=\frac{\text{期限内审核完成的会签文书数}}{\text{会签文书总数}}\times 100\%$ ☆文书内容错漏次数。
拟办及分发文书	**执行程序** **1. 拟定处理方案** ☆行政人员阅读文书后根据其内容拟定处理方案。 ☆处理方案拟定完成后，行政人员报总经理审批。 **2. 分发** 文书拟办方案审批通过后，行政人员按拟定处理方案与总经理修改意见将文书分发到各承办部门。 **工作重点** 行政人员在进行拟定处理方案时，若有疑虑之处要及时向行政经理询问，以免延误文书分发。 **工作标准** ☆内容标准：拟定处理方案的内容包括传阅范围、传阅方式、主要承办部门或人员、次要承办部门或人员、催办人员等。 ☆效率标准：文书拟定处理方案通过后，文件需在____日内分发完成。
背签文书审查与存档	**执行程序** **1. 进行背签** ☆各承办部门收到文书后，按照文件要求及时查阅或办理。 ☆承办部门处理文件后，须及时进行背签。 **2. 背签审查** 行政人员分发文件后定期跟踪文件承办或传阅的背签进度，及时检查是否存在漏签、错签等问题。 **3. 催办 / 返回** ☆行政人员催办背签进程缓慢的部门，退回漏签、错签的文书。 ☆涉及催办或退回的部门，行政人员应敦促相关责任人尽快处理，尽快完成或修正背签。

（续）

<table>
<tr><th>任务名称</th><th>执行程序、工作标准与考核指标</th></tr>
<tr><td rowspan="6">背签文书审查与存档</td><td>☆行政人员对修正完成的背签文件要再次进行审查，以确保背签无误。
4. 存档
背签审查无误的文件，由行政人员直接存档，以确保背签文件可查、可用。
工作重点
背签文件需承办人 / 传阅人在原件上处理。</td></tr>
<tr><td>工作标准</td></tr>
<tr><td>☆质量标准：背签需清晰、完整、有效。
☆参照标准：各承办部门根据企业文书管理制度处理背签，以便保存和使用。</td></tr>
<tr><td>考核指标</td></tr>
<tr><td>☆审核及时率。审核及时率 = $\frac{\text{期限内审核完成的背签文书数}}{\text{背签文书总数}} \times 100\%$
☆审查工作精细度。</td></tr>
<tr><td></td></tr>
<tr><td colspan="2">执行规范</td></tr>
<tr><td colspan="2">“收文登记簿”“文书处理登记表”“文书管理制度”“档案管理制度”。</td></tr>
</table>

第5章 办公事务管理

5.1 办公事务管理流程设计

5.1.1 流程设计的目的

行政管理中的办公事务包括出差管理、节假日管理、证照印章管理、提案管理等，其特点是事项繁多，操作复杂，涉及多个部门。企业设计办公事务管理流程的目的如图5-1所示。

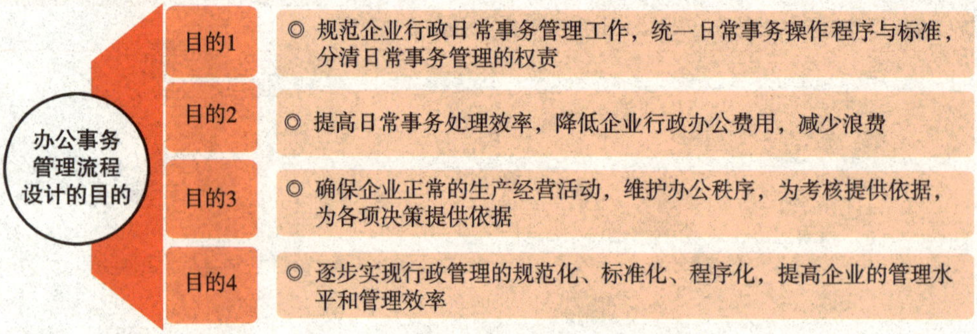

目的1	◎ 规范企业行政日常事务管理工作，统一日常事务操作程序与标准，分清日常事务管理的权责
目的2	◎ 提高日常事务处理效率，降低企业行政办公费用，减少浪费
目的3	◎ 确保企业正常的生产经营活动，维护办公秩序，为考核提供依据，为各项决策提供依据
目的4	◎ 逐步实现行政管理的规范化、标准化、程序化，提高企业的管理水平和管理效率

图5-1 办公事务管理流程设计的目的

5.1.2 流程结构设计

根据行政管理中办公事务的工作特点和实际情况，企业可按照办公事务的类别设计办公事务管理流程结构体系，具体如图5-2所示。

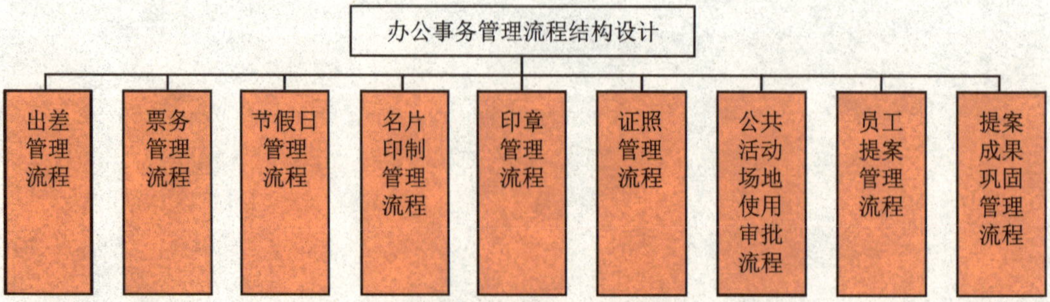

图5-2 办公事务管理的流程结构设计

5.2 出差管理流程设计与工作执行

5.2.1 出差管理流程设计

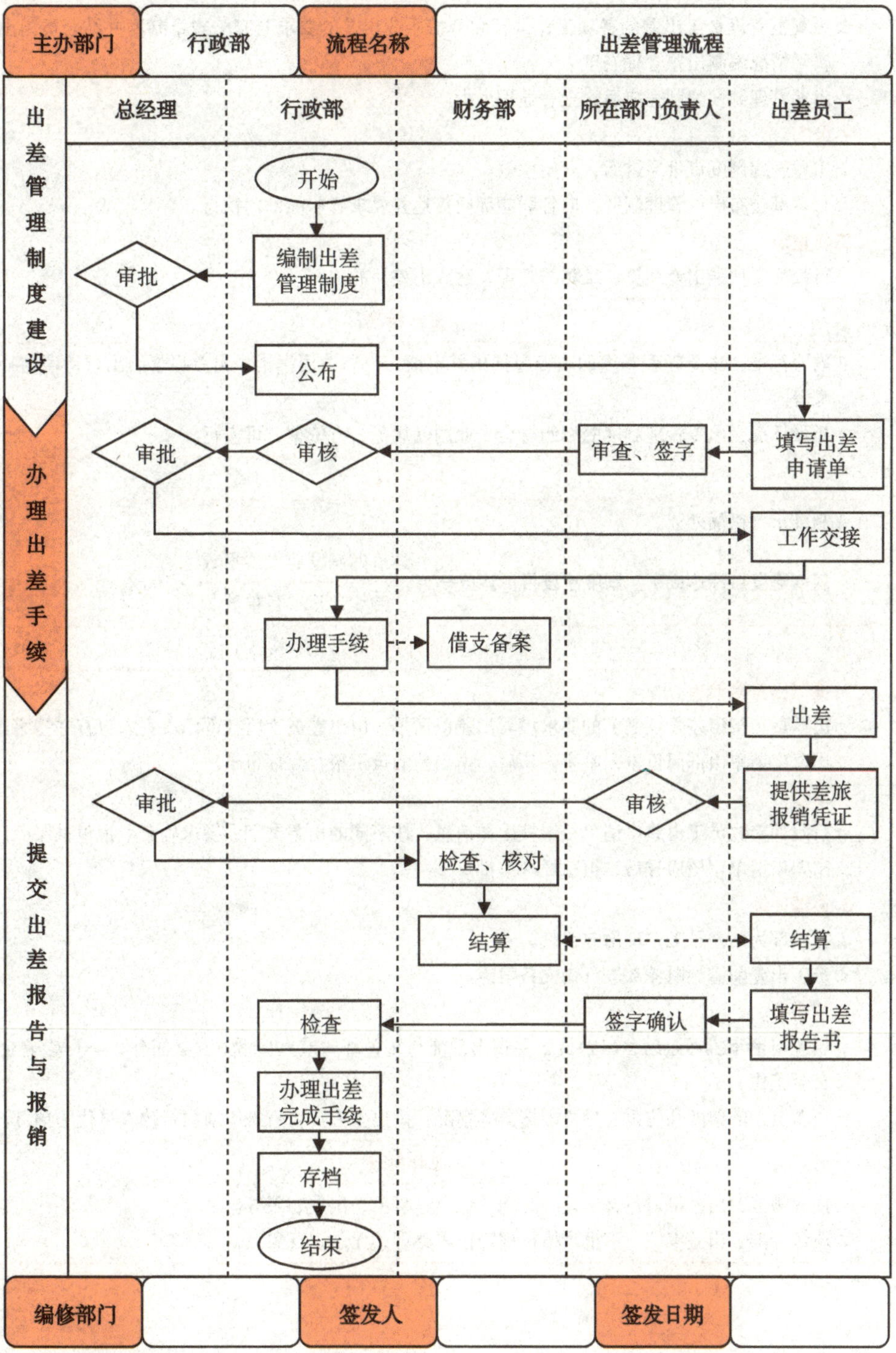

主办部门
行政部
流程名称
出差管理流程
出差管理制度建设
办理出差手续
提交出差报告与报销
总经理
行政部
财务部
所在部门负责人
出差员工
开始
编制出差管理制度
审批
公布
填写出差申请单
审查、签字
审核
审批
工作交接
办理手续
借支备案
出差
提供差旅报销凭证
审核
审批
检查、核对
结算
结算
填写出差报告书
签字确认
检查
办理出差完成手续
存档
结束
编修部门
签发人
签发日期

5.2.2 出差管理执行程序、工作标准、考核指标、执行规范

任务名称	执行程序、工作标准与考核指标
出差管理制度建设	**执行程序**
	1. 编制出差管理制度 ☆为规范管理员工出差的各项工作，行政部按企业出差的要求与有关规章制度并结合员工出差的实际情况编制出差管理制度。 ☆出差管理制度编制完成后，报总经理审批。 **2. 公布** ☆出差管理制度审批通过后，开始生效。 ☆行政部公布出差管理制度，向各职能部门传达并要求各职能部门执行。 **工作重点** 行政部要加强出差预算、结算的管理，达成出差目的。
	工作标准
	☆内容标准：出差管理制度的内容包括出差申请、出差费用报销、出差报告、出差待遇与补助标准等。 ☆质量标准：出差管理制度的编制符合企业制度规范，有依据，可实行。
	考核指标
	☆制度重大错漏处数。 ☆制度建设目标达成率。$制度建设目标达成率=\frac{达成的制度建设项目数}{制度建设项目单数}\times100\%$
办理出差手续	**执行程序**
	1. 填写出差申请单 ☆出差员工按出差管理制度的要求填写出差申请单，由出差员工所在部门负责人审查并签字。 ☆出差申请单由部门负责人签字确认后，由出差的员工报行政部审核。 **2. 审核** ☆行政部接收员工出差申请单，审核出差信息，按不同的出差类别和要求确定上报审批层级。 ☆出差申请单审核通过后，报总经理审批。 **3. 办理手续** ☆行政部为出差员工办理出差手续。 ☆员工出差前需到财务部进行借支备案等。 **工作重点** ☆出差申请审批通过后，出差员工要在出差前与相关部门或人员做好交接工作，不可影响企业的日常工作。 ☆出差员工的票务和住宿安排可根据具体情况，由出差人员自行解决或由行政人员代为预订。
	工作标准
	☆内容规范：出差申请包含出差的时间、地点、事由、出差期限等。 ☆质量标准：出差审核、审批严格按规定权限办理，无越权现象。

（续）

任务名称	执行程序、工作标准与考核指标
办理出差手续	**考核指标**
	☆应按规定办理出差申请，不能耽误出差业务。 ☆按要求填写出差申请单，内容要真实、清晰。 ☆按规定办理出差审核、审批手续，无错漏。
提交出差报告与报销	**执行程序**
	1. 出差 ☆员工应按出差申请时限及时完成出差任务，需延长出差时间的，应另行请示或重新申请。 ☆差旅工作完成后，员工返回，员工按要求提供差旅报销凭证，提交所在部门负责人审核后上报总经理审批。 **2. 检查、核对** ☆总经理审批通过后，财务部按前期备案、出差申请、管理制度等要求检查、核对报销凭证。 ☆核对无误后，财务部予以结算，员工签字确认。 **3. 填写出差报告书** ☆员工就出差的工作内容、差旅日志、工作结果等填写出差报告书，由所在部门负责人签字确认。 ☆出差报告书向部门领导汇报确认后提交行政部检查，确认无误后员工办理出差完成手续。 ☆行政部将出差报告书归类存档。 **工作重点** ☆出差途中因生病、遇意外，或因工作实际需要延长差旅时间时，员工应向企业请示。 ☆出差人员要保管好出差费用报销凭证，做好出差日志和报告。
	工作标准
	☆时间标准：出差返回后____日内，员工将审批后的报销凭证提交财务部进行费用结算；出差报告在企业规定的期限内（回来后____日内）上交。 ☆参照标准：报销依据为出差管理制度、出差申请单、出差待遇与补助标准。
	考核指标
	☆费用报销手续按规定办理，无错漏。 ☆费用报销金额按出差标准执行，按凭证报销。
执行规范	
“出差管理制度”“出差申请单”“工作交接单”“费用借支申请单”“报销单”“出差待遇与补助标准”。	

5.3 票务管理流程设计与工作执行

5.3.1 票务管理流程设计

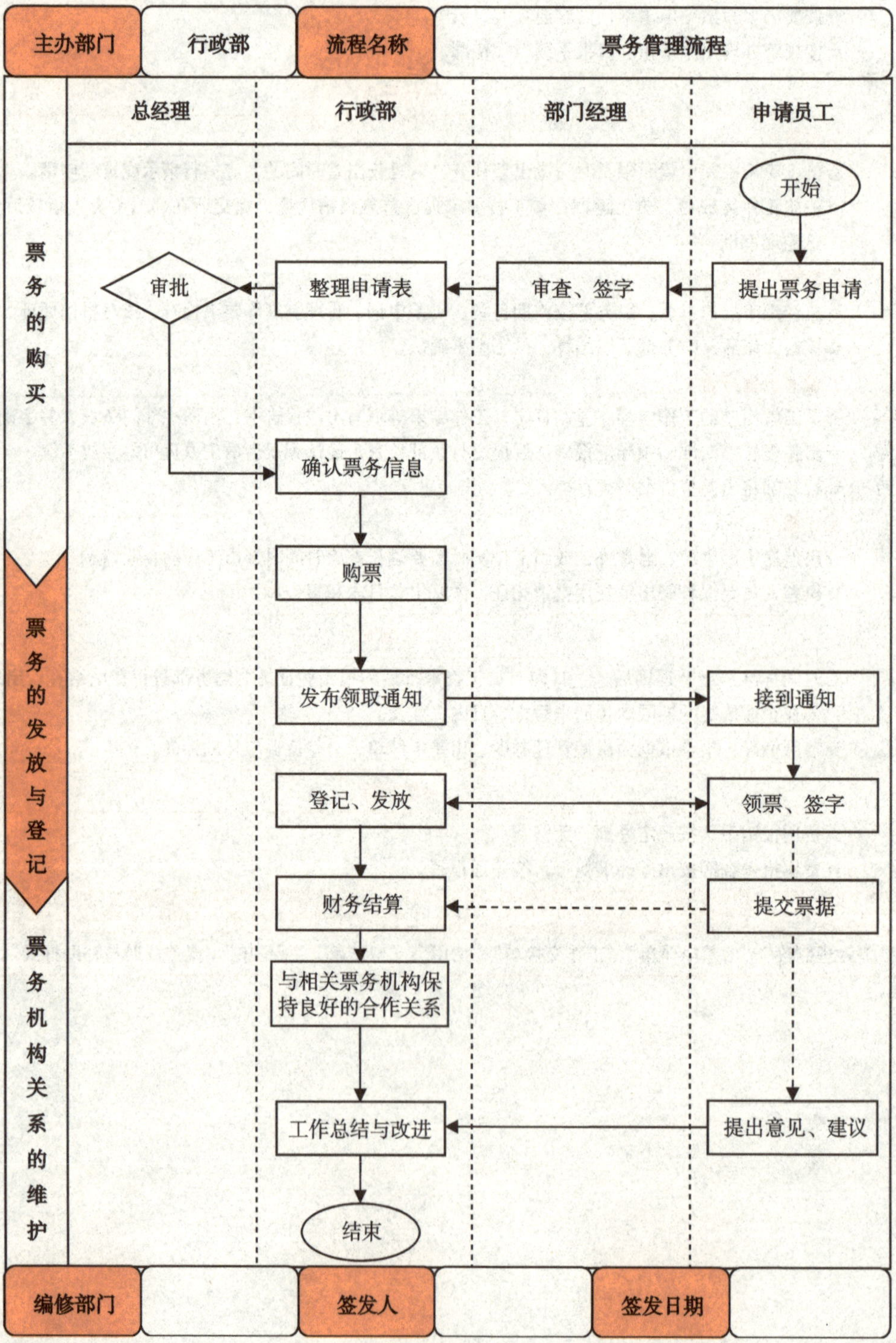
主办部门
行政部
流程名称
票务管理流程
总经理
行政部
部门经理
申请员工
票务的购买
票务的发放与登记
票务机构关系的维护
开始
提出票务申请
审查、签字
整理申请表
审批
确认票务信息
购票
发布领取通知
接到通知
登记、发放
领票、签字
财务结算
提交票据
与相关票务机构保持良好的合作关系
工作总结与改进
提出意见、建议
结束
编修部门
签发人
签发日期

5.3.2 票务管理执行程序、工作标准、考核指标、执行规范

<table>
<tr><th>任务名称</th><th>执行程序、工作标准与考核指标</th></tr>
<tr><td rowspan="6">票务的购买</td><td>执行程序</td></tr>
<tr><td>1. 提出票务申请
☆员工根据出差需求填写票务申请表，提交本部门经理审查、签字。
☆行政部统一汇总票务需求，整理申请表，报总经理审批。
2. 购票
☆票务申请表审批通过后，行政部需再次与各申请员工确认票务信息。
☆票务信息确认无误后，行政部负责购票。
工作重点
行政部在汇总票务需求时应先对票务信息进行审核，避免因为沟通问题导致票务信息错误；同时也要核对交通方式是否与出差人员级别一致，不一致的待询问清楚后做好备注。</td></tr>
<tr><td>工作标准</td></tr>
<tr><td>☆内容标准：票务信息包括出差人员姓名、身份证件号码、往返地区、往返时间与乘何种交通工具等。
☆质量标准：票务申请表信息完整、清晰、准确、无误。</td></tr>
<tr><td>考核指标</td></tr>
<tr><td>☆票务申请及时性。票务申请及时性 = $\frac{\text{期限内购买完成的票务申请数}}{\text{票务申请总数}}\times 100\%$
☆购票出错次数。</td></tr>
<tr><td rowspan="6">票务的发放与登记</td><td>执行程序</td></tr>
<tr><td>1. 登记、发放
☆购票后，行政部按购票情况向各申请员工发布领取通知。
☆员工接到通知后领票、签字，行政部进行登记、发放。
2. 财务结算
☆出差结束后，行政部回收票据，统计票款报财务部结算。
☆财务部根据申请人所属部门挂靠票务费用。
工作重点
财务结算时，如有代领情况，要详细填写代领人员姓名、所属部门。</td></tr>
<tr><td>工作标准</td></tr>
<tr><td>☆质量标准：票务发放准确、及时，登记无误，财务结算款项正确。
☆参照标准：购票与发放参照票务申请表执行。</td></tr>
<tr><td>考核指标</td></tr>
<tr><td>☆财务结算及时率。财务结算及时率 = $\frac{\text{期限内结算完成的票据数}}{\text{结算票据总数}}\times 100\%$
☆财务结算出错次数。</td></tr>
</table>

（续）

<table>
<tr><th>任务名称</th><th>执行程序、工作标准与考核指标</th></tr>
<tr><td rowspan="4">票务机构关系的维护</td><td>执行程序</td></tr>
<tr><td>1. 与相关票务机构保持良好的合作关系
行政部应与相关票务机构保持良好的合作联系，确保企业购票工作的顺利开展。
2. 工作总结与改进
行政部要积极听取各申请员工的反馈和建议，总结票务管理中存在的问题，认真改进工作，进一步优化票务管理工作。
工作重点
行政部在采集员工意见时可采用问卷法或访谈法，同时结合满意度调查，提高票务工作的质量和效率。</td></tr>
<tr><td>工作标准</td></tr>
<tr><td>☆质量标准：行政部要维护好与票务机构的合作关系。
☆数量标准：票务工作总结需每____日进行一次。</td></tr>
<tr><td colspan="2">执行规范</td></tr>
<tr><td colspan="2">“订票申请表”“订票需求汇总表”“购票领取登记表”“票据费用结算表”“票务管理办法”“员工沟通礼仪与行为规范”。</td></tr>
</table>

5.4 节假日管理流程设计与工作执行

5.4.1 节假日管理流程设计

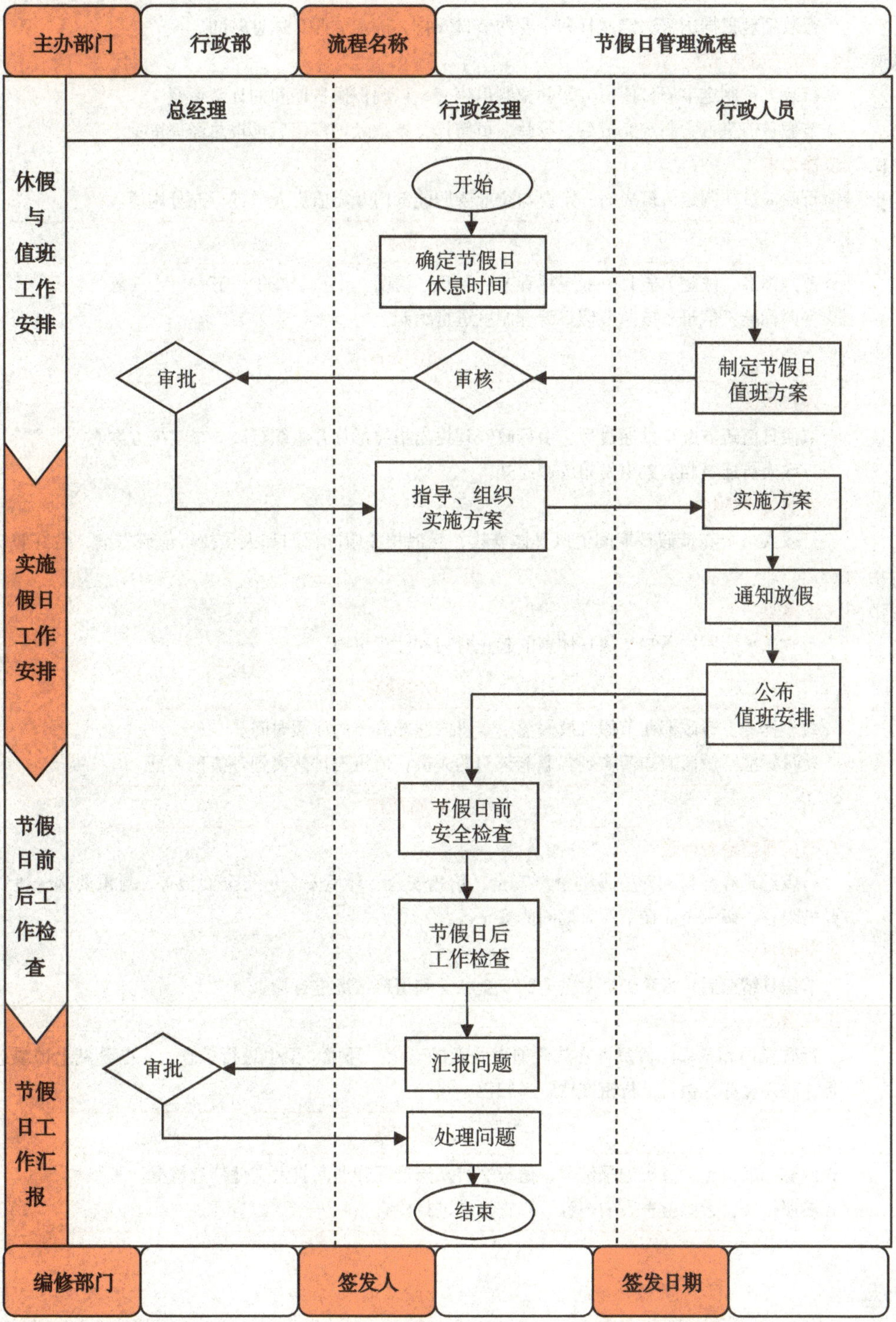
主办部门
行政部
流程名称
节假日管理流程
总经理
行政经理
行政人员
休假与值班工作安排
实施假日工作安排
节假日前后工作检查
节假日工作汇报
开始
确定节假日休息时间
制定节假日值班方案
审核
审批
指导、组织实施方案
实施方案
通知放假
公布值班安排
节假日前安全检查
节假日后工作检查
汇报问题
审批
处理问题
结束
编修部门
签发人
签发日期

5.4.2 节假日管理执行程序、工作标准、考核指标、执行规范

任务名称	执行程序、工作标准与考核指标
休假与值班工作安排	**执行程序** **1. 确定节假日休息时间** 行政经理根据国家法定假日和企业的节日安排，确定节假日休息时间。 **2. 制定节假日值班方案** ☆行政人员制定节假日值班方案并编制值班表，以确保假日期间的日常运营。 ☆节假日值班方案制定完成后，行政人员需提交行政经理审核后再报总经理审批。 **工作重点** 行政人员在制定值班表时一定要与企业各职能部门及需值班人员进行充分沟通。 **工作标准** ☆范围标准：法定节假日一般包括春节、元旦、清明、中秋、端午、五一、十一等。 ☆参照标准：值班表按照节假日管理制度进行编制。
实施假日工作安排	**执行程序** **1. 通知放假** ☆节假日值班方案审批通过后，由行政经理提出指导意见并组织行政人员实施方案。 ☆行政人员通过相应渠道发布放假通知。 **2. 发布值班安排** 行政人员公布节假日期间值班具体安排，督促相关职能部门和人员执行值班方案，做好假日值班工作。 **工作重点** 行政人员要明确通知节假日休息的起止时间和注意事项。 **工作标准** ☆效率标准：行政部在节假日放假前____日内通知具体的放假时间。 ☆质量标准：放假通知落实到各职能部门的人员，值班安排落实到各值班人员。
节假日前后工作检查	**执行程序** **1. 节假日前安全检查** 行政经理在放假前对企业的资产安全、信息安全、环境安全进行全面检查，对重要部分进行必要的封存，确保企业在节假日期间的安全。 **2. 节假日后工作检查** 节假日结束后，行政经理对企业的安全状况和值班情况进行检查。 **工作重点** 行政经理和各部门负责人在放假前对企业的安全、环境、卫生进行检查，对办公室上锁或加封条，将现金存入银行，机密文件资料归档、封存。 **工作标准** ☆内容标准：查看值班记录情况、值班交接换岗情况和期间收发文件信息情况。 ☆参照标准：参照检查表的内容、检查标准进行检查。

（续）

<table>
<tr><th>任务名称</th><th>执行程序、工作标准与考核指标</th></tr>
<tr><td rowspan="2">节假日前后工作检查</td><td>考核指标</td></tr>
<tr><td>☆节假日期间没有发生安全事故。
☆领导对节假日管理工作的满意度评分。</td></tr>
<tr><td rowspan="4">节假日工作汇报</td><td>执行程序</td></tr>
<tr><td>1. 汇报问题
行政经理要及时总结节假日后的工作检查情况，对期间发生的异常情况做好汇总工作，由行政经理向总经理汇报。
2. 处理问题
汇报审批后，行政经理根据总经理提出的批示意见处理节假日期间的异常工作情况。
工作重点
行政经理对节假日重大问题的汇报一定要及时。</td></tr>
<tr><td>工作标准</td></tr>
<tr><td>☆效率标准：行政经理对节假日异常情况及时上报和解决。
☆质量标准：行政经理在进行工作总结时条理清晰，符合实际，重点突出。</td></tr>
<tr><td colspan="2">执行规范</td></tr>
<tr><td colspan="2">“节假日值班方案”“值班记录”“假前检查表”“节假日问题处理表”“节假日管理制度”“节假日休息通知”“节假日值班工作报告”。</td></tr>
</table>

5.5 名片印制管理流程设计与工作执行

5.5.1 名片印制管理流程设计

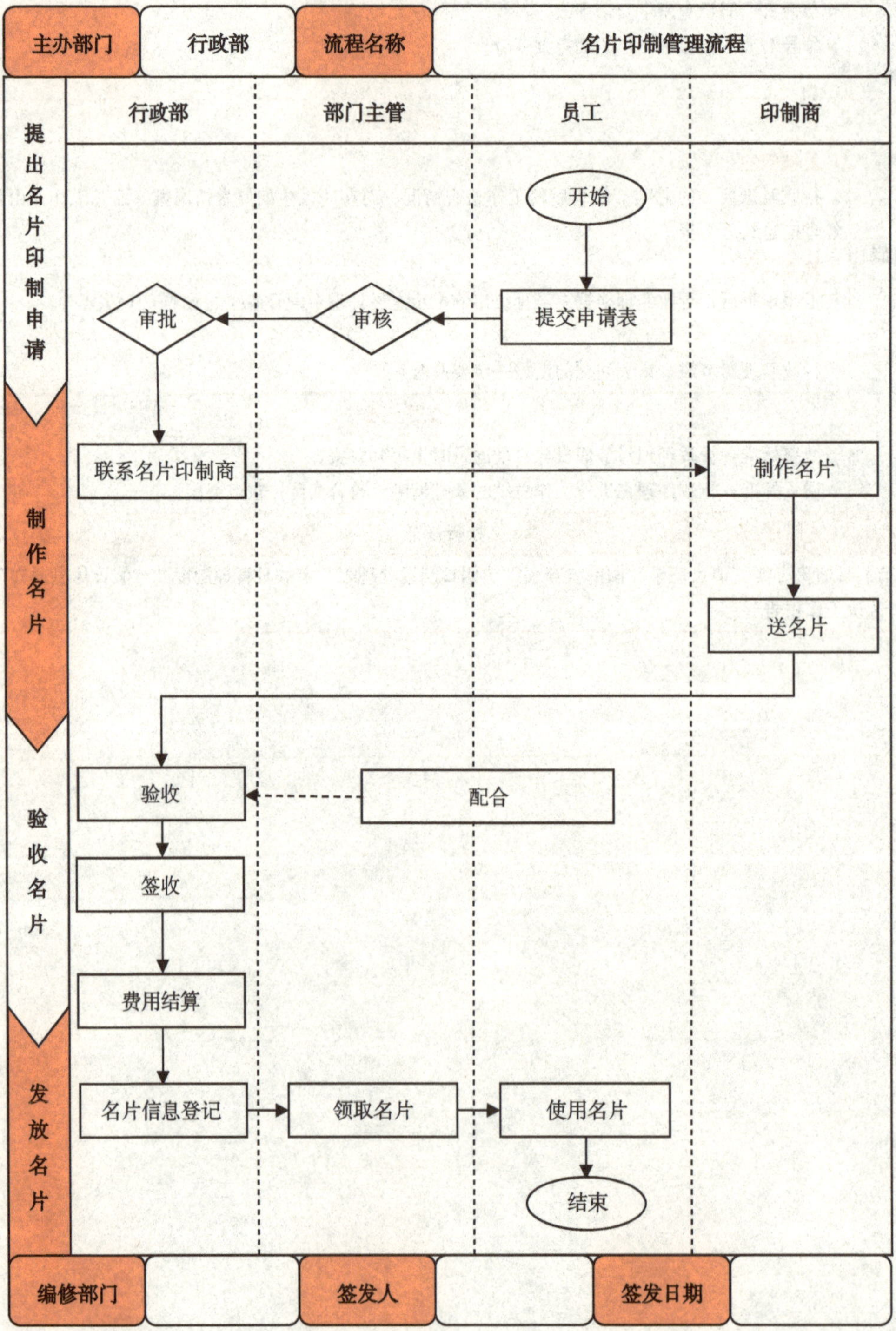
主办部门
行政部
流程名称
名片印制管理流程
行政部
部门主管
员工
印制商
提出名片印制申请
开始
提交申请表
审核
审批
制作名片
联系名片印制商
制作名片
送名片
验收名片
验收
配合
签收
费用结算
发放名片
名片信息登记
领取名片
使用名片
结束
编修部门
签发人
签发日期

5.5.2 名片印制管理执行程序、工作标准、考核指标、执行规范

任务名称	执行程序、工作标准与考核指标
提出名片印制申请	**执行程序** **1. 提交申请表** ☆员工要根据实际工作的安排和需要提出名片印制申请。 ☆员工提交申请表给本部门主管审核后，报行政部审批。 **2. 审批** 行政部根据企业相关要求，确认员工的名片印制资格，并对申请表进行审批。 **工作重点** 行政部审核人员要熟悉企业名片印制相关规定和要求。 **工作标准** ☆质量标准：名片印制申请切合实际情况。 ☆效率标准：在收到名片印制申请后行政部需在____日内完成审核。 **考核指标** ☆行政部对提交的名片印制申请的审批能够做到及时、无延误。 ☆行政部在审批前能够充分确认名片印制申请的各项信息。
制作名片	**执行程序** **联系名片印制商** ☆行政部整理需要印制的名片申请，明确印制要求，联系具有相关资质和能力的印制商进行印制。 ☆行政部了解印制情况，等待印制商送来名片。 **工作重点** 行政部需交代名片印制商对名片信息保密。 **工作标准** ☆内容标准：行政部在联系名片印制商时要详细的说明名片制作的规格、材料、内容、数量和送货时间等。 ☆效率标准：行政部在名片印制申请审核完成后需在____日内联系名片印制商。
验收名片	**执行程序** **验收** ☆名片申请人及其部门主管配合行政部对印制商送来的名片进行验收。 ☆行政部对验收确认无误的名片进行签收。 ☆行政部根据名片验收、签收情况结算费用。 **工作重点** 行政部在验收过程中需通知名片申请人及其部门主管，不可单独验收。 **工作标准** ☆质量标准：名片申请人在验收时对名片各项信息仔细确认，及时发现并解决存在的问题。 ☆参照标准：行政部验收名片时要根据名片印制申请上的相关信息进行核对。

（续）

任务名称	执行程序、工作标准与考核指标
发放名片	**执行程序** **名片信息登记** ☆行政部填写名片信息登记表后按部门分发名片。 ☆部门主管领取名片后下发给申请员工供其使用。 **工作重点** 行政部在发放名片时要让领取人签字确认。 **工作标准** ☆内容标准：登记名片的各项信息包括名片申请人、审批人、印制模板、印制数量、印制时间、领用时间、印制费用等。 ☆效率标准：行政部需在名片印制完成后____小时内完成名片的发放工作。 **考核指标** ☆登记及时率。$\text{登记及时率}=\dfrac{\text{期限内完成登记的名片数}}{\text{登记名片总数}}\times 100\%$ ☆登记准确率。$\text{登记准确率}=\dfrac{\text{正确登记的名片内容项目数}}{\text{登记的名片内容项目总数}}\times 100\%$
执行规范	
“名片印制申请表”“办公用品验收单”“名片印制模板”“名片领用表”“名片信息登记表”“员工日常管理制度”。	

5.6 印章管理流程设计与工作执行

5.6.1 印章管理流程设计

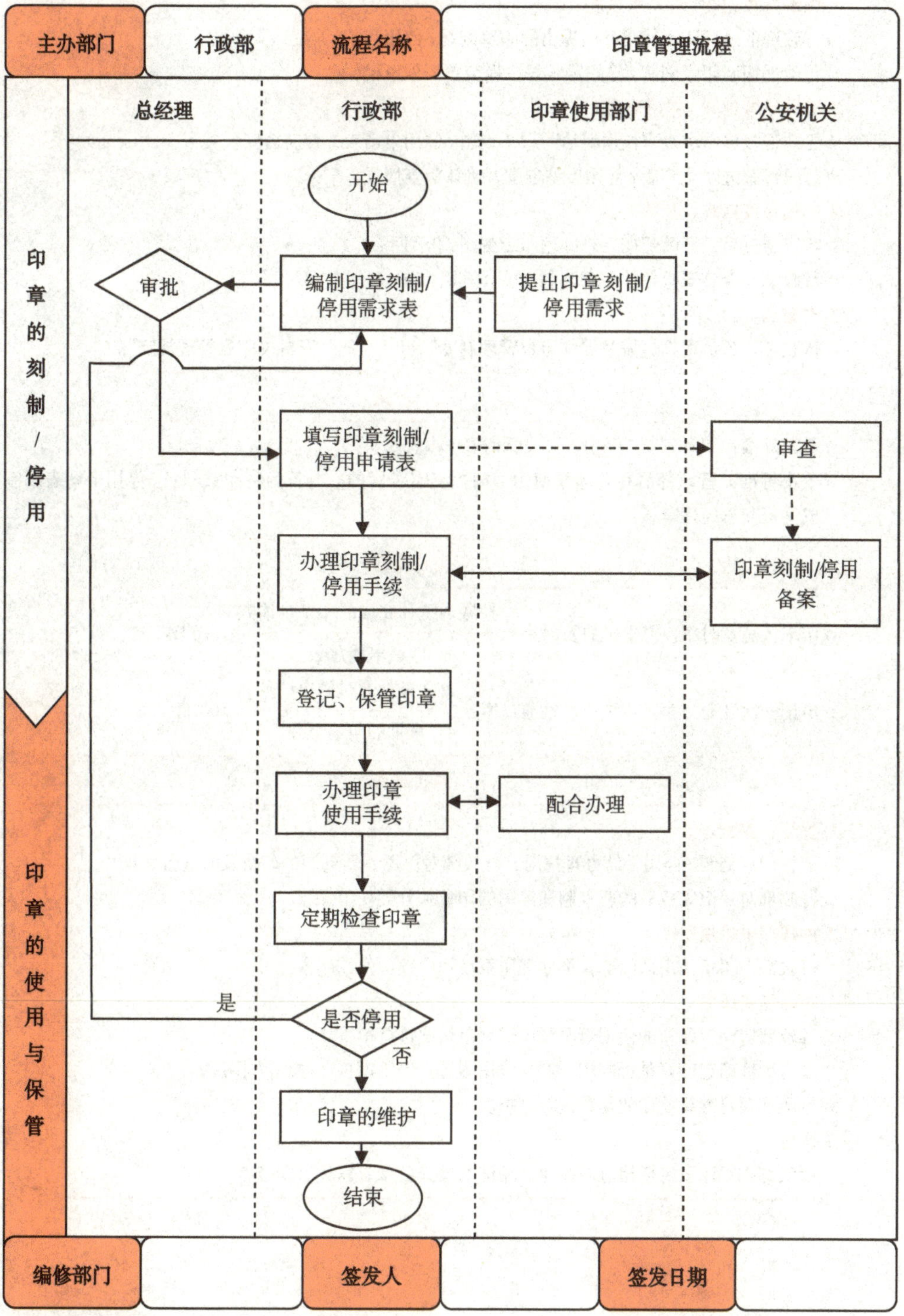
主办部门
行政部
流程名称
印章管理流程
总经理
行政部
印章使用部门
公安机关
印章的刻制/停用
印章的使用与保管
开始
审批
编制印章刻制/停用需求表
提出印章刻制/停用需求
填写印章刻制/停用申请表
审查
办理印章刻制/停用手续
印章刻制/停用备案
登记、保管印章
办理印章使用手续
配合办理
定期检查印章
是否停用
是
否
印章的维护
结束
编修部门
签发人
签发日期

5.6.2 印章管理执行程序、工作标准、考核指标、执行规范

任务名称	执行程序、工作标准与考核指标
印章的刻制/停用	**执行程序** **1. 编制印章刻制 / 停用需求表** ☆行政部汇总各印章使用部门提出的印章刻制 / 停用需求。 ☆行政部编制印章刻制 / 停用需求表，提交总经理审批。 **2. 填写印章刻制 / 停用申请表** ☆行政部根据需求表审核情况填写印章刻制 / 停用申请表，提交公安机关审查。 ☆行政部跟进印章刻制 / 停用申请进度，确认审查情况。 **3. 办理印章刻制 / 停用手续** ☆审查通过后，行政部按要求办理印章刻制 / 停用手续。 ☆行政部配合公安机关的印章刻制 / 停用备案工作。 **工作重点** 行政部印章负责人员需掌握“印章管理制度”与“当地公安机关印章管理规定”。
	工作标准 ☆质量标准：印章刻制 / 停用申请表所列事项内容真实。 ☆效率标准：行政部需在各印章使用部门提交需求后的____日内将印章刻制 / 停用申请表编制完成并提交总经理审核。
	考核指标 ☆需求汇总及时率。需求汇总及时率 = $\frac{\text{期限内统计完成的印章申请数}}{\text{印章申请总数}} \times 100\%$ ☆申请一次性通过率。申请一次性通过率 = $\frac{\text{首次审批通过的申请数}}{\text{审批的申请总数}} \times 100\%$
印章的使用与保管	**执行程序** **1. 登记、保管印章** ☆依据印章刻制 / 停用手续办理情况，行政部对停用、新刻制的印章及时进行登记。 ☆行政部对登记完成后的新刻制和停用的印章须分类妥善保管。 **2. 办理印章使用手续** 行政部在印章使用部门配合下办理印章使用手续，发放印章。 **3. 定期检查印章** ☆行政部定期对印章的使用情况和使用规范情况进行检查。 ☆由行政部确定印章是否停用，如需停用则进行停用审核，办理停用手续。 ☆行政部要对继续使用的印章进行维护。 **工作重点** 行政部在对印章定期检查时需建立相应的检查台账，以备后期查看。

（续）

任务名称	执行程序、工作标准与考核指标
印章的使用与保管	**工作标准**
	☆质量标准：登记印章编号、名称、启用（停用）时间准确、完整，无错误或遗漏情况；印章使用正确；印章保管完整，存放在指定地点且没有破损。 ☆参照标准：行政部发放印章按照印章刻制 / 停用申请表和印章管理制度执行。
	考核指标
	☆使用 / 停用的印章登记及时率。 $使用/停用的印章登记及时率=\frac{期限内登记完成的印章数}{登记印章总数}\times 100\%$ ☆印章检查准确度。
执行规范	
“印章刻制 / 停用申请表”“印章管理制度”“档案管理制度”“当地公安机关印章管理规定”。	

5.7 证照管理流程设计与工作执行

5.7.1 证照管理流程设计

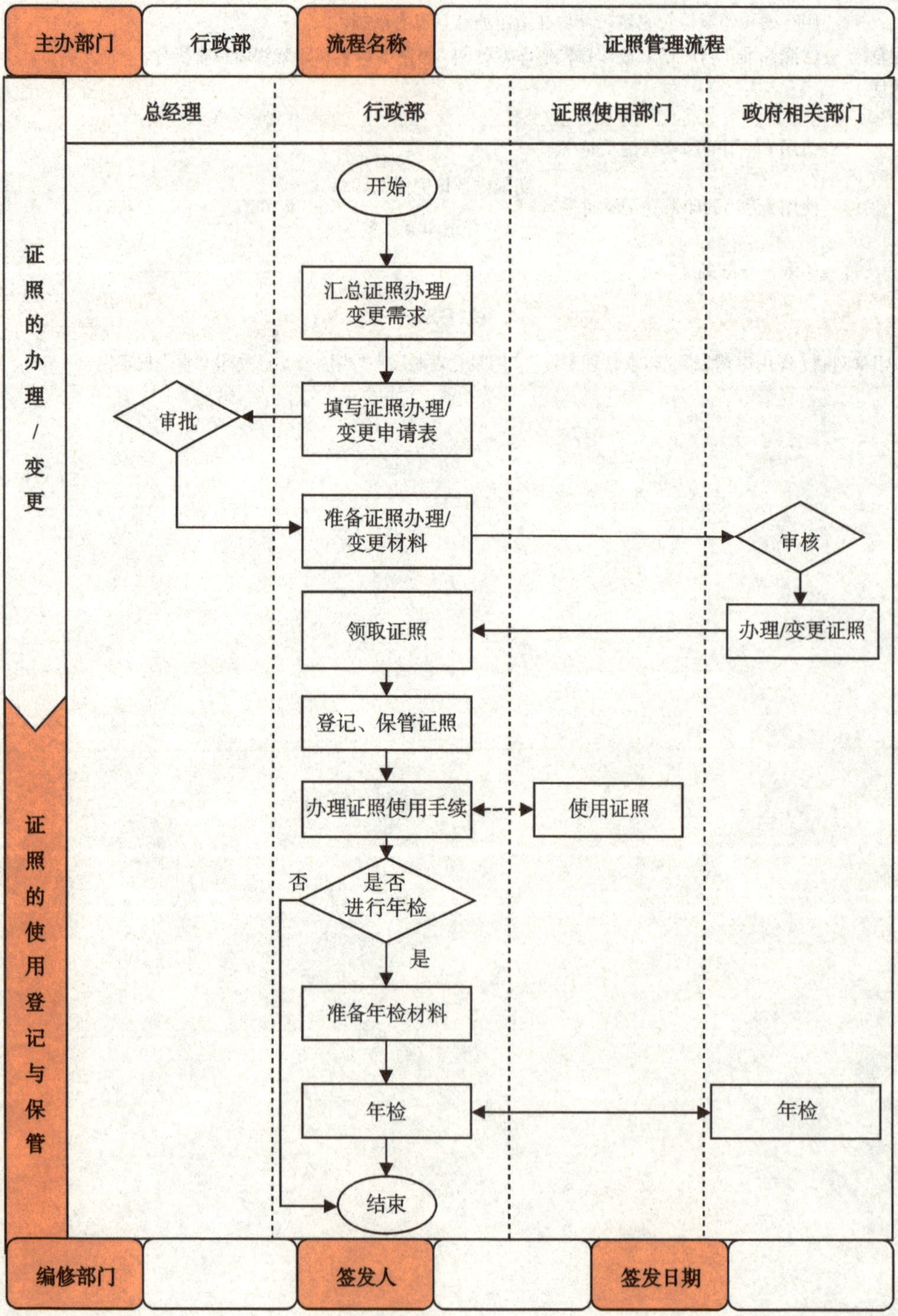

主办部门
行政部
流程名称
证照管理流程
总经理
行政部
证照使用部门
政府相关部门
证照的办理/变更
证照的使用登记与保管
开始
汇总证照办理/变更需求
填写证照办理/变更申请表
审批
准备证照办理/变更材料
审核
办理/变更证照
领取证照
登记、保管证照
办理证照使用手续
使用证照
是否进行年检
否
是
准备年检材料
年检
年检
结束
编修部门
签发人
签发日期

5.7.2 证照管理执行程序、工作标准、考核指标、执行规范

任务名称	执行程序、工作标准与考核指标
证照的办理/变更	**执行程序** **1. 填写证照办理 / 变更申请表** ☆行政部汇总企业提交的证照办理 / 变更需求。 ☆行政部填写证照办理 / 变更申请表，提交总经理审批。 **2. 准备证照办理 / 变更材料** 对于审批通过的证照办理 / 变更申请，行政部依据政府相关部门的要求准备材料，提交政府相关部门审核。 **3. 领取证照** ☆行政部跟进证照审核办理进度，及时解决问题。 ☆行政部注意接收政府相关部门的领取通知，及时领取证照。 **工作重点** 行政部在领取证照时需要对证照信息反复进行核对，若有问题要在现场及时解决。 **工作标准** ☆质量标准：证照办理 / 变更申请内容准确，无差错；证照检验细心，及时发现细微的错误，确保证照无误。 ☆参照标准：证照办理 / 变更的操作按照证照管理制度和证照办理规定执行。 **考核指标** ☆证照领取及时率。证照领取及时率 = $\frac{期限内领取的证照数}{领取证照总数} \times 100\%$ ☆申请材料的完整性。
证照的使用登记与保管	**执行程序** **1. 登记、保管证照** 行政部将领取的新证照进行信息登记、复印，对原件和复印件分开进行存档保管。 **2. 办理证照使用手续** ☆行政部要检查证照使用部门提交的证照使用申请，确认需求是否合规。 ☆行政部为合规的证照使用部门办理证照使用手续。 **3. 年检** ☆在证照保管过程中，行政部一定要注意证照的年检要求。 ☆证照需要年检的，行政部需准备年检材料，及时提交政府相关部门进行年检。 **工作重点** ☆登记证照信息时必须登记有效期限与使用日期等信息，不可遗漏。 ☆制定证照年检台账，避免证照年检遗漏。 **工作标准** ☆效率标准：证照的登记、保管及年检工作都要在规定的时间内及时完成，不可延误。 ☆质量标准：证照保管按照证照管理制度的有关规定执行，一定要确保证照不遗失或破损。

（续）

任务名称	执行程序、工作标准与考核指标
证照的使用登记与保管	考核指标
	☆证照登记及时率。证照登记及时率 = $\frac{期限内登记完成的证照数}{登记证照总数} \times 100\%$ ☆证照保管的规范性。
执行规范	
“证照办理 / 变更申请表”“证照管理制度”“档案管理制度”“证照办理规定”。	

5.8 公共活动场地使用审批流程设计与工作执行

5.8.1 公共活动场地使用审批流程设计

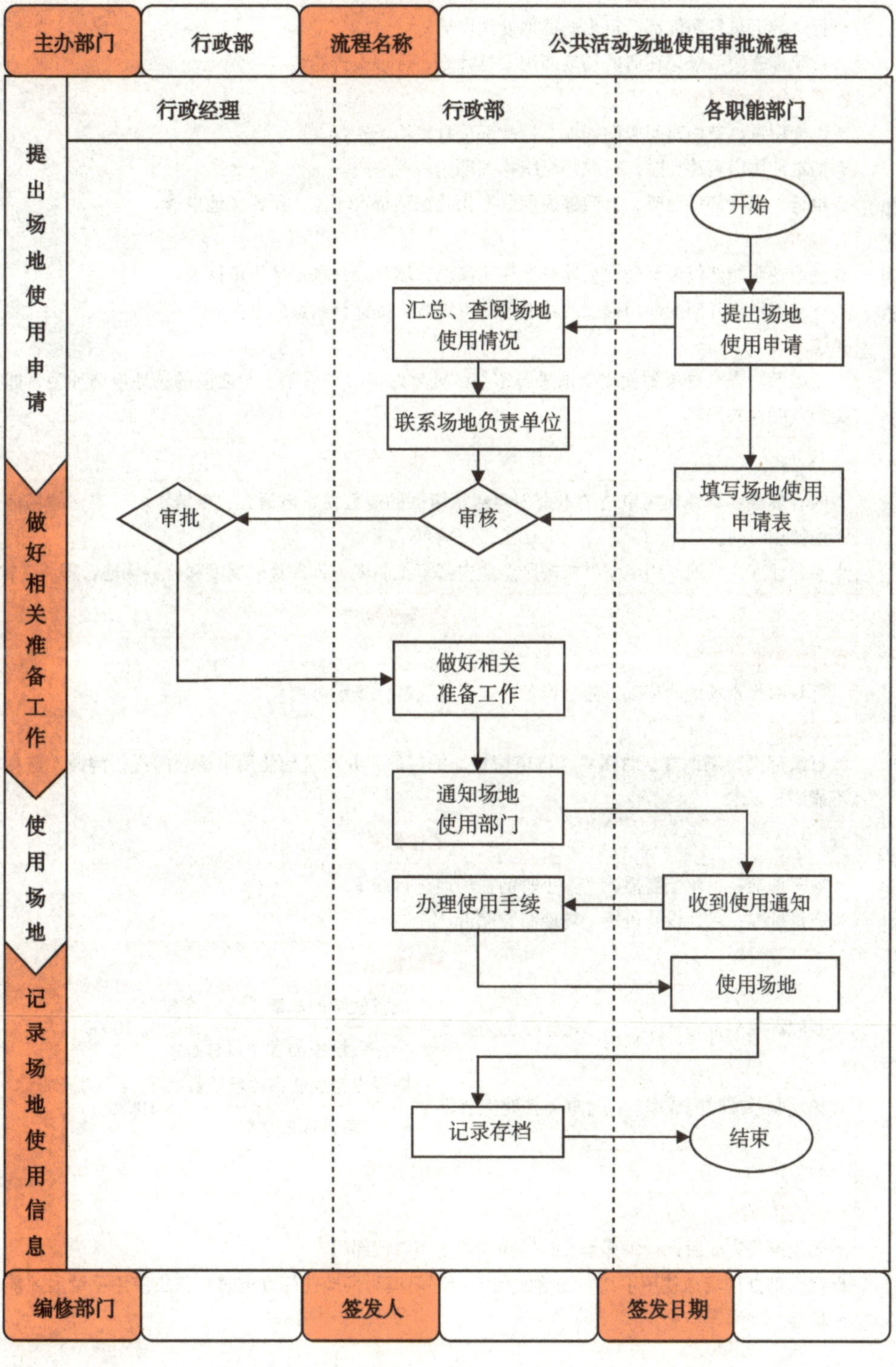

主办部门
行政部
流程名称
公共活动场地使用审批流程
行政经理
行政部
各职能部门
提出场地使用申请
做好相关准备工作
使用场地
记录场地使用信息
开始
提出场地使用申请
汇总、查阅场地使用情况
联系场地负责单位
填写场地使用申请表
审核
审批
做好相关准备工作
通知场地使用部门
收到使用通知
办理使用手续
使用场地
记录存档
结束
编修部门
签发人
签发日期

5.8.2 公共活动场地使用审批执行程序、工作标准、考核指标、执行规范

任务名称	执行程序、工作标准与考核指标
提出场地使用申请	**执行程序**
	1. 汇总、查阅场地使用情况 ☆行政部汇总各职能部门提出的场地使用申请。 ☆行政部查阅已登记在册的场地使用安排计划，合理安排场地。 **2. 联系场地负责单位** ☆无使用者、空白时间段的场地，行政部可直接给予安排。 ☆场地使用出现冲突时，行政部组织相关部门协商解决。 ☆申请使用外部场地时，行政部提前联系相关场地负责单位，预约场地申请。 **3. 审核** ☆企业各职能部门确定公共活动场地使用需求，填写公共场地使用申请表。 ☆行政部审核各职能部门提交的场地使用申请表，提交行政经理审批。 **工作重点** 行政部对提交的场地使用申请进行审核、处理时需要考虑是否与之前的场地申请冲突，如有冲突须及时告知。
	工作标准
	☆内容标准：场地使用申请的审批内容包括填写的规范性、申请人、申请事由、申请的场地、场地使用时间。 ☆参照标准：场地使用申请严格按照企业内部审批制度、日常管理制度和公共场地管理制度执行。
做好相关准备工作	**执行程序**
	做好相关准备工作 行政部检查场地的基础设施、设备、工具等，确保场地可用。 **工作重点** 行政部进行场地准备时需要考虑申请场地的目的，并与场地使用申请部门进行沟通，避免场地不能满足要求。
	工作标准
	☆效率标准：行政部需提前____小时前往场地进行准备。 ☆质量标准：场地设施可用，场地布置完善。
	考核指标
	☆基础设施准备完整度。基础设施准备完整度 $=\frac{\text{准备就绪的基础设施项目数}}{\text{基础设施需求项目总数}}\times 100\%$ ☆场地联系按时完成率。场地联系按时完成率 $=\frac{\text{期限内完成联系的场地数}}{\text{联系场地总数}}\times 100\%$
使用场地	**执行程序**
	办理使用手续 ☆场地准备完成后，行政部须及时通知场地使用申请部门。 ☆行政部办理场地使用手续，场地使用申请部门填写场地使用登记表，完成使用手续后才能使用场地。

（续）

任务名称	执行程序、工作标准与考核指标
使用场地	**工作重点** 在办理场地使用手续时，行政部要对所有场地使用申请部门采取同样的标准，避免引起不必要的纠纷。
	工作标准
	☆内容标准：场地使用登记内容包括场地名称、使用日期、使用部门、设备等。 ☆质量标准：申请使用场地的部门按规定办理场地使用手续，并填写使用登记表。
记录场地使用信息	**执行程序**
	记录存档 ☆场地使用完毕后，行政部检查场地的使用情况，登记场地归还信息。 ☆行政部将场地使用和归还的记录及时存档，以备查证。 **工作重点** 行政部在进行场地检查时，如发现损坏的设备或办公用品时要及时进行维修，确保下次的正常使用。
	工作标准
	☆效率标准：行政部在场地使用完成后要及时对场地进行检查并登记归还信息。 ☆质量标准：行政部记录场地归还时间、设备损坏情况，企业外部的场地使用还需记录场地租金等信息。
执行规范	
“公共场地使用申请表”“公共场地使用登记表”“公共场地使用信息记录表”“企业内部审批制度”“日常管理制度”“公共场地管理制度”“档案管理制度”。	

5.9 员工提案管理流程设计与工作执行

5.9.1 员工提案管理流程设计

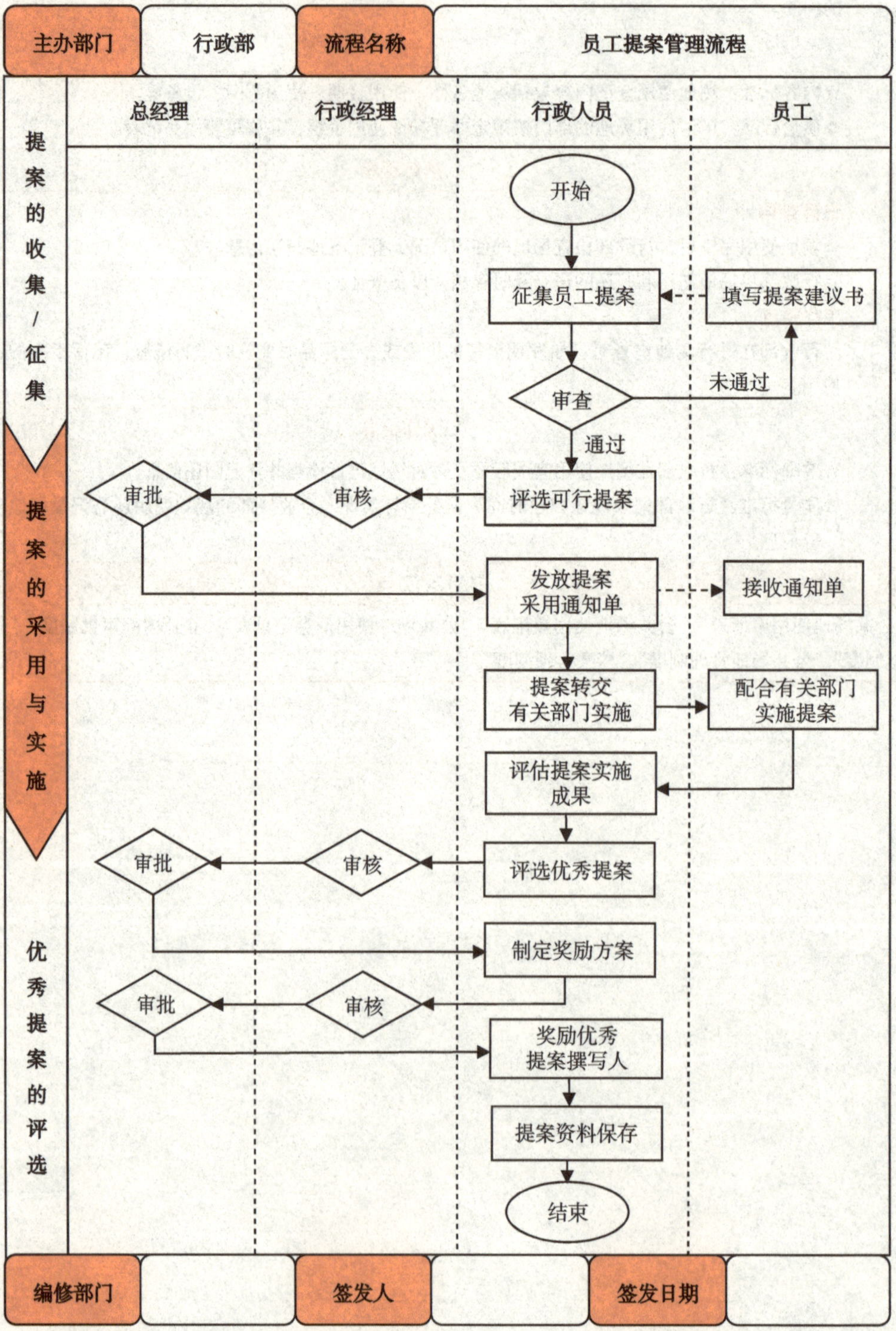
主办部门
行政部
流程名称
员工提案管理流程
总经理
行政经理
行政人员
员工
提案的收集/征集
提案的采用与实施
优秀提案的评选
开始
征集员工提案
填写提案建议书
审查
未通过
通过
评选可行提案
审核
审批
发放提案采用通知单
接收通知单
提案转交有关部门实施
配合有关部门实施提案
评估提案实施成果
评选优秀提案
审核
审批
制定奖励方案
审核
审批
奖励优秀提案撰写人
提案资料保存
结束
编修部门
签发人
签发日期

5.9.2 员工提案管理执行程序、工作标准、考核指标、执行规范

任务名称	执行程序、工作标准与考核指标
提案的收集/征集	**执行程序**
	1. 征集员工提案 ☆员工根据实际情况填写提案建议书。 ☆行政人员收集员工的提案建议书，或者针对某一主题向员工征集提案。 **2. 审查** 行政人员对员工提案进行审查，对于不符合规定的提案要及时退还提案人，合规的提案进入评选流程。 **工作重点** 审查提案建议书的行政人员要熟知提案编写规范。
	工作标准
	☆参照标准：提案审查按照提案管理制度的相关规定执行。 ☆质量标准：提案建议书的审查过程规范、及时。
提案的采用与实施	**执行程序**
	1. 评选可行提案 ☆行政人员就提案的可行性进行评选，将挑选出的提案上交行政经理审核后再报总经理审批。 ☆根据提案的审批意见和通过结果，行政人员向提案员工发放提案采用通知单。 **2. 提案转交有关部门实施** ☆对于评选审批通过的提案，行政人员需转交有关部门实施。 ☆提案员工需积极配合有关部门，对提案的实施给予相应的解释、指导。 **3. 评估提案实施成果** ☆行政人员收集各提案的实施成果、数据，汇总、整理提案实施情况。 ☆行政人员确定提案评分系统，对提案的实施成果进行评估。 **工作重点** 行政人员评选提案时至少需要 2 人参与。
	工作标准
	☆质量标准：行政人员将提案转交相应部门，无遗漏或误交情况。 ☆效率标准：提案的采用和转交工作需在____日内完成。
	考核指标
	☆评选按时完成率。$评选按时完成率=\frac{期限内评选的提案数}{评选提案总数}\times 100\%$ ☆评选一次性通过率。$评选一次性通过率=\frac{首次评选通过的提案数}{评选的提案总数}\times 100\%$
优秀提案的评选	**执行程序**
	1. 评选优秀提案 ☆行政人员根据提案评分系统对提案实施结果进行评分，评出优秀提案。 ☆将评选出的优秀提案提交行政经理审核后，报总经理审批。

（续）

任务名称	执行程序、工作标准与考核指标
优秀提案的评选	**2. 制定奖励方案** ☆行政人员对审批通过的优秀提案进行奖励，奖励方案依照企业实际情况制定。 ☆奖励方案提交行政经理审核后，报总经理审批。 **3. 奖励优秀提案撰写人** ☆奖励方案审批通过后，行政人员按奖励方案对优秀提案的撰写人进行奖励。 ☆行政人员保存此次评选活动中的提案资料。 **工作重点** 在进行提案评选时，企业需要有相对公平的评分系统或评分机制。
	工作标准
	☆质量标准：评选公正、公平，无徇私舞弊情况。 ☆参照标准：提案的评选和奖励参照提案管理制度、提案实施结果评分表、优秀提案评选表和优秀提案奖励方案执行。
	考核指标
	☆评选的公正性。 ☆奖励的及时率。
执行规范	
“提案建议书”“提案管理制度”“提案可行性分析报告”“提案采用通知单”“提案实施结果评分表”“优秀提案评选表”“企业内部审批制度”“优秀提案奖励方案”。	

5.10 提案成果巩固管理流程设计与工作执行

5.10.1 提案成果巩固管理流程设计

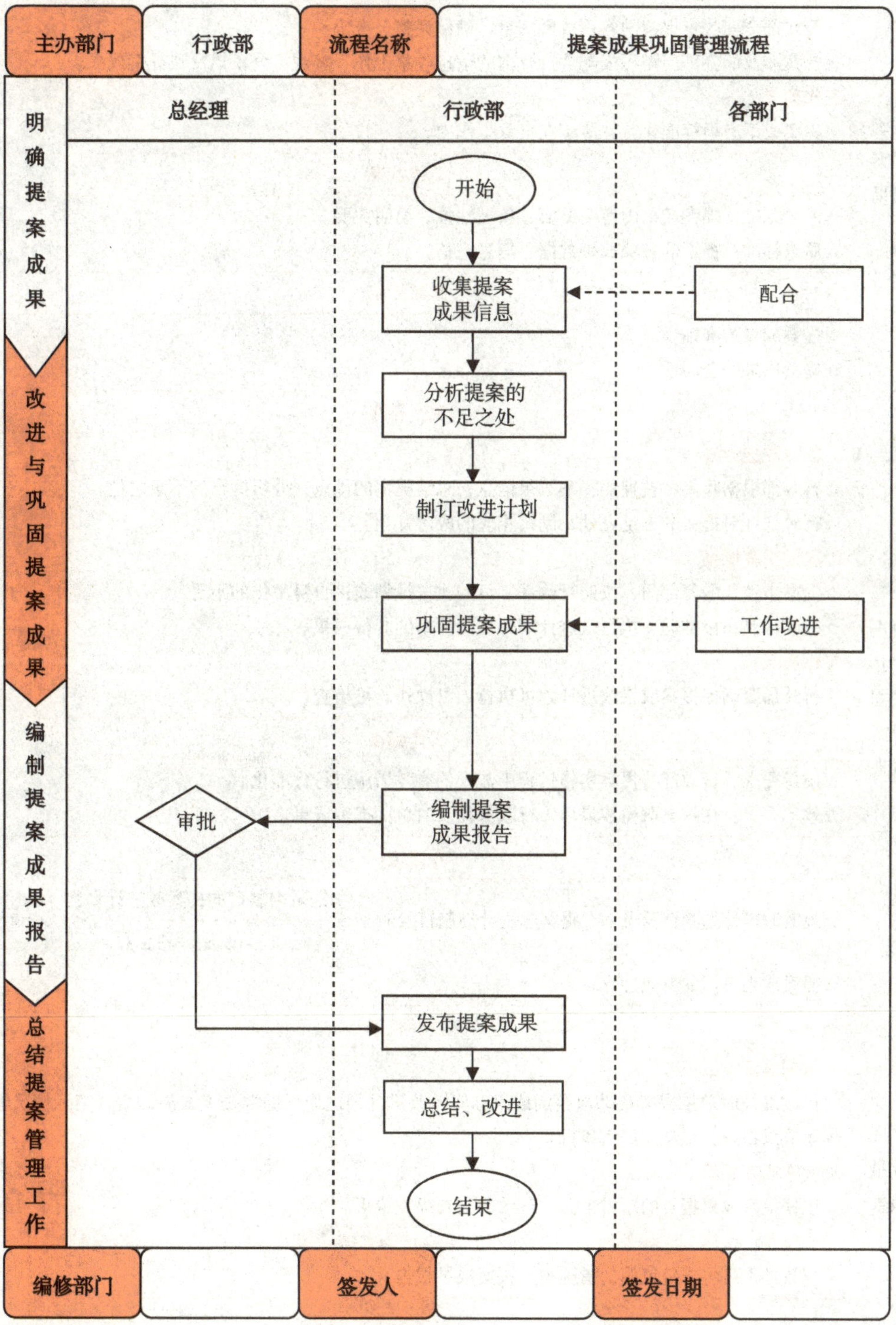
主办部门
行政部
流程名称
提案成果巩固管理流程
总经理
行政部
各部门
明确提案成果
改进与巩固提案成果
编制提案成果报告
总结提案管理工作
开始
收集提案成果信息
配合
分析提案的不足之处
制订改进计划
巩固提案成果
工作改进
编制提案成果报告
审批
发布提案成果
总结、改进
结束
编修部门
签发人
签发日期

5.10.2 提案成果巩固管理执行程序、工作标准、考核指标、执行规范

任务名称	执行程序、工作标准与考核指标
明确提案成果	**执行程序** **收集提案成果信息** ☆行政部全面收集提案的各项成果信息，确保完整、准确。 ☆提案涉及的各部门需积极配合行政部的信息收集工作，客观、公正地反映提案成果。 **工作重点** 提案成果必须标准化，并落实在日常工作中。 **工作标准** ☆内容标准：提案成果内容要充实、条理性强、简明扼要。 ☆质量标准：提案的各项成果数据、信息完整。 **考核指标** ☆提案成果的准确性。 ☆提案成果的全面性。
改进与巩固提案成果	**执行程序** **1. 制订改进计划** ☆行政部根据收集、整理的提案成果信息，总结提案的优点，分析提案的不足之处。 ☆行政部针对提案的不足之处，制订相应的改进计划。 **2. 巩固提案成果** ☆提案中涉及的各部门，按照行政部制订的改进计划改进自身工作的不足。 ☆行政部要积极推动、执行改进计划，巩固提案的既得成果。 **工作重点** 行政部要确保提案成果改进计划可执行、可操作、可检查。 **工作标准** ☆质量要求：行政部将提案实施过程中涉及的有效措施进行标准化。 ☆效率要求：在提案取得成果后，行政部须及时巩固提案成果。 **考核指标** ☆提案改进计划制订及时率。$\text{提案改进计划制订及时率}=\frac{\text{期限内制订的提案改进计划数}}{\text{提案改进计划总数}}\times 100\%$ ☆提案成果巩固的有效性。
编制提案成果报告	**执行程序** **1. 编制提案成果报告** 行政部及时总结提案活动取得的成果和实施改进计划之后巩固的提案成果，结合实际情况编制提案成果报告，提交总经理审批。 **2. 发布提案成果** 依据提案成果报告的审批情况，行政部发布提案成果。 **工作重点** 行政部不可将未经证明的措施纳入提案成果报告。

（续）

任务名称	执行程序、工作标准与考核指标
编制提案成果报告	**工作标准**
	☆质量标准：行政部编制的提案成果报告包含本次提案的所有成果。 ☆效率标准：行政部按时完成提案成果报告的编制工作。
总结提案管理工作	**执行程序**
	总结、改进 ☆提案活动结束后，行政部收集、汇总整个提案活动过程中的资料，并按规定存档。 ☆行政部回顾、检查整个提案管理过程，全方位总结自身提案管理工作，改进工作中的不足。 **工作重点** 总结提案管理工作时应回顾全过程，反思全节点。
	工作标准
	☆效率标准：在一次提案结束后，及时对该次提案的管理工作进行总结。 ☆质量标准：总结提案管理工作的内容详细、全面，包含了提案管理工作的所有方面。
执行规范	
"提案改进计划""提案管理制度""提案成果统计报告""提案成果巩固情况报告""提案工作总结报告""提案成果报告"。	

第6章 公关事务管理

6.1 公关事务管理流程设计

6.1.1 流程设计的目的

企业设计公关事务管理流程的主要目的是为了与员工、客户、社会、公众保持良好沟通，获得各界的支持，树立企业的形象，提高企业的知名度和美誉度等，其可以解决以下五个问题。

（1）企业与社会、公众的关系疏远，信息沟通闭塞，社会、公众对企业态度冷漠。

（2）企业未树立良好的形象，知名度低，竞争力不高。

（3）企业公关人员服务意识淡薄，服务质量不高，公关活动的策划及组织效果不佳，未能有效控制公关费用，造成损失。

（4）企业信息、新闻发布范围狭窄，未与媒体建立良好的合作关系。

（5）企业未制定危机公关预案，危机公关处理效果不佳，造成重大损失。

6.1.2 流程结构设计

公关事务管理流程结构设计可按照公关事务的各个工作事项展开，具体如图 6-1 所示。

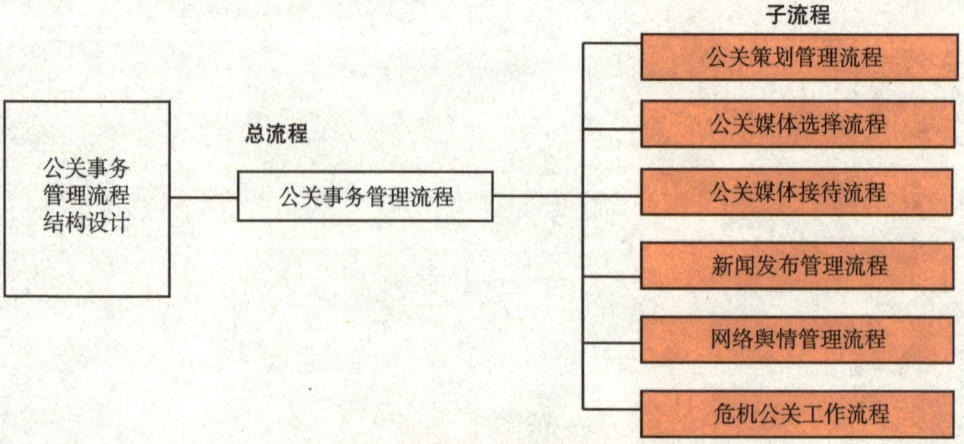

图 6-1 公关事务管理流程结构设计

6.2 公关事务管理流程设计与工作执行

6.2.1 公关事务管理流程设计

主办部门	行政部	流程名称	公关事务管理流程

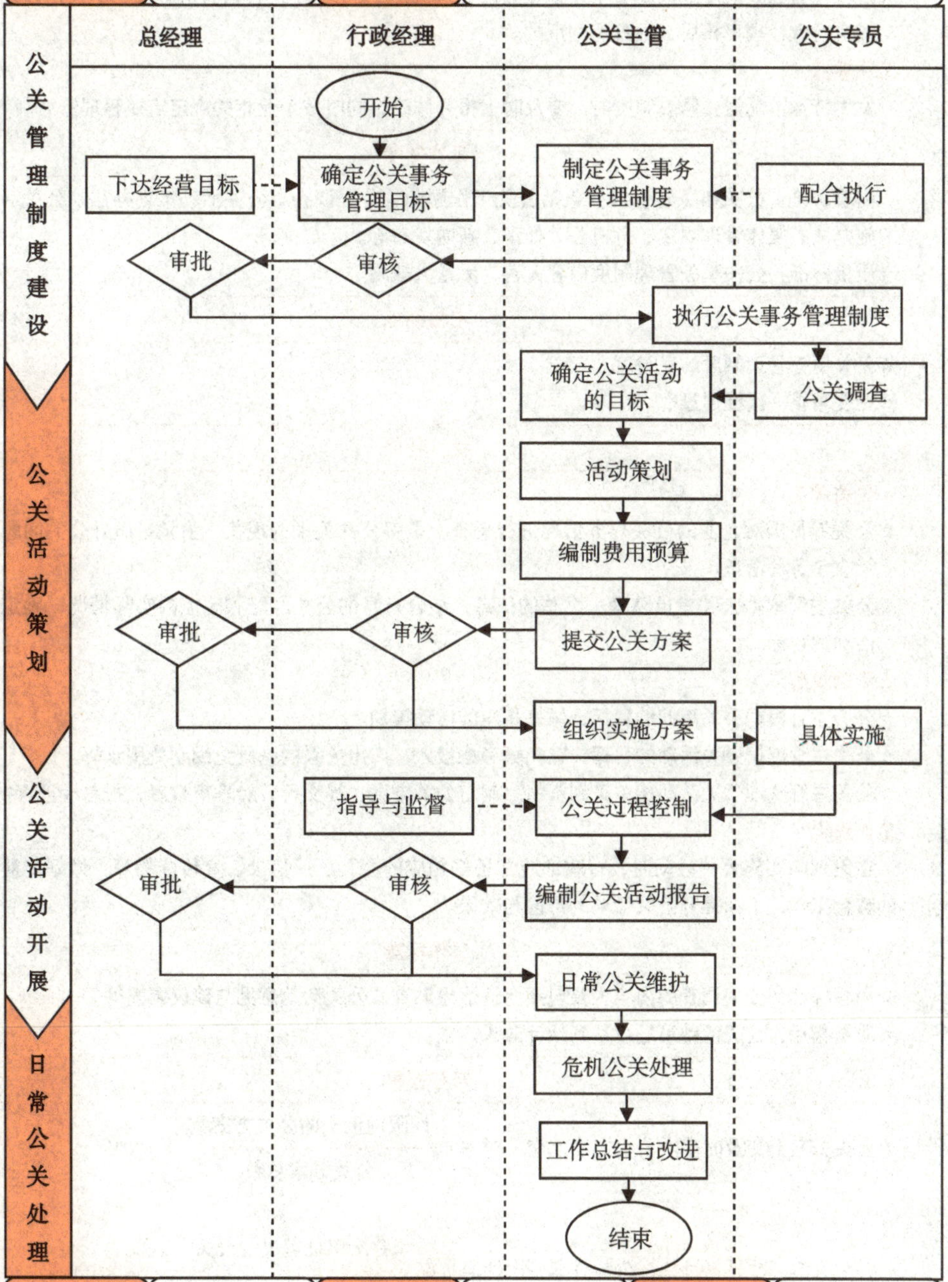

总经理
行政经理
公关主管
公关专员
公关管理制度建设
公关活动策划
公关活动开展
日常公关处理
开始
下达经营目标
确定公关事务管理目标
制定公关事务管理制度
配合执行
审批
审核
执行公关事务管理制度
确定公关活动的目标
公关调查
活动策划
编制费用预算
审批
审核
提交公关方案
组织实施方案
具体实施
指导与监督
公关过程控制
审批
审核
编制公关活动报告
日常公关维护
危机公关处理
工作总结与改进
结束

编修部门		签发人		签发日期	

6.2.2 公关事务管理执行程序、工作标准、考核指标、执行规范

任务名称	执行程序、工作标准与考核指标
公关管理制度建设	**执行程序**
	制定公关事务管理制度 ☆行政经理根据总经理下达的经营目标确定公关事务管理目标。 ☆公关主管在公关专员的配合下，依据行政经理确定的公关事务管理目标制定公关事务管理制度，提交行政经理审核后，报总经理审批。 **工作重点** 发生特殊情况需要修改制度时，要及时上报并修改，同时按企业相关规定定期整理修订制度。
	工作标准
	☆内容标准：公关事务管理制度包括公关工作原则、公关调查、公关活动策划办法、公关活动实施办法、媒体管理规定、危机公关处理、新闻发布等。 ☆质量标准：公关事务管理制度内容完善，无重大缺漏。
	考核指标
	☆公关事务管理制度的完备度。 ☆制度审核一次性通过率。
公关活动策划	**执行程序**
	1. 公关调查 ☆公关专员需对企业的公关事务情况进行调查，了解公共关系的现状，为领导做好公关问题的决策收集各种信息。 ☆公关主管依据公关专员整理、汇总的信息，结合自身的公关经验和企业的实际情况，确定公关活动的目标。 **2. 活动策划** ☆公关主管根据公关活动的目标，做好相应的活动策划。 ☆公关主管依据公关活动的目标，在充分考虑投入、产出关系的基础上编制费用预算。 ☆公关主管整理公关活动相关策划资料，制定公关方案，提交行政经理审核后，报总经理审批。 **工作重点** 在策划与实施公关活动时，行政部应配备好相应的会刊、通信录、宣传资料等，做好传播资源的整合工作，不断提升公关活动的价值与效果。
	工作标准
	☆内容标准：公关调查的内容主要包括企业形象调查、公关活动意见与建议调查等。 ☆质量指标：公关活动策划可达到预计效果。
	考核指标
	☆公关方案上交及时率。公关方案上交及时率 $=\frac{\text{期限内上交的公关方案数}}{\text{公关方案总数}}\times 100\%$ ☆公关方案一次性通过率。公关方案一次性通过率 $=\frac{\text{首次审批通过的公关方案数}}{\text{审批的公关方案总数}}\times 100\%$

（续）

任务名称	执行程序、工作标准与考核指标
公关活动开展	**执行程序**
	1. 公关过程控制 ☆公关方案审批通过后，公关主管组织公关专员实施。 ☆公关方案在实施过程中，公关主管需控制好公关活动，及时处理活动中的突发情况，确保公关活动的效果，并接受行政经理的指导与监督。 **2. 编制公关活动报告** 公关活动结束后，公关主管对活动过程进行评估，分析影响公关活动的因素，汲取经验教训，编制公关活动报告，提交行政经理审核后，报总经理审批。 **工作重点** ☆公关主管严格执行公关活动方案，及时处理突发事件。 ☆公关主管加强对活动中公关费用支出的控制，减少费用损失。
	工作标准
	☆内容标准：公关活动评价的内容包括公关活动效果评估、公关活动过程评估等。 ☆质量标准：公关活动总结报告内容真实、客观、公正、诚恳、有建设性。
日常公关处理	**执行程序**
	1. 日常公关维护 公关主管在日常公关工作中要维护好与媒体、客户、公众等的关系，保护企业的公众形象。 **2. 危机公关处理** 针对发生的危机情况，公关主管应快速、准确地做出反应。 **3. 工作总结与改进** 公关主管定期总结公关工作，汲取历史经验教训，不断学习、进步，带领公关部门改进公关工作。 **工作重点** 在正常的公关维护中，企业要尊重个体的差异性，应采取不同的方式对待媒体、客户、公众。
	工作标准
	☆效率标准：危机公关处理及时、迅速，不延误最佳处理时间。 ☆质量标准：公共关系维护到位，危机公关处理及时、正确。
	考核指标
	☆公关合作对象投诉率。$公关合作对象投诉率=\frac{公关合作对象投诉的事务数}{公关合作事务总数}\times 100\%$ ☆危机公关处理满意度。$危机公关处理满意度=\frac{满意及以上程度的危机处理好评数}{危机处理评价总数}\times 100\%$
执行规范	
“公关管理制度”“调查记录表”“实施监测报告”“公关费用支出申请表”“公关费用支出统计表”“公关活动评价表”“公关活动总结报告”“危机公关处理办法”。	

6.3 公关策划管理流程设计与工作执行

6.3.1 公关策划管理流程设计

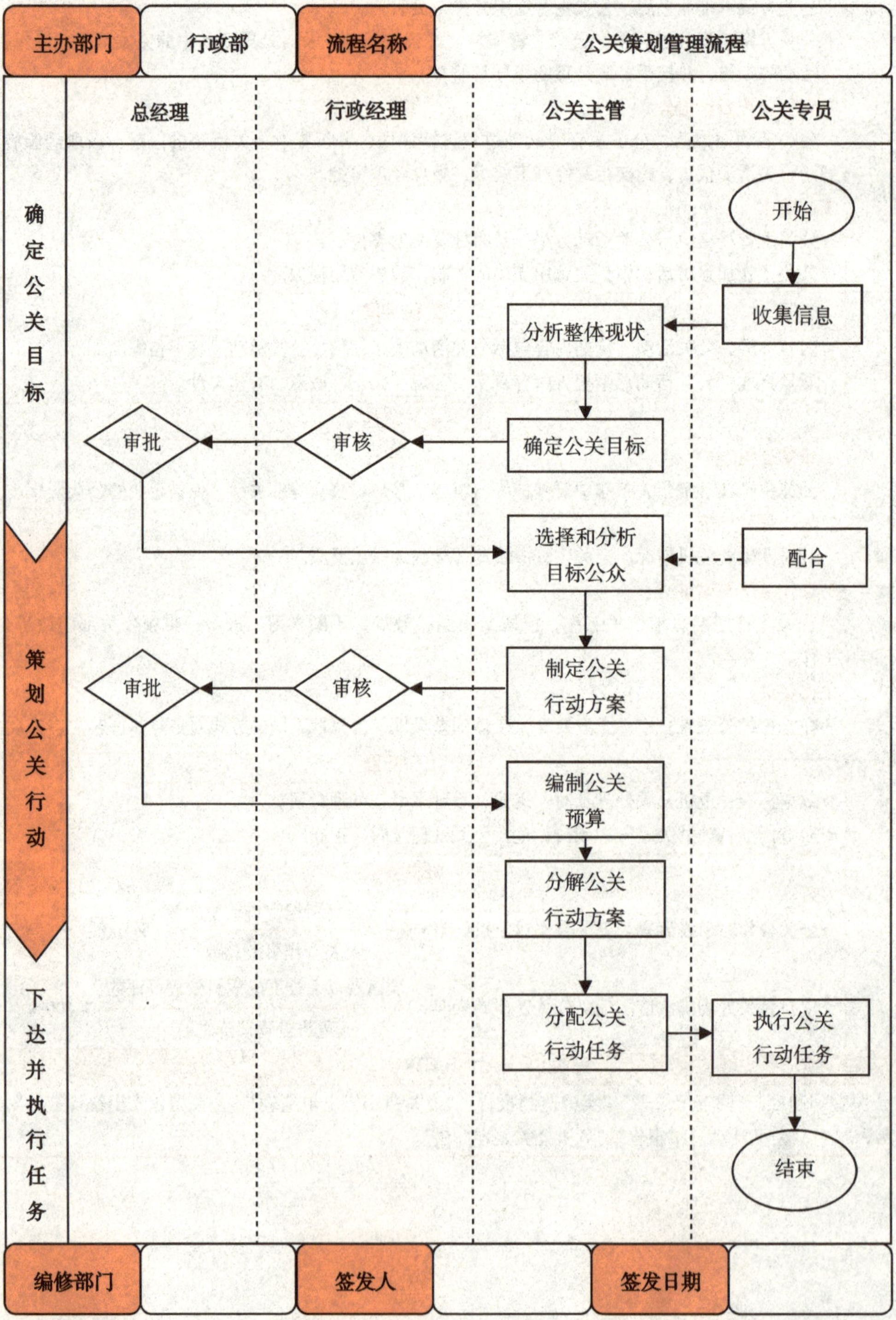
主办部门
行政部
流程名称
公关策划管理流程
总经理
行政经理
公关主管
公关专员
确定公关目标
策划公关行动
下达并执行任务
开始
收集信息
分析整体现状
确定公关目标
审核
审批
选择和分析目标公众
配合
制定公关行动方案
审核
审批
编制公关预算
分解公关行动方案
分配公关行动任务
执行公关行动任务
结束
编修部门
签发人
签发日期

6.3.2 公关策划管理执行程序、工作标准、考核指标、执行规范

任务名称	执行程序、工作标准与考核指标
确定公关目标	**执行程序**
	1. 分析整体现状 ☆公关专员收集企业各类公共事务的信息。 ☆公关主管根据企业公关事务的信息分析企业公共关系的整体现状。 **2. 确定公共关系目标** ☆公关主管根据企业公共关系的现状确定企业的公关工作方向与公关目标。 ☆公关主管将确定的公关目标提交行政经理审核后，报总经理审批。 ☆公关目标审批通过后，公关主管组织公关部对目标公众进行选择和分析。 **工作重点** 公关专员一定要做好信息收集的工作。
	工作标准
	☆内容标准：公关目标主要包括全新塑造目标、形象矫正目标、形象优化目标，以及问题解决与危机公关等。 ☆质量标准：公关目标确定及时，内容符合企业现状。
策划公关行动	**执行程序**
	1. 制定公关行动方案 根据公关目标的分析结果，结合公共关系的目标，由公关主管制定公关行动方案，提交行政经理审核后，报总经理审批。 **2. 编制公关预算** 公关行动方案审批通过后，由公关主管负责编制公关预算，报财务部审查、备案。 **工作重点** 公关主管在制定公关预算前需要先确定公关预算编制方法。
	工作标准
	☆质量标准：公关行动方案要明确公关活动项目，明确活动的策略措施，明确活动主体，明确活动时机。 ☆内容标准：公关预算主要包括基本费用和活动费用两种。基本费用包括人工、办公经费、器材费等，活动费用包括招待费、庆典活动费、广告费、交际应酬费等。
	考核指标
	☆公关行动方案制定及时率。公关行动方案制定及时率 $=\dfrac{\text{期限内完成的正式行动方案数}}{\text{正式行动方案总数}}\times 100\%$ ☆公关行动方案一次性通过率。公关行动方案一次性通过率 $=\dfrac{\text{首次审批通过的行动方案数}}{\text{审批的行动方案总数}}\times 100\%$
下达并执行任务	**执行程序**
	1. 分解公关行动方案 公关主管将公关行动方案按阶段进行分解，负责把行动流程和执行细节落实到个人，并分配公关行动任务。

（续）

<table>
<tr><th>任务名称</th><th>执行程序、工作标准与考核指标</th></tr>
<tr><td rowspan="5">下达并执行任务</td><td>2. 执行公关行动任务
公关专员在公关主管的组织领导下，按分配的公关行动任务执行具体的公关策划活动。
工作重点
在执行公关行动任务的过程中，公关专员对其中出现的问题须及时处理解决，对重大问题需向上级汇报。</td></tr>
<tr><td>工作标准</td></tr>
<tr><td>☆质量标准：公关行动方案分解落实到个人，公关行动任务执行情况良好。
☆效率标准：公关主管需在确定公关行动方案的____日内对方案进行分解。</td></tr>
<tr><td>考核指标</td></tr>
<tr><td>☆公关任务下达及时率。公关任务下达及时率 = $\frac{\text{期限内下达的公关任务数}}{\text{下达公关任务总数}} \times 100\%$
☆公关任务计划执行率。公关任务计划执行率 = $\frac{\text{正确执行的公关任务项目数}}{\text{公关任务执行项目总数}} \times 100\%$</td></tr>
<tr><th colspan="2">执行规范</th></tr>
<tr><td colspan="2">“公关管理制度”“公关任务分解表”“公关管理制度”“公关行动方案”。</td></tr>
</table>

6.4 公关媒体选择流程设计与工作执行

6.4.1 公关媒体选择流程设计

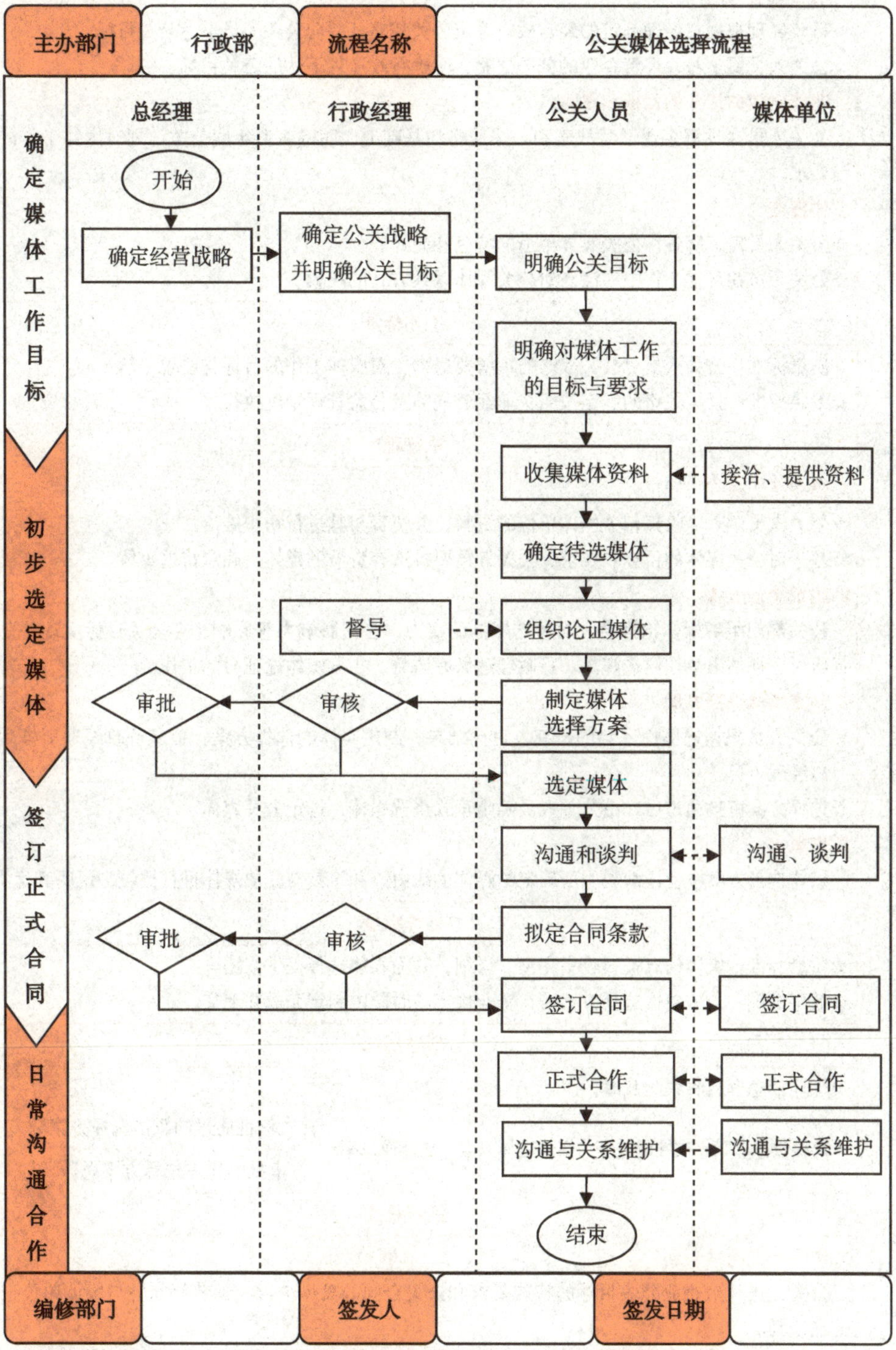

主办部门
行政部
流程名称
公关媒体选择流程
总经理
行政经理
公关人员
媒体单位
确定媒体工作目标
初步选定媒体
签订正式合同
日常沟通合作
开始
确定经营战略
确定公关战略并明确公关目标
明确公关目标
明确对媒体工作的目标与要求
收集媒体资料
接洽、提供资料
确定待选媒体
督导
组织论证媒体
审批
审核
制定媒体选择方案
选定媒体
沟通和谈判
沟通、谈判
审批
审核
拟定合同条款
签订合同
签订合同
正式合作
正式合作
沟通与关系维护
沟通与关系维护
结束
编修部门
签发人
签发日期

6.4.2 公关媒体选择执行程序、工作标准、考核指标、执行规范

<table>
<tr><th>任务名称</th><th>执行程序、工作标准与考核指标</th></tr>
<tr><td rowspan="4">确定媒体工作目标</td><td>执行程序</td></tr>
<tr><td>1. 确定公关战略
☆行政经理根据总经理制定的经营战略确定公关战略，并向公关人员下达公关目标。
☆公关人员要学习、理解企业的公关战略，明确行政经理下达的公关目标。
2. 明确对媒体工作的目标与要求
公关人员在理解企业经营战略和公关战略的基础上，明确企业年度公关计划对媒体工作的目标与要求。
工作重点
☆公关人员需了解各种公关媒体渠道的特色和差异。
☆公关人员在日常工作中应注意对公关媒体联系方式的积累。</td></tr>
<tr><td>工作标准</td></tr>
<tr><td>☆质量标准：公关人员对公关战略的理解要透彻，对媒体工作的目标与要求了然于心。
☆参照标准：公关战略的制定按照企业经营战略及公关管理制度执行。</td></tr>
<tr><td rowspan="6">初步选定媒体</td><td>执行程序</td></tr>
<tr><td>1. 确定待选媒体
☆公关人员调查、收集相关媒体单位的资料，并负责与其进行初步接洽。
☆基于对公关媒体的目标和要求，公关人员要挑选有资质的媒体，确定待选媒体。
2. 组织论证媒体
公关部门组织媒体论证会，对候选媒体的实力、公共影响力等影响企业公关目标实现的要素进行研讨，评估出最佳候选媒体。行政经理做好监督、指导媒体论证会的工作。
3. 制定媒体选择方案
☆公关人员根据媒体论证会的研究、讨论结果，制定媒体的选择方案，提交行政经理审核后，报总经理审批。
☆选择方案审批通过后，由公关人员确定正式当选媒体，选定公关媒体。
工作重点
媒体选择方案中应详细说明所确定的媒体的缘由，并将其与其他媒体进行比较，说明其优劣。</td></tr>
<tr><td>工作标准</td></tr>
<tr><td>☆质量标准：媒体信息资料收集完整、详细，并为媒体选择提供依据。
☆效率标准：公关媒体选择方案需在企业规定的时限内制定完成并上交。</td></tr>
<tr><td>考核指标</td></tr>
<tr><td>☆媒体信息资料收集的及时性。
☆媒体选择方案一次性通过率。$\text{媒体选择方案一次性通过率}=\frac{\text{首次审批通过的媒体选择方案数}}{\text{审批的媒体选择方案总数}}\times 100\%$</td></tr>
<tr><td rowspan="2">签订正式合同</td><td>执行程序</td></tr>
<tr><td>1. 沟通和谈判
公关人员针对企业公关目标的特殊要求和公关合同的具体项目、细节等问题与媒体单位进行沟通和谈判。</td></tr>
</table>

（续）

<table>
<tr><th>任务名称</th><th>执行程序、工作标准与考核指标</th></tr>
<tr><td rowspan="5">签订正式合同</td><td>2. 拟定合同条款
☆公关人员依据与媒体单位的沟通谈判情况，拟定合同条款，提交行政经理审核后，报总经理审批。
☆拟定合同审批通过后，公关部制定正式的公关合同，与选定的媒体单位签订合同。
工作重点
公关人员要注意双赢，与媒体保持良好的关系。</td></tr>
<tr><td>工作标准</td></tr>
<tr><td>☆效率标准：合同在企业规定的时限内拟定并上交，不能耽误合同的签订及公关媒体活动的举行。
☆质量标准：企业与媒体单位谈判符合规定，沟通顺畅，合同条款完整、合理。</td></tr>
<tr><td>考核指标</td></tr>
<tr><td>☆合同条款审核一次性通过率。$合同条款审核一次性通过率=\frac{首次审批通过的合同数}{审批的合同总数}\times 100\%$
☆合同条款拟定及时性。$合同条款拟定及时性=\frac{期限内拟定的合同条款数}{合同条款总数}\times 100\%$</td></tr>
<tr><td rowspan="4">日常沟通合作</td><td>执行程序</td></tr>
<tr><td>沟通与关系维护
☆在正式合作开始前，公关人员就企业的公关要求及时与媒体单位沟通，明确公关的方向和目标。
☆公关人员要维护好与媒体单位的合作关系，保证公关工作的效果和质量。
工作重点
公关人员在与媒体单位沟通后要进行确认，避免因为表达、理解的问题导致沟通不到位。</td></tr>
<tr><td>工作标准</td></tr>
<tr><td>☆参照标准：公关人员与媒体单位的沟通参照公关战略和媒体合作合同执行。
☆质量标准：企业与媒体维持良好的合作关系，沟通顺畅。</td></tr>
<tr><td colspan="2">执行规范</td></tr>
<tr><td colspan="2">“公关战略”“待选媒体名单”“媒体合作目标与计划”“公关管理制度”“谈判计划”“媒体合作合同”。</td></tr>
</table>

6.5 公关媒体接待流程设计与工作执行

6.5.1 公关媒体接待流程设计

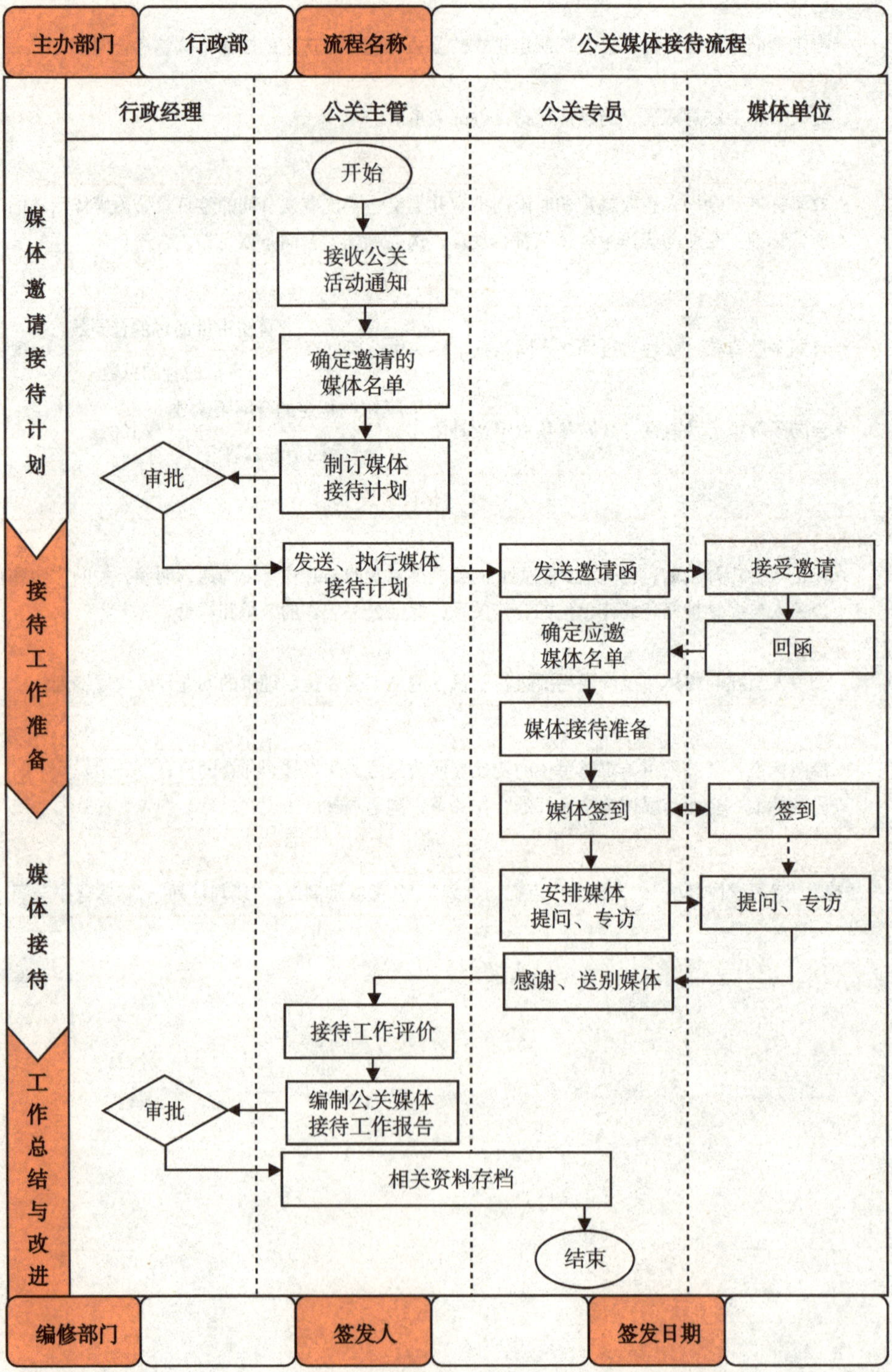

主办部门
行政部
流程名称
公关媒体接待流程
行政经理
公关主管
公关专员
媒体单位
媒体邀请接待计划
接待工作准备
媒体接待
工作总结与改进
开始
接收公关活动通知
确定邀请的媒体名单
制订媒体接待计划
审批
发送、执行媒体接待计划
发送邀请函
接受邀请
回函
确定应邀媒体名单
媒体接待准备
媒体签到
签到
安排媒体提问、专访
提问、专访
感谢、送别媒体
接待工作评价
编制公关媒体接待工作报告
审批
相关资料存档
结束
编修部门
签发人
签发日期

6.5.2 公关媒体接待执行程序、工作标准、考核指标、执行规范

任务名称	执行程序、工作标准与考核指标
媒体邀请接待计划	**执行程序** **1. 确定邀请的媒体名单** ☆公关主管负责接收企业公关活动通知，明确公关类型、受众群体等。 ☆依据公关活动的目标和要求，公关主管挑选优势媒体，确定邀请的媒体名单。 **2. 制订媒体接待计划** ☆公关主管根据邀请的媒体名单和公关活动的目标制订媒体接待计划，报行政经理审批。 ☆媒体接待计划审批通过后，公关主管要向接待计划涉及的部门发送媒体接待计划，由公关主管负责执行媒体接待计划。 **工作重点** 在邀请函中应详细说明公关活动的具体内容、活动时间、地点与规模等。
	工作标准 ☆内容标准：媒体接待计划应包括接待时间、接待地点、接待媒体名单、接待人员分工、接待过程事项安排与接待过程服务等。 ☆效率标准：媒体接待计划需在媒体名单确定后的____日内制订完成。
	考核指标 ☆媒体接待计划制订及时率。媒体接待计划制订及时率 $=\dfrac{\text{期限内完成的接待计划数}}{\text{接待计划总数}}\times 100\%$ ☆媒体接待计划一次性通过率。 媒体接待计划一次性通过率 $=\dfrac{\text{首次审批通过的媒体接待计划数}}{\text{审批的媒体接待计划总数}}\times 100\%$
接待工作准备	**执行程序** **1. 发送邀请函** ☆公关专员按确定邀请的媒体名单制作邀请函，一定要确保名单上的每一个媒体单位都收到了邀请函。 ☆公关专员接收、整理媒体单位的回函，确定应邀媒体名单。 **2. 媒体接待准备** ☆公关专员要对媒体、接待场地进行检查，并根据媒体参会的形式安排媒体单位的场地区域。 ☆公关专员负责布置接待媒体的会客厅，并准备好接待用品。 **工作重点** ☆公关专员需要确认会议厅的大小、位置、桌椅摆放，以及 VIP 休息室的具体位置、媒体接待处的具体位置等信息。 ☆公关专员准备媒体签到时所需的用品，如签到笔、签到簿、人员名片等。 ☆媒体接待会当天，公关专员需再次确认接待所需物品，做好准备工作。

（续）

任务名称	执行程序、工作标准与考核指标
接待工作准备	**工作标准**
	☆质量标准：邀请函编制内容完整、表达清晰，简洁，有吸引力；接待准备工作合理、到位。 ☆效率标准：公关专员需在公关活动开始前____日内对媒体接待场地进行检查。
	考核指标
	☆媒体接待准备工作能够及时完成，无重大缺漏。 ☆媒体接待准备工作检查得分。
媒体接待	**执行程序**
	1. 媒体签到 公关专员组织到场媒体进行签到，并按接待计划引导相应媒体单位到安排好的会客厅或场地区域，发放公关活动资料，并为其提供必要的服务。 **2. 安排媒体提问、专访** ☆公关专员安排媒体对公关活动进行现场摄影与摄像。 ☆按照媒体接待计划，公关专员安排媒体单位进行提问、采访、专访等。 **3. 感谢、送别媒体** ☆公关活动结束后，公关专员对所有受邀媒体表示感谢，并送别媒体。 ☆公关专员将收集、整理活动现场的各类资料提供给媒体单位，以配合媒体撰稿。 **工作重点** ☆公关专员在媒体签到前需安排好休息室，看管好衣物及手提物品。 ☆公关专员需安排 1 ~ 2 名接待人员留在门口接待，其他人员进入会场进行会场服务，如传递话筒等。
	工作标准
	☆质量标准：公关专员在媒体签到时要做到有序、清晰，平面媒体和电视媒体应分开接待；及时与媒体单位进行事后的沟通，从多角度挖掘报道的内容。 ☆参照标准：公关专员对媒体的接待工作按照公关管理制度和媒体接待计划执行。
	考核指标
	☆公关活动服务满意度得分。 ☆公关活动服务投诉次数。
工作总结与改进	**执行程序**
	1. 接待工作评价 公关活动结束后，公关主管对媒体接待工作进行整体评估，对各方面细节的执行效果进行评价，总结经验，吸取教训。 **2. 编制公关媒体接待工作报告** ☆公关主管根据接待工作的评价编制公关媒体接待工作报告和工作改进计划，提交行政经理审批。 ☆公关部根据工作改进计划和审批意见改进自身工作。 ☆公关部对接待工作的相关资料进行存档。

（续）

<table>
<tr><th>任务名称</th><th>执行程序、工作标准与考核指标</th></tr>
<tr><td rowspan="5">工作总结与改进</td><td>工作重点
接待工作的相关资料可整理为内部学习和培训资料。</td></tr>
<tr><td>工作标准</td></tr>
<tr><td>☆内容标准：评价内容包括活动效果、活动组织与过程服务等。
☆质量标准：编制的公关媒体接待工作报告的数据与内容真实、客观、公正、合理。</td></tr>
<tr><td>考核指标</td></tr>
<tr><td>☆公关媒体接待工作报告在企业规定的期限内编制完成并上交。
☆上级对公关媒体接待工作报告的满意度评分，目标值为____分。</td></tr>
<tr><th colspan="2">执行规范</th></tr>
<tr><td colspan="2">“签到表”“公关活动评价表”“应邀媒体名单”“邀请函”“接待准备工作检查表”“公关管理制度”“媒体接待计划”“公关活动通知”“新闻稿”“公关媒体接待工作报告”。</td></tr>
</table>

6.6 新闻发布管理流程设计与工作执行

6.6.1 新闻发布管理流程设计

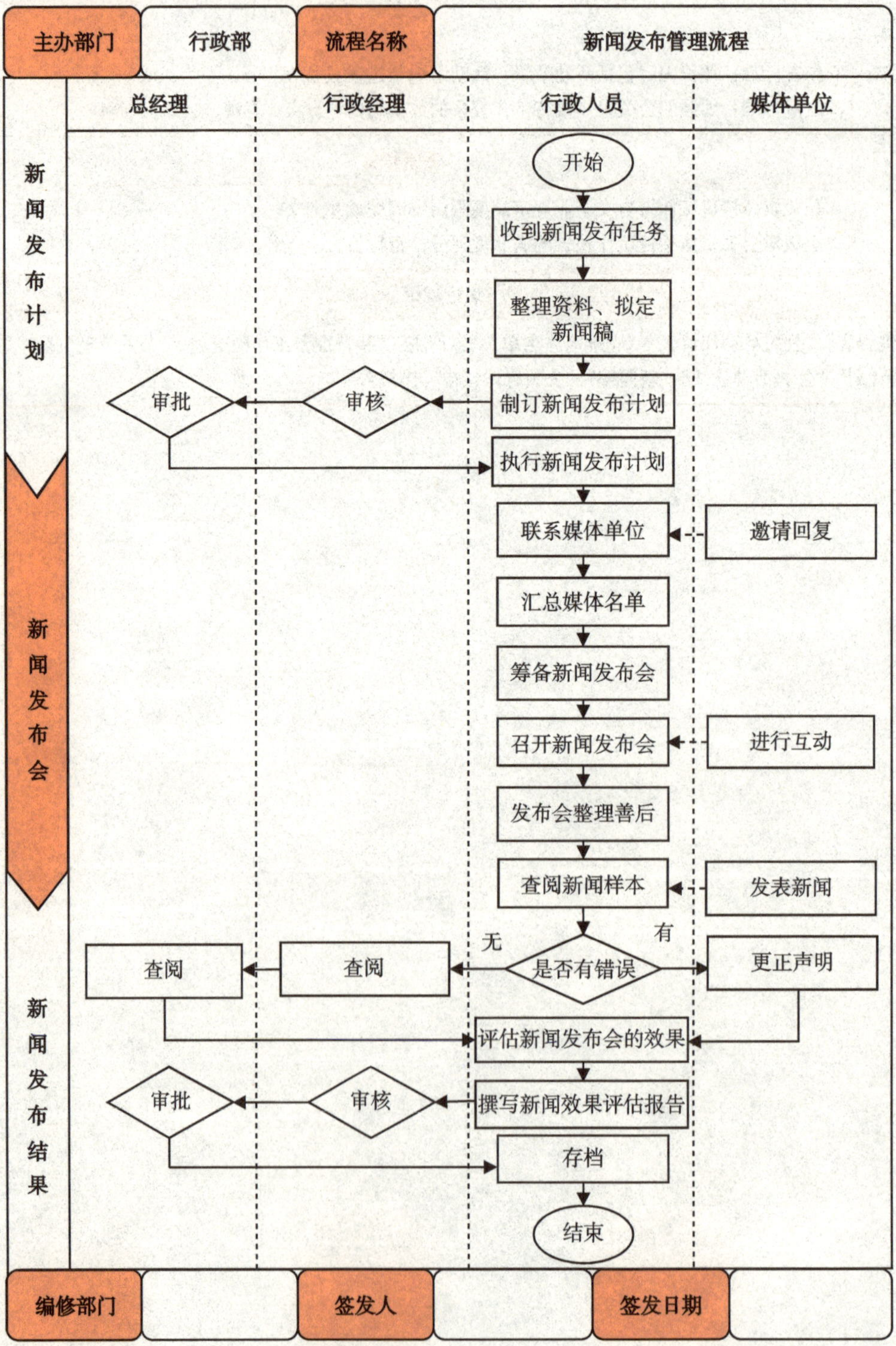
主办部门
行政部
流程名称
新闻发布管理流程
总经理
行政经理
行政人员
媒体单位
新闻发布计划
新闻发布会
新闻发布结果
开始
收到新闻发布任务
整理资料、拟定新闻稿
制订新闻发布计划
审核
审批
执行新闻发布计划
联系媒体单位
邀请回复
汇总媒体名单
筹备新闻发布会
召开新闻发布会
进行互动
发布会整理善后
查阅新闻样本
发表新闻
是否有错误
无
有
查阅
查阅
更正声明
评估新闻发布会的效果
撰写新闻效果评估报告
审核
审批
存档
结束
编修部门
签发人
签发日期

6.6.2 新闻发布管理执行程序、工作标准、考核指标、执行规范

任务名称	执行程序、工作标准与考核指标
新闻发布计划	**执行程序** **1. 整理资料、拟定新闻稿** ☆行政人员收到关于企业宣传、生产、经营等方面的新闻发布任务。 ☆行政人员整理发布的相关资料，并按企业新闻发布管理制度拟定新闻稿。 **2. 制订新闻发布计划** 行政人员依据新闻发布任务制订新闻发布计划，将拟定的新闻稿和新闻发布计划提交行政经理审核后，报总经理审批；领导批示后，行政人员按照审批意见执行新闻发布计划。 **工作重点** 行政人员拟定的有关企业发展及财务状况的重要新闻稿，经总经理批准后才能发出。
	工作标准 ☆质量标准：发布的新闻稿信息应具有较强的时效性，并保证内容真实、准确、完整。 ☆程序标准：为了保证所发布新闻信息的合法性、真实性和准确性，在新闻信息发布前，行政人员必须对其进行严格的审核。
	考核指标 ☆新闻稿拟定及时率。新闻稿拟定及时率 $=\frac{\text{期限内拟定的新闻稿数}}{\text{拟定新闻稿总数}}\times 100\%$ ☆新闻稿一次性通过率。新闻稿一次性通过率 $=\frac{\text{首次审批通过的新闻稿数}}{\text{审批的新闻稿总数}}\times 100\%$
新闻发布会	**执行程序** **1. 汇总媒体名单** ☆行政人员负责与媒体单位联系，邀请媒体单位出席企业新闻发布会，确保重要单位出席。 ☆媒体单位回复受邀信息，行政人员要汇总出席发布会的媒体名单。 **2. 筹备新闻发布会** 行政人员负责确定接待厅、发布厅、餐饮休息区等活动场地，及时布置场地，调试发布会场的设备、工具并确认发布会主持人。 **3. 召开新闻发布会** ☆行政人员组织到场的媒体单位、人员签到，引导入座，维持发布现场的秩序。 ☆企业发言人负责发布新闻消息，并与媒体记者进行互动。 ☆行政人员要全程记录新闻发布会，为新闻发布会提供会议服务。 **4. 发布会整理善后** ☆发布会结束后，行政部安排晚宴、举办感谢晚会等。 ☆行政人员安排专人送别媒体单位，整理会场，做好善后工作。 **工作重点** 企业发布的信息不可提前泄露，注意选择新闻发布的方式，防止意外情况发生。
	工作标准 ☆质量标准：发布会按预定程序进行，确保不出现意外状况或纰漏。 ☆效率标准：行政人员能在规定时间内完成新闻发布会的筹备、召开和善后工作。

（续）

任务名称	执行程序、工作标准与考核指标
新闻发布结果	**执行程序** **1. 查阅新闻样本** 媒体单位发布新闻样刊后，行政人员要检查新闻内容，对于新闻发布有误的，要及时联系媒体更正并发布声明，新闻发布信息正确的，样刊要及时提交行政经理和总经理查阅。 **2. 撰写新闻效果评估报告** ☆行政人员根据新闻发布的结果和舆论的反应情况，评估新闻发布会的效果。 ☆行政人员撰写新闻效果评估报告，提交行政经理审核后，报总经理审批。 **3. 存档保存** 行政人员汇总、整理新闻发布会的记录资料，将资料和新闻效果评估报告一并进行存档。 **工作重点** 行政人员按新闻效果评估报告落实改进措施，将相关资料存档。 **工作标准** ☆质量标准：行政部要做到新闻样本查阅无误，新闻效果评估报告真实有效，相关资料保存得当。 ☆参照标准：行政部根据新闻发布管理制度及新闻发布会的实际情况开展工作。
执行规范	
“公关管理制度”“档案管理制度”“新闻发布管理制度”“公关活动方案”“文书编制规范”。	

6.7 网络舆情管理流程设计与工作执行

6.7.1 网络舆情管理流程设计

主办部门	行政部	流程名称	网络舆情管理流程

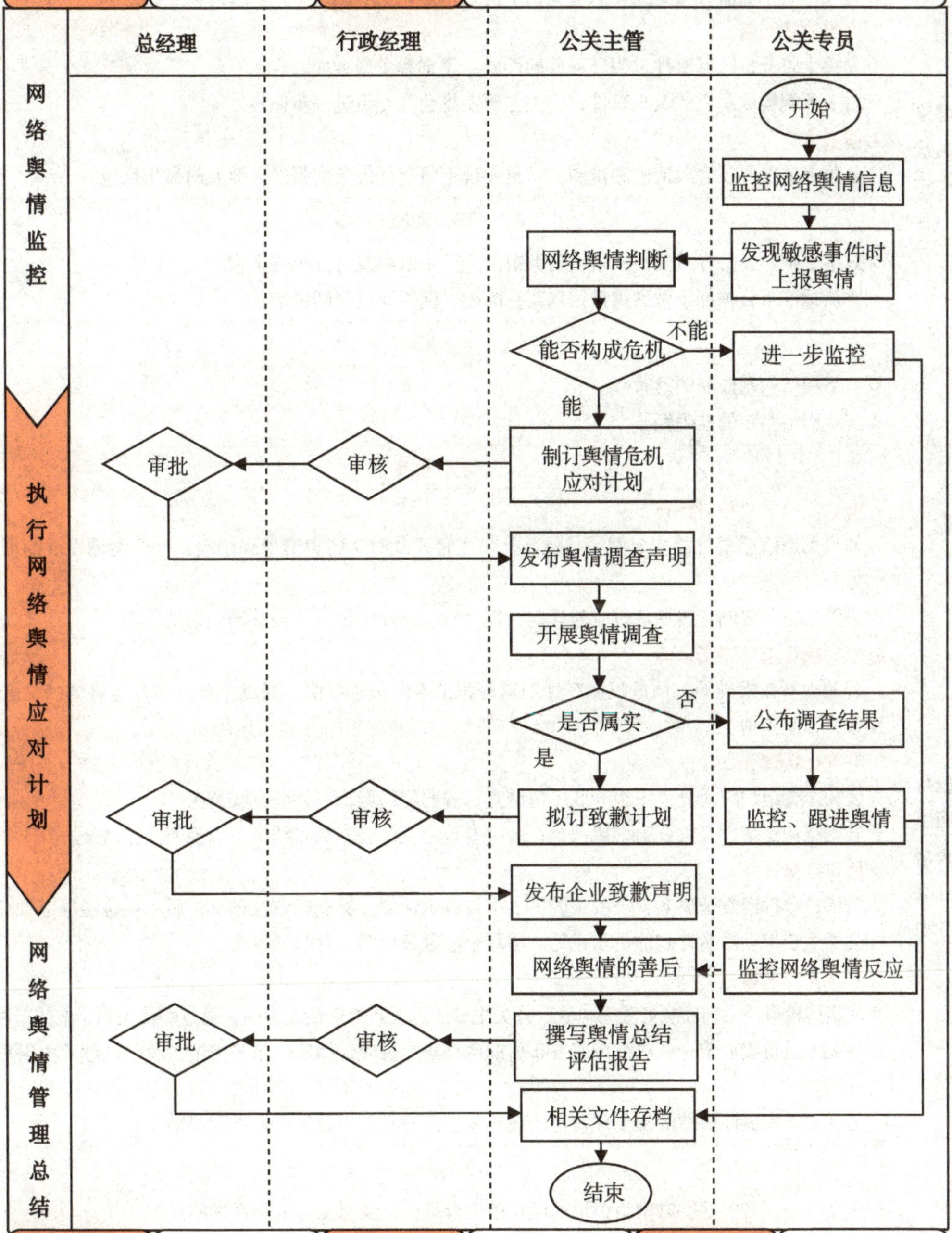

总经理
行政经理
公关主管
公关专员
网络舆情监控
执行网络舆情应对计划
网络舆情管理总结
开始
监控网络舆情信息
发现敏感事件时上报舆情
网络舆情判断
能否构成危机
不能
进一步监控
能
制订舆情危机应对计划
审核
审批
发布舆情调查声明
开展舆情调查
是否属实
否
公布调查结果
是
拟订致歉计划
审核
审批
监控、跟进舆情
发布企业致歉声明
网络舆情的善后
监控网络舆情反应
撰写舆情总结评估报告
审核
审批
相关文件存档
结束

编修部门		签发人		签发日期	

6.7.2 网络舆情管理执行程序、工作标准、考核指标、执行规范

任务名称	执行程序、工作标准与考核指标
网络舆情监控	**执行程序** **1. 监控网络舆情信息** ☆公关专员要实时关注各大网络信息平台、媒体的舆论信息、舆论热点。 ☆公关专员监控所有与企业相关的舆论事件、信息，发现敏感事件时要及时上报公关主管。 **2. 网络舆情判断** ☆公关主管分析敏感事件，判断事件的性质、类别和发展方向。 ☆对于不能构成危机的敏感事件，公关主管安排公关专员进一步监控。 **工作重点** 公关专员需要建立舆情监测机制，一旦发现不负责任的负面报道，要及时做出反应。 **工作标准** ☆效率标准：公关专员需在网络出现舆情的____小时内及时发现并上报。 ☆质量标准：公关部要做到舆情信息监控准确，网络舆情判断精准。 **考核指标** ☆网络舆情信息监测的及时性。 ☆网络舆情判断的准确性。
执行网络舆情应对计划	**执行程序** **1. 制订舆情危机应对计划** ☆如果判断敏感事件能构成舆情危机，公关主管要及时组建舆情处理小组，分析舆论发展的可能方向。 ☆公关主管负责制订舆情危机应对计划，提交行政经理审核后，报总经理审批。 **2. 发布舆论事件调查声明** 公关主管按批准的舆情危机应对计划撰写舆论事件调查声明，通过企业各平台与媒体网络进行发布，回应舆情。 **3. 开展舆情调查** ☆公关主管组织舆情处理小组开展舆情调查，查明网络舆论事件的真实情况。 ☆若网络舆论事件经查证为虚假信息，公关专员应及时公布调查结果，以挽回企业名誉。 **4. 拟订致歉计划** ☆若舆论事件经查证属实，公关主管据实拟订致歉计划，提交行政经理审核后，报总经理审批。 ☆公关主管根据致歉计划的批示意见，撰写企业致歉声明，并公开发布。 **5. 网络舆情的善后** ☆网络舆论事件中的问题处理完毕后，公关主管还需发布处理情况说明，通过媒体表明企业的态度。 ☆公关专员负责监控企业道歉声明发布后的网络舆情反应，稳定、平复舆情，及时处理负面信息。 **工作重点** 公关主管要关注舆情的每个环节，出现异常情况时必须报总经理审批后再做处理。 **工作标准** ☆质量标准：公关部针对网络舆情的应对措施合理，减少对企业的负面影响。 ☆参照标准：网络舆情应对措施按照网络舆情管理制度和公关事务管理制度执行。

（续）

任务名称	执行程序、工作标准与考核指标
执行网络舆情应对计划	**考核指标** ☆网络舆情处理的正确性。 ☆网络舆情处理的及时性。
网络舆情管理总结	**执行程序** **1. 撰写舆情总结评估报告** ☆舆论事件平息后，公关主管根据舆论事件应对处理的过程，撰写舆情总结评估报告，提交行政经理审核后，报总经理审批。 ☆公关部要认真学习领导提出的意见，及时总结舆情管理工作的经验教训，加强舆情事件的发现与控制能力。 **2. 相关文件存档** 公关主管负责收集各种舆论情况的处理信息，做好记录，整理对应文件，将相关文件存档，以备查考。 **工作重点** 公关主管要详细整理舆情处理信息、记录和资料，作为常规舆情应对案例供本部门的新员工学习和参考。 **工作标准** ☆质量标准：舆情总结评估报告要做到有细节、有要点，可操作、可执行，有反思、有改进。 ☆数量标准：影响较大的舆情事件发生后，公关主管必须及时提交舆情总结评估报告。
执行规范	
“网络舆情管理制度”“公关事务管理制度”。	

6.8 危机公关工作流程设计与工作执行

6.8.1 危机公关工作流程设计

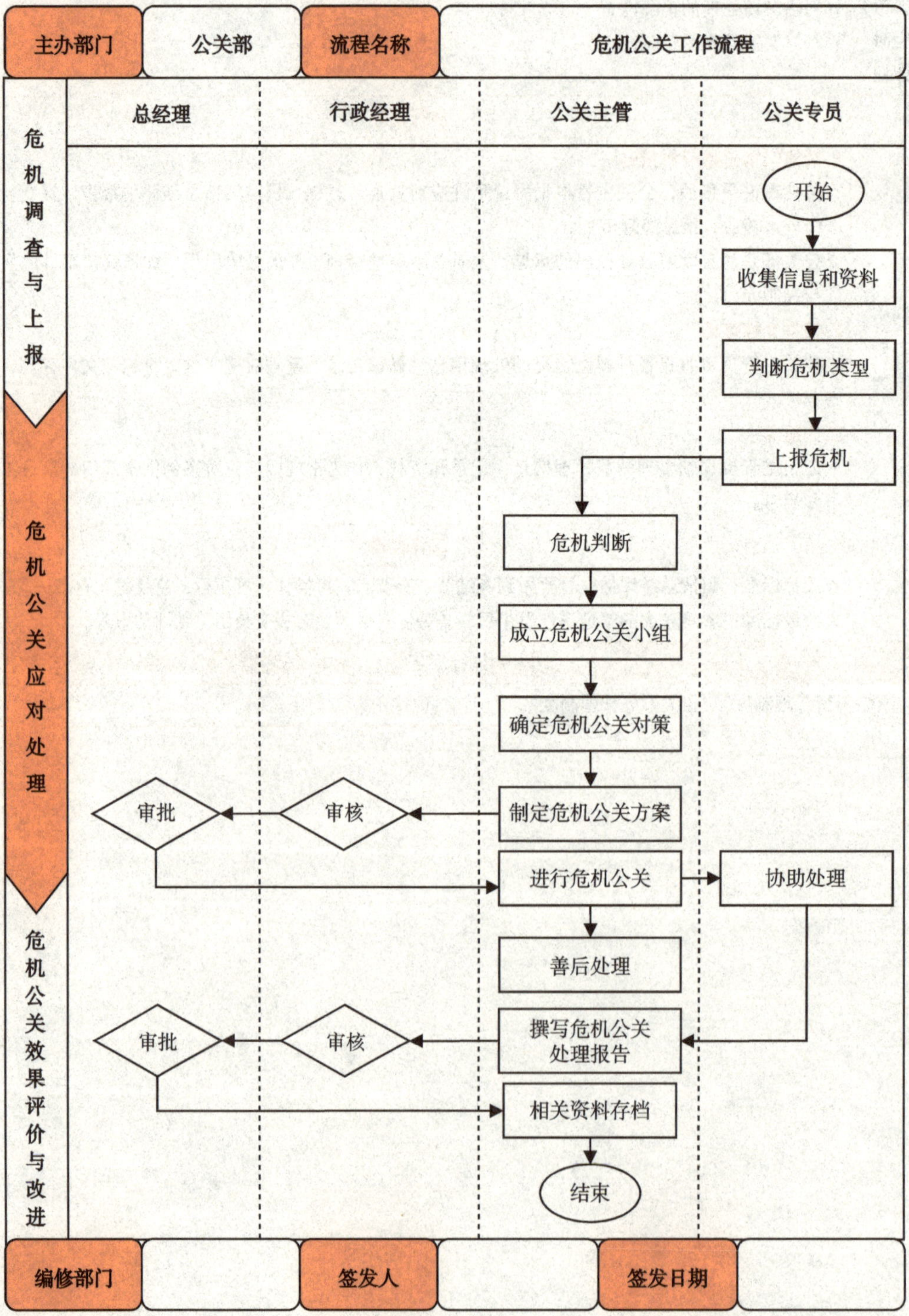

主办部门
公关部
流程名称
危机公关工作流程
总经理
行政经理
公关主管
公关专员
危机调查与上报
危机公关应对处理
危机公关效果评价与改进
开始
收集信息和资料
判断危机类型
上报危机
危机判断
成立危机公关小组
确定危机公关对策
制定危机公关方案
审核
审批
进行危机公关
协助处理
善后处理
撰写危机公关处理报告
审核
审批
相关资料存档
结束
编修部门
签发人
签发日期

6.8.2 危机公关工作执行程序、工作标准、考核指标、执行规范

<table>
<tr><th>任务名称</th><th>执行程序、工作标准与考核指标</th></tr>
<tr><td rowspan="6">危机调查与上报</td><td>执行程序</td></tr>
<tr><td>1. 确定危机类型
☆公关专员要时刻注意企业的公关情况，收集危机发生的信息和资料。
☆根据已掌握的信息和资料，由公关专员判断危机类型。
2. 上报危机
公关专员将所收集到的危机事件的详细信息、判断的危机类型等在最短时间内如实地向公关主管报告。
工作重点
公关专员可寻求相关部门、相关人员协助提供信息。</td></tr>
<tr><td>工作标准</td></tr>
<tr><td>☆质量标准：公关专员上报信息需符合实际、客观，不可隐瞒事实。
☆渠道标准：公关专员可通过媒体、竞争对手、顾客、内部员工、组织内部结构、产品质量、企业业绩等渠道收集潜在或已存在的危机信息。</td></tr>
<tr><td>考核指标</td></tr>
<tr><td>☆危机上报的及时性：公关专员按规定及时上报危机，确保因上报不及时导致危机影响恶化的次数为0。
☆危机上报信息的准确性。</td></tr>
<tr><td rowspan="2">危机公关应对处理</td><td>执行程序</td></tr>
<tr><td>1. 危机判断
公关主管根据公关专员上报的内容，调查了解危机事件的实际情况，判断其影响力、破坏力和对企业的危害性等。
2. 成立危机公关小组
☆公关主管根据判定的危机情况，及时成立相应的危机公关小组。
☆危机公关小组对危机事件进行研究讨论，确定危机公关的对策。
3. 制定危机公关方案
公关主管根据危机公关小组的研讨结果和确定的危机公关对策制定危机公关方案，提交行政经理审核后，报总经理审批。
4. 进行危机公关
危机公关方案审批通过后，公关部执行危机公关方案。公关主管带领公关专员处理当事人、媒体、公众等方面的问题，通过多方沟通解决危机事件。
5. 善后处理
☆公关主管负责对危机事件中的受害方进行赔礼道歉和必要的赔偿，并向社会公众承认错误。
☆危机事件解决后，企业要明确危机事件发生的原因和责任，对相应责任人进行追责。
工作重点
☆对于可能影响全局的重大事件，总经理应会同行政部等相关部门成立危机公关小组，在法律顾问的指导下，制定应对策略和措施，力求将可能造成的负面影响降至最低。
☆企业要及时发布道歉声明，表明敢于承担责任的态度。</td></tr>
</table>

（续）

<table>
<tr><th>任务名称</th><th>执行程序、工作标准与考核指标</th></tr>
<tr><td rowspan="4">危机公关应对处理</td><td>工作标准</td></tr>
<tr><td>☆内容标准：危机公关方案的内容包括处理对策、善后办法、人员分工、目标与要求等。
☆质量标准：危机公关工作应做好与危机当事人的沟通处理、客户的沟通处理、媒体的沟通处理、公众的沟通处理等工作。</td></tr>
<tr><td>考核指标</td></tr>
<tr><td>☆危机公关及时、迅速，没有错过处理的最佳时期，未因处理不及时造成更大的损失。
☆危机公关措施合理，企业与受害者、客户、媒体、大众能够做到及时沟通，维护良好的关系，将损失降到最低。</td></tr>
<tr><td rowspan="6">危机公关效果评价与改进</td><td>执行程序</td></tr>
<tr><td>☆危机事件过后，公关主管要对危机公关工作进行效果评估，总结经验，汲取教训，撰写危机公关工作报告，提交行政经理审核、总经理审批。
☆公关主管将此次危机公关中的相关资料存档。
工作重点
比较典型的危机公关事件可作为公关部的培训材料。</td></tr>
<tr><td>工作标准</td></tr>
<tr><td>☆内容标准：评估的内容包括公关的覆盖率、有效率、传播力度、销售提升、公关指数提升、公关改进方向等方面。
☆质量标准：危机公关工作报告能够按企业规定的期限完成并上交。</td></tr>
<tr><td>考核指标</td></tr>
<tr><td>☆上级对危机公关工作的满意度得分。
☆危机公关工作报告上交的及时性。</td></tr>
<tr><td colspan="2">执行规范</td></tr>
<tr><td colspan="2">“危机调查表”“危机调查分析表”“危机公关处理评估表”“危机发生报告”“公关管理制度”“危机公关处理办法”“危机公关方案”“危机善后处理方案”。</td></tr>
</table>

第7章 法律事务管理

7.1 法律事务管理流程设计

7.1.1 流程设计的目的

企业行政办公中的法律事务管理工作主要包括日常法律咨询服务、法律纠纷处理、合同评审、纠纷处理等，法律事务管理流程设计的目的如图 7-1 所示。

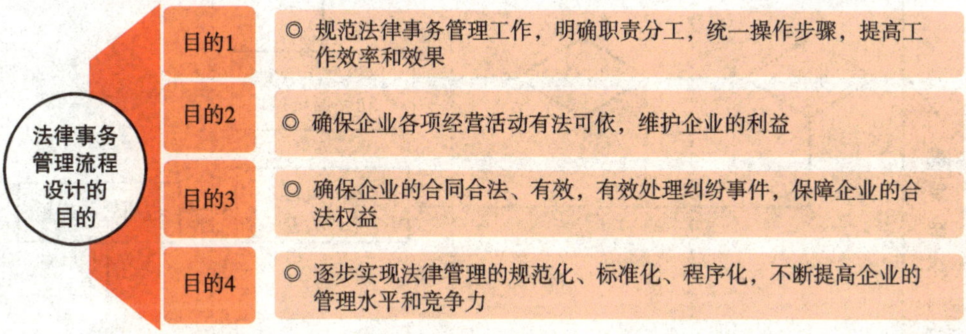

法律事务管理流程设计的目的
目的1
◎ 规范法律事务管理工作，明确职责分工，统一操作步骤，提高工作效率和效果
目的2
◎ 确保企业各项经营活动有法可依，维护企业的利益
目的3
◎ 确保企业的合同合法、有效，有效处理纠纷事件，保障企业的合法权益
目的4
◎ 逐步实现法律管理的规范化、标准化、程序化，不断提高企业的管理水平和竞争力

图 7-1　法律事务管理流程设计的目的

7.1.2 流程结构设计

法律事务管理流程结构可按照其各大职能进行设计，具体如图 7-2 所示。

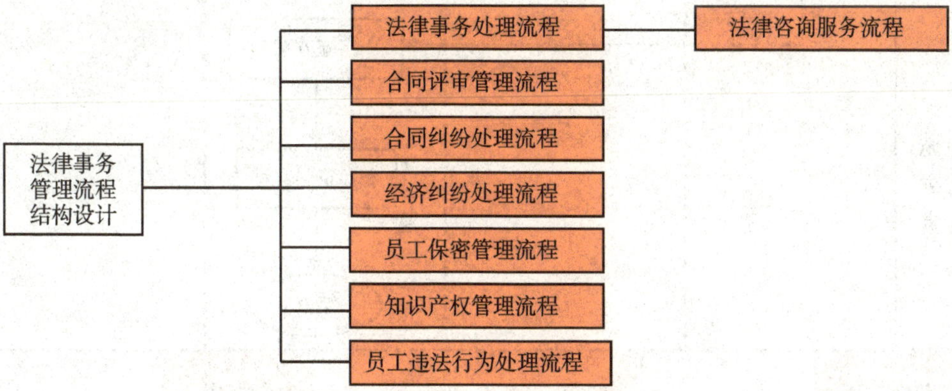

法律事务管理流程结构设计
法律事务处理流程
法律咨询服务流程
合同评审管理流程
合同纠纷处理流程
经济纠纷处理流程
员工保密管理流程
知识产权管理流程
员工违法行为处理流程

图 7-2　法律事务管理流程结构设计

7.2 法律事务处理流程设计与工作执行

7.2.1 法律事务处理流程设计

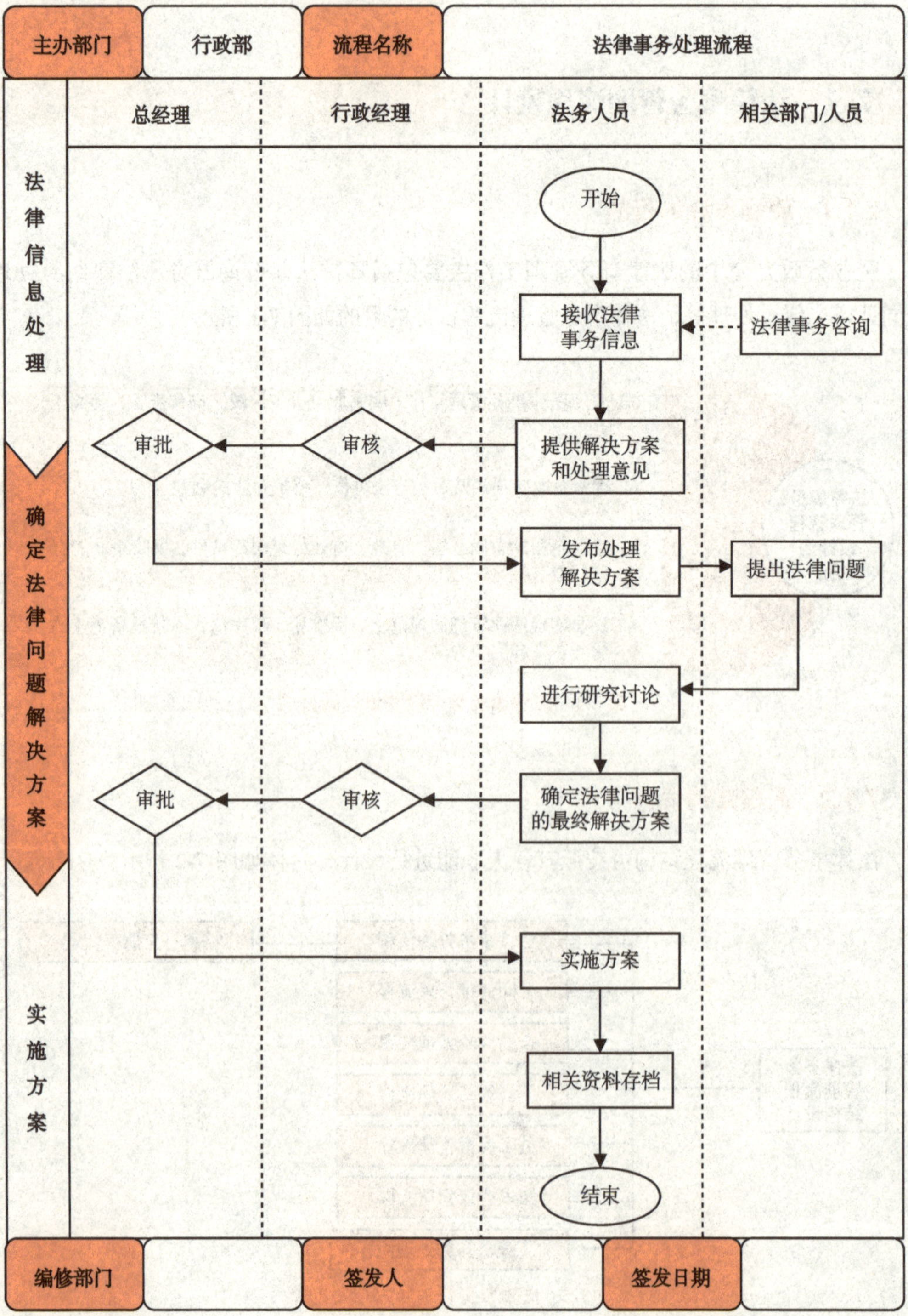

主办部门
行政部
流程名称
法律事务处理流程
总经理
行政经理
法务人员
相关部门/人员
法律信息处理
确定法律问题解决方案
实施方案
开始
接收法律事务信息
法律事务咨询
审批
审核
提供解决方案和处理意见
发布处理解决方案
提出法律问题
进行研究讨论
审批
审核
确定法律问题的最终解决方案
实施方案
相关资料存档
结束
编修部门
签发人
签发日期

7.2.2 法律事务处理执行程序、工作标准、考核指标、执行规范

任务名称	执行程序、工作标准与考核指标
法律信息处理	**执行程序** **1. 接收法律事务信息** ☆企业相关部门如果在工作中遇到法律问题，可以向法务人员咨询，寻求法律帮助。 ☆法务人员接收法律事务信息，提供法律服务。 **2. 提供解决方案和处理意见** 法务人员针对各相关部门提交的法律事务信息进行专业分析，提供相应的解决方案和处理意见，提交行政经理审核后，报总经理审批。 **工作重点** ☆各相关部门为法务人员提供信息支持。 ☆法务人员随时做好提供法律服务的准备。 **工作标准** ☆质量标准：法务人员根据实际情况分析事务缘由，提供合理的处理意见。 ☆参照标准：法律信息的回复按照法律事务管理制度执行。 **考核指标** ☆法律事务信息收集及时率。法律事务信息收集及时率 = $\frac{\text{期限内完成信息收集的事务数}}{\text{信息收集事务总数}} \times 100\%$ ☆法律事务信息统计分析质量。
确定法律问题解决方案	**执行程序** **1. 发布处理解决方案** ☆法律事务解决方案审批通过后，法务人员向相关部门发布解决方案。 ☆相关部门根据实际业务和法律事务的详情提出法律问题。 ☆法务人员收集相关部门提交的问题，组织专家和相关部门人员进行研究讨论。 **2. 确定法律问题的最终解决方案** 法律问题经研究讨论后，法务人员负责确定该法律问题的最终解决方案，提交行政经理审核后，报总经理审批。 **工作重点** 法务部门负责制定解决方案，必要时由总经理做最后决定。 **工作标准** ☆效率标准：在符合流程的前提下，法务人员确定最终解决方案需在____日内完成。 ☆质量标准：法务人员制定详细的解决方案并负责后期的解答。
实施方案	**执行程序** **1. 实施方案** ☆法务人员组织相关部门实施最终解决方案。 ☆法务人员要全程记录实施过程中的详细信息，汇总问题，及时反馈。 **2. 相关资料存档** 法律事务解决后，法务人员将该事务的相关资料进行存档，以备日后参考。

（续）

任务名称	执行程序、工作标准与考核指标
实施方案	**工作重点** 法务人员应自觉更新知识，了解相关的法律信息，以较高的专业水平提供优质的法律服务。
	工作标准
	☆质量标准：在实施过程中信息记录完整，信息存档清晰且易于查找。 ☆效率标准：法务人员需在法律事务解决后____日内对相关资料进行存档。
	考核指标
	☆法律问题解决及时率。法律问题解决及时率 $=\frac{\text{期限内解决的法律问题数}}{\text{解决法律问题总数}}\times 100\%$ ☆法律问题解决出错次数。
执行规范	
“法律事务管理制度”“问题反馈表”“法律服务记录”“档案管理制度”“法律解决方案”“解决问题的处理方案”。	

7.3 法律咨询服务流程设计与工作执行

7.3.1 法律咨询服务流程设计

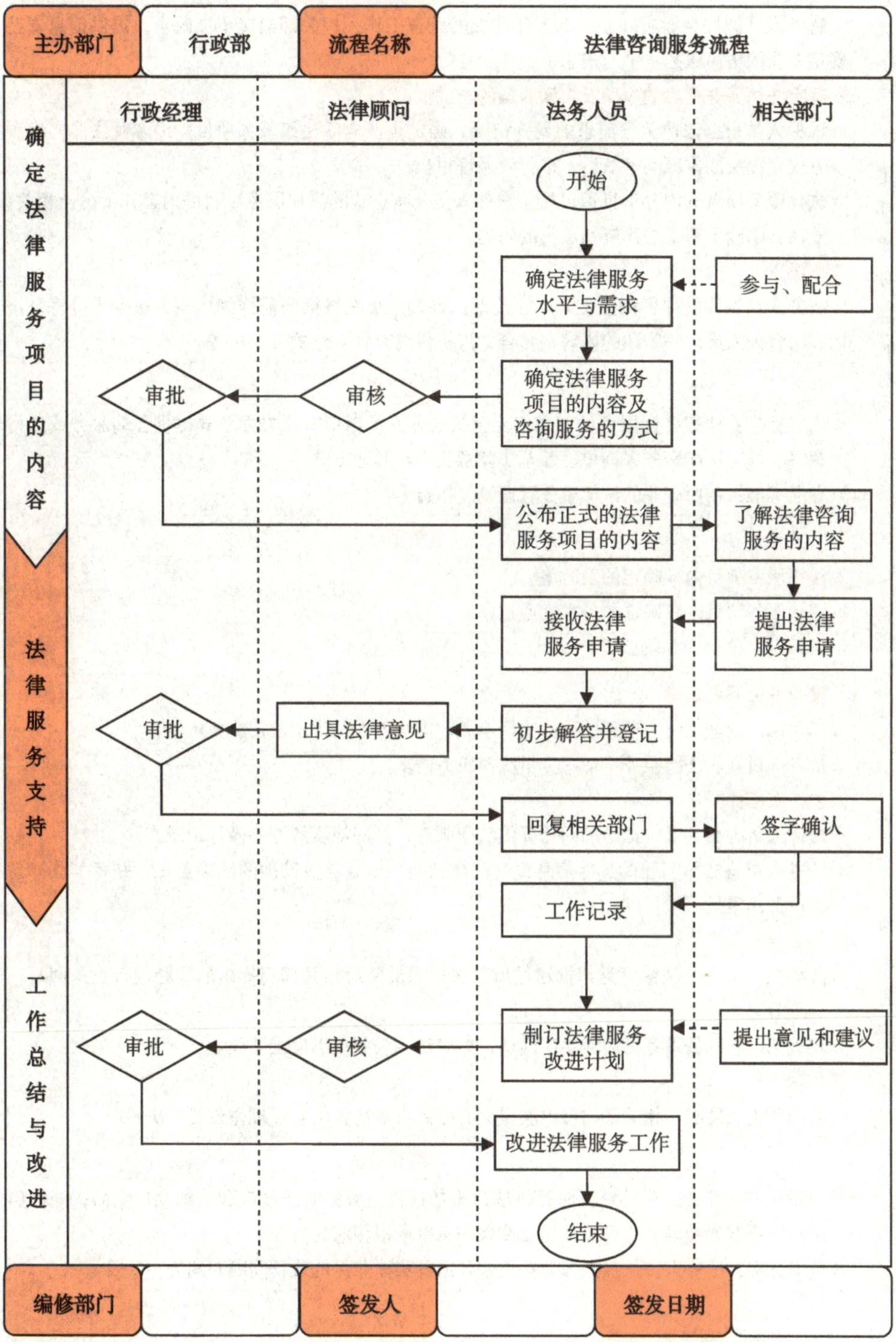
主办部门
行政部
流程名称
法律咨询服务流程
行政经理
法律顾问
法务人员
相关部门
确定法律服务项目的内容
法律服务支持
工作总结与改进
开始
确定法律服务水平与需求
参与、配合
审批
审核
确定法律服务项目的内容及咨询服务的方式
公布正式的法律服务项目的内容
了解法律咨询服务的内容
接收法律服务申请
提出法律服务申请
审批
出具法律意见
初步解答并登记
回复相关部门
签字确认
工作记录
审批
审核
制订法律服务改进计划
提出意见和建议
改进法律服务工作
结束
编修部门
签发人
签发日期

7.3.2 法律咨询服务执行程序、工作标准、考核指标、执行规范

任务名称	执行程序、工作标准与考核指标
确定内部法律服务项目的内容	**执行程序** **1. 确定法律服务水平与需求** 法务人员做好企业实际业务和工作情况的调查工作，相关部门应予以配合，提供信息支持，以确定企业的法律服务水平与需求。 **2. 确定法律服务项目的内容及咨询服务的方式** ☆法务人员根据法律服务需求的调查情况，确定企业内部法律服务项目的内容及法律咨询服务的方式，提交法律顾问审核后，报行政经理审批。 ☆法律服务项目的内容审批通过后，法务人员公布正式的法律服务项目的内容，下达至相关部门，确认其明确了解了法律咨询项目的内容。 **工作重点** 法务人员制作法律咨询登记表，相关部门咨询人员在咨询前需详细填写，法务人员将登记表的内容与咨询人员口头阐述的内容相结合，以提供具有针对性的咨询服务。 **工作标准** ☆内容标准：法律咨询服务的方式主要包括法务人员以口头或书面形式提供咨询服务或进行现场解答、填写法律事务咨询单、起草法律意见书与其他方式。 ☆参照标准：按照企业的法律事务管理制度执行。 **考核指标** ☆法律服务项目内容确定的及时率。 ☆法律服务项目内容确定的一次性通过率。
法律服务支持	**执行程序** **1. 接收法律服务申请** ☆相关部门依据工作中遇到的具体法律事务，向法务人员提出法律服务申请。 ☆法务人员接收法律服务申请、分析法律服务需求。 **2. 初步解答并登记** ☆法务人员为相关部门提出的问题提供法律服务，做好初步解答并做好记录。 ☆法务人员将法律问题的具体信息提交法律顾问，以寻求更准确的法律意见，并将其法律意见报行政经理审批。 **3. 回复相关部门** ☆法律顾问出具的法律意见审批通过后，法务人员要对相关部门提出的问题进行正式回复，传达处理意见。 ☆相关部门收到处理意见后需签字确认，并对法律服务提出反馈建议。 **工作重点** 若问题仍有疑惑，相关部门可再次提交服务需求申请，由总经理做最终的决定。 **工作标准** ☆质量标准：法务人员能够及时提供法律服务；提供服务时态度谦和、细致、全面；能够确保咨询的问题解答准确，并对提供的法律咨询意见承担相应的责任。 ☆效率标准：法务人员从接到咨询登记表到出具法律意见的最长间隔时间为____日。

（续）

任务名称	执行程序、工作标准与考核指标
工作总结与改进	**执行程序**
	1. 工作记录 法务人员要对完成的法律服务工作进行记录，以备参考。 **2. 制订法律服务改进计划** ☆法务人员要及时总结法律服务工作，汇总相关部门的意见和建议，制订法律服务改进计划，提交法律顾问审核后，报行政经理审批。 ☆根据审批意见和法律服务改进计划，法务人员不断改进法律服务工作。 **工作重点** 法务人员制订法律服务改进计划时要与相关部门充分沟通，同时要对相应部门法律咨询的成本控制工作及时进行总结。
	工作标准
	☆质量标准：法务人员对法律服务工作能够详细记录，内容包括需求申请、初步答复、具体回复、确认签字等。 ☆内容标准：总结法律服务工作时应包括法律咨询工作的完成情况、工作中存在的不足之处及改进措施等内容。
执行规范	
“法律事务管理制度”“法律服务需求单”“法律服务记录”“法律服务工作改进计划”。	

7.4 合同评审管理流程设计与工作执行

7.4.1 合同评审管理流程设计

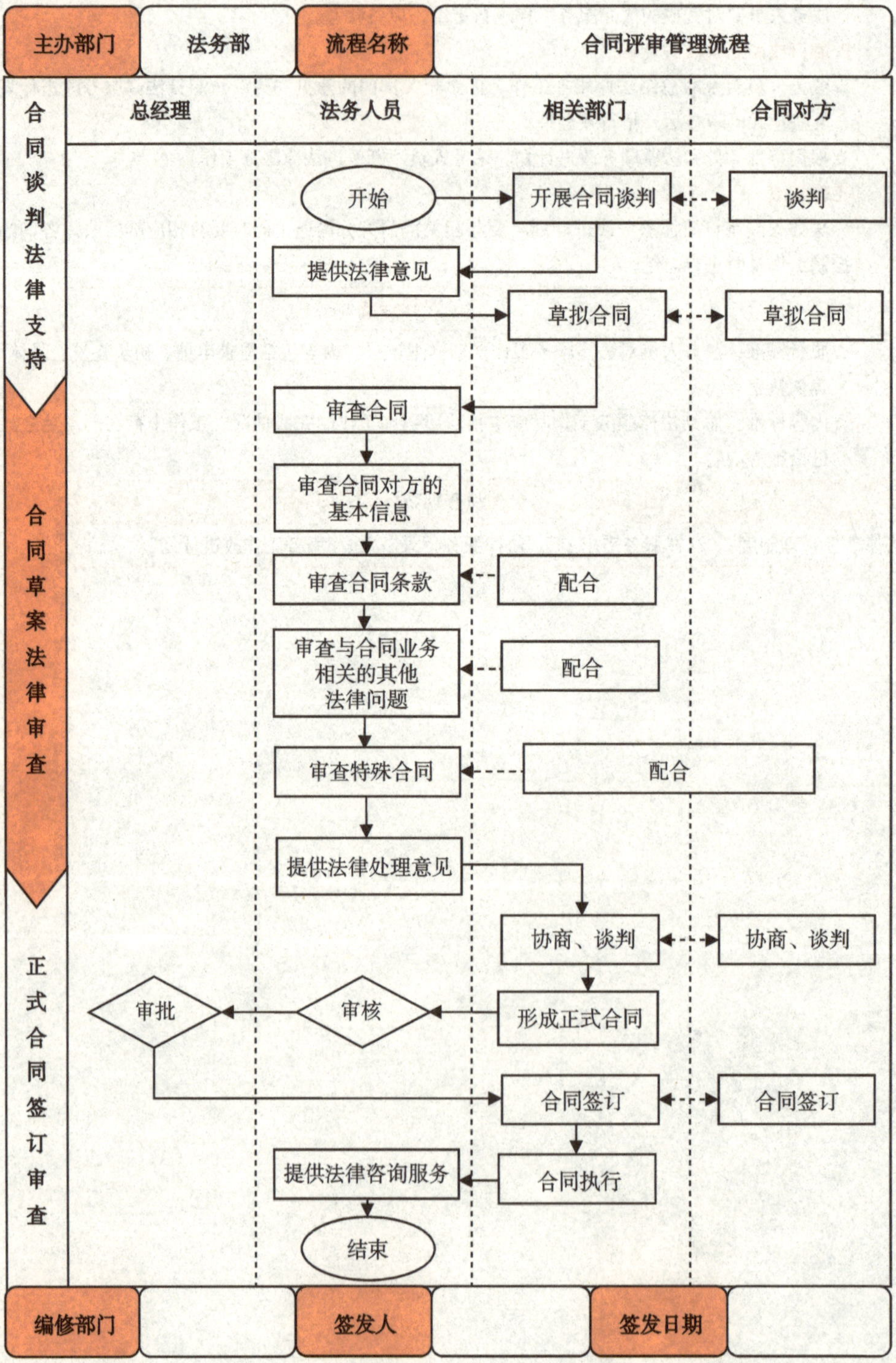
主办部门
法务部
流程名称
合同评审管理流程
总经理
法务人员
相关部门
合同对方
合同谈判法律支持
合同草案法律审查
正式合同签订审查
开始
开展合同谈判
谈判
提供法律意见
草拟合同
草拟合同
审查合同
审查合同对方的基本信息
审查合同条款
配合
审查与合同业务相关的其他法律问题
配合
审查特殊合同
配合
提供法律处理意见
协商、谈判
协商、谈判
审批
审核
形成正式合同
合同签订
合同签订
提供法律咨询服务
合同执行
结束
编修部门
签发人
签发日期

7.4.2 合同评审管理执行程序、工作标准、考核指标、执行规范

<table>
<tr><th>任务名称</th><th>执行程序、工作标准与考核指标</th></tr>
<tr><td rowspan="4">合同谈判法律支持</td><td>执行程序</td></tr>
<tr><td>☆相关部门与合同对方开展合同谈判，法务人员负责收集谈判信息。
☆法务人员全称跟踪合同谈判过程，收集相关法律信息，提供法律意见，帮助相关部门草拟合同。
工作重点
法务人员在草拟合同时需关注细节，避免因粗心大意导致合同出错。</td></tr>
<tr><td>工作标准</td></tr>
<tr><td>☆效率标准：法务人员能够及时、有效地为相关部门提供法律信息与法律支持。
☆质量标准：法务人员为相关部门草拟的合同合法、有效、无纰漏。</td></tr>
<tr><td rowspan="6">合同草案法律审查</td><td>执行程序</td></tr>
<tr><td>1. 审查合同
☆法务人员审查合同对方的资格、资信、履约、财务等基本信息。
☆法务人员依据合同内容审查合同对方的经营许可与资质。
☆法务人员审查合同条款的完备性、严谨性，核查权责范围、风险条约。
☆法务人员还需审查与合同业务相关的其他法律问题。
2. 审查特殊合同
针对代签合同、合同担保或重要合同，法务人员根据实际情况进行严格审查和确认。
3. 提供法律处理意见
法务人员就此次合同的风险性进行合理分析，撰写风险分析报告并提供法律处理意见，以应对可能发生的风险。
工作重点
☆法务人员审查合同方的履约能力、支付能力、财务状况等，必要时应要求合同对方出具资产负债表、由开户银行或会计（审计）事务所出具的资信证明、验资报告等相关文件。
☆涉及专营许可证或资质的，法务人员还需审查其是否具备相应的许可、等级或资质证书。
☆对于重要合同，法务人员还需了解和审查合同对方的信用等级情况，审查其有无违约事实，有无涉及重大经济纠纷或重大经济犯罪等情况。</td></tr>
<tr><td>工作标准</td></tr>
<tr><td>☆效率标准：法务人员及时审查合同条款，不耽误合同谈判、签订的最佳时期。
☆质量标准：法务人员详细审查特殊合同条款，维护企业的利益，确保合同条款具有合法性。</td></tr>
<tr><td>考核指标</td></tr>
<tr><td>☆合同条款出错次数。
☆合同条款审查及时性。$合同条款审查及时性=\frac{期限内审查的合同条款数}{审查合同条款总数}\times 100\%$</td></tr>
<tr><td rowspan="2">正式合同签订审查</td><td>执行程序</td></tr>
<tr><td>1. 形成正式合同
☆相关部门就审查完成的拟定合同与合同对方进行协商、谈判，确认合同的内容。
☆双方协商一致后，形成正式合同，提交法务人员审核、总经理审批。</td></tr>
</table>

（续）

<table>
<tr><th>任务名称</th><th>执行程序、工作标准与考核指标</th></tr>
<tr><td rowspan="5">正式合同签订审查</td><td>2. 合同签订
正式合同审批通过后，相关部门与对方签订合同，达成合作。
3. 提供法律咨询服务
在合同条款的执行过程中，法务人员需全程为相关部门提供法律咨询服务。
工作重点
变更（如价格条款、计价条款、支付条款、质量条款、违约条款变更等）或解除合同条款时，应采用书面形式，如补充协议、备忘录等。</td></tr>
<tr><td>工作标准</td></tr>
<tr><td>☆效率标准：法务人员为相关部门提供法律咨询和帮助时需在____小时内及时回应。
☆质量标准：正式合同审核无误后，法务人员能够提供准确、及时的咨询服务。</td></tr>
<tr><td>考核指标</td></tr>
<tr><td>☆相关部门满意度评分。
☆法律咨询结果出错次数。</td></tr>
<tr><th colspan="2">执行规范</th></tr>
<tr><td colspan="2">“合同管理制度”“合同草案”“法律处理意见”“正式合同”。</td></tr>
</table>

7.5 合同纠纷处理流程设计与工作执行

7.5.1 合同纠纷处理流程设计

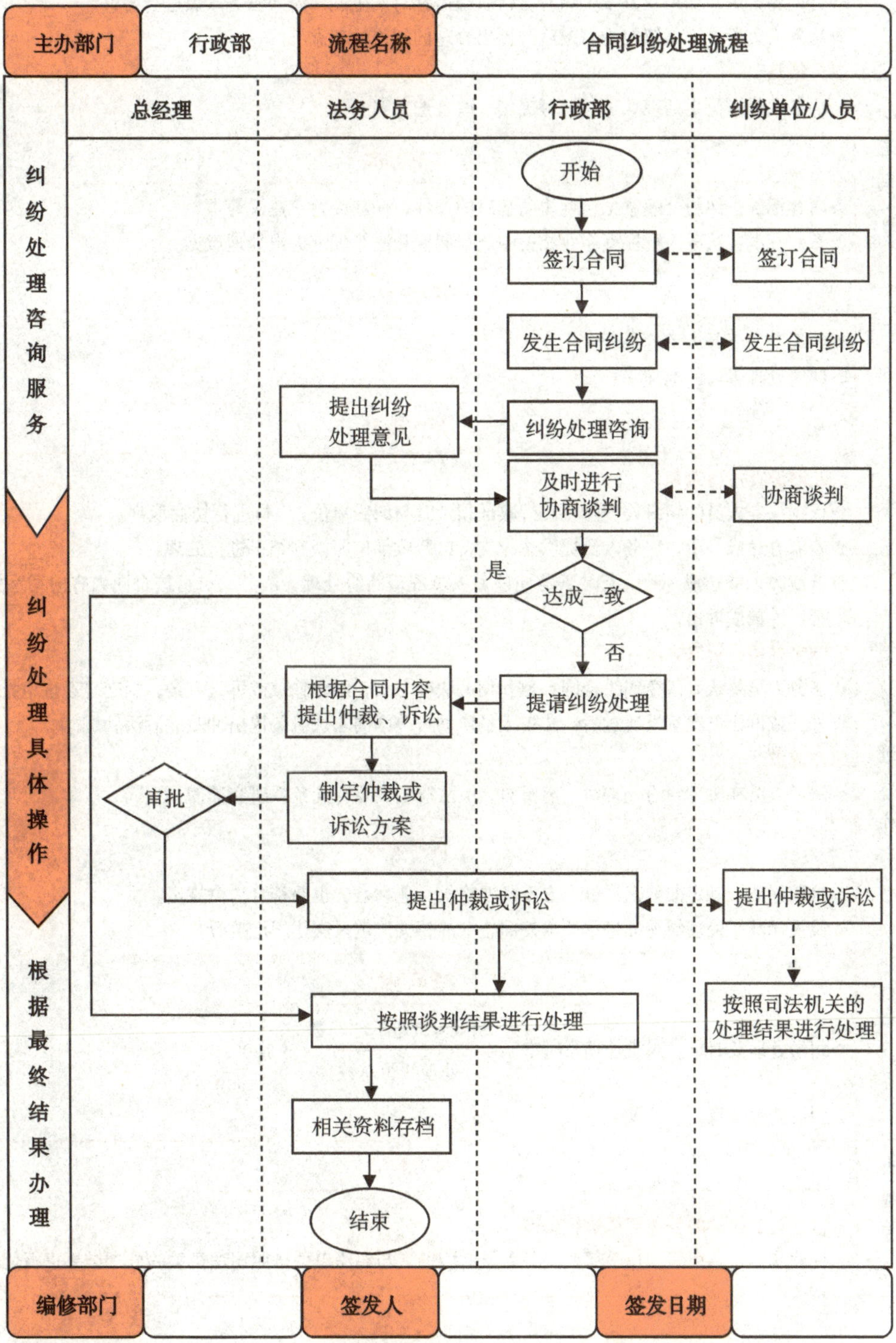
主办部门
行政部
流程名称
合同纠纷处理流程
总经理
法务人员
行政部
纠纷单位/人员
纠纷处理咨询服务
纠纷处理具体操作
根据最终结果办理
开始
签订合同
签订合同
发生合同纠纷
发生合同纠纷
提出纠纷处理意见
纠纷处理咨询
及时进行协商谈判
协商谈判
达成一致
是
否
根据合同内容提出仲裁、诉讼
提请纠纷处理
审批
制定仲裁或诉讼方案
提出仲裁或诉讼
提出仲裁或诉讼
按照谈判结果进行处理
按照司法机关的处理结果进行处理
相关资料存档
结束
编修部门
签发人
签发日期

7.5.2 合同纠纷处理执行程序、工作标准、考核指标、执行规范

任务名称	执行程序、工作标准与考核指标
纠纷处理咨询服务	**执行程序**
	☆合同签订后，如果双方发生纠纷，行政部需针对发生的纠纷向法务人员进行咨询。 ☆法务人员调查、了解纠纷情况后，提出合理的纠纷处理意见。 **工作重点** 法务人员在提出处理意见时，可提出一些备选方案。
	工作标准
	☆内容标准：纠纷处理意见包括协商解决的条件、仲裁或诉讼建议等。 ☆参照标准：法务人员根据企业相关的规章制度和法律规定提出处理意见。
	考核指标
	☆纠纷咨询服务满意度得分。 ☆纠纷处理咨询的准确率。
纠纷处理具体操作	**执行程序**
	1. 及时进行协商谈判 ☆依据法务人员的纠纷处理意见，行政部须及时与纠纷单位 / 人员进行协商谈判。 ☆若双方达成一致，法务人员提供法律支持，行政部按照谈判结果进行处理。 ☆若双方未能达成一致，行政部需向法务人员提请纠纷处理，法务人员可按合同内容向司法机关提出仲裁或诉讼。 **2. 制定仲裁或诉讼方案** ☆法务人员要认真研究纠纷合同条款和相关法律条文，制定仲裁或诉讼方案，提交总经理审批。 ☆仲裁或诉讼方案审批通过后，法务人员协助行政部向司法机关提出仲裁或诉讼。 **工作重点** 法务人员在进行纠纷处理时，需要对相关法律条文及合同条款研究透彻。
	工作标准
	☆参照标准：制定的仲裁或诉讼方案既要维护企业利益，也要符合法律规定。 ☆质量标准：处理纠纷的过程严格按照企业的相关规定及法律规定执行。
	考核指标
	☆纠纷处理及时率。纠纷处理及时率 $=\frac{\text{期限内处理的纠纷数}}{\text{处理纠纷总数}}\times 100\%$ ☆纠纷处理按规定执行度。
根据最终结果办理	**执行程序**
	1. 按照司法机关的处理结果进行处理 仲裁或诉讼结束后，行政部在法务人员的协助下与纠纷单位按照司法机关的处理结果进行处理。

（续）

<table>
<tr><th>任务名称</th><th>执行程序、工作标准与考核指标</th></tr>
<tr><td rowspan="5">根据最终结果办理</td><td>2. 相关资料存档
法务人员要对纠纷处理过程及其结果进行详细记录，并对相关资料文件进行登记、存档，以备查考。
工作重点
行政部在处理纠纷时，要努力减小纠纷对企业的负面影响。</td></tr>
<tr><td>工作标准</td></tr>
<tr><td>☆质量标准：法务人员详细登记、存档、备案，并严格按照纠纷处理的最终结果进行处理，无违规现象发生。
☆效率标准：仲裁或诉讼结束后，法务人员需在____日内完成纠纷的处理工作。</td></tr>
<tr><td>考核指标</td></tr>
<tr><td>纠纷处理结果执行率。</td></tr>
<tr><td colspan="2">执行规范</td></tr>
<tr><td colspan="2">“合同管理制度”“法律事务管理制度”“纠纷处理办法”“纠纷处理意见”“仲裁或诉讼方案”“纠纷处理记录”。</td></tr>
</table>

7.6 经济纠纷处理流程设计与工作执行

7.6.1 经济纠纷处理流程设计

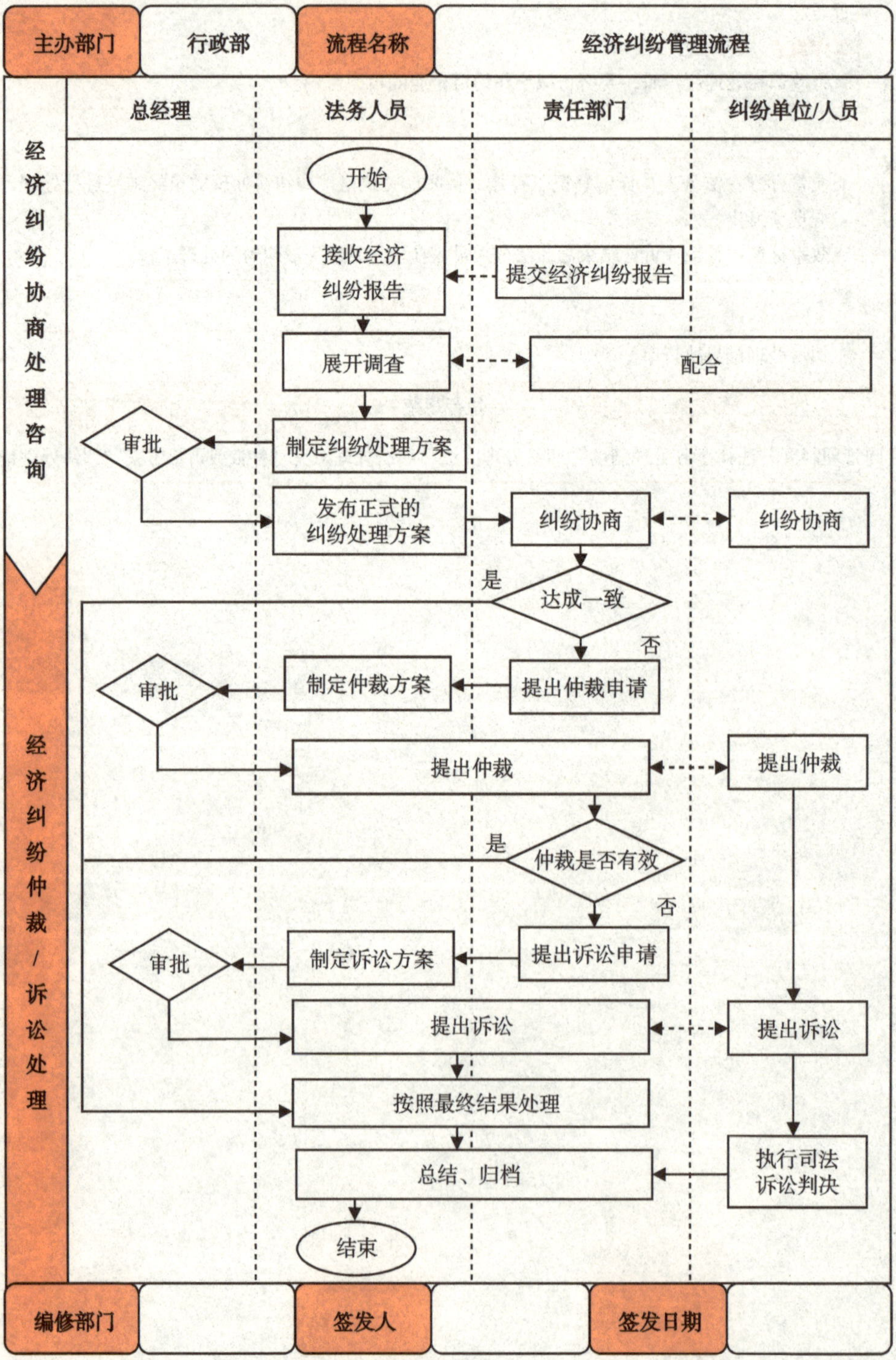

主办部门
行政部
流程名称
经济纠纷管理流程
总经理
法务人员
责任部门
纠纷单位/人员
经济纠纷协商处理咨询
经济纠纷仲裁/诉讼处理
开始
接收经济纠纷报告
提交经济纠纷报告
展开调查
配合
审批
制定纠纷处理方案
发布正式的纠纷处理方案
纠纷协商
纠纷协商
是
达成一致
否
审批
制定仲裁方案
提出仲裁申请
提出仲裁
提出仲裁
是
仲裁是否有效
否
审批
制定诉讼方案
提出诉讼申请
提出诉讼
提出诉讼
按照最终结果处理
执行司法诉讼判决
总结、归档
结束
编修部门
签发人
签发日期

7.6.2 经济纠纷处理执行程序、工作标准、考核指标、执行规范

任务名称	执行程序、工作标准与考核指标
经济纠纷协商处理咨询	**执行程序** **1. 接收经济纠纷报告** ☆法务人员接收、整理责任部门提交的经济纠纷报告。 ☆根据责任部门提交的经济纠纷报告，法务人员对经济纠纷展开调查。 **2. 制定纠纷处理方案** ☆法务人员针对掌握的经济纠纷信息，制定纠纷处理方案，提交总经理审批。 ☆纠纷处理方案审批通过后，法务人员向责任部门发布正式的纠纷处理方案。 **3. 纠纷协商** ☆责任部门按照纠纷处理方案，与纠纷单位 / 人员进行协商。 ☆纠纷双方达成一致意见，双方按谈判结果签订纠纷处理协议。 **工作重点** 责任部门随时向上级领导及法务人员汇报纠纷处理的进展情况。 **工作标准** ☆参照标准：法务人员按照企业规章制度和法律相关规定制定纠纷处理方案。 ☆质量标准：纠纷处理方案合理、准确，制定及时且符合企业的相关规定。 **考核指标** ☆纠纷处理方案满意度得分。 ☆经济纠纷报告的准确率。
经济纠纷仲裁/诉讼处理	**执行程序** **1. 提出仲裁** ☆纠纷协商不能达成一致意见时，责任部门向法务人员提出仲裁申请。 ☆法务人员根据纠纷详情制定仲裁方案，提交总经理审批。 ☆仲裁方案审批通过后，法务人员协助责任部门提出仲裁。 ☆仲裁有效的，按仲裁结果处理双方经济纠纷。 **2. 提出诉讼** ☆仲裁无效的，责任部门向法务人员提出诉讼申请。 ☆法务人员根据经济纠纷和仲裁情况制定诉讼方案，提交总经理审批。 ☆诉讼方案审批通过后，责任部门在法务人员的协助下向司法机关提出诉讼。 ☆诉讼完成后，责任部门和纠纷单位 / 人员就诉讼结果进行确认，执行司法诉讼判决。 **3. 总结、归档** ☆经济纠纷处理结束后，责任部门需配合法务人员进行总结，详细总结纠纷处理的过程及其结果。 ☆法务人员负责收集、整理在处理纠纷过程中的所有资料文件，并进行归档。 **工作重点** 法务人员在处理纠纷过程中需要不断提供法律服务。

（续）

<table>
<tr><th>任务名称</th><th>执行程序、工作标准与考核指标</th></tr>
<tr><td rowspan="4">经济纠纷仲裁/诉讼处理</td><td>工作标准</td></tr>
<tr><td>☆效率标准：除了特殊经济纠纷，一般经济纠纷需在____日内解决。
☆质量标准：严格按照经济纠纷处理的最终结果进行处理，无违规现象。</td></tr>
<tr><td>考核指标</td></tr>
<tr><td>☆经济纠纷处理及时率。经济纠纷处理及时率 = $\frac{\text{期限内处理的经济纠纷数}}{\text{处理经济纠纷总数}} \times 100\%$
☆经济纠纷处理结果执行度。</td></tr>
<tr><td colspan="2">执行规范</td></tr>
<tr><td colspan="2">“纠纷处理办法”“法律事务管理制度”“经济纠纷报告”“经济纠纷调查表”“经济纠纷处理意见”“经济纠纷协商结果”“经济纠纷仲裁方案”“经济纠纷诉讼方案”“经济纠纷总结报告”“经济纠纷处理记录”“档案管理制度”。</td></tr>
</table>

7.7 员工保密管理流程设计与工作执行

7.7.1 员工保密管理流程设计

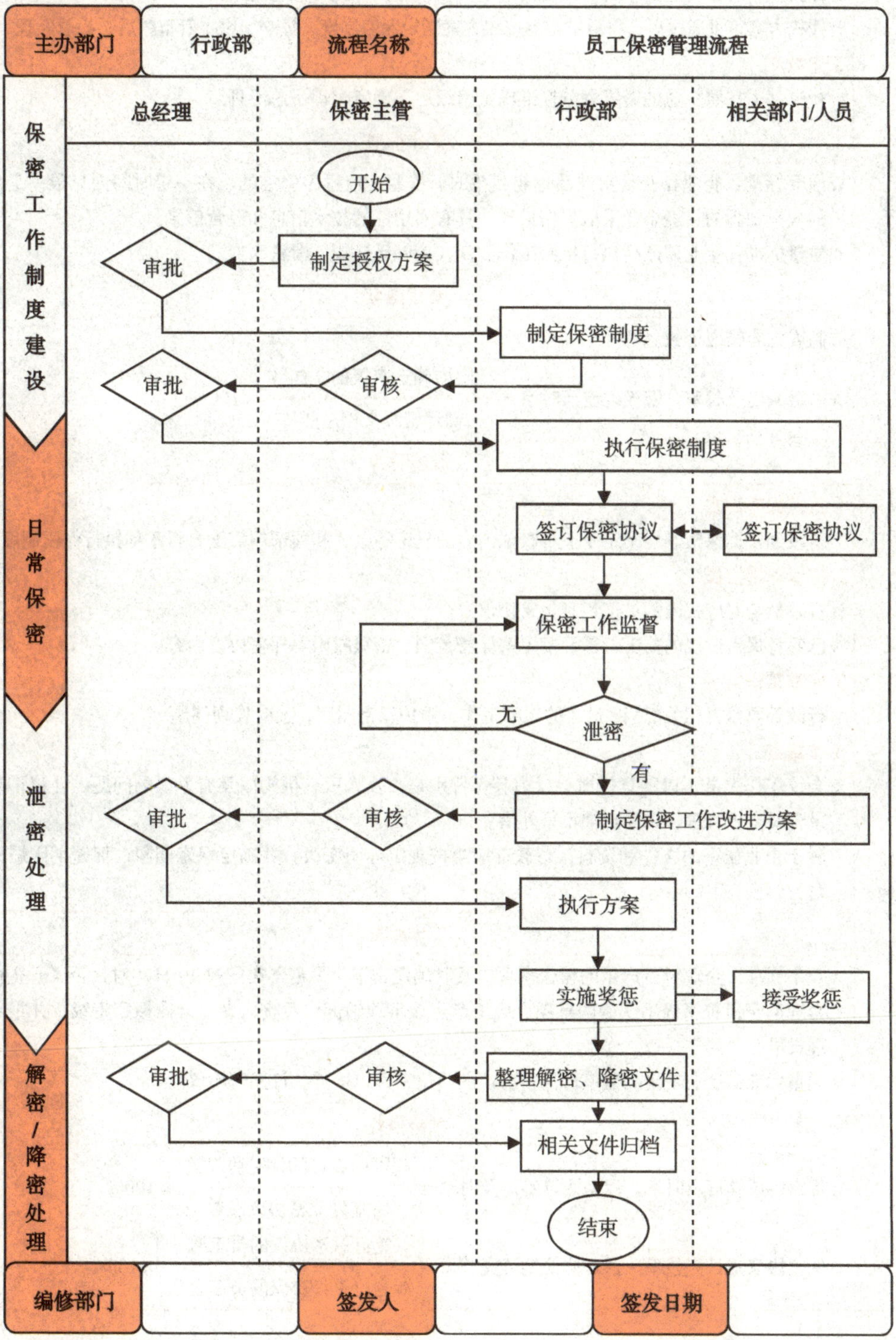

主办部门
行政部
流程名称
员工保密管理流程
总经理
保密主管
行政部
相关部门/人员
保密工作制度建设
日常保密
泄密处理
解密/降密处理
开始
制定授权方案
审批
制定保密制度
审核
审批
执行保密制度
签订保密协议
签订保密协议
保密工作监督
泄密
无
有
制定保密工作改进方案
审核
审批
执行方案
实施奖惩
接受奖惩
整理解密、降密文件
审核
审批
相关文件归档
结束
编修部门
签发人
签发日期

7.7.2 员工保密管理执行程序、工作标准、考核指标、执行规范

任务名称	执行程序、工作标准与考核指标
保密工作制度建设	**执行程序** ☆保密主管应结合企业结构、权限内容制定授权方案并提交总经理审批。 ☆授权方案审批通过后，行政部依据授权方案制定保密制度，提交保密主管审核后，报总经理审批。 **工作重点** 行政部需按照企业的密级划分标准确定密级，不确定时请示总经理。 **工作标准** ☆内容标准：企业秘密是指涉及企业利益的、依照一定程序确定的、在一定时间内只限一定范围的人员知悉的、经企业采取保密措施并具有实用性的技术信息和经营信息。 ☆质量标准：企业需严格执行保密工作制度，确保无违规、泄密事件。 **考核指标** ☆制度内容错漏处数。 ☆密级确定及时率。密级确定及时率 = $\frac{\text{期限内确定密级的文档数}}{\text{确定密级文档总数}}\times100\%$
日常保密	**执行程序** **1. 执行保密制度** 行政部根据保密制度确定企业各权限内容的机密等级，相关部门需配合行政部执行保密制度。 **2. 签订保密协议** ☆行政部与对应权限的员工签订保密协议。 ☆已签订保密协议的员工，需明确了解保密范围、密级权限等保密协议内容。 **3. 保密工作监督** 行政部要监督相关部门 / 员工的保密工作，维护保密制度，及时发现问题。 **工作重点** ☆会议工作人员不得随意传播会议内容，特别是涉及人事、机构以及有争议的问题，会议记录或录音要集中管理，未经批准不得外借。 ☆属于企业秘密的文件和资料，行政部应当按规定标明密级，并确定保密期限，保密期限届满后自行解密。 **工作标准** ☆效率标准：企业对所产生的秘密事项应及时确定密级，最迟不得超过 10 日；对是否属于企业秘密和属于何种密级不明确的事项，应由产生该事项的部门负责人在 3 天内拟定密级，并报总经理批准。 ☆质量标准：企业规定的需签订保密协议的岗位工种，均需签订保密协议。 **考核指标** ☆保密协议签订及时率。保密协议签订及时率 = $\frac{\text{期限内签订的保密协议数}}{\text{新签订保密协议总数}}\times100\%$ ☆保密协议签订完整率。保密协议签订完整率 = $\frac{\text{签订保密协议的员工数}}{\text{涉密待签订协议的员工总数}}\times100\%$

（续）

<table>
<tr><th>任务名称</th><th>执行程序、工作标准与考核指标</th></tr>
<tr><td rowspan="6">泄密处理</td><td>执行程序</td></tr>
<tr><td>1. 是否泄密
☆若无泄密情况，行政部则继续进行保密监督，确保企业秘密安全。
☆如果发生泄密事件，行政部要立即采取补救措施，制定保密工作改进方案，提交保密主管审核后，报总经理审批。
☆行政部及时执行审批通过后的保密工作改进方案，不断完善保密制度。
2. 实施奖惩
行政部对严守秘密、积极维护企业秘密的员工进行奖励，对泄密、损害企业机密的员工进行相应的惩罚。
工作重点
企业秘密已经泄露或者可能泄露时，行政部要立即采取补救措施并及时报告上级与总经理，制定并执行保密工作改进方案。</td></tr>
<tr><td>工作标准</td></tr>
<tr><td>☆质量标准：行政部按规定及时、迅速处理泄密事件，将企业损失降到最低。
☆参照标准：奖惩决定有依有据，按照企业的有关规定执行。</td></tr>
<tr><td>考核指标</td></tr>
<tr><td>☆泄密处理与补救及时率。$泄密处理与补救及时率=\frac{期限内处理补救的涉密事件数}{涉密事件总数}\times 100\%$
☆泄密处理与补救工作的准确性。</td></tr>
<tr><td rowspan="6">解密/降密处理</td><td>执行程序</td></tr>
<tr><td>☆对于保密期满、保密内容已发生变化的解密/降密文件，由行政部负责整理，提交保密主管审核后，报总经理审批。
☆审批通过后，行政部对相应文件执行解密/降密的操作后，将相关文件进行归档。
☆行政部要及时回顾保密工作管理的全过程，总结问题，汲取经验，不断改进保密管理工作。
工作重点
解密/降密的操作参照企业规定的流程进行。</td></tr>
<tr><td>工作标准</td></tr>
<tr><td>☆质量标准：解密/降密文件的审核与审批手续完整。
☆参照标准：行政部参照企业的保密管理规定和密级标准确定密级。</td></tr>
<tr><td>考核指标</td></tr>
<tr><td>☆解密/降密文件处理的准确性。
☆解密/降密文件处理不当次数。</td></tr>
<tr><td colspan="2">执行规范</td></tr>
<tr><td colspan="2">“企业授权及责权分配表”“企业授权及责权分配表”“保密协议”“借阅/复印/摘录外传申请单”“泄密处理与补救方案”“保密工作改进方案”“泄密调查表”“泄密奖惩措施”“解密/降密申请表”“解密/降密文件清单”“保密工作记录”。</td></tr>
</table>

7.8 知识产权管理流程设计与工作执行

7.8.1 知识产权管理流程设计

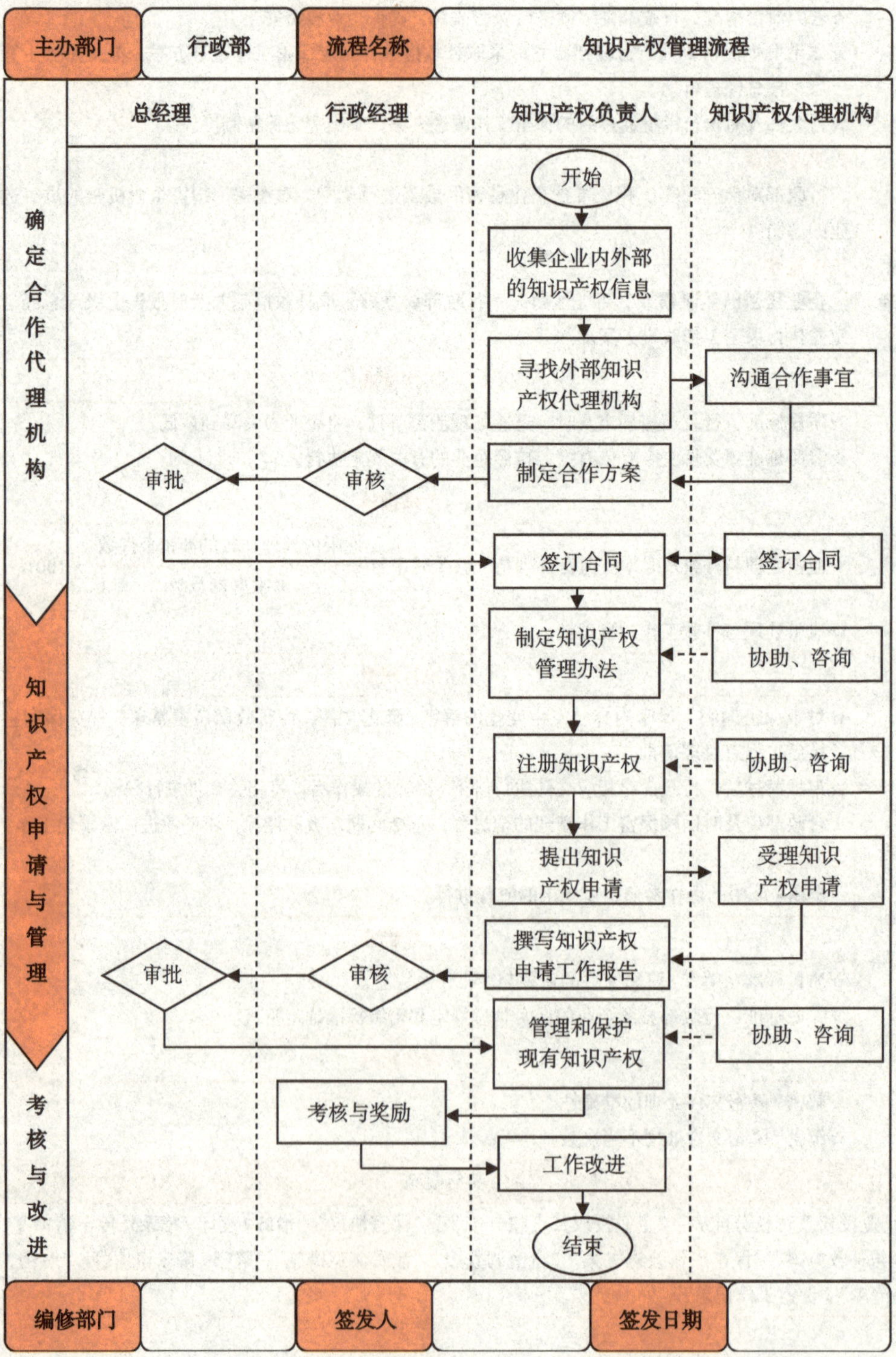
主办部门
行政部
流程名称
知识产权管理流程
总经理
行政经理
知识产权负责人
知识产权代理机构
确定合作代理机构
知识产权申请与管理
考核与改进
开始
收集企业内外部的知识产权信息
寻找外部知识产权代理机构
沟通合作事宜
制定合作方案
审核
审批
签订合同
签订合同
制定知识产权管理办法
协助、咨询
注册知识产权
协助、咨询
提出知识产权申请
受理知识产权申请
撰写知识产权申请工作报告
审核
审批
管理和保护现有知识产权
协助、咨询
考核与奖励
工作改进
结束
编修部门
签发人
签发日期

7.8.2 知识产权管理执行程序、工作标准、考核指标、执行规范

任务名称	执行程序、工作标准与考核指标
确定合作代理机构	**执行程序**
	☆知识产权负责人负责收集企业内外部的知识产权信息，了解企业知识产权的现状和需求。 ☆知识产权负责人根据企业实际情况寻找外部知识产权代理机构，与其沟通合作事宜。 ☆知识产权负责人挑选合作方，制定合作方案，提交行政经理审核后，报总经理审批。 ☆合作方案审批通过后，知识产权负责人与知识产权代理机构签订合同。 **工作重点** 合作方及合作方案需经行政经理审查、总经理审批通过后方可签订合同。
	工作标准
	☆数量标准：知识产权负责人至少准备____个以上的知识产权代理机构合作方作为备选。 ☆质量标准：结合企业需求，知识产权负责人与合适的知识产权代理机构签订符合企业规范的代理合同。
	考核指标
	☆代理机构领导满意度评分。 ☆合同条款一次性通过率。合同条款一次性通过率 $=\frac{\text{首次审批通过的合同数}}{\text{合同总数}}\times 100\%$
知识产权申请与管理	**执行程序**
	1. 制定知识产权管理办法 在知识产权代理机构的协助下，知识产权负责人根据企业知识产权现状，制定全面、规范的知识产权管理办法。 **2. 注册知识产权** 知识产权负责人针对企业正在研发的项目或技术，及时向代理机构咨询知识产权注册事宜，保证企业知识产权的权益，以避免侵权和无用研发。 **3. 提出知识产权申请** ☆知识产权负责负责人整理企业各类知识产权成果，委托代理机构提出知识产权申请。 ☆代理机构受理知识产权申请，针对申请情况撰写知识产权申请工作报告，提交行政经理审核、总经理审批。 **4. 管理和保护现有知识产权** ☆知识产权负责人根据审批后的知识产权申请工作报告，明确企业的知识产权内容，确保依法享有的知识产权不受侵犯。 ☆知识产权负责人对于外部侵权行为依法进行追究，对于内部侵害知识产权行为进行处罚。 **工作重点** ☆知识产权负责人要及时发现侵害企业知识产权的现象，以降低企业损失，维护企业利益。 ☆在工作过程中，知识产权负责人认为有可能产生知识产权的项目或技术，应申请知识产权检索和查询，以避免侵权或无用研发。
	工作标准
	☆内容标准：知识产权管理制度的内容包括知识产权归属界定、专利申报及其管理、商标管理、产品设计管理、计算机软件著作权管理、文字资料著作权管理等。 ☆质量标准：企业严格执行知识产权管理制度，无违规现象。

（续）

任务名称	执行程序、工作标准与考核指标
知识产权申请与管理	**考核指标**
	☆知识产权申请及时率。知识产权申请及时率 $=\frac{\text{期限内申请的知识产权数}}{\text{新申请的知识产权总数}}\times 100\%$ ☆知识产权申请一次性通过率。知识产权申请一次性通过率 $=\frac{\text{首次申请通过的知识产权数}}{\text{申请的知议产权总数}}\times 100\%$
考核与改进	**执行程序**
	1. 考核与奖励 行政经理对知识产权管理工作进行考核，对知识产权负责人和相关责任人的工作成果进行奖励。 **2. 工作改进** 知识产权负责人根据行政经理的考核意见改进知识产权管理工作，维护企业的知识产权利益。 **工作重点** 知识产权负责人及时对知识产权管理工作的各个事项进行总结和改进，并以文字的形式记录下来。
	工作标准
	☆质量标准：知识产权负责人根据实际情况采用合理的方式维护企业利益。 ☆效率标准：知识产权负责人的改进工作应以____日为一个周期。
执行规范	
“知识产权代理机构名单”“知识产权代理合同”“企业知识产权管理制度”“申请知识产权检索与查询表”“知识产权申请工作报告”“知识产权受侵报告”“知识产权诉讼方案”“知识产权工作考核表”“企业知识产权工作改进方案”。	

7.9 员工违法行为处理流程设计与工作执行

7.9.1 员工违法行为处理流程设计

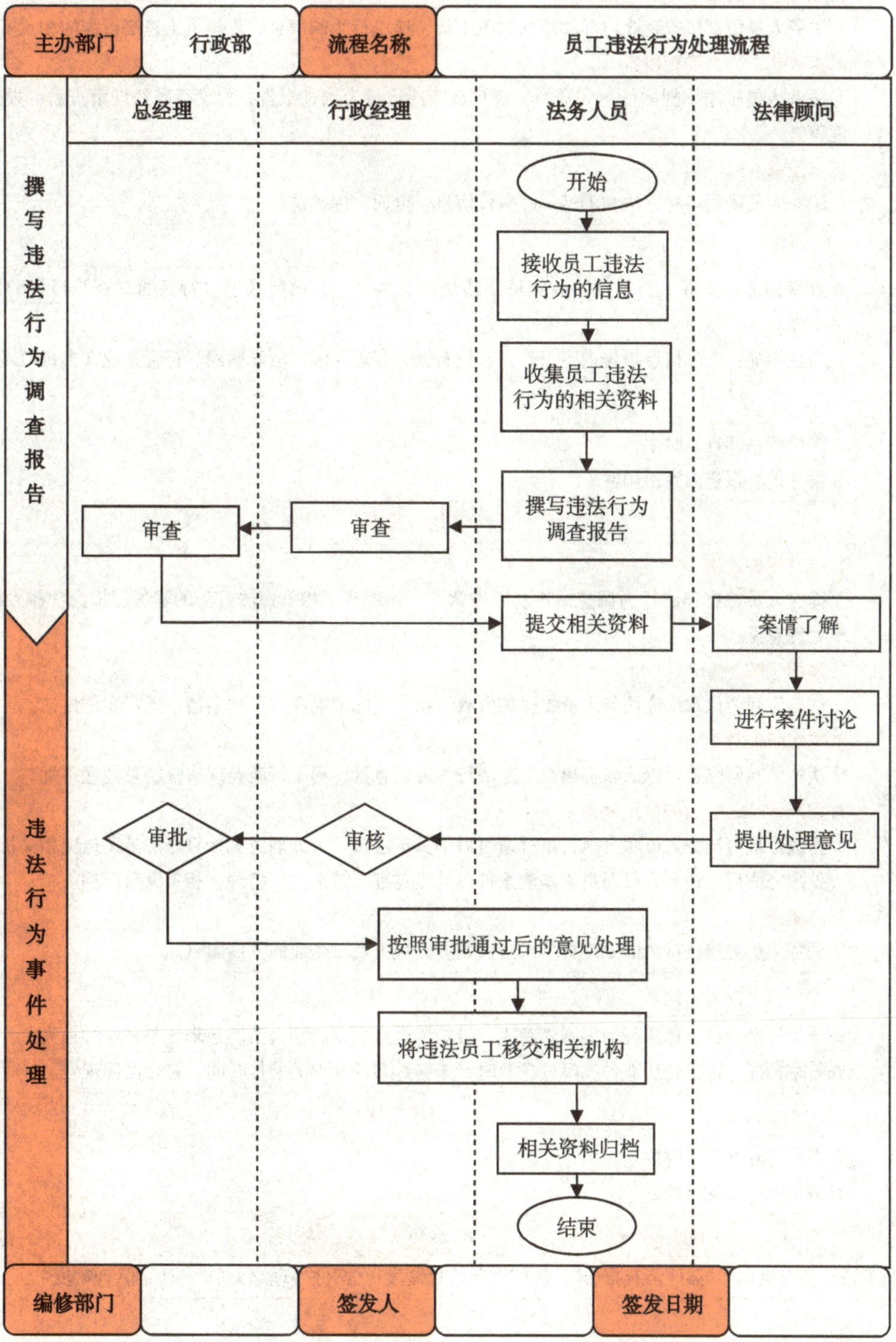

主办部门
行政部
流程名称
员工违法行为处理流程
总经理
行政经理
法务人员
法律顾问
撰写违法行为调查报告
违法行为事件处理
开始
接收员工违法行为的信息
收集员工违法行为的相关资料
撰写违法行为调查报告
审查
审查
提交相关资料
案情了解
进行案件讨论
提出处理意见
审核
审批
按照审批通过后的意见处理
将违法员工移交相关机构
相关资料归档
结束
编修部门
签发人
签发日期

7.9.2 员工违法行为处理执行程序、工作标准、考核指标、执行规范

<table>
<tr><th>任务名称</th><th>执行程序、工作标准与考核指标</th></tr>
<tr><td rowspan="6">撰写违法行为调查报告</td><td>执行程序</td></tr>
<tr><td>1. 收集员工违法行为的相关资料
法务人员负责接收企业内部和外部的关于员工违法行为的信息，收集员工违法行为的相关资料。
2. 撰写违法行为调查报告
法务人员根据掌握的信息和资料，撰写员工违法行为调查报告，提交行政经理审查后，报总经理审查。
工作重点
法务人员采用各种方法和渠道了解案件信息，全面掌握案情。</td></tr>
<tr><td>工作标准</td></tr>
<tr><td>☆效率标准：法务人员需在接收到员工违法信息的____日内完成违法行为的调查与报告的撰写工作。
☆质量标准：案件信息报告内容正确，有依有据，客观实际，清晰明确、符合企业文书撰写规范。</td></tr>
<tr><td>考核指标</td></tr>
<tr><td>☆案件信息调查及时率。
☆案件信息报告内容正确性。</td></tr>
<tr><td rowspan="6">违法行为事件处理</td><td>执行程序</td></tr>
<tr><td>1. 提交相关资料
提交人员根据违法行为调查报告的审查意见，整理员工相关违法行为的资料，提交法律顾问寻求处理意见。
2. 案情了解
法律顾问要认真研究法务人员提交的资料，结合实际情况深入了解案情，进行案件讨论。
3. 提出处理意见
法律顾问研究、讨论后，提出员工违法行为处理意见，提交行政经理审核、总经理审批。
4. 按照审批通过后的意见处理
☆行政经理与法务人员联合执行审批通过后的员工违法行为处理意见，将违法员工送交相关机构。
☆处理完成后，法务人员对员工违法案件的处理过程与结果进行整理，相关资料归档。
工作重点
法务人员对违法行为的处理要尽量减少企业的损失及对企业的负面影响。</td></tr>
<tr><td>工作标准</td></tr>
<tr><td>☆质量标准：员工违法行为的圆满解决，维护了企业利益，最大限度地降低了企业的损失。
☆效率标准：员工违法案件实际处理及时，未错过案件处理的最佳时间，符合法律规定。</td></tr>
<tr><td>考核指标</td></tr>
<tr><td>☆案件实际处理及时性。
☆案件处理满意度评分。</td></tr>
<tr><td colspan="2">执行规范</td></tr>
<tr><td colspan="2">“员工违法信息资料”“案件调查报告”“法律事务管理制度”“案件处理意见书”“档案管理制度”。</td></tr>
</table>

第8章

办公用品与设备管理

8.1 办公用品与设备管理流程设计

8.1.1 流程设计的目的

企业行政办公中的办公用品包括铅笔、胶水、订书机、复写纸、复印纸、印泥、笔记本、档案袋、碳粉、墨盒、硒鼓、计算器等日常办公文具，其与企业日常办公活动息息相关。企业行政办公设备包括计算机及附属设备、传真机、复印机、电话、音响摄像设备、投影仪等，其与企业生产经营活动息息相关。办公用品与设备管理流程设计的目的如下。

（1）明确职责分工，梳理、规范各项办公用品的日常操作步骤，有效管理和使用企业的办公用品。

（2）规范企业办公用品的采购、保管、发放、使用等工作，合理控制办公用品的使用、消耗和费用支出，降低办公费用和经营成本。

（3）逐步实现企业办公用品管理的规范化、标准化、程序化，不断提高企业的管理水平和竞争力。

（4）明确职责分工，梳理、规范各项操作步骤，有效管理和使用企业的办公设备，延长办公设备的使用寿命。

（5）确保办公设备正常使用，提高行政办公效率，确保企业正常的生产经营活动。

8.1.2 流程结构设计

办公用品与设备管理流程结构设计如图 8-1 所示。

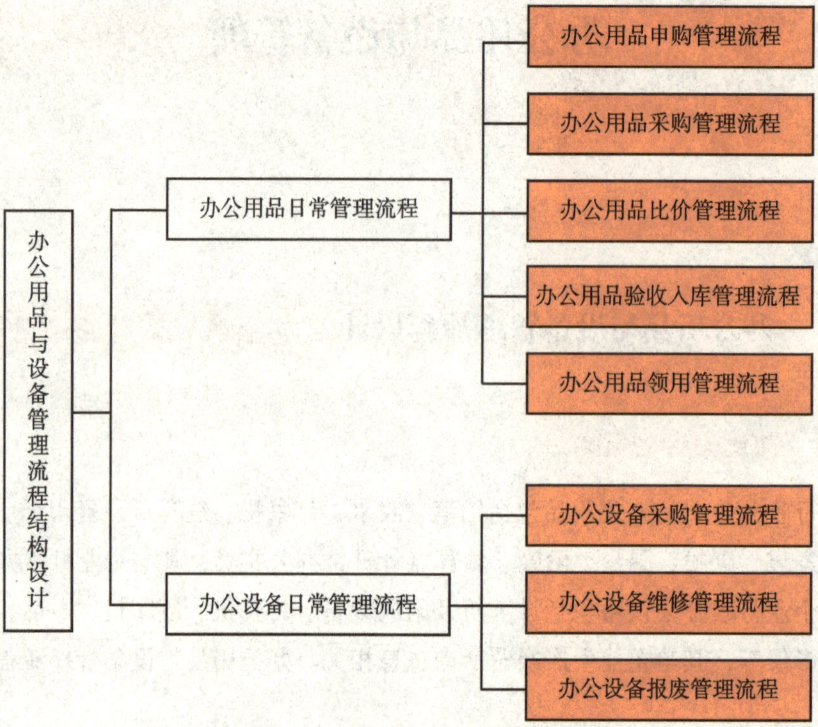
办公用品与设备管理流程结构设计
办公用品日常管理流程
办公用品申购管理流程
办公用品采购管理流程
办公用品比价管理流程
办公用品验收入库管理流程
办公用品领用管理流程
办公设备日常管理流程
办公设备采购管理流程
办公设备维修管理流程
办公设备报废管理流程

图 8-1　办公用品与设备管理流程结构设计

8.2 办公用品日常管理流程设计与工作执行

8.2.1 办公用品日常管理流程设计

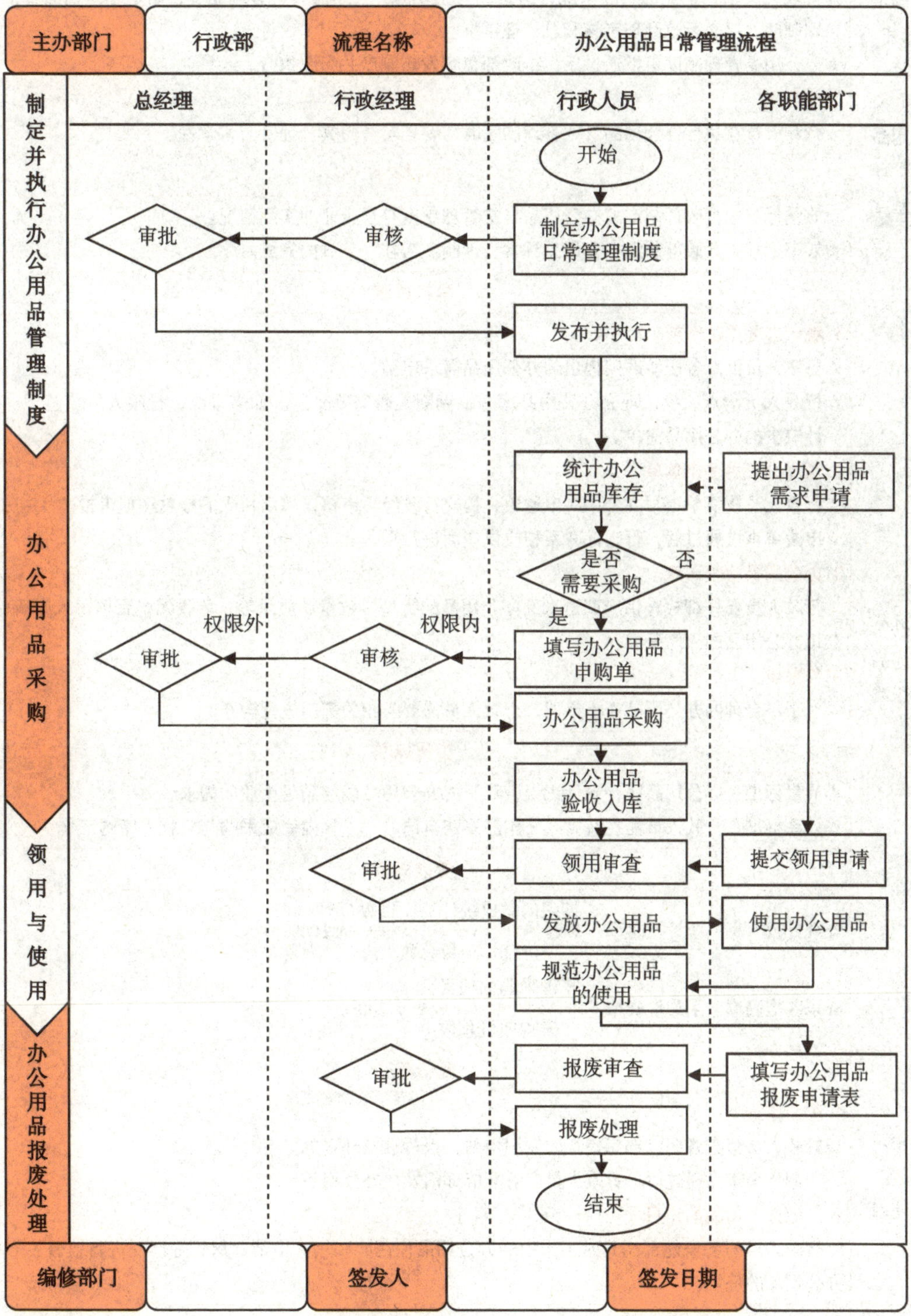
主办部门
行政部
流程名称
办公用品日常管理流程
总经理
行政经理
行政人员
各职能部门
制定并执行办公用品管理制度
办公用品采购
领用与使用
办公用品报废处理
开始
制定办公用品日常管理制度
审核
审批
发布并执行
统计办公用品库存
提出办公用品需求申请
是否需要采购
否
是
填写办公用品申购单
权限内
权限外
审核
审批
办公用品采购
办公用品验收入库
提交领用申请
领用审查
审批
发放办公用品
使用办公用品
规范办公用品的使用
填写办公用品报废申请表
报废审查
审批
报废处理
结束
编修部门
签发人
签发日期

8.2.2 办公用品日常管理执行程序、工作标准、考核指标、执行规范

任务名称	执行程序、工作标准与考核指标
制定并执行办公用品管理制度	**执行程序** ☆行政人员根据企业的实际情况，借鉴优秀企业的办公用品日常管理制度，制定办公用品日常管理制度，提交行政经理审核和总经理审批。 ☆办公用品管理制度审批通过后，行政部负责发布制度并组织执行。 **工作重点** 行政人员在执行办公用品日常管理制度时需要切实考虑其合理性与科学性。 **工作标准** ☆质量标准：行政部制定的办公用品日常管理制度符合企业的实际情况。 ☆效率标准：行政部制定办公用品日常管理制度需在____日内完成。
办公用品采购	**执行程序** **1. 统计办公用品库存** ☆行政人员汇总各职能部门提出的办公用品需求申请。 ☆行政人员清点、统计现有办公用品库存，判断是否需要采购。如需采购，行政人员要整理、统计缺少的办公用品清单。 **2. 填写办公用品申购单** ☆行政人员按清单填写办公用品申购单，提交行政经理审核，超出权限的报总经理审批。 ☆申购单审批通过后，行政部联系相应供应商进行采购。 **3. 办公用品验收入库** 行政人员要仔细检查供应商送来的办公用品的类型、数量、质量等，验收无误后填写入库清单，办理办公用品的入库手续。 **工作重点** 对于不合理的办公用品需求申请，行政人员需要与相关部门进行沟通。 **工作标准** ☆质量标准：办公用品库存统计无误，购买的办公用品能够满足企业的需求。 ☆效率标准：行政人员需在收到办公用品采购申请的____日内完成采购与验收入库的工作。 **考核指标** ☆统计及时率。统计及时率 $=\frac{\text{期限内完成统计的项目数}}{\text{待统计项目总数}}\times 100\%$ ☆采购准确率。采购准确率 $=\frac{\text{正确采购的项目数}}{\text{采购项目总数}}\times 100\%$
领用与使用	**执行程序** **1. 领用审查** ☆行政人员审查各职能部门提交的领用申请，报行政经理审批。 ☆领用申请审批通过后，行政人员向各职能部门发放办公用品。 **2. 规范办公用品的使用** 行政人员对各职能部门日常工作中的办公用品使用、领用、申请、保管等情况进行监督，规范办公用品的使用。

（续）

任务名称	执行程序、工作标准与考核指标
领用与使用	**工作重点** 行政人员如果发现不符合规定的办公用品领用情况，须及时制止并向上级领导汇报。
	工作标准
	☆内容标准：监督内容包括用品领用传票与用品台账、用品申请书与实际使用情况、用品领用登记表与实际用品登记表。 ☆质量标准：行政人员在监督过程中不徇私，统一标准。
办公用品报废处理	**执行程序**
	1. 报废审查 ☆各职能部门负责整理办公用品的报废情况，填写办公用品报废申请表。 ☆行政人员负责汇总办公用品报废申请表，审查各职能部门提出报废申请的真实性与合规性，报行政经理审批。 **2. 报废处理** 报废申请审批通过后，行政人员根据企业办公用品管理制度和行政经理的审批意见，对办公用品做报废处理。 **工作重点** ☆行政人员要仔细评估报废用品的价值，按规定折价销售或进行报废处理。 ☆行政人员要对决定报废的办公用品进行登记，包括办公用品的名称、编号、报废日期、处理方式等。
	工作标准
	☆质量标准：报废审查正确，报废登记的各项信息准确，无错漏登记。 ☆频次标准：行政人员需每隔____日进行一次报废登记审查及处理工作。
	考核指标
	☆报废审查及时率。报废审查及时率 = $\frac{\text{期限内审查完成的报废申请数}}{\text{报废申请总数}} \times 100\%$ ☆报废处理准确性。
执行规范	
“办公用品管理制度”“企业制度编写规范”“企业内部采购管理制度”“办公用品申购单”“办公用品采购单”“办公用品预算表”“办公用品入库登记表”“办公用品入库凭证”“办公用品台账”“办公用品领用传票”“办公用品领用登记表”“办公用品实际领用登记表”“实际用品登记表”“办公用品报废申请表”“办公用品报废登记表”。	

8.3 办公用品申购管理流程设计与工作执行

8.3.1 办公用品申购管理流程设计

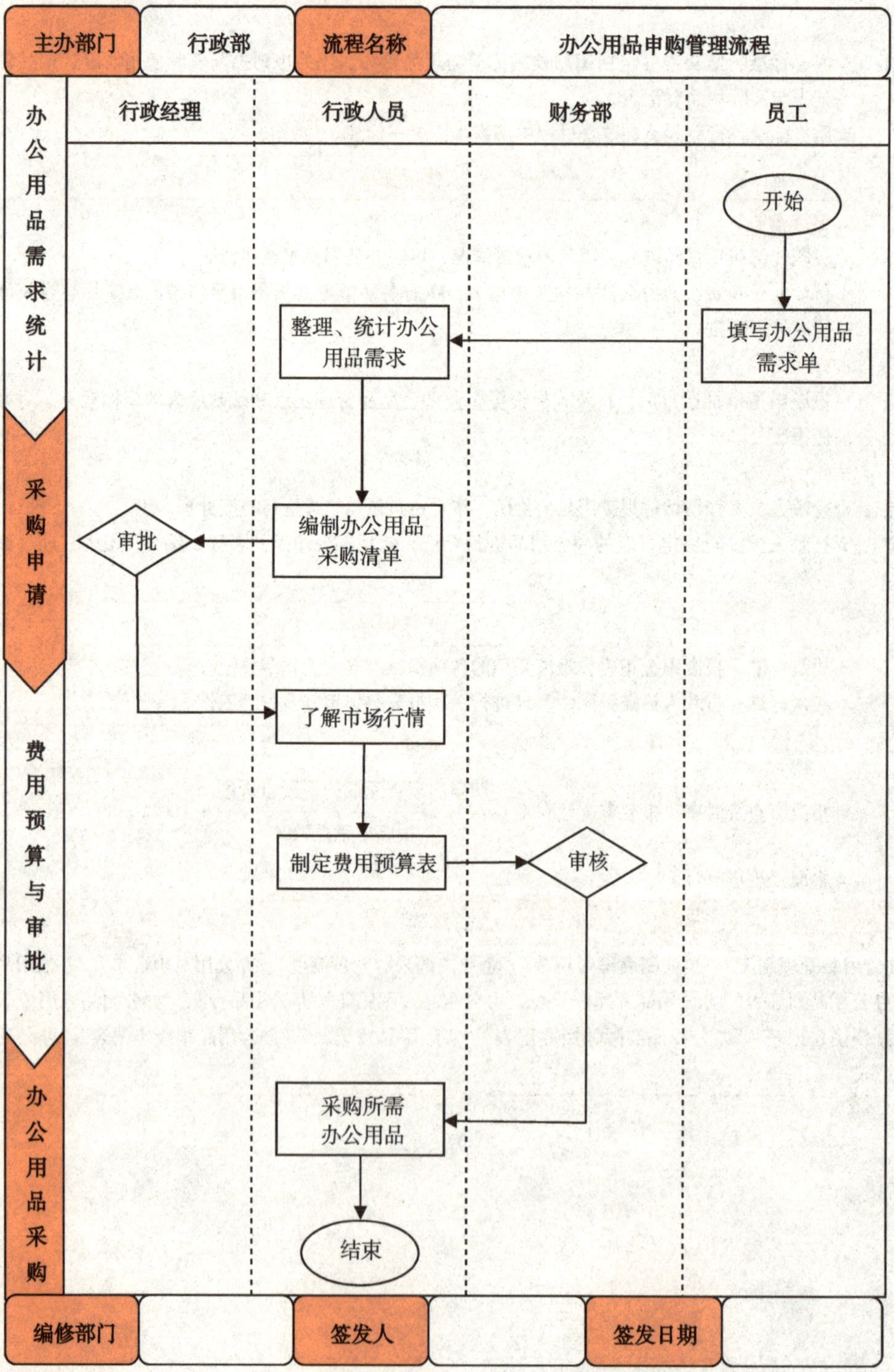

主办部门
行政部
流程名称
办公用品申购管理流程
行政经理
行政人员
财务部
员工
办公用品需求统计
采购申请
费用预算与审批
办公用品采购
开始
填写办公用品需求单
整理、统计办公用品需求
编制办公用品采购清单
审批
了解市场行情
制定费用预算表
审核
采购所需办公用品
结束
编修部门
签发人
签发日期

8.3.2 办公用品申购管理执行程序、工作标准、考核指标、执行规范

任务名称	执行程序、工作标准与考核指标
办公用品需求统计	**执行程序**
	☆员工根据实际工作需要填写办公用品需求单，提交行政人员。 ☆行政人员整理、统计员工提交的办公用品需求。 **工作重点** 行政人员整理、统计办公用品库存，结合需求确定需要购买的办公用品的类别和数量。
	工作标准
	☆效率标准：行政人员能够及时整理、统计办公用品采购需求。 ☆质量标准：行政人员整理、统计办公用品需求能够做到准确无误。
	考核指标
	☆统计准确率。统计准确率 $=\frac{\text{正确统计的需求项目数}}{\text{需求项目总数}}\times 100\%$ ☆统计及时率。统计及时率 $=\frac{\text{期限内统计的需求项目数}}{\text{需求项目总数}}\times 100\%$
采购申请	**执行程序**
	☆行政人员按统计办公用品需求量并编制办公用品采购清单。 ☆行政人员将办公用品采购清单提交行政经理审批。 **工作重点** 行政人员如发现与企业规定不符的采购需求，需要与相关部门及时沟通。
	工作标准
	☆参照标准：行政人员按照办公用品管理制度和企业内部采购管理制度编制采购清单。 ☆效率标准：行政人员需在收到员工的办公用品需求单的____日内编制完成办公用品采购清单并上交审批。
费用预算与审批	**执行程序**
	1. 了解市场行情 行政人员需了解办公用品的市场行情，做好多家询价、比价的工作。 **2. 制定费用预算表** ☆根据供应商的报价，行政人员统计好费用后，制定费用预算表，提交财务部审核。 ☆财务部对费用预算表的准确性与真实性进行审核。 **工作重点** 行政人员在比价时，应至少确定 3 家供应商，以找到真正价廉物美的办公用品。
	工作标准
	☆质量标准：办公用品预算根据实际情况确定。 ☆内容标准：详细的费用预算表包括品名、单价、数量、总额等内容。

（续）

任务名称	执行程序、工作标准与考核指标
费用预算与审批	**考核指标** ☆预算合理性。 ☆预算准确率。
办公用品采购	**执行程序** ☆预算审批通过后，行政部按审批通过的采购清单和审核通过的费用预算表执行采购。 ☆行政部负责分配采购任务，并安排人员采购所需办公用品。 **工作重点** 分配采购任务时一定要注意其合理性，避免与其他工作发生冲突。 **工作标准** ☆质量标准：采购的办公用品质量符合要求。 ☆效率标准：行政人员需在收到采购任务后的____日内完成采购任务。
执行规范	
“办公用品需求单”“办公用品库存表”“办公用品购买清单”“办公用品管理制度”“办公用品预算管理制度”“办公用品费用预算表”“企业内部采购管理制度”。	

8.4 办公用品采购管理流程设计与工作执行

8.4.1 办公用品采购管理流程设计

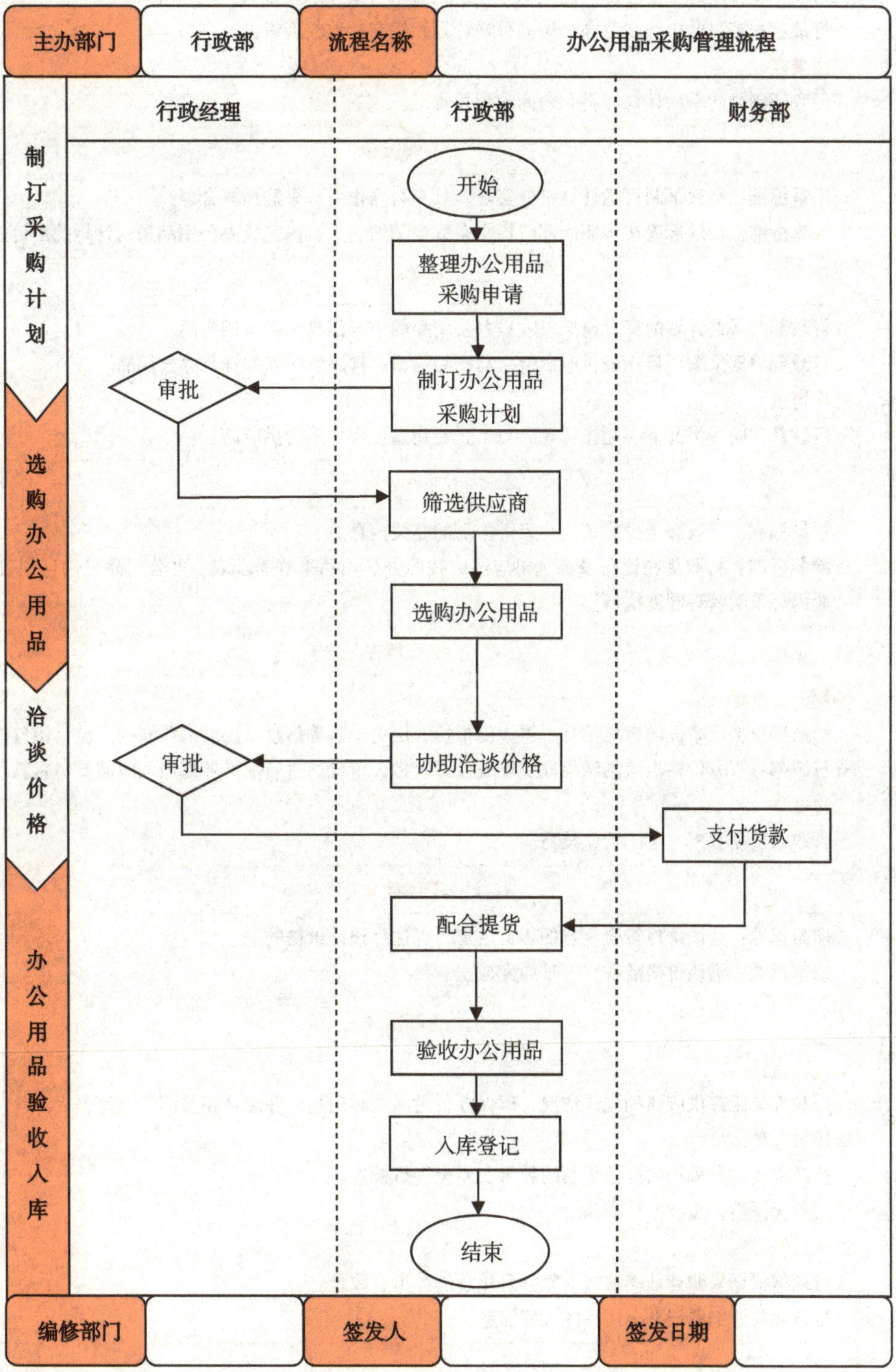
主办部门
行政部
流程名称
办公用品采购管理流程
行政经理
行政部
财务部
制订采购计划
选购办公用品
洽谈价格
办公用品验收入库
开始
整理办公用品采购申请
制订办公用品采购计划
审批
筛选供应商
选购办公用品
协助洽谈价格
审批
支付货款
配合提货
验收办公用品
入库登记
结束
编修部门
签发人
签发日期

8.4.2 办公用品采购管理执行程序、工作标准、考核指标、执行规范

任务名称	执行程序、工作标准与考核指标
制订采购计划	**执行程序** ☆行政部负责汇总各职能部门提交的办公用品需求，整理采购申请。 ☆行政部根据采购申请制订办公用品采购计划，提交行政经理审批。 **工作重点** 行政部制订的采购计划应符合企业的相关规定。 **工作标准** ☆质量标准：行政部制订的计划符合实际，具有可操作性，采购预算合理。 ☆效率标准：行政部需在各职能部门提交采购申请的____日内完成办公用品采购计划的制订。
选购办公用品	**执行程序** ☆行政部按采购计划的审批情况，收集办公用品的市场信息，筛选供应商。 ☆行政部根据采购项目比较供应商价格与产品质量，确定供应商并选购办公用品。 **工作重点** 行政部在同等情况下应优先选择已与本企业建立合作关系的供应商。 **工作标准** ☆数量标准：行政部至少比较____家供应商的相关信息。 ☆参照标准：行政部在比价及筛选供应商时按照办公用品采购需求表、办公用品采购计划表和企业内部采购管理制度执行。
洽谈价格	**执行程序** **协助洽谈价格** ☆行政部根据已掌握的市场信息、供应商报价、历史采购等信息，协助采购谈判人员洽谈价格。 ☆行政部将双方价格洽谈的结果提交行政经理审批，审批通过后由财务部向供应商支付货款。 **工作重点** 行政人员需掌握一定的洽谈技巧。 **工作标准** ☆质量标准：洽谈价格符合企业的相关规定，可达到预计价格的____%。 ☆效率标准：洽谈价格需在____日内完成。
办公用品验收入库	**执行程序** **1. 配合提货** 行政部要跟踪供应商的配送情况，确保办公用品及时送达，并配合相关部门进行提货。 **2. 验收办公用品** ☆行政部要对所采购的办公用品的数量、质量进行检查。 ☆检查无误后，验收办公用品。 **3. 入库登记** ☆行政部根据采购计划确认待入库办公用品的种类、数量。 ☆行政部要详细登记办公用品的入库信息。

（续）

任务名称	执行程序、工作标准与考核指标
办公用品验收入库	**工作重点** 行政部要配合相关部门进行提货，保证供应商发出的办公用品及时送达本企业。
	工作标准
	☆质量标准：行政部的检查与验收工作要做到细心、细致，及时发现采购物品存在的问题。 ☆数量标准：行政部在提货过程中损耗的办公用品损耗率控制在____% 以内。
	考核指标
	☆验收及时率。$\text{验收及时率}=\dfrac{\text{期限内验收的办公用品数}}{\text{采购办公用品总数}}\times 100\%$ ☆入库登记准确率。$\text{入库登记准确率}=\dfrac{\text{信息登记正确的办公用品数}}{\text{登记的办公用品总数}}\times 100\%$
执行规范	
“办公用品采购需求表”“办公用品采购计划表”“企业内部采购管理制度”“办公用品预算表”“办公用品验收报告”“办公用品入库清单”。	

8.5 办公用品比价管理流程设计与工作执行

8.5.1 办公用品比价管理流程设计

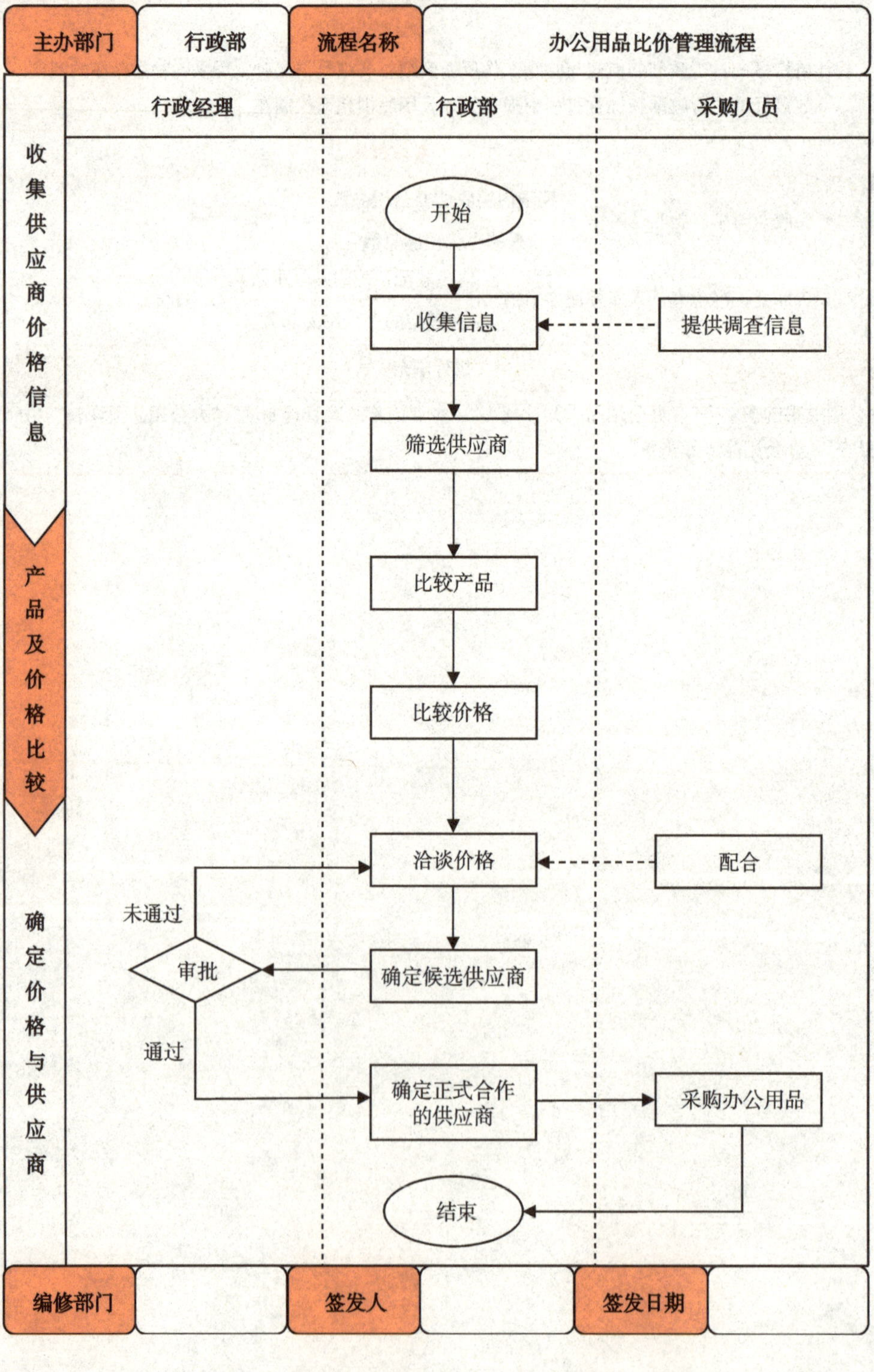
主办部门
行政部
流程名称
办公用品比价管理流程
行政经理
行政部
采购人员
收集供应商价格信息
产品及价格比较
确定价格与供应商
开始
收集信息
提供调查信息
筛选供应商
比较产品
比较价格
洽谈价格
配合
未通过
审批
确定候选供应商
通过
确定正式合作的供应商
采购办公用品
结束
编修部门
签发人
签发日期

8.5.2 办公用品比价管理执行程序、工作标准、考核指标、执行规范

任务名称	执行程序、工作标准与考核指标
收集供应商价格信息	**执行程序**
	1. 收集信息 ☆采购人员负责调查相关办公用品的市场和供应商的情况，然后将调查信息提交行政部。 ☆行政部收集供应商信息，确认供应商资质，了解供货价格。 **2. 筛选供应商** 行政部根据已掌握的信息和采购人员提供的调查信息，筛选一些信誉好且价格合理的候选供应商。 **工作重点** 行政部要全面掌握供应商信息。
	工作标准
	☆质量标准：候选供应商应符合企业对供应商的基本要求，并能够提供满足企业需求的产品。 ☆数量标准：候选供应商数量应控制在____家以内。
	考核指标
	☆价格信息收集及时率。价格信息收集及时率 $=\frac{\text{期限内收集价格信息的办公用品品类数}}{\text{采购办公用品品类总数}}\times 100\%$ ☆价格信息收集准确率。价格信息收集准确率 $=\frac{\text{价格信息正确的办公用品品类数}}{\text{采购办公用品品类总数}}\times 100\%$
产品及价格比较	**执行程序**
	1. 比较产品 行政部对候选供应商的产品进行比较，在同一价格水平下，比较不同供应商产品的优缺点，了解其产品质量情况。 **2. 比较价格** 行政部对候选供应商的产品价格进行比较，在产品质量相同的情况下，比较不同供应商的供货价格，并进行价格排序。 **工作重点** 行政部在进行价格比较时，一定要做到公正、客观、合理。
	工作标准
	☆质量标准：行政部在对产品和价格做比较时需要具体情况具体分析，先设定条件后进行比较。 ☆人员标准：行政部在比较产品和价格的过程中需____名以上的人员参与。
确定价格与供应商	**执行程序**
	1. 洽谈价格 行政部在采购人员的配合下，就企业采购的办公用品种类、数量，与不同供应商进行价格洽谈。 **2. 确定候选供应商** ☆行政部根据价格洽谈的情况，确定候选供应商，提交行政经理审批。 ☆若审批未通过，行政部需要再次与供应商进行价格洽谈，重新挑选候选供应商，提交行政经理审批。

（续）

任务名称	执行程序、工作标准与考核指标
确定价格与供应商	**3. 确定正式合作的供应商** ☆候选供应商审批通过后，行政部负责确定正式合作的供应商。 ☆行政部根据各职能部门提交的采购需求分配采购任务，采购人员要按要求采购办公用品。 **工作重点** 行政部应与优质的供应商建立良好的合作关系。
	工作标准
	☆质量标准：行政部与供应商洽谈价格合理，能为企业谋取最大的利益。 ☆效率标准：行政部需在____日内完成价格洽谈和确定供应商的工作。
	考核指标
	☆价格洽谈的有效性。 ☆候选供应商的审批通过率。
执行规范	
“办公用品管理制度”“办公用品预算表”“企业内部采购管理制度”。	

8.6 办公用品验收入库管理流程设计与工作执行

8.6.1 办公用品验收入库管理流程设计

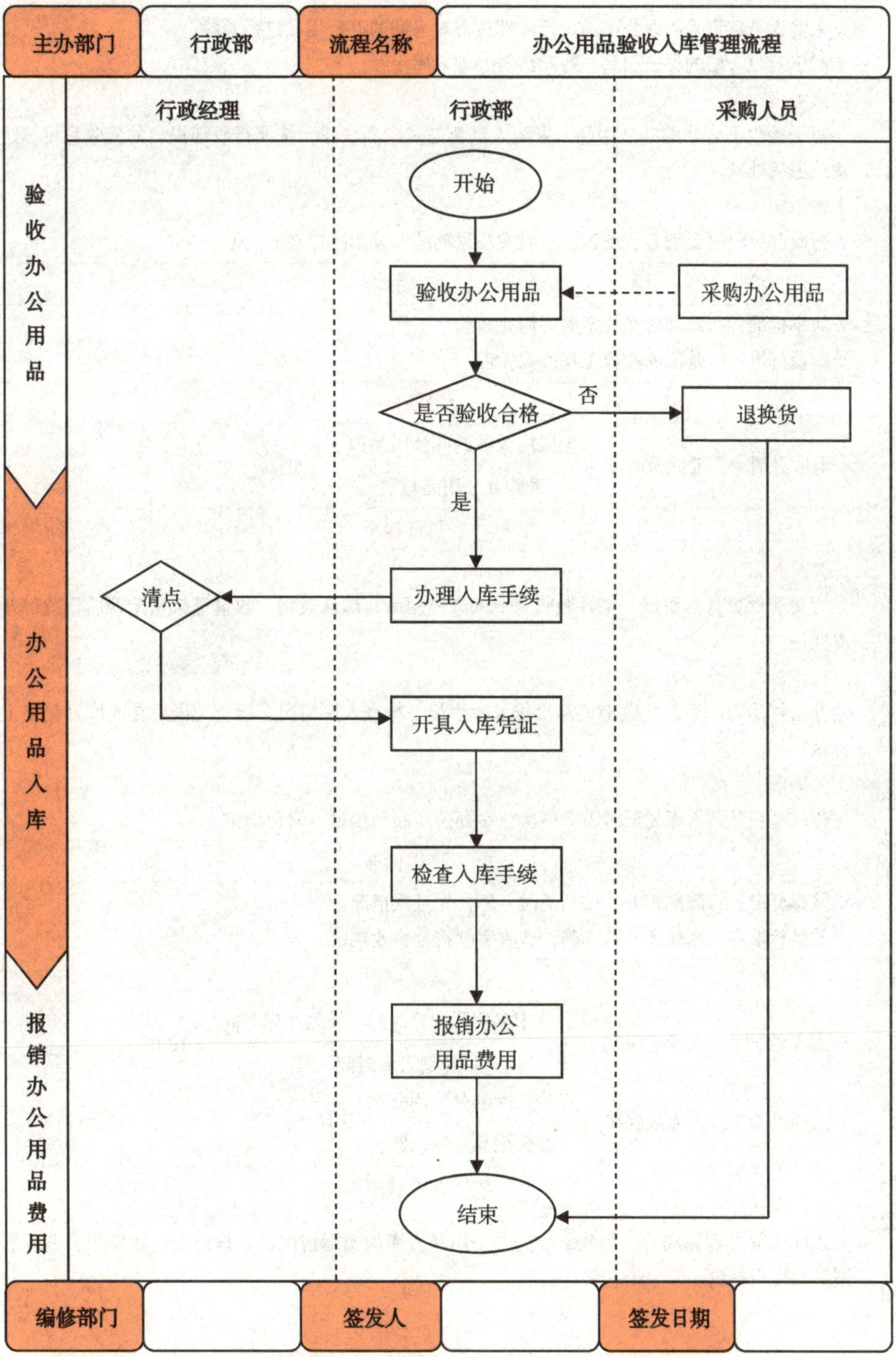

主办部门
行政部
流程名称
办公用品验收入库管理流程
行政经理
行政部
采购人员
验收办公用品
办公用品入库
报销办公用品费用
开始
验收办公用品
采购办公用品
是否验收合格
否
退换货
是
办理入库手续
清点
开具入库凭证
检查入库手续
报销办公用品费用
结束
编修部门
签发人
签发日期

8.6.2 办公用品验收入库管理执行程序、工作标准、考核指标、执行规范

任务名称	执行程序、工作标准与考核指标
验收办公用品	**执行程序**
	1. 验收办公用品 ☆采购人员负责采购办公用品，行政部负责对采购的办公用品进行验收。 ☆对于验收合格的办公用品，行政部需办理入库手续。 **2. 退换货** 对于验收不合格的办公用品，采购人员要与供应商联系，按照行政部提出的验收意见，进行换货或退货处理。 **工作重点** 行政部验收时要细心、细致，及时发现采购的办公用品存在的问题。
	工作标准
	☆效率标准：行政部能在规定时间内完成验收工作。 ☆质量标准：行政部的验收工作准确无误。
	考核指标
	☆验收及时率。验收及时率 = $\frac{\text{期限内验收的办公用品数}}{\text{采购办公用品总数}} \times 100\%$
办公用品入库	**执行程序**
	1. 开具入库凭证 行政经理要认真清点、统计验收完成的办公用品，确认类别、数量等信息无误后行政部开具入库凭证。 **2. 检查入库手续** 办公用品入库后，行政部还需检查入库手续，核查入库情况。检查无误后在入库登记表上签字确认。 **工作重点** 行政部在开具入库凭证时需要再次核对办公用品的信息，避免出错。
	工作标准
	☆效率标准：行政部将办公用品及时入库，无延误情况。 ☆质量标准：入库凭证开具准确，验收手续符合企业规范。
	考核指标
	☆入库延误率。入库延误率 = $\frac{\text{办公用品实际入库时间} - \text{计划入库时间}}{\text{计划入库时间}} \times 100\%$ ☆入库准确率。入库准确率 = $\frac{\text{正确入库的办公用品数}}{\text{办公用品入库总数}} \times 100\%$
报销办公用品费用	**执行程序**
	入库手续办理完成后，行政部根据办公用品入库的实际情况，计算待报销的费用，整理后提交财务部进行报销。

（续）

<table>
<tr><th>任务名称</th><th>执行程序、工作标准与考核指标</th></tr>
<tr><td rowspan="5">报销办公用品费用</td><td>工作重点
行政部在报销办公用品费用时要做好记录，避免重复或遗漏申报。</td></tr>
<tr><td>工作标准</td></tr>
<tr><td>☆参照标准：报销流程及手续按照企业内部采购管理制度和企业财务管理制度执行。
☆质量标准：办公用品费用报销准确、及时。</td></tr>
<tr><td>考核指标</td></tr>
<tr><td>☆费用报销及时率。费用报销及时率 $= \frac{\text{期限内报销的费用项目数}}{\text{报销费用项目总数}} \times 100\%$
☆费用报销准确率。费用报销准确率 $= \frac{\text{正确报销的费用项目数}}{\text{报销费用项目总数}} \times 100\%$</td></tr>
<tr><td colspan="2">执行规范</td></tr>
<tr><td colspan="2">“办公用品管理制度”“企业内部采购管理制度”“办公用品入库登记表”“办公用品入库凭证”“企业财务管理制度”。</td></tr>
</table>

8.7 办公用品领用管理流程设计与工作执行

8.7.1 办公用品领用管理流程设计

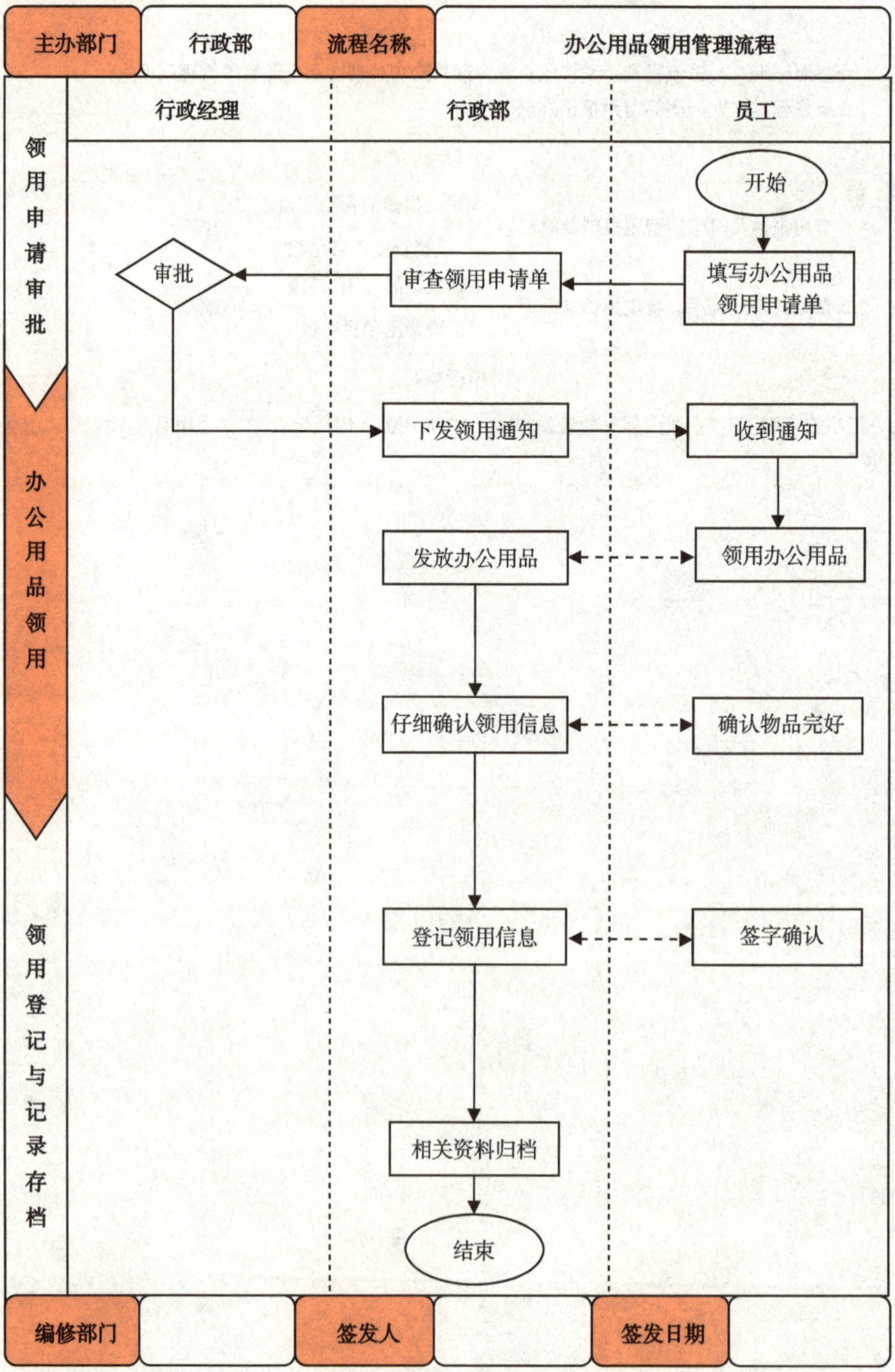
主办部门
行政部
流程名称
办公用品领用管理流程
行政经理
行政部
员工
领用申请审批
办公用品领用
领用登记与记录存档
开始
填写办公用品领用申请单
审查领用申请单
审批
下发领用通知
收到通知
领用办公用品
发放办公用品
仔细确认领用信息
确认物品完好
登记领用信息
签字确认
相关资料归档
结束
编修部门
签发人
签发日期

8.7.2 办公用品领用管理执行程序、工作标准、考核指标、执行规范

任务名称	执行程序、工作标准与考核指标
领用申请审批	**执行程序** ☆员工根据实际工作需要填写办公用品领用申请单，提交行政部审查。 ☆行政部对员工提交的领用申请单进行审查，审查无误后报行政经理审批。 **工作重点** 行政部在审查员工提交的办公用品领用申请单的过程中，如果发现不合规定的情况，应及时与相关员工沟通确认。 **工作标准** ☆质量标准：行政部对办公用品领用申请单进行严格审查，确认无误。 ☆效率标准：行政部需在员工提交领用申请单后的____日内完成审批。 **考核指标** ☆审查及时率。$审查及时率=\frac{期限内审查的领用申请数}{领用申请总数}\times 100\%$ ☆审查出错率。$审查出错率=\frac{正确审查的领用申请数}{领用申请总数}\times 100\%$
办公用品领用	**执行程序** ☆办公用品领用申请单审批通过后，行政部向申请员工下发领用通知，员工自行前往行政部领用办公用品。 ☆行政部按照审批通过的办公用品领用申请单向员工发放办公用品，要仔细确认领用人、领取项目和领取数量。 **工作重点** 员工在领用办公用品的过程中，员工需确认物品完好。 **工作标准** ☆质量标准：按审批后的领用申请单发放办公用品，不存在少发或多发的情况。 ☆参照标准：行政部发放办公用品按照办公用品管理制度的相关规定执行。 **考核指标** ☆办公用品发放及时率。$办公用品发放及时率=\frac{期限内发放的办公用品数}{发放办公用品总数}\times 100\%$ ☆办公用品发放准确率。$办公用品发放准确率=\frac{正确发放的办公用品数}{发放办公用品总数}\times 100\%$
领用登记与记录存档	**执行程序** 1. 登记领用信息 ☆行政部在发放办公用品后，需详细登记领用信息。 ☆员工领取办公用品后，填写领用登记表并签字确认。

（续）

<table>
<tr><th>任务名称</th><th>执行程序、工作标准与考核指标</th></tr>
<tr><td rowspan="5">领用登记与记录存档</td><td>2. 相关资料归档
行政部整理办公用品领用管理过程中的文件和记录，按企业档案管理程序对相关资料进行归档。
工作重点
行政部要及时登记领用信息，并要求员工当场签字确认。</td></tr>
<tr><td>工作标准</td></tr>
<tr><td>☆内容标准：需登记实际领用的办公用品信息包括名称、数量、领用人或部门、领用时间、经办人等。
☆质量标准：领用登记信息准确无误，领用文件及记录保存完好，归档合理便于查找。</td></tr>
<tr><td>考核指标</td></tr>
<tr><td>☆登记及时率。登记及时率 $=\frac{期限内登记的领用数}{领用总数}\times 100\%$
☆登记准确率。登记准确率 $=\frac{正确登记的发放领用数}{发放领用总数}\times 100\%$</td></tr>
<tr><td colspan="2">执行规范</td></tr>
<tr><td colspan="2">“办公用品管理制度”“办公用品领用单”“办公用品领用登记表”“档案管理制度”。</td></tr>
</table>

8.8 办公设备日常管理流程设计与工作执行

8.8.1 办公设备日常管理流程设计

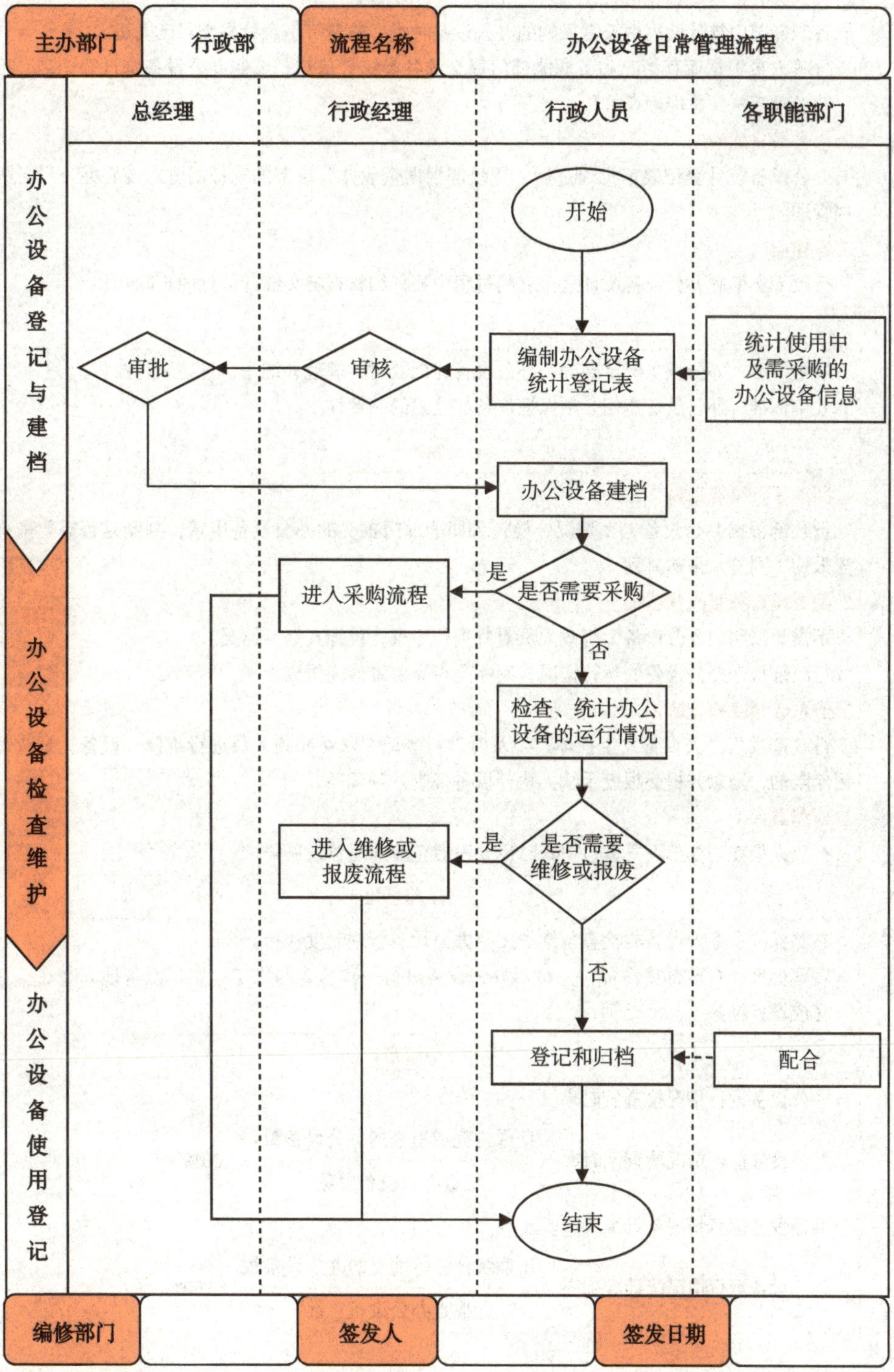

主办部门
行政部
流程名称
办公设备日常管理流程
总经理
行政经理
行政人员
各职能部门
办公设备登记与建档
办公设备检查维护
办公设备使用登记
开始
编制办公设备统计登记表
统计使用中及需采购的办公设备信息
审核
审批
办公设备建档
是否需要采购
是
进入采购流程
否
检查、统计办公设备的运行情况
是否需要维修或报废
是
进入维修或报废流程
否
登记和归档
配合
结束
编修部门
签发人
签发日期

8.8.2 办公设备日常管理执行程序、工作标准、考核指标、执行规范

<table>
<tr><th>任务名称</th><th>执行程序、工作标准与考核指标</th></tr>
<tr><td rowspan="4">办公设备登记与建档</td><td>执行程序</td></tr>
<tr><td>1. 编制办公设备统计登记表
☆各职能部门统计使用中及需采购的办公设备种类、数量等信息，提交行政人员。
☆行政人员根据库存情况和各职能部门提交的各类统计信息，编制办公设备统计登记表，提交行政经理审核、总经理审批。
2. 办公设备建档
办公设备统计登记表审批通过后，行政部根据企业办公设备的管理制度对现有办公设备进行建档管理。
工作重点
行政人员编制办公设备统计登记表的过程中要仔细核查各类统计信息的正确性 。</td></tr>
<tr><td>工作标准</td></tr>
<tr><td>☆质量标准：办公设备统计准确，办公设备建档及时、规范、统一，且易于查找。
☆效率标准：办公设备建档必须保证设备与档案的一致性。</td></tr>
<tr><td rowspan="6">办公设备检查维护</td><td>执行程序</td></tr>
<tr><td>1. 判断是否需要采购
行政部根据办公设备档案情况，检查各职能部门提交的办公设备申请，判断是否需要采购。如需采购，则进入采购流程。
2. 判断是否需要维护或报废
☆不需要采购的办公设备，行政人员对其进行检查，统计其运行情况。
☆行政部根据办公设备的运行情况，判断是否需要维修或报废。
3. 进入维修或报废流程
行政部发现办公设备发生损坏，须及时进行登记并联系相关人员进行维修；设备达到或超出使用年限的，记录并提交报废手续，执行设备报废处理程序。
工作重点
行政人员在对办公设备进行检查时也要考虑企业的运营发展需求。</td></tr>
<tr><td>工作标准</td></tr>
<tr><td>☆参照标准：办公设备的检查与维护按照办公设备管理制度执行。
☆效率标准：行政部需每隔____日对办公设备进行一次检查与维护，发现设备损坏需在____日内完成设备维修。</td></tr>
<tr><td>考核指标</td></tr>
<tr><td>☆办公设备运行情况检查及时率。
$$\text{办公设备运行情况检查及时率}=\frac{\text{期限内完成检查的办公设备数}}{\text{检查办公设备总数}}\times 100\%$$
☆办公设备运行情况统计准确率。
$$\text{办公设备运行情况统计准确率}=\frac{\text{正确统计运行情况的办公设备数}}{\text{检查办公设备总数}}\times 100\%$$</td></tr>
</table>

（续）

<table>
<tr><th>任务名称</th><th>执行程序、工作标准与考核指标</th></tr>
<tr><td rowspan="7">办公设备使用登记</td><td>执行程序</td></tr>
<tr><td>登记和归档
行政部根据办公设备的统计情况和运行情况，对办公设备的使用者、使用情况等信息进行登记，并将相应记录和资料归档保存。
工作重点
行政部要将各类登记表及申请表进行编号、归档。</td></tr>
<tr><td>工作标准</td></tr>
<tr><td>☆质量标准：办公设备使用登记记录完整，档案保存无损，易于查找。
☆数量标准：使用办公设备必须有相应记录。</td></tr>
<tr><td>考核指标</td></tr>
<tr><td>☆使用登记及时率。使用登记及时率 $=\frac{\text{期限内完成登记的使用数}}{\text{设备使用总数}}\times 100\%$
☆登记记录归档及时率。登记记录归档及时率 $=\frac{\text{期限内归档的记录文件数}}{\text{归档记录文件总数}}\times 100\%$</td></tr>
<tr><td></td></tr>
<tr><td colspan="2">执行规范</td></tr>
<tr><td colspan="2">“办公设备统计表”“办公设备统计登记表”“办公设备管理制度”“档案管理制度”“办公设备采购申请表”“办公设备维修申请表”“办公设备报废申请表”“档案管理制度”。</td></tr>
</table>

8.9 办公设备采购管理流程设计与工作执行

8.9.1 办公设备采购管理流程设计

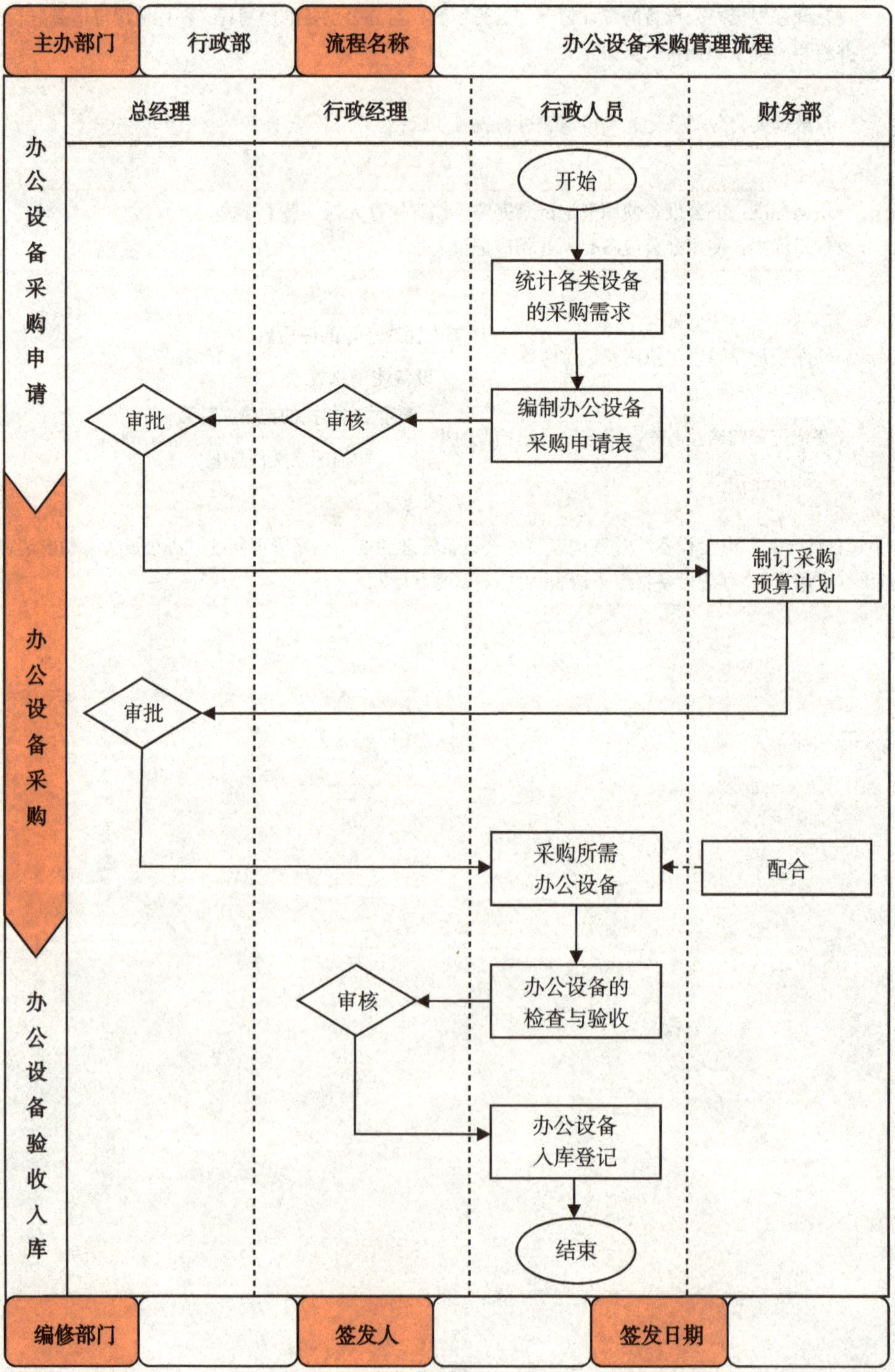

主办部门
行政部
流程名称
办公设备采购管理流程
总经理
行政经理
行政人员
财务部
办公设备采购申请
办公设备采购
办公设备验收入库
开始
统计各类设备的采购需求
编制办公设备采购申请表
审核
审批
制订采购预算计划
审批
采购所需办公设备
配合
办公设备的检查与验收
审核
办公设备入库登记
结束
编修部门
签发人
签发日期

8.9.2 办公设备采购管理执行程序、工作标准、考核指标、执行规范

<table>
<tr><th>任务名称</th><th>执行程序、工作标准与考核指标</th></tr>
<tr><td rowspan="6">办公设备采购申请</td><td>执行程序</td></tr>
<tr><td>☆行政人员负责汇总、整理各职能部门提交的办公设备采购申请，统计各类设备的采购需求。
☆行政人员依据统计的各类设备采购需求，编制办公设备采购申请表，提交行政经理审核、总经理审批。
工作重点
各职能部门提交办公设备采购申请时，行政人员应进行审核，发现问题及时沟通解决。</td></tr>
<tr><td>工作标准</td></tr>
<tr><td>☆质量标准：采购申请表编制规范，审核符合程序。
☆效率标准：行政部需在收到办公设备采购申请的____日内完成审核工作。</td></tr>
<tr><td>考核指标</td></tr>
<tr><td>☆申请表编制及时率。$申请表编制及时率=\frac{期限内编制的申请表数}{申请表总数}\times 100\%$
☆申请表编制准确率。$申请表编制准确率=\frac{正确编制的申请表数}{申请表总数}\times 100\%$</td></tr>
<tr><td rowspan="6">办公设备采购</td><td>执行程序</td></tr>
<tr><td>☆办公设备采购申请表审批通过后，财务部对采购项目进行核准，计算采购费用，制订采购预算计划，提交总经理审批。
☆采购预算计划审批通过后，行政部下达办公设备采购任务，安排相关采购人员在规定时间内完成采购。
工作重点
采购人员必须秉公办事，不得在采购办公设备的过程中收受回扣，如有违反，企业需严肃处理。</td></tr>
<tr><td>工作标准</td></tr>
<tr><td>☆质量标准：采购人员采购设备型号无误，质量符合企业要求。
☆参照标准：采购人员按照企业内部采购管理制度、办公设备采购需求表和办公设备预算表执行。</td></tr>
<tr><td>考核指标</td></tr>
<tr><td>☆采购及时率。$采购及时率=\frac{期限内完成的采购任务数}{采购任务总数}\times 100\%$
☆采购按时完成率。$采购按时完成率=\frac{按时完成的采购任务数}{采购任务总数}\times 100\%$</td></tr>
<tr><td rowspan="2">办公设备验收入库</td><td>执行程序</td></tr>
<tr><td>1. 办公设备的检查与验收
☆行政人员要认真检查所采购的办公设备。
☆行政人员对检查合格的办公设备进行验收，验收结果报行政经理审核。</td></tr>
</table>

（续）

<table>
<tr><th>任务名称</th><th>执行程序、工作标准与考核指标</th></tr>
<tr><td rowspan="6">办公设备验收入库</td><td>2. 办公设备入库登记
验收审核通过后，行政人员核对办公设备的验收统计数据，检查设备的实际采购情况，填写办公设备入库清单，登记办公设备入库信息，办理设备入库手续。
工作重点
在检查办公设备时，最好有两名以上员工同时在场。</td></tr>
<tr><td>工作标准</td></tr>
<tr><td>☆质量标准：行政人员在检查、验收时要细心、细致，能及时发现采购的办公设备存在的问题。
☆内容标准：在进行办公设备的检查、验收工作时，行政人员还要仔细检查办公设备的型号、功能完好程度与生产日期等。</td></tr>
<tr><td>考核指标</td></tr>
<tr><td>☆验收及时率。验收及时率 = $\frac{\text{期限内验收的办公设备数}}{\text{采购办公设备总数}} \times 100\%$
☆入库登记准确、无差错。</td></tr>
<tr><td></td></tr>
<tr><th colspan="2">执行规范</th></tr>
<tr><td colspan="2">“企业内部采购管理制度”“办公设备采购需求表”“办公设备采购申请表”“办公设备预算表”“办公设备验收报告”“办公设备入库清单”。</td></tr>
</table>

8.10 办公设备维修管理流程设计与工作执行

8.10.1 办公设备维修管理流程设计

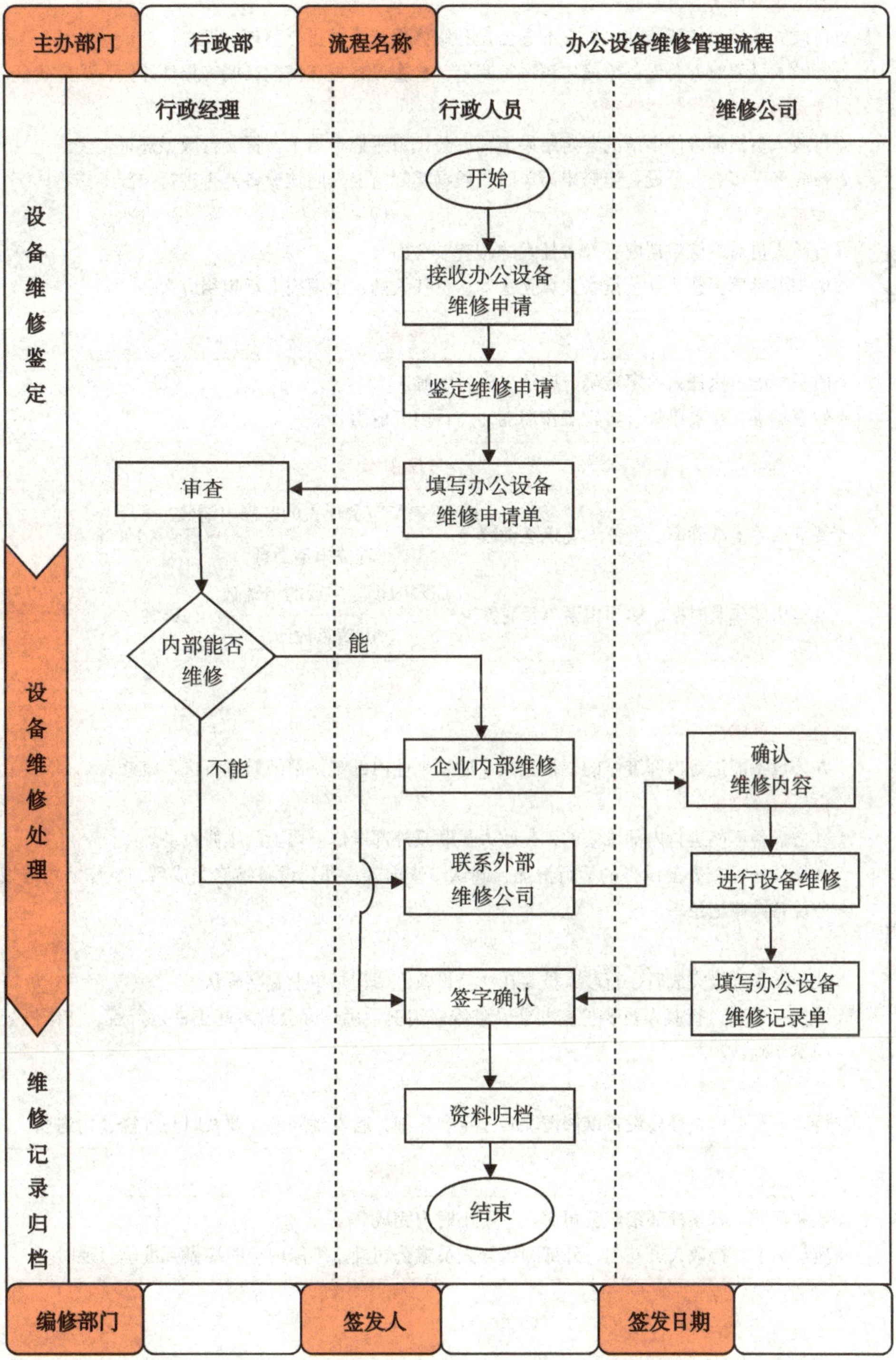

主办部门
行政部
流程名称
办公设备维修管理流程
行政经理
行政人员
维修公司
设备维修鉴定
设备维修处理
维修记录归档
开始
接收办公设备维修申请
鉴定维修申请
填写办公设备维修申请单
审查
内部能否维修
能
不能
企业内部维修
联系外部维修公司
确认维修内容
进行设备维修
填写办公设备维修记录单
签字确认
资料归档
结束
编修部门
签发人
签发日期

8.10.2 办公设备维修管理执行程序、工作标准、考核指标、执行规范

任务名称	执行程序、工作标准与考核指标
设备维修鉴定	**执行程序** **1. 鉴定维修申请** ☆行政人员接收各职能部门提交的办公设备维修申请，并进行整理、汇总。 ☆行政人员要对办公设备维修申请进行鉴定，检查设备损坏情况，明确损坏原因，确定责任人。 **2. 填写办公设备维修申请单** ☆行政人员根据维修申请的鉴定结果填写办公设备维修申请单，提交行政经理审查。 ☆行政经理审查办公设备维修申请单时，根据实际情况判断该设备能否进行内部维修。 **工作重点** ☆行政人员对维修申请内容及责任人的调查要全面。 ☆由于各种原因造成办公设备损坏无法确认责任人的，由领用人承担相应责任。 **工作标准** ☆质量标准：责任人鉴定准确，申请单内容明确。 ☆效率标准：设备维修、鉴定工作需在____日内完成。 **考核指标** ☆责任人鉴定准确率。责任人鉴定准确率 = $\frac{\text{正确鉴定责任人的维修申请数}}{\text{维修申请总数}} \times 100\%$ ☆填写申请单及时率。填写申请单及时率 = $\frac{\text{期限内填写完成的申请数}}{\text{申请总数}} \times 100\%$
设备维修处理	**执行程序** **1. 企业内部维修** 办公设备能进行内部维修的，行政人员通知企业内部维修部门对设备进行维修。 **2. 进行设备维修** ☆办公设备不能进行内部维修的，行政人员联系外部维修公司上门维修设备。 ☆维修公司检查办公设备的运行情况，确认维修内容。办公设备维修完成后，维修公司需填写办公设备维修记录单。 **3. 签字确认** ☆办公设备维修完成后，行政人员要在办公设备维修记录单上签字确认。 ☆维修完成后，行政人员要检查办公设备维修情况，确认办公设备能正常运行后，与维修公司共同签字确认。 **工作重点** 行政人员在检查办公设备维修情况时一定要仔细，若发现问题，要及时与维修公司沟通。 **工作标准** ☆效率标准：联系外部维修公司需在____小时内完成。 ☆质量标准：行政人员与内、外部的维修人员或公司确认维修内容时应做到准确、及时。

（续）

任务名称	执行程序、工作标准与考核指标
维修记录归档	**执行程序** ☆行政人员整理维修管理工作的资料，回顾办公设备维修管理过程，总结经验教训。 ☆行政人员将相应的维修资料进行归档。 **工作重点** 设备维修资料要按照一定的逻辑进行归档，以便于后期查找。 **工作标准** ☆效率标准：设备维修资料的归档工作需在设备维修完成后的____日内完成。 ☆质量标准：在填写设备维修记录单时，行政人员需将维修、检查时间、维修人、检查人等信息填写准确，确保无差错。 **考核指标** ☆记录单填写及时率。记录单填写及时率 = $\frac{\text{期限内完成填写的记录单总数}}{\text{记录单总数}}\times 100\%$ ☆记录单填写准确率。记录单填写准确率 = $\frac{\text{正确填写的记录单总数}}{\text{记录单总数}}\times 100\%$
执行规范	
“办公设备维修申请表”“办公设备维修管理制度”“办公设备维修记录单”“档案管理制度”。	

8.11 办公设备报废管理流程设计与工作执行

8.11.1 办公设备报废管理流程设计

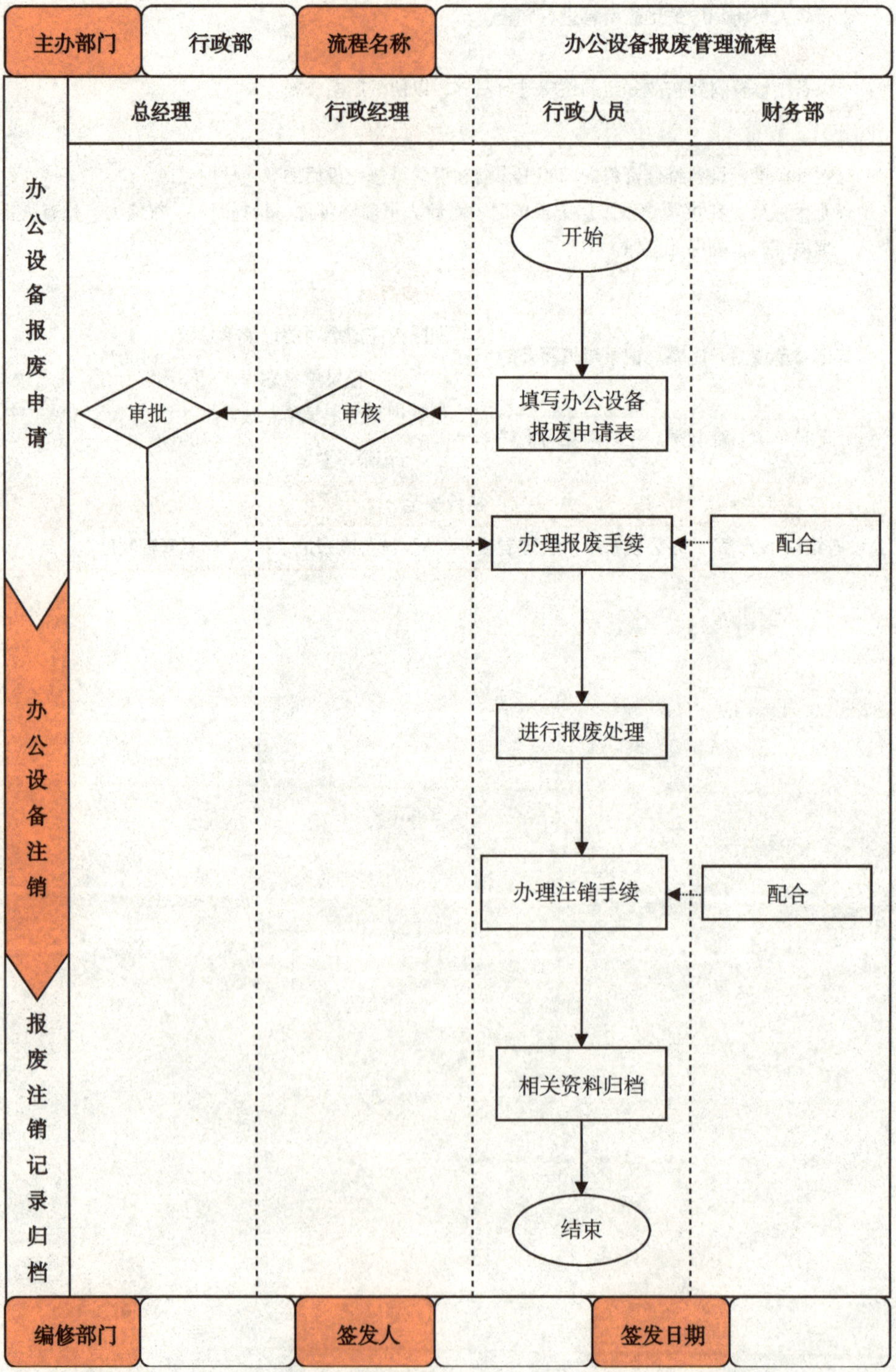
主办部门
行政部
流程名称
办公设备报废管理流程
总经理
行政经理
行政人员
财务部
办公设备报废申请
办公设备注销
报废注销记录归档
开始
填写办公设备报废申请表
审核
审批
办理报废手续
配合
进行报废处理
办理注销手续
配合
相关资料归档
结束
编修部门
签发人
签发日期

8.11.2 办公设备报废管理执行程序、工作标准、考核指标、执行规范

任务名称	执行程序、工作标准与考核指标
办公设备报废申请	**执行程序**
	1. 填写设备报废申请表 ☆行政人员收集各职能部门提交的办公设备报废申请，整理、确认后填写办公设备报废申请表，提交行政经理审核、总经理审批。 ☆行政人员根据办公设备的实际情况核查报废申请的真实性与合规性。 **2. 办理报废手续** ☆办公设备报废申请表审批通过后，行政人员按申请表和审批意见办理办公设备报废手续。 ☆财务部配合行政部办理办公设备报废手续。 **工作重点** 行政人员需要掌握办公设备报废相关的流程及规范，企业各职能部门有疑问时能够及时为其解答。
	工作标准
	☆质量标准：申请单所列事项内容真实、完整，报废手续符合企业规范。 ☆效率标准：行政人员需在____日内完成办公设备报废申请和报废手续的办理。
	考核指标
	☆申请单内容准确率。申请单内容准确率 = $\frac{\text{正确填写的申请单项目数}}{\text{申请单项目总数}} \times 100\%$ ☆报废手续规范性。
办公设备注销	**执行程序**
	1. 进行报废处理 行政人员根据办公设备报废管理制度，对相应的设备进行报废处理。 **2. 办理设备注销手续** ☆办公设备报废处理完成后，行政人员要为已报废的设备办理注销手续。 ☆财务部配合行政人员办理办公设备注销手续。 **工作重点** 办公设备一旦进行报废处理，要立即办理注销手续 。
	工作标准
	☆质量标准：注销手续完整、准确，无错办或漏办情况。 ☆参照标准：行政人员按照办公设备报废管理制度和办公设备管理制度执行。
	考核指标
	☆注销手续办理及时率。注销手续办理及时率 = $\frac{\text{期限内办理完成的注销手续数}}{\text{注销手续总数}} \times 100\%$ ☆注销手续准确率。注销手续准确率 = $\frac{\text{正确办理的注销手续项目数}}{\text{注销手续项目总数}} \times 100\%$

（续）

<table>
<tr><th>任务名称</th><th>执行程序、工作标准与考核指标</th></tr>
<tr><td rowspan="4">报废注销记录归档</td><td>执行程序</td></tr>
<tr><td>相关资料归档
☆行政人员要检查办公设备在报废、注销过程中所需手续和填写资料的完整性和规范性。
☆行政人员要确保报废、注销流程无误，将相关的设备资料进行归档。
工作重点
行政人员要仔细核对设备报废过程中的手续和资料。</td></tr>
<tr><td>工作标准</td></tr>
<tr><td>☆效率标准：报废、注销与记录归档需在____日内完成。
☆质量标准：办公设备报废、注销的各项记录完整，无缺失。</td></tr>
<tr><td colspan="2">执行规范</td></tr>
<tr><td colspan="2">“办公设备报废申请表”“企业内部审批制度”“办公设备注销表”“办公设备管理制度”“档案管理制度”。</td></tr>
</table>

第9章 资料与档案管理

9.1 资料与档案管理流程设计

9.1.1 流程设计的目的

资料与档案管理是企业行政办公工作的主要内容之一，对企业开展经营活动有着非常重要的影响。资料与档案管理流程设计的目的如图 8-1 所示。

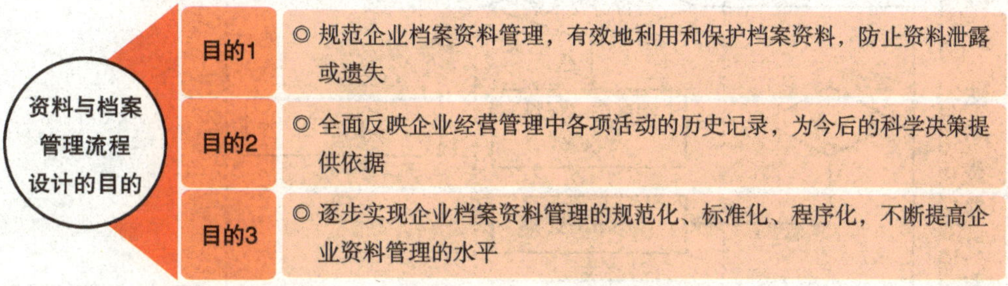

目的1	◎ 规范企业档案资料管理，有效地利用和保护档案资料，防止资料泄露或遗失
目的2	◎ 全面反映企业经营管理中各项活动的历史记录，为今后的科学决策提供依据
目的3	◎ 逐步实现企业档案资料管理的规范化、标准化、程序化，不断提高企业资料管理的水平

图 9-1　资料与档案管理流程设计的目的

9.1.2 流程结构设计

资料与档案管理流程结构可按照不同的资料类型（如图书资料、报刊、技术资料、办公文件等）来设计，同时需针对资料管理各大主要职能模块（如管理、借阅、销毁等）分别设计子流程，具体如图 9-2 所示。

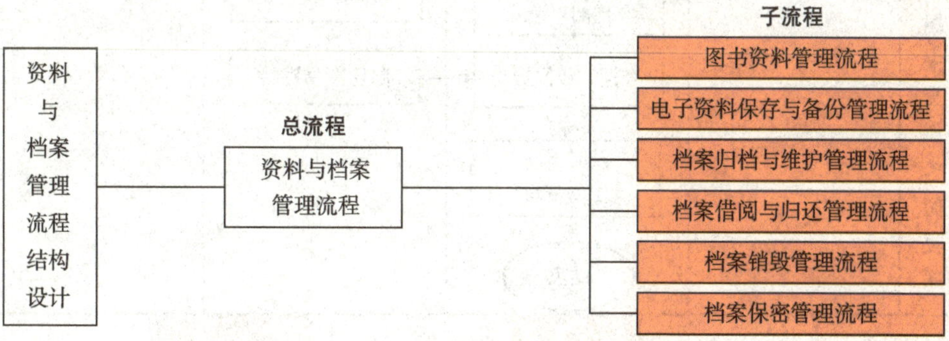

图 9-2　资料与档案管理流程结构设计

9.2 图书资料管理流程设计与工作执行

9.2.1 图书资料管理流程设计

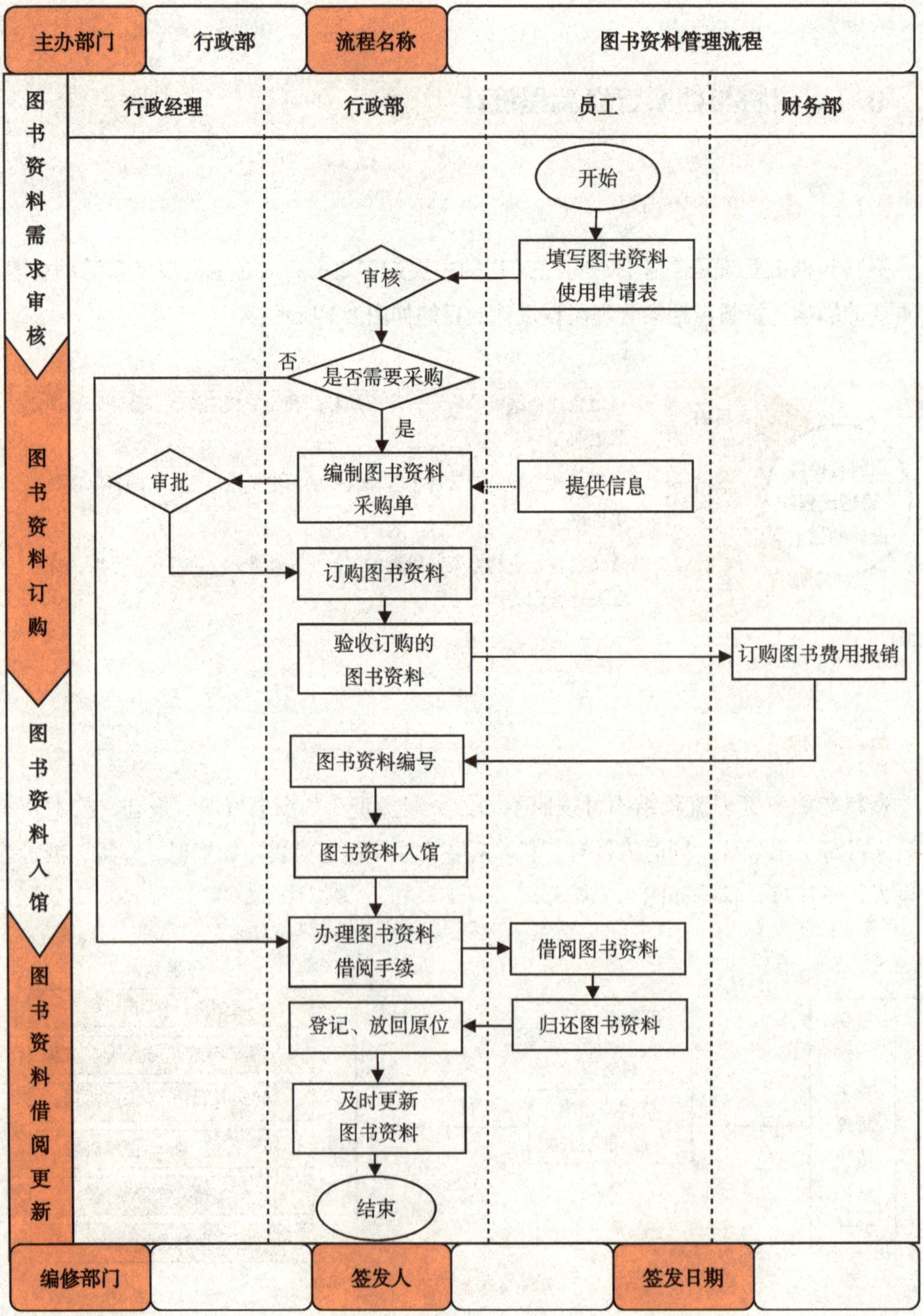

主办部门
行政部
流程名称
图书资料管理流程
行政经理
行政部
员工
财务部
图书资料需求审核
图书资料订购
图书资料入馆
图书资料借阅更新
开始
填写图书资料使用申请表
审核
是否需要采购
否
是
编制图书资料采购单
提供信息
审批
订购图书资料
验收订购的图书资料
订购图书费用报销
图书资料编号
图书资料入馆
办理图书资料借阅手续
借阅图书资料
归还图书资料
登记、放回原位
及时更新图书资料
结束
编修部门
签发人
签发日期

9.2.2 图书资料管理执行程序、工作标准、考核指标、执行规范

任务名称	执行程序、工作标准与考核指标
图书资料需求审核	**执行程序** ☆员工提出图书资料使用申请，填写图书资料使用申请表，提交行政部审核。 ☆行政部审核员工图书资料使用申请表并汇总。 ☆员工需要的图书资料不在企业图书馆收藏之中的，行政部需要进行采购；在馆的书目，行政部可为其办理图书借阅手续。 **工作重点** 图书资料使用申请表的审核内容主要包括审核图书资料目录、提出者的借阅资格及借阅原因等。 **工作标准** ☆质量标准：图书资料使用申请表的审核过程要符合规范，审核结果要准确无误。 ☆效率标准：行政部需在员工提出图书资料使用申请的____日内完成审核工作。 **考核指标** ☆审核及时率：其目标值为100%。 ☆图书资料使用申请表的审核出错次数为0。
图书资料订购	**执行程序** **1. 编制图书资料采购单** 行政部统计图书资料申请表中不在馆的书目，编制图书资料采购单，提交行政经理审批。 **2. 订购图书资料** ☆图书资料采购单审批通过后，行政部依据批示的采购单联系图书资料供应商订购图书资料。 ☆行政部要认真检查订购的图书资料的质量，核对种类和数量，确认无误后再办理验收。 ☆行政部向财务部提交图书资料采购费用单据，申请报销。 **工作重点** 行政部在订购图书时应坚守工作原则，不可损害企业利益。 **工作标准** ☆质量标准：行政部要确保所订购图书资料的名称、数量、单价等信息准确无误。 ☆内容标准：图书资料订购单的内容包括订购图书资料的名称、数量、单价等。
图书资料入馆	**执行程序** ☆行政部对验收的图书资料进行分类，按照企业内部编号制度的有关规定进行编号。 ☆行政部将编号完成的图书资料摆放在对应的馆藏位置，完成图书资料入馆。 **工作重点** 图书编号一定要按企业的相关规定进行，不可随意编号。 **工作标准** ☆质量要求：图书编号符合企业规定，图书摆放位置准确。 ☆效率要求：行政部需在图书验收后的____日内完成图书的编号及入馆工作。

（续）

<table>
<tr><th>任务名称</th><th>执行程序、工作标准与考核指标</th></tr>
<tr><td rowspan="6">图书资料借阅更新</td><td>执行程序</td></tr>
<tr><td>1. 办理图书资料借阅手续
行政部仔细检查员工的借阅资格，为员工办理借阅手续，登记员工的借阅信息。
2. 登记、放回原位
☆员工归还借阅的图书资料时，行政部要检查、核对图书资料。
☆行政部需登记图书资料归还信息，并将图书资料放回原位置。
3. 及时更新图书资料
行政部要定期收集市场上的最新图书资料，挑选符合企业需求的图书资料进行补充采购，及时更新图书馆内的资料。
工作重点
行政部根据企业实际需求不断收集、整理图书资料，及时更新图书馆的资料。</td></tr>
<tr><td>工作标准</td></tr>
<tr><td>☆内容标准：行政部登记借阅的图书资料的名称、编号、借阅时间、借阅人、经办人等信息准确无误。
☆效率标准：行政部能及时将归还的图书资料入馆，无拖延入馆的情况。</td></tr>
<tr><td>考核指标</td></tr>
<tr><td>☆图书资料更新及时率：其目标值为100%。</td></tr>
<tr><td colspan="2">执行规范</td></tr>
<tr><td colspan="2">“图书资料使用申请表”“图书资料需求目录汇总表”“图书馆收藏清单”“企业内部审批制度”“订购管理制度”“企业内部编号制度”“图书资料借阅登记表”“图书资料管理制度”“档案管理制度”。</td></tr>
</table>

9.3 电子资料保存与备份管理流程设计与工作执行

9.3.1 电子资料保存与备份管理流程设计

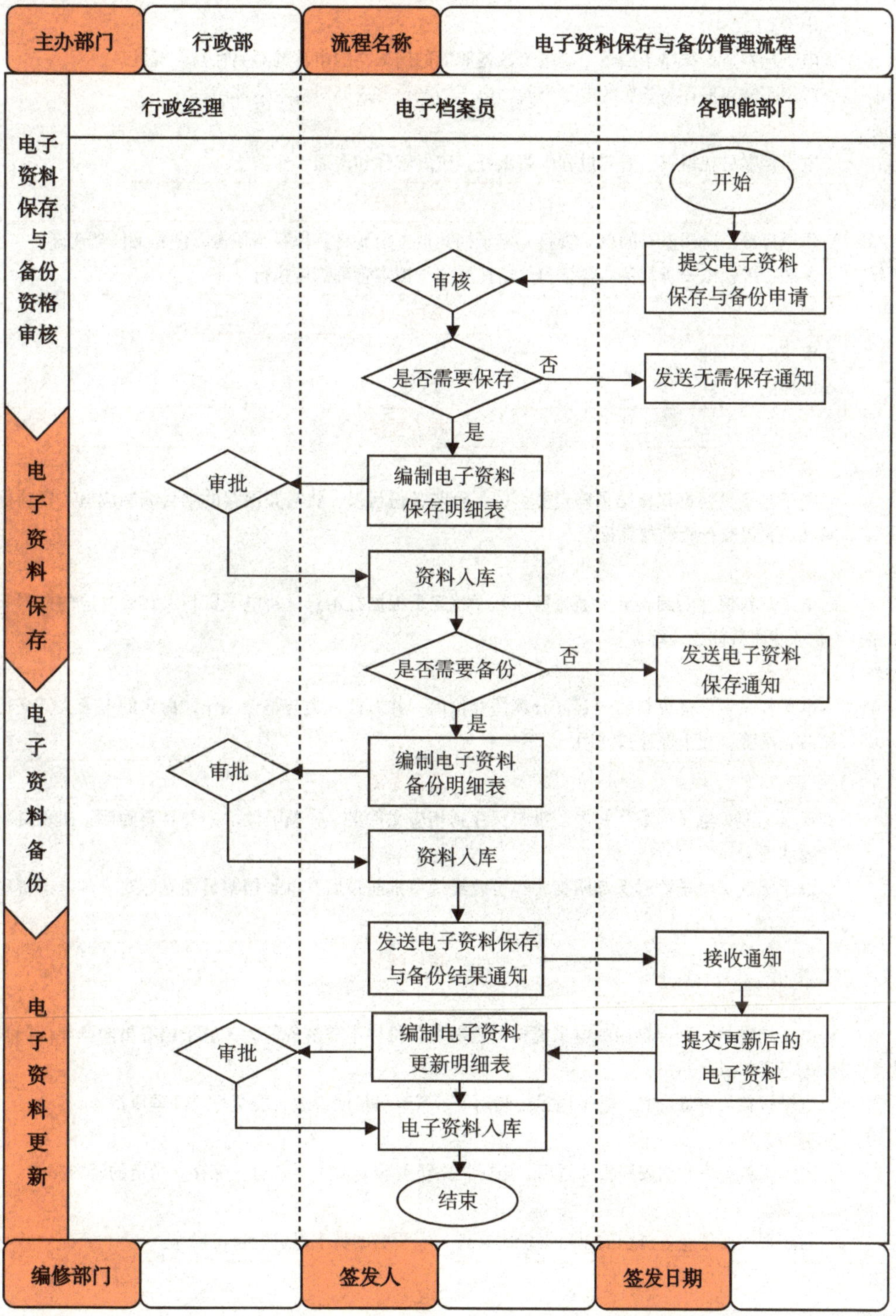

主办部门
行政部
流程名称
电子资料保存与备份管理流程
行政经理
电子档案员
各职能部门
电子资料保存与备份资格审核
电子资料保存
电子资料备份
电子资料更新
开始
提交电子资料保存与备份申请
审核
是否需要保存
否
发送无需保存通知
是
编制电子资料保存明细表
审批
资料入库
是否需要备份
否
发送电子资料保存通知
是
编制电子资料备份明细表
审批
资料入库
发送电子资料保存与备份结果通知
接收通知
提交更新后的电子资料
编制电子资料更新明细表
审批
电子资料入库
结束
编修部门
签发人
签发日期

9.3.2 电子资料保存与备份管理执行程序、工作标准、考核指标、执行规范

任务名称	执行程序、工作标准与考核指标
电子资料保存与备份资格审核	**执行程序** ☆各职能部门定期整理重要的电子资料，将重要纸质资料文件电子化，提交电子资料保存与备份申请。 ☆电子档案员根据电子档案与制度审核各职能部门提交的申请的必要性与合规性。 ☆对于不需要保存与备份的电子资料，电子档案员需通知对应申请部门。 **工作重点** 电子档案员在审核、通知过程中要做好相应的解释和沟通工作。 **工作标准** ☆质量标准：对于重要的电子资料，电子档案员一定要将其保存与备份，做到无任何遗漏。 ☆参照标准：电子资料保存与备份严格按照电子档案管理制度执行。 **考核指标** ☆审核的规范性。 ☆审核的及时性。
电子资料保存	**执行程序** **1. 编制电子资料保存明细表** 电子档案员根据审核结果确定资料的保存与备份目录，将需要保存的项目编制成电子资料保存明细表，提交行政经理审批。 **2. 资料入库** 电子资料保存明细表审批通过后，电子档案员根据批示意见将电子资料保存到对应的资料库内（企业脱机载体或云端）。 **工作重点** 电子档案员根据资料的内容区分其保存价值，并做好分类与整理工作，命名的电子文件夹标题简洁、准确，便于保管和利用。 **工作标准** ☆质量标准：电子档案员将电子资料保存到相应文件夹，完整可读取，并且要确保不出现资料泄露状况。 ☆效率标准：电子资料保存明细表经行政经理审批通过后，电子档案员能立即对表内电子资料进行保存。
电子资料备份	**执行程序** **1. 编制电子资料备份明细表** ☆电子档案员判断保存后的电子资料是否需要备份。不需要备份的，电子档案员向职能部门发送电子资料保存通知。 ☆电子资料需要备份的，电子档案员编制电子资料备份明细表，提交行政经理审批。 **2. 资料入库** 电子资料备份明细表审批通过后，电子档案员要将对应资料备份，保存到指定的资料库内。 **工作重点** 对于那些属于企业机密的不可备份的文件，电子档案员不得进行备份操作。

（续）

<table>
<tr><th>任务名称</th><th>执行程序、工作标准与考核指标</th></tr>
<tr><td rowspan="2">电子资料备份</td><td>工作标准</td></tr>
<tr><td>☆质量标准：电子档案员按企业规定的电子资料备份流程进行备份，手续正确，备份无误。
☆参照标准：电子档案员备份文件时参照备份明细表进行操作。</td></tr>
<tr><td rowspan="4">电子资料更新</td><td>执行程序</td></tr>
<tr><td>1. 发送电子资料保存与备份结果通知
电子档案员根据保存与备份的情况，填写电子资料保存与备份结果通知单，并发送至各职能部门。
2. 编制电子资料更新明细表
☆各职能部门根据电子资料的更新情况，定期向电子档案员提交更新后的电子资料。
☆电子档案员编制电子资料更新明细表，提交行政经理审批。
3. 电子资料入库
更新明细表审批通过后，电子档案员将新的电子资料入库。
工作重点
更新电子资料时，电子档案员需要询问相关部门历史版本的电子资料是否需要备份。</td></tr>
<tr><td>工作标准</td></tr>
<tr><td>☆质量标准：电子档案员对电子资料的更新操作准确无误，资料库内其他资料保存完好。
☆效率标准：电子档案员在更新明细表审批通过后需立即对电子资料进行更新。</td></tr>
<tr><td colspan="2">执行规范</td></tr>
<tr><td colspan="2">“电子资料管理制度”“档案管理制度”“电子资料保存和备份确认单”“电子资料保存明细表”“电子资料保存与备份通知”。</td></tr>
</table>

9.4 档案归档与维护管理流程设计与工作执行

9.4.1 档案归档与维护管理流程设计

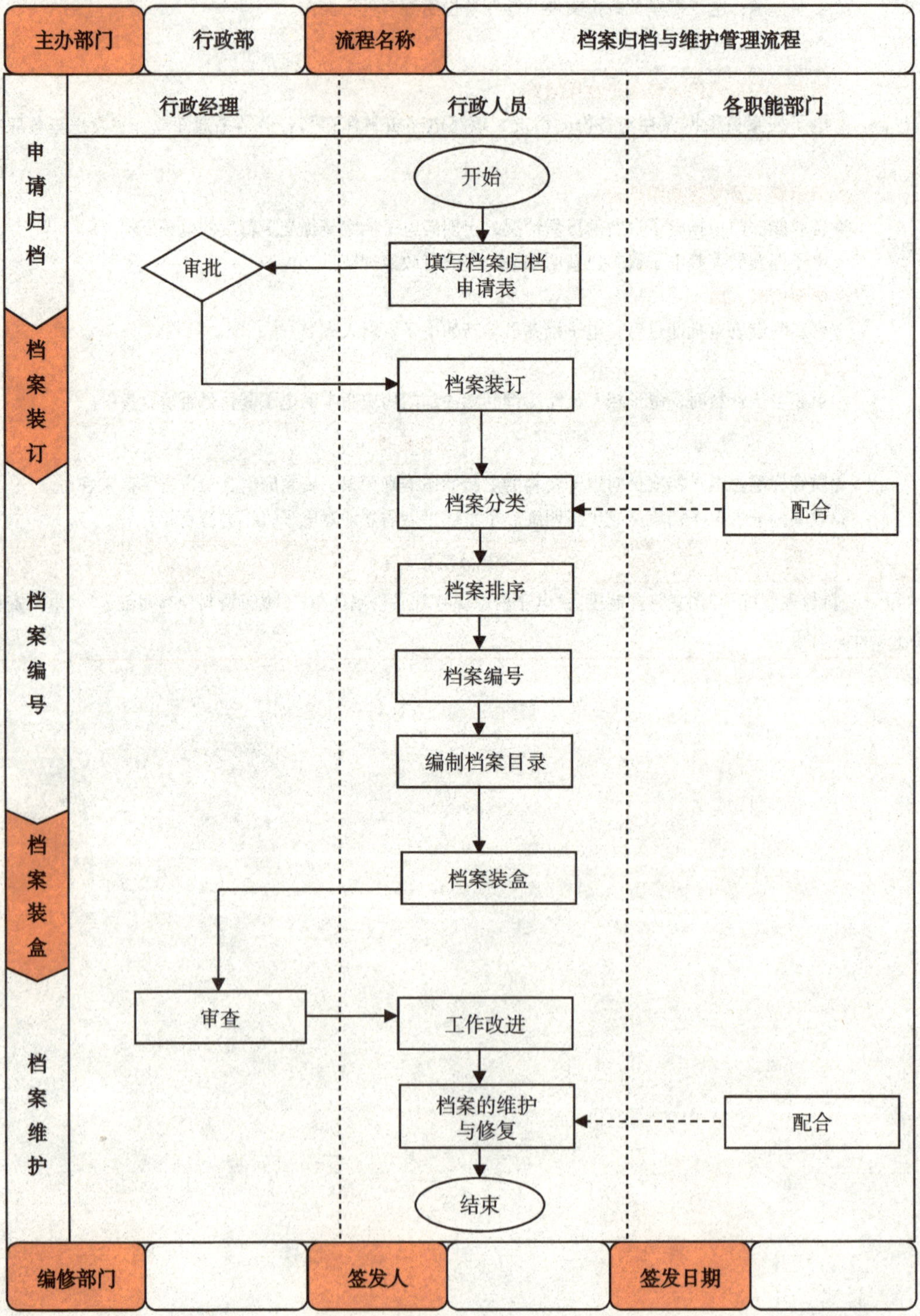
主办部门
行政部
流程名称
档案归档与维护管理流程
行政经理
行政人员
各职能部门
申请归档
档案装订
档案编号
档案装盒
档案维护
开始
填写档案归档申请表
审批
档案装订
档案分类
配合
档案排序
档案编号
编制档案目录
档案装盒
审查
工作改进
档案的维护与修复
配合
结束
编修部门
签发人
签发日期

9.4.2 档案归档与维护管理执行程序、工作标准、考核指标、执行规范

任务名称	执行程序、工作标准与考核指标
申请归档	**执行程序** **填写档案归档申请表** ☆行政人员负责收集和整理各职能部门及各项管理工作中产生的档案。 ☆行政人员根据汇总的档案填写档案归档申请表，提交行政经理审批。 **工作重点** 行政人员要清楚地了解哪些类型的档案需要归档。 **工作标准** ☆效率标准：档案的收集与整理及时，无延误。 ☆质量标准：档案归档申请表的填写准确无误。
档案装订	**执行程序** **档案装订** 行政人员根据审批意见执行档案归档工作，对审批通过的归档文件按不同规格进行装订。 **工作重点** 行政人员在装订时要根据文件排版情况确定装订线，对未留装订空隙或装订线上有文字的文件，要在装订的位置增加一定宽度的纸边，对大小不一、长短不齐的文件，可采取折叠法使其规格划一。 **工作标准** ☆参照标准：行政人员装订档案要按照档案管理制度中的档案装订办法执行。 ☆质量标准：行政人员要将档案装订整齐，无大小或长短不一的情况。
档案编号	**执行程序** **1. 档案编号** 行政人员在各职能部门的配合下，将装订完成的档案按文件性质进行分类，按档案管理制度的排序方法进行排序，按分类方案和排序结果依次进行编号。 **2. 编制档案目录** 档案编号完成后，行政部需登记档案归档信息，编制档案目录，以备日后查阅和统计。 **工作重点** 行政人员在文件首页上端的空白位置加盖归档印章，并填写文件的名称、类别、编号等内容。 **工作标准** ☆质量标准：档案编号正确，无重复或错漏编号；档案分类合理，便于查找。 ☆效率标准：行政人员需在____日内完成档案编号及目录编制工作。
档案装盒	**执行程序** **档案装盒** ☆行政人员将整理好的档案按编号顺序依次装入档案盒，在档案盒封面标明信息。 ☆行政人员将档案盒存放到指定位置，并按摆放方式在盒脊或底边设置必要信息。 **工作重点** 档案盒封面应标明档案缺损、修改、补充、移出、销毁等信息。

（续）

任务名称	执行程序、工作标准与考核指标
档案装盒	**工作标准**
	☆质量标准：档案盒封面信息的填写清晰，内容准确。 ☆效率标准：档案装盒工作需在档案编号结束后的____日内完成。
档案维护	**执行程序**
	档案的维护与修复 ☆行政经理负责审查档案装盒工作，提出意见或指导建议，行政人员据此改进自己的工作。 ☆行政人员定期对档案进行维护，检查档案的储存情况，进行必要的修复工作。 **工作重点** 对于破损的档案，行政人员应及时修复、托衬、裱糊，确保档案完整。
	工作标准
	☆质量标准：档案保存整洁、干净，无灰尘积压。 ☆参照标准：档案保存按照档案管理制度和档案室管理制度执行。
	考核指标
	☆档案保存维护及时率：目标值为100%。 ☆档案破损率：目标值为0。
执行规范	
"档案鉴定表""档案登记表""档案归档申请表""档案目录""案卷备考表""档案管理制度"。	

9.5 档案借阅与归还管理流程设计与工作执行

9.5.1 档案借阅与归还管理流程设计

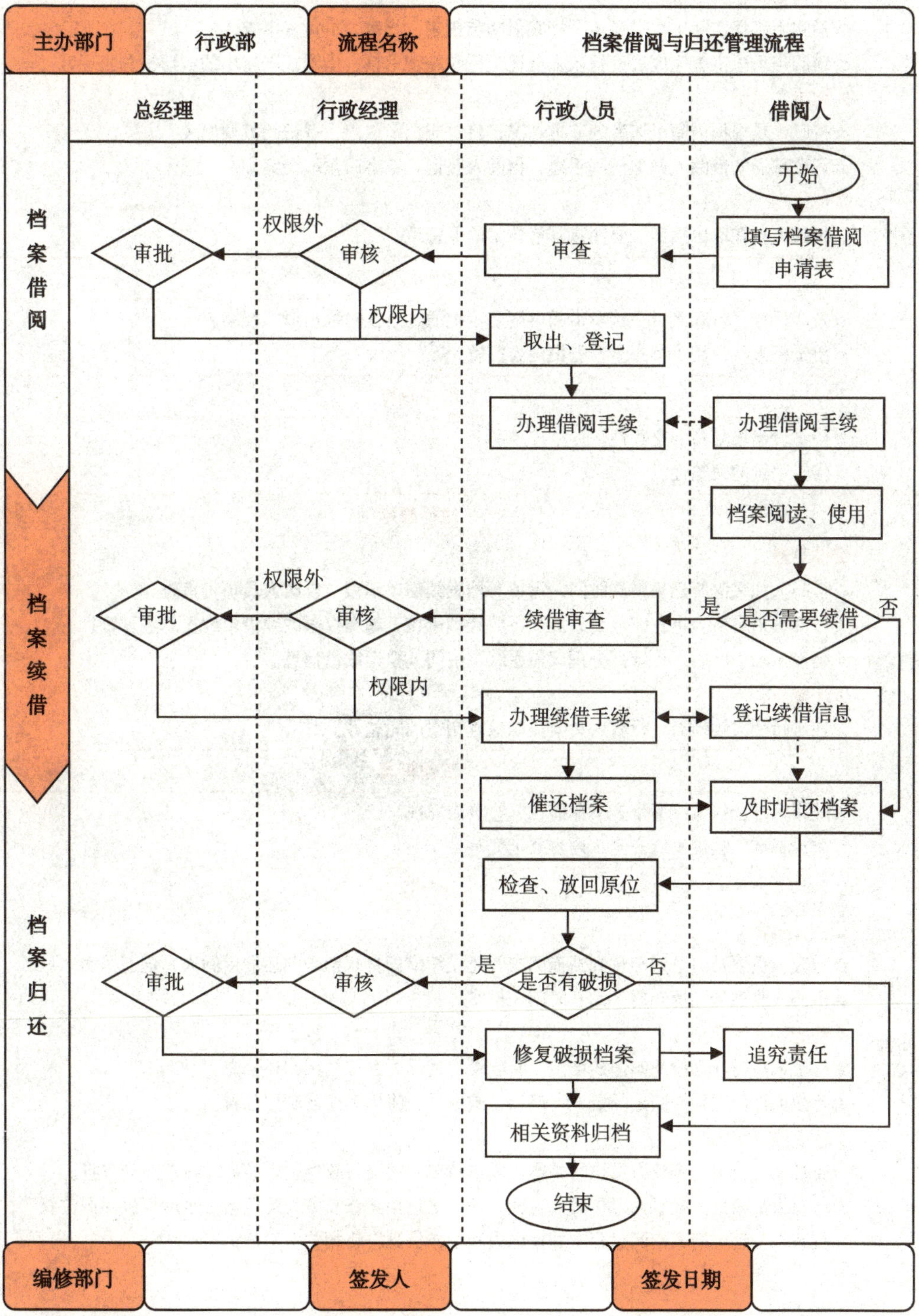

主办部门
行政部
流程名称
档案借阅与归还管理流程
总经理
行政经理
行政人员
借阅人
档案借阅
开始
填写档案借阅申请表
审查
审核
权限外
审批
权限内
取出、登记
办理借阅手续
办理借阅手续
档案阅读、使用
档案续借
是否需要续借
是
否
续借审查
审核
权限外
审批
权限内
办理续借手续
登记续借信息
催还档案
及时归还档案
档案归还
检查、放回原位
是否有破损
是
否
审核
审批
修复破损档案
追究责任
相关资料归档
结束
编修部门
签发人
签发日期

9.5.2 档案借阅与归还管理执行程序、工作标准、考核指标、执行规范

任务名称	执行程序、工作标准与考核指标
档案借阅	**执行程序** **1. 填写档案借阅申请表** ☆借阅人根据实际工作需要填写档案借阅申请表，行政人员负责审查。 ☆借阅申请表审查完成后，行政人员提交行政经理审核，借阅权限超出的申请报总经理审批。 **2. 取出、登记** ☆行政人员根据借阅申请表的审批情况，将对应档案取出，登记档案调出表。 ☆行政部通知借阅人办理借阅手续，借阅人登记、签字后领取档案。 **工作重点** 行政人员在取出档案时要注意其他档案的保密性。 **工作标准** ☆效率标准：行政人员在档案借阅申请表审批通过后及时取出借阅档案。 ☆质量标准：借阅手续齐全，登记内容完整。 **考核指标** ☆档案调出表填写的完整性。 ☆借阅手续的完整性。
档案续借	**执行程序** **续借审查** ☆借阅人如果需要延长借阅时间，需填写档案续借申请表，行政人员负责审查。 ☆档案续借申请表审查完成后，提交行政经理审核，超出权限的续借申请报总经理审批。 ☆续借申请批准后，行政部办理续借手续，借阅人登记续借信息。 **工作重点** 在进行档案续借时，行政人员要仔细核查档案的完整性。 **工作标准** ☆效率标准：档案续借审查工作需在____日内完成。 ☆质量标准：续借手续齐全，内容登记完整。
档案归还	**执行程序** **1. 催还档案** ☆行政人员须及时通知即将到期借阅未归还或续借即将到期未归还的借阅人，催还档案。 ☆借阅人收到催还通知后，须及时归还档案。 **2. 检查、放回原位** ☆行政人员需仔细检查归还的档案，验收档案情况，登记档案归还信息。 ☆行政人员仔细检查归还的档案，确认无破损后，将档案摆放到原位置。 **3. 修复破损档案** ☆若档案有破损，行政人员填写档案修复申请单，提交行政经理审核后，报总经理审批。 ☆行政人员根据审批意见对借阅人追究责任，确定档案修复方式，档案修复后再放回原位置。 ☆行政人员整理档案借阅过程中的登记表和记录信息，将相关资料归档。

（续）

任务名称	执行程序、工作标准与考核指标
档案归还	**工作重点** 行政人员须对归还的档案及时进行检查，查看有无破损。
	工作标准
	☆质量要求：各项登记和记录的信息保存完整，无缺失。 ☆参照标准：破损处理按照领导审批意见及档案管理制度中档案破损的处理办法执行。
	考核指标
	☆归还检查的及时性。 ☆修复破损档案的及时性。
执行规范	
"档案借阅申请表""企业内部审批制度""档案调出登记表""档案借阅登记表""档案管理制度""档案续借申请表""档案续借登记表""档案破损处理表"。	

9.6 档案销毁管理流程设计与工作执行

9.6.1 档案销毁管理流程设计

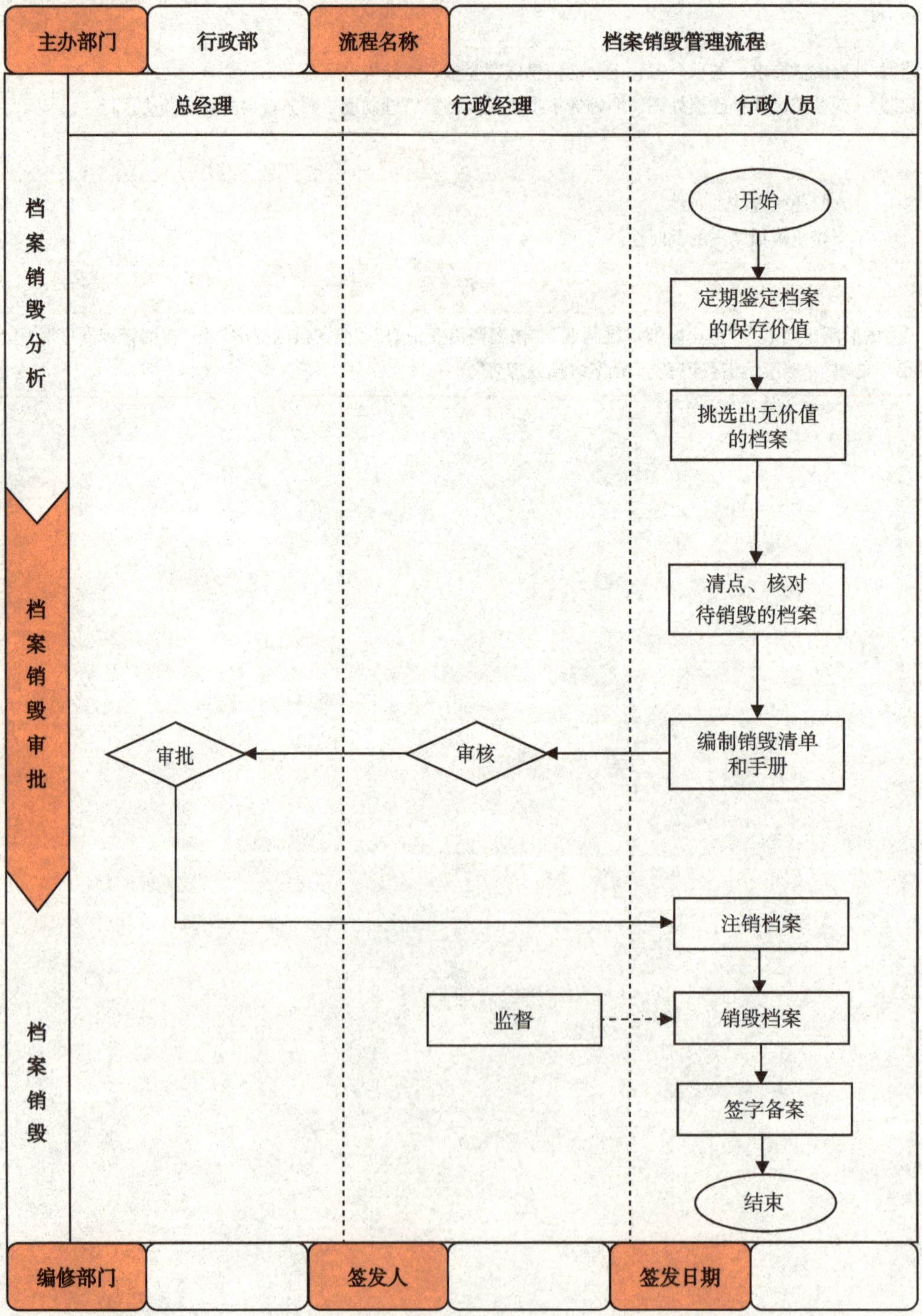
主办部门
行政部
流程名称
档案销毁管理流程
总经理
行政经理
行政人员
档案销毁分析
档案销毁审批
档案销毁
开始
定期鉴定档案的保存价值
挑选出无价值的档案
清点、核对待销毁的档案
编制销毁清单和手册
审核
审批
注销档案
监督
销毁档案
签字备案
结束
编修部门
签发人
签发日期

9.6.2 档案销毁管理执行程序、工作标准、考核指标、执行规范

任务名称	执行程序、工作标准与考核指标
档案销毁分析	**执行程序**
	定期鉴定档案的保存价值 ☆行政人员根据企业的档案管理制度定期对档案的保存价值进行鉴定。 ☆行政人员负责挑选出无价值的档案作为待销毁的档案。 **工作重点** 行政人员要掌握档案的价值评价标准。
	工作标准
	☆质量要求：行政人员对档案进行合理的价值鉴定，没有发生将有价值的档案鉴定为无价值、需销毁的档案的情况。 ☆数量标准：行政人员需每月进行____次鉴定档案价值的工作。
	考核指标
	☆档案价值鉴定合理性。 ☆档案价值鉴定及时性。
档案销毁审批	**执行程序**
	编制销毁清单和手册 ☆行政人员对挑选出来的待销毁的档案进行清点、核对，确保是无价值的档案。 ☆行政人员根据清点、核对后的待销毁档案编制销毁清单和手册，提交行政经理审核后，报总经理审批。 **工作重点** 行政人员根据需销毁档案的内容、密级，编制销毁清单和手册，包括档案的名称、编号、类别、销毁理由、形成时间、销毁方式等。
	工作标准
	☆质量标准：行政人员编制的销毁清单和手册的内容正确无误，销毁方式和档案内容匹配。 ☆效率标准：行政人员需在发现无价值档案的____日内完成编制销毁清单和手册的工作。
档案销毁	**执行程序**
	1. 注销和销毁档案 ☆销毁清单和手册审批通过后，行政人员根据档案销毁批示意见在对应登记册上注销档案。 ☆行政经理监督档案销毁工作，行政人员根据企业档案管理制度中规定的方式销毁档案。 **2. 签字备案** ☆档案销毁完成后，行政人员登记档案的销毁信息，并签字备案。 ☆行政人员将档案销毁记录和登记信息进行存档，并长期保存。 **工作重点** 在行政经理的监督下，由两名及以上的行政人员根据相关规定进行销毁。

（续）

<table>
<tr><th>任务名称</th><th>执行程序、工作标准与考核指标</th></tr>
<tr><td rowspan="4">档案销毁</td><td>工作标准</td></tr>
<tr><td>☆参照标准：档案销毁按照档案管理制度的相关规定执行。
☆质量标准：行政人员将档案销毁记录及时备案，无逾期或遗忘情况。</td></tr>
<tr><td>考核指标</td></tr>
<tr><td>☆档案注销准确率。
☆档案销毁按时完成率。</td></tr>
<tr><th colspan="2">执行规范</th></tr>
<tr><td colspan="2">“档案销毁清单”“档案销毁手册”“企业内部审批制度”“档案总登记簿”“档案销毁记录表”“档案销毁分析报告”“档案管理制度”。</td></tr>
</table>

9.7 档案保密管理流程设计与工作执行

9.7.1 档案保密管理流程设计

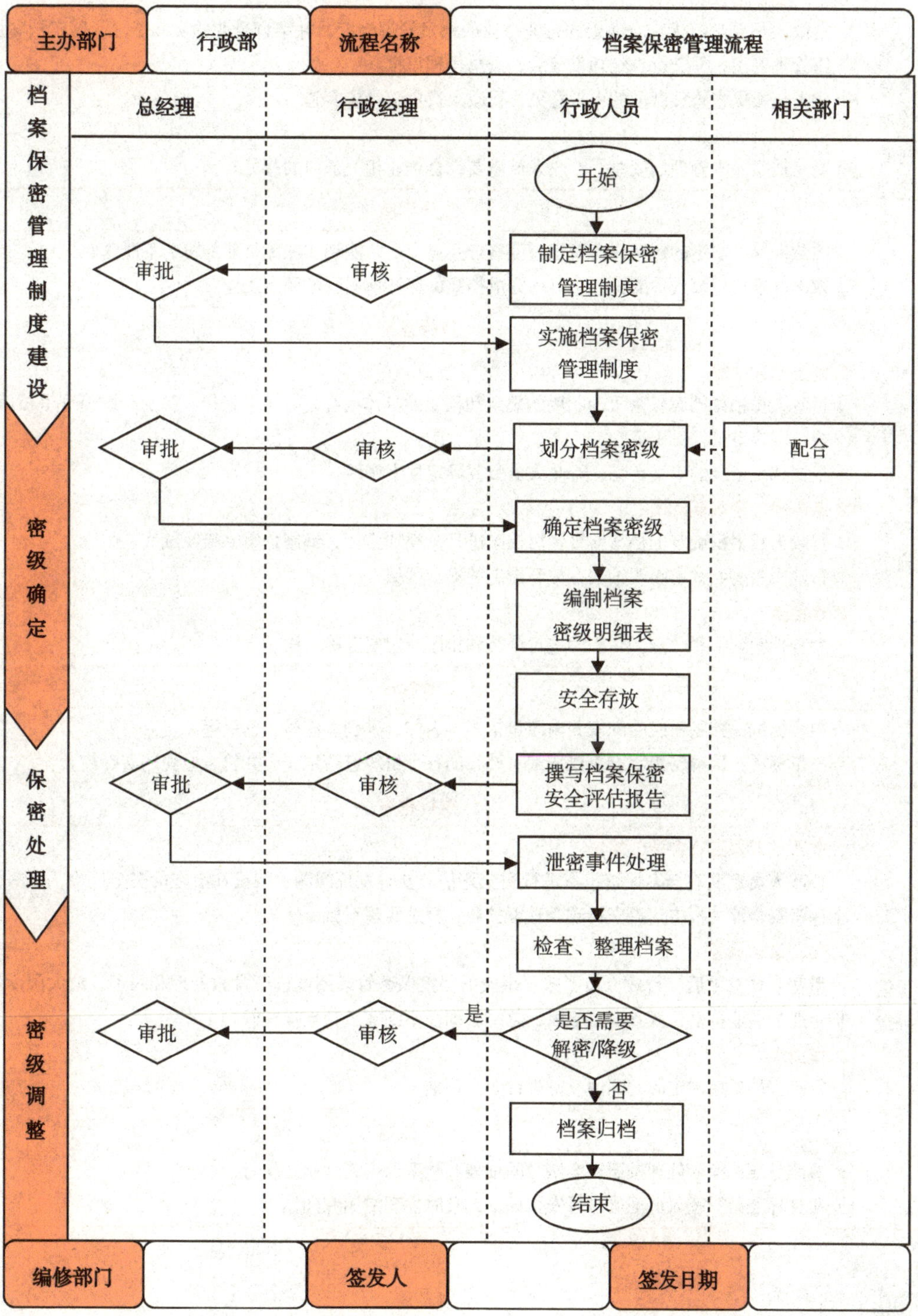
主办部门
行政部
流程名称
档案保密管理流程
档案保密管理制度建设
密级确定
保密处理
密级调整
总经理
行政经理
行政人员
相关部门
开始
制定档案保密管理制度
审核
审批
实施档案保密管理制度
划分档案密级
配合
审核
审批
确定档案密级
编制档案密级明细表
安全存放
撰写档案保密安全评估报告
审核
审批
泄密事件处理
检查、整理档案
是否需要解密/降级
是
审核
审批
否
档案归档
结束
编修部门
签发人
签发日期

9.7.2 档案保密管理执行程序、工作标准、考核指标、执行规范

<table>
<tr><th>任务名称</th><th>执行程序、工作标准与考核指标</th></tr>
<tr><td rowspan="4">档案保密管理制度建设</td><td>执行程序</td></tr>
<tr><td>制定档案保密管理制度
☆行政人员要学习优秀企业或同行业企业的档案管理制度，并结合企业的实际情况，制定档案保密管理制度，提交行政经理审核后，报总经理审批。
☆根据档案保密管理制度的审批意见，行政人员负责具体实施。
工作重点
制定档案保密管理制度时，行政人员需要结合企业相关部门的意见。</td></tr>
<tr><td>工作标准</td></tr>
<tr><td>☆质量标准：制定的档案保密管理制度符合企业实际，能切实保障企业的机密不泄露。
☆效率标准：行政人员需在____日内完成档案保密管理制度的制定工作。</td></tr>
<tr><td rowspan="4">密级确定</td><td>执行程序</td></tr>
<tr><td>1. 划分档案密级
☆行政人员根据档案保密管理制度的规定和档案的具体内容划分档案密级，提交行政经理审核后，报总经理审批。
☆根据档案密级的审批意见，行政人员负责确定档案密级。
2. 编制档案密级明细表
☆行政人员根据确定的档案密级，对档案进行分类和排序，编制档案密级明细表。
☆行政人员将档案密级明细表存放至指定的安全区域。
工作重点
划分档案密级要合理，对档案进行分类和排序一定要准确无误。</td></tr>
<tr><td>工作标准</td></tr>
<tr><td>☆内容标准：档案密级明细表的内容包括档案名称、类别、编号、密级等。
☆质量标准：档案密级明细表要详细对档案的各个密级进行定义，并符合企业的实际需要。</td></tr>
<tr><td rowspan="4">保密处理</td><td>执行程序</td></tr>
<tr><td>1. 撰写档案保密安全评估报告
行政人员定期对档案保密工作进行安全评估，及时发现问题、漏洞和潜在的安全风险，撰写档案保密安全评估报告，提交行政经理审核后，报总经理审批。
2. 泄密事件处理
泄密事件发生后，行政人员要按照企业的档案保密管理制度进行紧急处理和纠正，最大限度保护企业的商业机密，调查泄密原因，总结教训，不断改进档案保密管理工作。
工作重点
行政人员需在规定的时间内及时进行安全评估。</td></tr>
<tr><td>工作标准</td></tr>
<tr><td>☆参照标准：保密处理按照档案密级明细表和档案保密管理制度执行。
☆质量标准：行政人员准确进行安全评估，及时发现漏洞和问题。</td></tr>
</table>

（续）

任务名称	执行程序、工作标准与考核指标
保密处理	**考核指标** ☆处理及时率：目标值为100%。 ☆泄密事件处理及时，将不利影响降至最低。
密级调整	**执行程序** **1. 检查、整理档案** 行政人员定期对全部档案进行检查、整理，核对档案明细，检查档案的保存和维护情况，判断档案的价值。 **2. 档案归档** ☆行政人员负责审查、整理档案，判断档案需解密/降级的，提交行政经理后，报总经理审批。 ☆档案解密/降级审批通过后，行政人员按照审批意见将对应档案重新划分密级，将确定不需要调整密级的档案进行归档。 **工作重点** 解密/降级申请必须经总经理审批，行政人员不可未经审批直接操作。 **工作标准** ☆质量标准：行政人员审查、整理、核对档案无误，解密/降级工作符合企业相关规定并按要求完成。 ☆效率标准：解密/降级工作的全部流程需在____日内完成。
执行规范	
“档案密级明细表”“档案密级建议书”“安全评估报告”“泄密事件处理报告”“企业内部审批制度”“档案管理制度”“档案保密管理制度”。	

第10章 办公费用管理

10.1 办公费用管理流程设计

10.1.1 流程设计的目的

行政办公中的办公费用包括办公费、修理费、租赁费、物料消耗费、邮电费、水电费、总务费用、车辆费用、会务费用、报刊书籍费用、接待费、差旅费、交通费等。办公费用的支出在企业费用总支出中所占比重较大，伸缩性也较强，企业需要对其进行严格的控制。为此，企业需要设计一套科学、合理、有效的办公费用管理流程，其具体目的如图 10-1 所示。

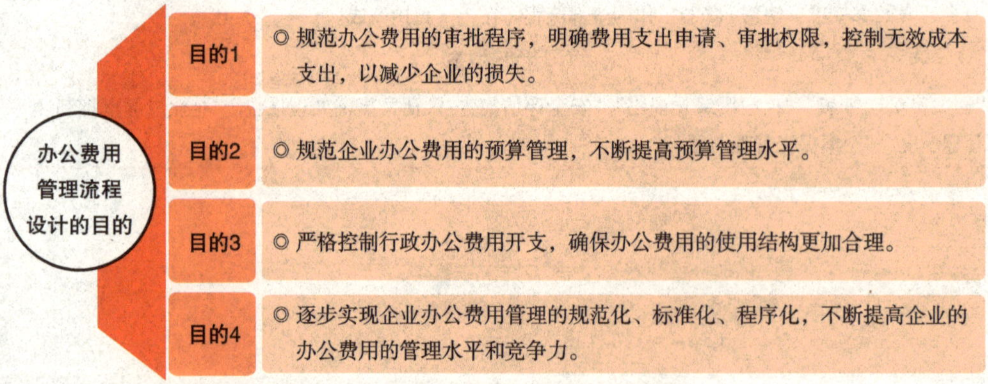

目的1	◎ 规范办公费用的审批程序，明确费用支出申请、审批权限，控制无效成本支出，以减少企业的损失。
目的2	◎ 规范企业办公费用的预算管理，不断提高预算管理水平。
目的3	◎ 严格控制行政办公费用开支，确保办公费用的使用结构更加合理。
目的4	◎ 逐步实现企业办公费用管理的规范化、标准化、程序化，不断提高企业的办公费用的管理水平和竞争力。

图 10-1　办公费用管理流程设计的目的

10.1.2 流程结构设计

办公费用管理流程结构可按总分形式设计，同时可针对主要的费用项目（接待费、差旅费等）设计专门的管理流程，以便达到控制费用的目的，具体如图 10-2 所示。

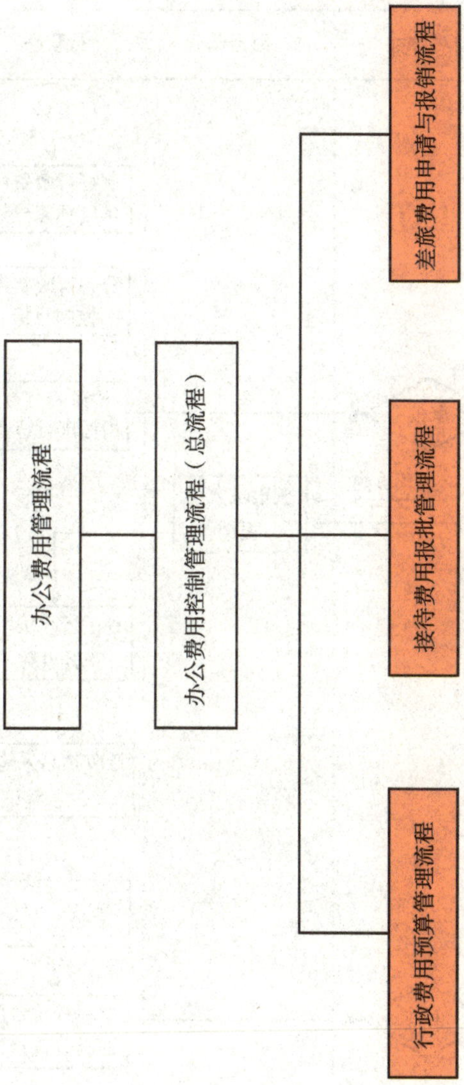
办公费用管理流程
办公费用控制管理流程（总流程）
行政费用预算管理流程
接待费用报批管理流程
差旅费用申请与报销流程
图 10-2 办公费用管理流程结构

10.2 办公费用控制管理流程设计与工作执行

10.2.1 办公费用控制管理流程设计

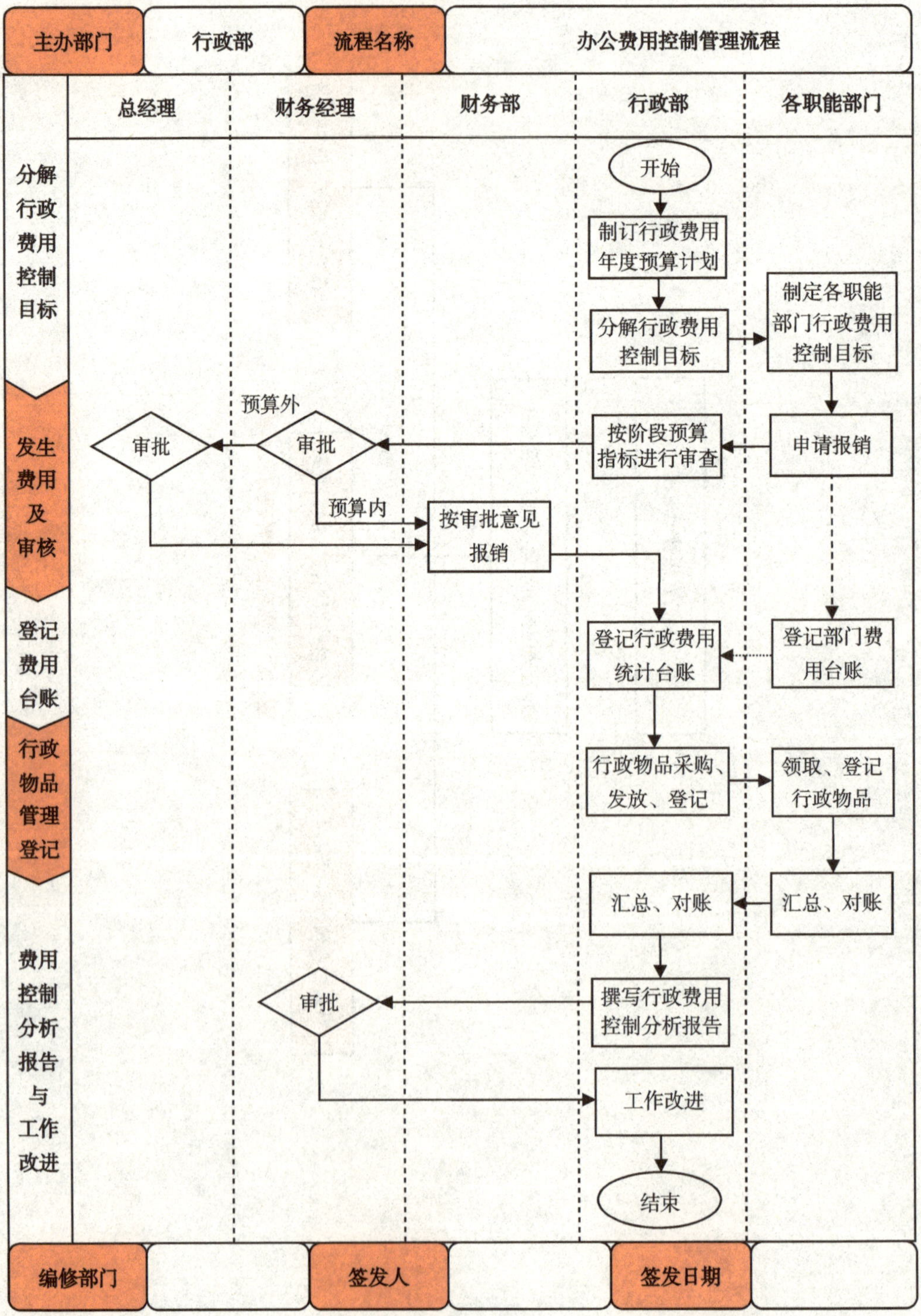
主办部门
行政部
流程名称
办公费用控制管理流程
总经理
财务经理
财务部
行政部
各职能部门
分解行政费用控制目标
发生费用及审核
登记费用台账
行政物品管理登记
费用控制分析报告与工作改进
开始
制订行政费用年度预算计划
分解行政费用控制目标
制定各职能部门行政费用控制目标
申请报销
按阶段预算指标进行审查
审批
预算外
审批
预算内
按审批意见报销
登记部门费用台账
登记行政费用统计台账
行政物品采购、发放、登记
领取、登记行政物品
汇总、对账
汇总、对账
撰写行政费用控制分析报告
审批
工作改进
结束
编修部门
签发人
签发日期

10.2.2 办公费用控制管理执行程序、工作标准、考核指标、执行规范

任务名称	执行程序、工作标准与考核指标
分解行政费用控制目标	**执行程序** **分解行政费用控制目标** ☆行政部根据企业年度费用预算计划制订行政费用年度预算计划。 ☆行政部根据企业目标和行政费用年度预算计划分解行政费用控制目标，并据此制定各职能部门的行政费用控制目标。 **工作重点** 行政部在分解各职能部门的行政费用控制目标时要注意选择科学的方法。 **工作标准** ☆质量目标：行政部制定各职能部门的行政费用控制目标合理，符合实际。 ☆参照标准：行政部根据企业年度费用预算计划进行行政费用控制目标的分解。
发生费用及审核	**执行程序** **1. 申请报销** 各职能部门要仔细整理行政费用项目，核对单据凭证信息，按要求汇总后提交行政部申请报销。 **2. 按阶段预算指标进行审查** ☆行政部负责整理各职能部门的报销申请，审查报销信息是否符合要求，按照年度费用预算计划的阶段预算指标进行审查。 ☆在阶段预算指标范围内的报销申请，行政部审查后提交财务经理审批。 ☆超出阶段预算指标范围的报销申请，财务经理签署意见后报总经理审批。 ☆行政费用报销申请审批通过后，财务部按审批意见报销。 **工作重点** 财务部经审核单据齐全，内容符合要求，金额无误后，在报销单据上签字确认并报行政部备案。 **工作标准** ☆效率标准：费用报销及时，行政部能在企业规定的报销期限内完成报销手续。 ☆质量标准：报销手续严格按照企业的相关规定执行，报销凭证真实、金额正确。 **考核指标** ☆费用报销及时性。 ☆行政部按照企业统一规定的费用审批权限和费用申请额度进行报销审查。
登记费用台账	**执行程序** **登记行政费用统计台账** ☆行政部需要建立行政费用统计台账，按照企业信息和记录要求及时进行费用登记。 ☆各职能部门需要建立部门费用台账，及时进行登记。 **工作重点** 行政费用统计台账的设计需要科学合理，方便登记，信息全面。 **工作标准** ☆质量标准：行政费用统计台账信息完整、无误。 ☆参照标准：行政费用统计台账信息登记按照信息记录管理制度执行。

（续）

任务名称	执行程序、工作标准与考核指标
登记费用台账	**考核指标**
	☆行政费用统计台账登记延误次数。 ☆行政费用统计台账登记出错次数。
行政物品管理登记	**执行程序**
	行政物品采购、发放、登记 ☆企业各职能部门所需行政物品由行政部负责统一采购、发放，并如实登记详细信息。 ☆各职能部门领取行政物品时需要按要求登记。 **工作重点** 行政部在登记时要细致、严谨。
	工作标准
	☆质量标准：行政部及时登记行政物品的采购、使用、领用的信息。 ☆效率标准：行政部需在____日内完成物品的采购、发放、登记。
费用控制分析报告与工作改进	**执行程序**
	1. 汇总、对账 ☆各职能部门需仔细整理实际行政费用开支项目，汇总数额后提交行政部进行对账。 ☆行政部负责汇总行政费用开支情况，统计账目与各职能部门提交的数额进行对账，确保账目无误。 **2. 撰写行政费用控制分析报告** ☆行政部根据汇总、对账的费用实际开支情况对比费用预算计划，撰写行政费用控制分析报告，提交财务经理审批。 ☆行政部根据费用控制分析报告和财务经理的审批意见，不断改进行政费用控制工作。 **工作重点** 行政部汇总行政费用开支数据前，要仔细对账，确保账账相符、账实相符。
	工作标准
	☆参照标准：行政费用严格按照行政预算及费用额度范围进行支出，确保无奢侈浪费现象。 ☆质量标准：费用控制分析报告内容准确，以客观事实为依据，格式符合报告编写的要求，内容完整。
	考核指标
	☆报告提交及时率。$\text{报告提交及时率}=\frac{\text{期限内提交的报告数}}{\text{报告总数}}\times 100\%$ ☆行政费用降低率。$\text{行政费用降低率}=\frac{\text{行政费用降低额}}{\text{行政费用预算额}}\times 100\%$
执行规范	
“年度行政费用开支计划”“年度行政费用分解表”“费用报销单”“费用报销管理办法”“费用申请与审批程序”“费用台账”“信息记录管理制度”“行政物品采购单”“行政物品使用登记表”“行政费用开支汇总表”“行政费用控制分析报告”。	

10.3　行政费用预算管理流程设计与工作执行

10.3.1　行政费用预算管理流程设计

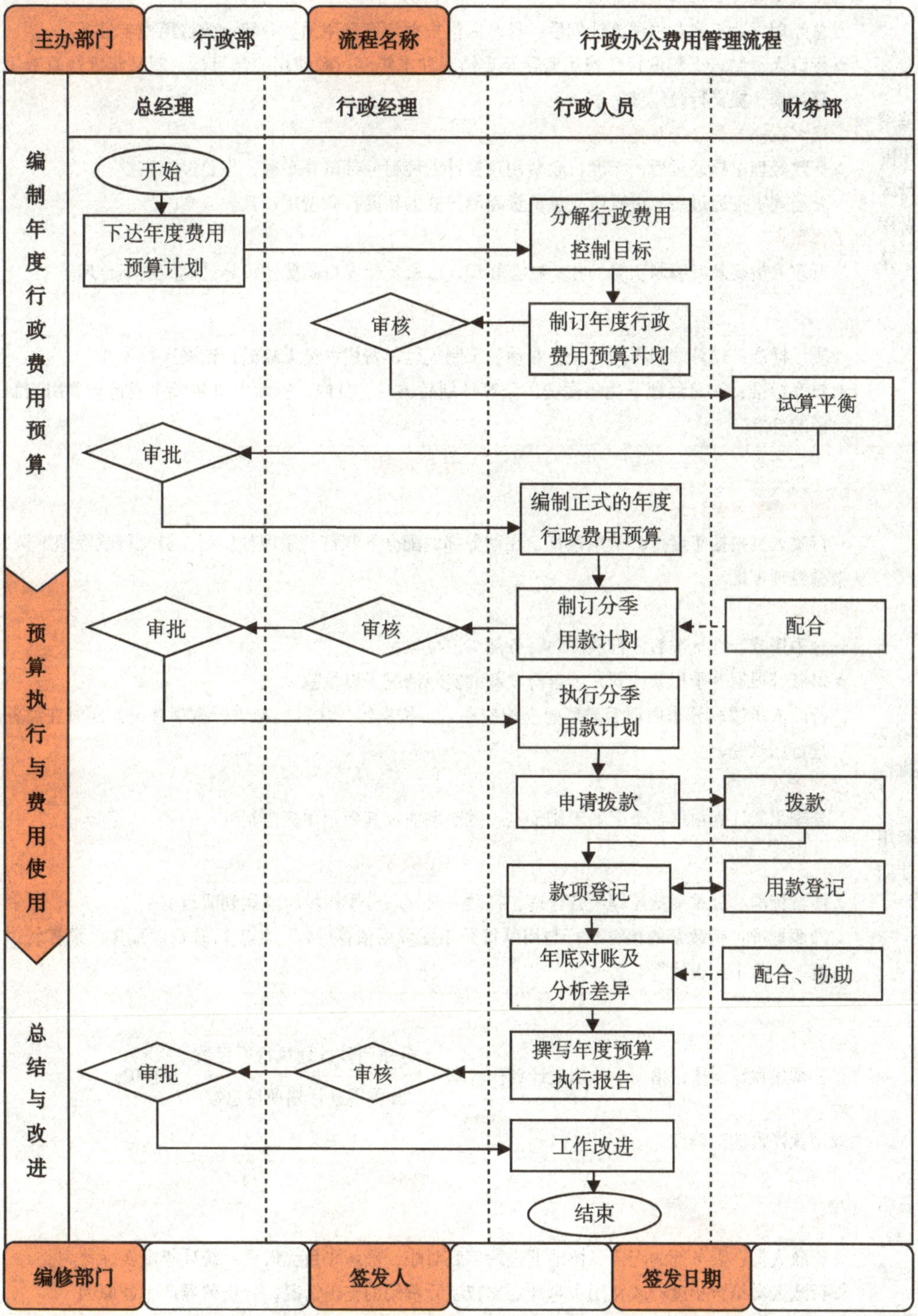

主办部门
行政部
流程名称
行政办公费用管理流程
总经理
行政经理
行政人员
财务部
编制年度行政费用预算
预算执行与费用使用
总结与改进
开始
下达年度费用预算计划
分解行政费用控制目标
审核
制订年度行政费用预算计划
试算平衡
审批
编制正式的年度行政费用预算
审批
审核
制订分季用款计划
配合
执行分季用款计划
申请拨款
拨款
款项登记
用款登记
年底对账及分析差异
配合、协助
审批
审核
撰写年度预算执行报告
工作改进
结束
编修部门
签发人
签发日期

10.3.2 行政费用预算管理执行程序、工作标准、考核指标、执行规范

任务名称	执行程序、工作标准与考核指标
编制年度行政费用预算	**执行程序** **1. 制订年度行政费用预算计划** ☆总经理下达年度费用预算计划后，行政人员根据年度费用预算分解行政费用控制目标。 ☆行政人员结合上年度行政费用实际开支情况和本年度行政费用控制目标，制订年度行政费用预算计划，提交行政经理审核。 **2. 编制正式的年度行政费用预算** ☆行政经理审核通过后，年度行政费用预算计划经财务部试算平衡，报总经理审批。 ☆总经理审批通过后，由行政人员负责编制正式的年度行政费用预算。 **工作重点** 行政人员要掌握编制预算的相关财会知识，以避免年度行政费用预算计划编制不合理。
	工作标准 ☆质量标准：预算编制程序符合企业预算编制规范，费用种类无缺漏，错漏次数为0。 ☆效率标准：在总经理下达年度费用预算计划后的____日内，行政人员需要完成行政费用控制目标的分解。
预算执行与费用使用	**执行程序** **1. 制订分季用款计划** 行政人员根据年度行政费用预算，在财务部的配合下制订分季用款计划，提交行政经理审核后，报总经理审批。 **2. 拨款** ☆分季用款计划批准后，行政部向财务部申请拨款。 ☆财务部根据分季用款计划并结合行政部的实际情况予以拨款。 ☆行政人员领取分季用款后需要建立相应账目，按发生的账目类型进行款项登记，同时在财务部进行用款登记。 **工作重点** 分季用款计划根据各季度的工作重点、重要事项及其费用预算来制订。
	工作标准 ☆质量标准：分季用款计划制订合理，行政人员领取分季用款时能做到账目清晰。 ☆参照标准：行政部的预算执行与用款按照年度费用预算计划、年度行政费用预算、预算管理制度、用款申请表执行。
	考核指标 ☆分季用款计划执行率。$分季用款计划执行率=\frac{分季用款计划执行项目数}{分季用款计划项目总数}\times 100\%$ ☆用款账目的准确性。
总结与改进	**执行程序** **1. 年底对账及分析差异** ☆行政人员在财务部的配合、协助下进行年底对账，确认账目无误后，统计年度实际费用。 ☆行政人员结合年度行政费用预算计划比较实际费用的支出情况，分析差异产生的原因。

（续）

<table>
<tr><th>任务名称</th><th>执行程序、工作标准与考核指标</th></tr>
<tr><td rowspan="5">总结与改进</td><td>2. 工作改进
☆行政人员根据年度预算计划的执行情况，结合差异分析原因，撰写年度预算执行报告，提交行政经理审核后，报总经理审批。
☆根据年度预算执行报告及领导审批意见，行政人员要不断改进预算管理工作。
工作重点
行政人员要在年度预算执行报告的基础上有针对性地制订改进计划。</td></tr>
<tr><td>工作标准</td></tr>
<tr><td>☆质量报告：行政人员积极配合，财务部年底对账能做到账目无误，总结报告切合实际。
☆效率标准：行政人员撰写年度预算执行报告需在____日内完成。</td></tr>
<tr><td>考核指标</td></tr>
<tr><td>☆年度预算执行报告及时率。
☆年度预算执行报告满意度。</td></tr>
<tr><th colspan="2">执行规范</th></tr>
<tr><td colspan="2">“年度行政费用预算计划”“年度行政费用预算”“预算编制规范”“分季用款计划”“用款申请表”“会计报表”“预算管理制度”“费用申请与审批控制程序”“费用使用登记表”“行政费用使用汇总表”“预算差异分析表”“年度预算执行报告”。</td></tr>
</table>

10.4 接待费用报批管理流程设计与工作执行

10.4.1 接待费用报批管理流程设计

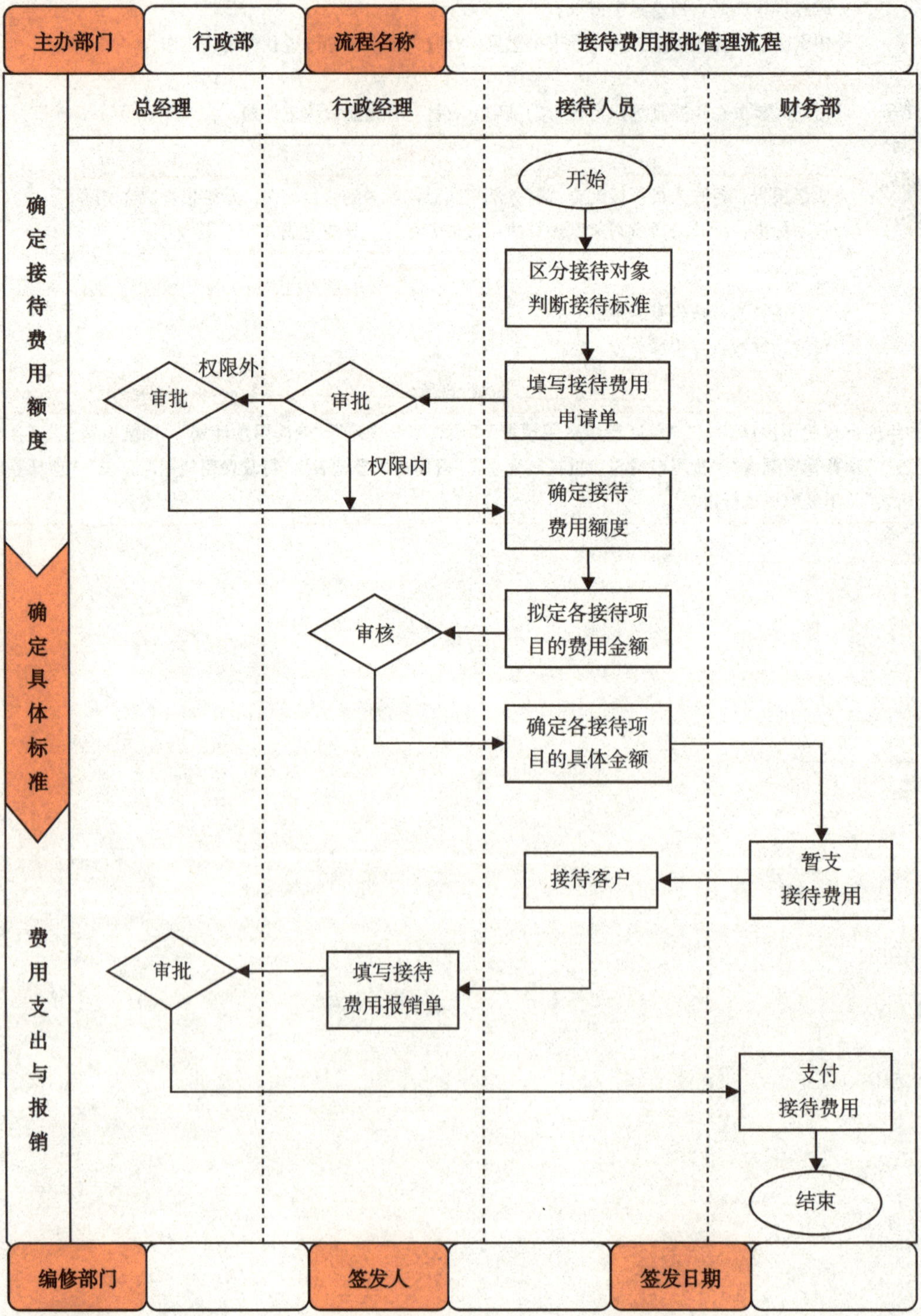
主办部门
行政部
流程名称
接待费用报批管理流程
总经理
行政经理
接待人员
财务部
确定接待费用额度
确定具体标准
费用支出与报销
开始
区分接待对象
判断接待标准
填写接待费用
申请单
审批
审批
权限外
权限内
确定接待
费用额度
拟定各接待项
目的费用金额
审核
确定各接待项
目的具体金额
暂支
接待费用
接待客户
填写接待
费用报销单
审批
支付
接待费用
结束
编修部门
签发人
签发日期

10.4.2 接待费用报批管理执行程序、工作标准、考核指标、执行规范

<table>
<tr><th>任务名称</th><th>执行程序、工作标准与考核指标</th></tr>
<tr><td rowspan="6">确定接待费用额度</td><td>执行程序</td></tr>
<tr><td>1. 区分接待对象、判断接待标准
接待人员按照接待对象的类型进行区分，并判断接待标准。
2. 填写接待费用申请单
☆接待人员根据判断的接待标准填写接待费用申请单，提交行政经理审批，超出权限的报总经理审批。
☆申请单审批通过后，接待人员根据审批意见确定接待费用额度。
工作重点
接待对象主要根据接待对象对企业的影响程度及接待对象担任的职务进行区分。</td></tr>
<tr><td>工作标准</td></tr>
<tr><td>☆内容标准：接待费用申请单包括接待费用额度、接待对象、接待原因、接待时间、地点安排等。
☆质量标准：正确区分接待对象的类型，准确填写接待费用申请单。</td></tr>
<tr><td>考核指标</td></tr>
<tr><td>☆接待费用申请及时率。$\text{接待费用申请及时率}=\frac{\text{期限内提交的接待费用申请数}}{\text{接待费用申请总数}}\times 100\%$
☆接待费用申请一次性通过率。
$\text{接待费用申请一次性通过率}=\frac{\text{首次审批通过的接待费用申请数}}{\text{审批的接待费用申请总数}}\times 100\%$</td></tr>
<tr><td rowspan="4">确定具体标准</td><td>执行程序</td></tr>
<tr><td>拟定各接待项目的费用金额
☆接待人员根据接待方案策划、安排接待项目，拟定各接待项目的费用金额，提交行政经理审核。
☆行政经理审核通过后，接待人员根据审核意见确定各接待项目的具体金额。
工作重点
拟定接待过程中各接待项目的费用金额时要控制好接待费用。</td></tr>
<tr><td>工作标准</td></tr>
<tr><td>☆内容标准：接待项目费用包括餐饮费、交通费、住宿费等。
☆效率标准：接待人员需要在确定接待费用额度后的____日内确定各项接待项目的具体金额。</td></tr>
<tr><td rowspan="2">费用支出与报销</td><td>执行程序</td></tr>
<tr><td>1. 暂支接待费用
财务部根据批准的接待项目的具体金额，参考以往同级别的接待情况，向接待人员暂支接待费用。
2. 填写接待费用报销单
☆接待人员完成接待后，行政经理根据实际发生的接待项目费用填写接待费用报销单，提交总经理审批。
☆财务部根据审批通过后的接待费用报销单支付接待费用。</td></tr>
</table>

（续）

<table>
<tr><th>任务名称</th><th>执行程序、工作标准与考核指标</th></tr>
<tr><td rowspan="5">费用支出与报销</td><td>工作重点
财务部根据企业接待费用年度预算额，对比已审批通过的接待项目金额暂支接待费用。</td></tr>
<tr><td>工作标准</td></tr>
<tr><td>☆质量标准：接待费用报销手续要严格按照企业报销管理规定执行，报销凭证真实、金额正确。
☆数额标准：报销费用控制在接待标准范围内，不存在接待费用浪费的情况；接待费用严格按照接待项目及额度进行支出，不存在浪费的情况。</td></tr>
<tr><td>考核指标</td></tr>
<tr><td>☆接待费用报销手续齐备度。
☆接待费用控制情况。</td></tr>
<tr><th colspan="2">执行规范</th></tr>
<tr><td colspan="2">“接待费用申请单”“接待费用报销额度通知单”“接待费用报销标准”“接待管理制度”“具体接待费用明细表”“费用预支单”“报销管理规定”“接待费用报销单”。</td></tr>
</table>

10.5 差旅费用申请与报销流程设计与工作执行

10.5.1 差旅费用申请与报销流程设计

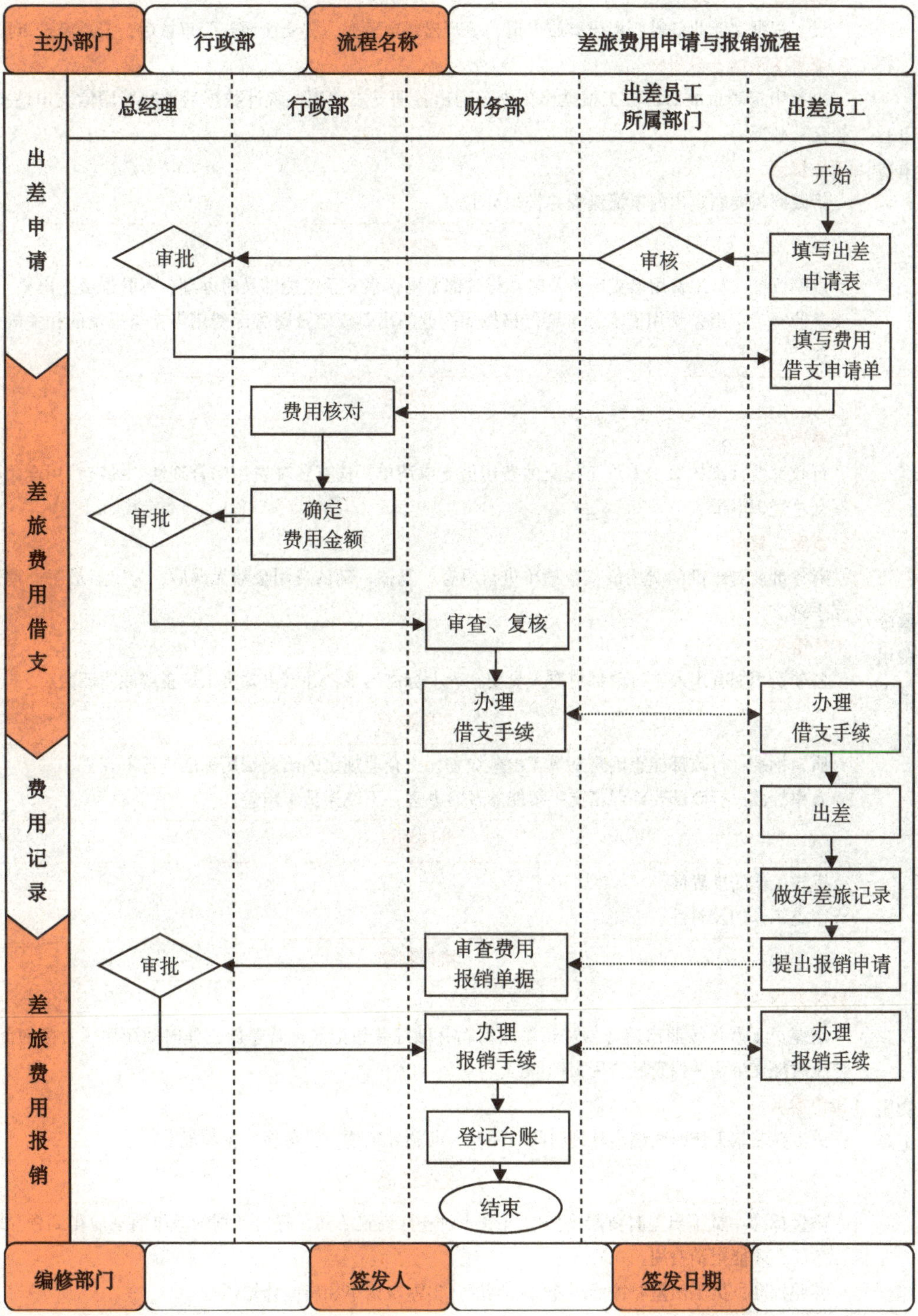
主办部门
行政部
流程名称
差旅费用申请与报销流程
总经理
行政部
财务部
出差员工所属部门
出差员工
出差申请
差旅费用借支
费用记录
差旅费用报销
开始
填写出差申请表
审核
审批
填写费用借支申请单
费用核对
确定费用金额
审批
审查、复核
办理借支手续
办理借支手续
出差
做好差旅记录
提出报销申请
审查费用报销单据
审批
办理报销手续
办理报销手续
登记台账
结束
编修部门
签发人
签发日期

10.5.2 差旅费用申请与报销执行程序、工作标准、考核指标、执行规范

<table>
<tr><th>任务名称</th><th>执行程序、工作标准与考核指标</th></tr>
<tr><td rowspan="4">出差申请</td><td>执行程序</td></tr>
<tr><td>1. 填写出差申请表
员工根据实际业务需要提出差旅申请，填写出差申请表，提交所属部门审核后，报总经理审批。
2. 填写费用借支申请单
出差申请表批准后，员工根据出差内容列出各项支出费用，统计数据后填写费用借支申请单，提交行政部。
工作重点
行政部需要制定出差申请流程并告知员工。</td></tr>
<tr><td>工作标准</td></tr>
<tr><td>☆效率标准：员工费用借支申请及时，行政部要确保借支手续能够及时办理，不耽误员工出差。
☆参照标准：出差费用借支标准要严格按照企业的出差规定及财务部费用借支与报销的相关规定执行。</td></tr>
<tr><td rowspan="6">差旅费用借支</td><td>执行程序</td></tr>
<tr><td>1. 费用核对
行政部要仔细核对出差员工提交的费用借支申请单，检查各项费用的合理性，确定费用金额后提交总经理审批。
2. 审查、复核
财务部要对批准的费用借支申请单进行审查、复核，确认费用金额无误后，为出差员工办理借支手续。
工作重点
各项费用如有出入，行政部核对人员要在表上标注出来，并请出差员工修正或注明原因。</td></tr>
<tr><td>工作标准</td></tr>
<tr><td>☆质量标准：行政部能正确辨别员工出差级别，按企业规定的出差费用标准进行审查。
☆效率标准：行政部要确保借支手续能够及时办理，不耽误员工出差。</td></tr>
<tr><td>考核指标</td></tr>
<tr><td>☆审查工作的准确度。
☆审查工作的及时性。</td></tr>
<tr><td rowspan="4">费用记录</td><td>执行程序</td></tr>
<tr><td>做好差旅记录
出差员工严格按照出差计划进行差旅活动并做好差旅记录，若差旅工作时间超出了计划时间，应及时提交申请并保管好费用报销单据。
工作重点
员工在差旅工作时间超出计划时间时要及时向领导申请，以免违反企业规定。</td></tr>
<tr><td>工作标准</td></tr>
<tr><td>☆质量标准：员工出差时要严格按照出差计划进行差旅活动，超出计划的差旅活动应得到领导同意后，才能报销费用。
☆参照标准：员工出差要按照出差管理制度、出差申请单和出差计划执行。</td></tr>
</table>

（续）

任务名称	执行程序、工作标准与考核指标
差旅费用报销	**执行程序**
	1. 审查费用报销单据 ☆差旅结束后，出差员工要整理好费用报销单据并向财务部提出报销申请。 ☆财务部要仔细审查费用报销单据，统计实际费用，根据借支款项确认报销内容，报总经理审批。 **2. 登记台账** ☆差旅费用报销单据审批通过后，财务部为出差员工办理报销手续，多退少补。 ☆报销完成后，财务部根据费用发生情况登记台账，保存对应单据和凭证，以备日后对账和查考。 **工作重点** 行政部要配合财务部审查出差费用的实际情况。
	工作标准
	☆质量标准：报销手续要严格按照企业费用报销管理规定执行，报销凭证真实、金额正确。 ☆效率标准：行政部在企业规定的报销期限内办理报销手续。
执行规范	
"出差管理制度""出差申请单""出差费用借支申请单""费用报销管理规定""费用借支管理程序""出差计划""差旅记录""费用报销单"。	

第11章 办公安全管理

11.1 办公安全管理流程设计

11.1.1 流程设计的目的说明

办公安全管理职能包括治安保卫管理、人员出入管理、物资出入管理、安全检查管理、突发事件处理、员工值班管理、安全事故管理、日常消防管理等，其特点是事项繁多、操作复杂、涉及多个部门，每一项都关乎生命和财产安全。因此，办公安全管理流程设计的目的如图 11-1 所示。

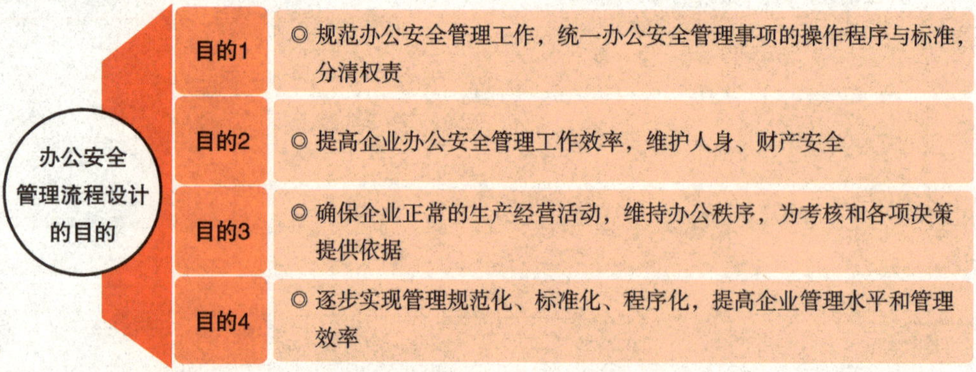

目的1	◎ 规范办公安全管理工作，统一办公安全管理事项的操作程序与标准，分清权责
目的2	◎ 提高企业办公安全管理工作效率，维护人身、财产安全
目的3	◎ 确保企业正常的生产经营活动，维持办公秩序，为考核和各项决策提供依据
目的4	◎ 逐步实现管理规范化、标准化、程序化，提高企业管理水平和管理效率

图 11-1　办公安全管理流程设计的目的

11.1.2 流程结构设计

根据日常办公事务工作的特点与企业的实际情况，企业可按照办公安全管理各大职能事项构建办公安全管理流程的结构，具体如图 11-2 所示。

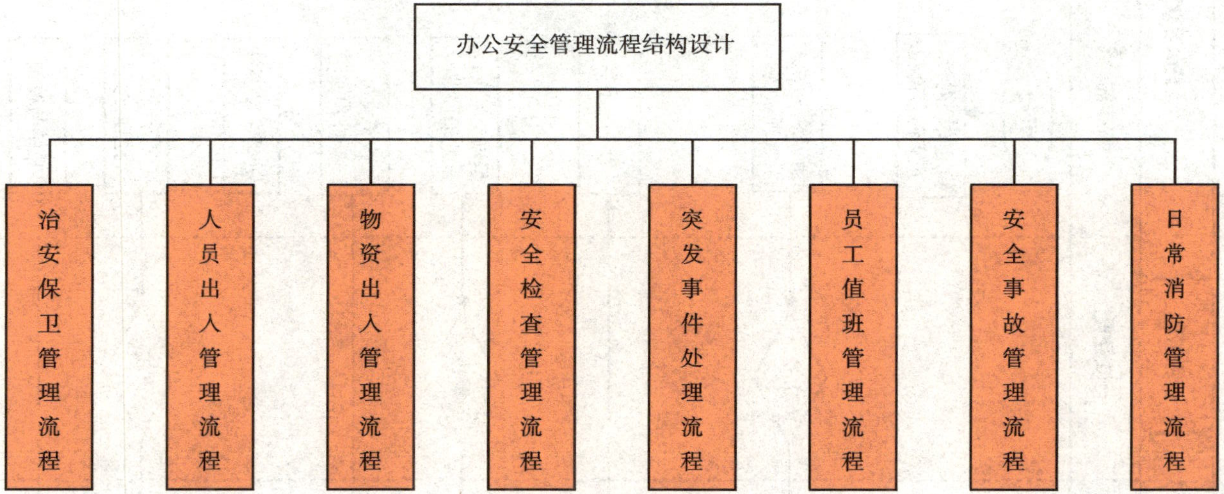

图 11-2　办公安全管理流程结构设计

11.2 治安保卫管理流程设计与工作执行

11.2.1 治安保卫管理流程设计

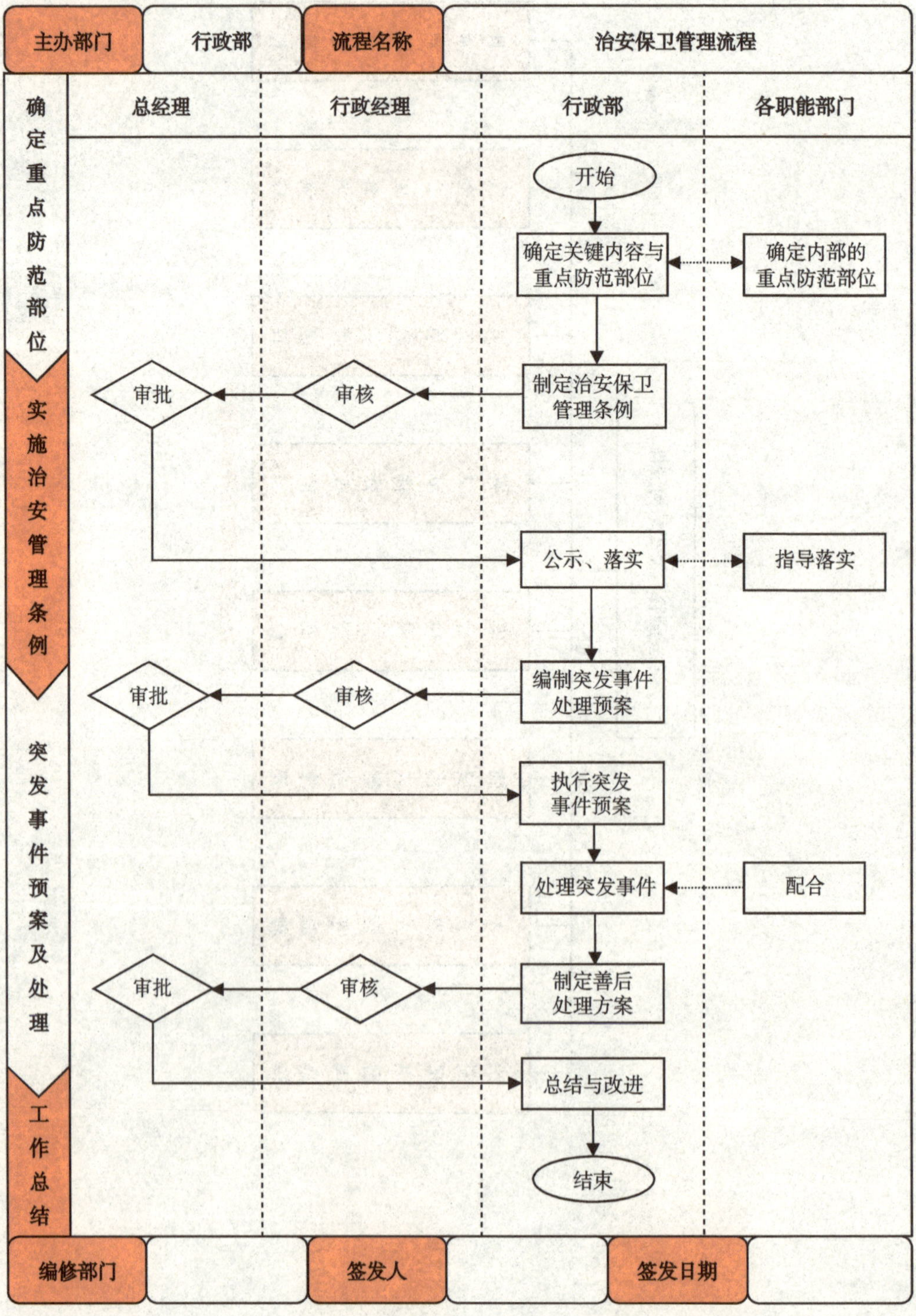

主办部门
行政部
流程名称
治安保卫管理流程
总经理
行政经理
行政部
各职能部门
确定重点防范部位
实施治安管理条例
突发事件预案及处理
工作总结
开始
确定关键内容与重点防范部位
确定内部的重点防范部位
制定治安保卫管理条例
审核
审批
公示、落实
指导落实
编制突发事件处理预案
审核
审批
执行突发事件预案
处理突发事件
配合
制定善后处理方案
审核
审批
总结与改进
结束
编修部门
签发人
签发日期

11.2.2 治安保卫管理执行程序、工作标准、考核指标、执行规范

任务名称	执行程序、工作标准与考核指标
确定重点防范部位	**执行程序** **确定关键内容与重点防范部位** ☆行政部根据产品特性对生产过程和经营过程进行分析，确定关键内容与重点防范部位。 ☆各职能部门要与行政部沟通协商，确定各职能部门内部的重点防范部位。 **工作重点** 各职能部门内部的重点防范部位确定后，需要告知各职能部门的所有员工。 **工作标准** ☆质量标准：行政部要对重点防范部位制定防范措施和管理制度。 ☆效率标准：各职能部门要在____日内完成重点防范部位的确定工作。
实施治安管理条例	**执行程序** **1. 制定治安保卫管理条例** 行政部向公安机关或相关专业机构征求、咨询治安管理意见和建议，学习企业所在地治安管理法律法规，并结合企业生产经营的实际情况制定治安保卫管理条例，提交行政经理审核后，报总经理审批。 **2. 公示、落实** 行政部公示审批通过后的治安保卫管理条例并分发至各职能部门，监督、指导各职能部门认真落实。 **工作重点** 行政部与地方政府公安管理部门沟通，了解本地区治安保卫工作的特点和治安环境的状况，征求治安保卫管理意见和建议。 **工作标准** ☆质量标准：治安保卫管理条例符合企业的实际生产情况及法律法规，同时要特别关注重点防范部位和重点部门。 ☆参照标准：按照公安机关或专业机构的意见和法律法规执行。 **考核指标** ☆制定条例任务达成率：目标值为100%。 ☆条例内容错漏处数：目标值为0。
突发事件预案及处理	**执行程序** **1. 编制突发事件处理预案** 行政部根据向相关专业机构咨询的结果，对可能发生的突发事件进行严谨、全面的分析评估，编制突发事件处理预案，提交行政经理审核后，报总经理审批。 **2. 处理突发事件** ☆根据批准的突发事件处理预案，由行政部负责判断突发事件的类型、性质、程度等，确定处理方式。 ☆突发事件超出企业处理能力范围的，行政部要及时向相关负责领导汇报，并联系公安机关处理。

（续）

<table>
<tr><th>任务名称</th><th>执行程序、工作标准与考核指标</th></tr>
<tr><td rowspan="3">突发事件预案及处理</td><td>3. 制定善后处理方案
行政部根据突发事件的处理情况，以最大限度地减少事件损失、维护企业正常生产经营秩序为原则制定突发事件的善后处理方案，提交行政经理审核后，报总经理审批。
工作重点
行政部要根据突发事件的性质决定是否寻求当地公安机关协助。</td></tr>
<tr><td>工作标准</td></tr>
<tr><td>☆内容标准：突发事件处理预案内容要完整，包括火灾、地震、质量事故等。
☆质量标准：突发事件善后处理方案可减少事件造成的损失，维护企业正常的生产经营秩序。</td></tr>
<tr><td rowspan="4">工作总结</td><td>执行程序</td></tr>
<tr><td>总结与改进
行政部要及时对治安保卫管理工作进行总结，认清自身工作的不足，汲取经验教训，制定治安保卫管理工作改进计划，经相关领导批示后执行，不断提高治安保卫管理工作的管理水平。
工作重点
行政部要定期进行工作总结，总结经验与不足。</td></tr>
<tr><td>工作标准</td></tr>
<tr><td>☆质量标准：总结治安保卫工作要有反思、有改进。
☆效率标准：行政部要在突发事件处理完后的____日内完成总结及改进计划的工作。</td></tr>
<tr><td colspan="2">执行规范</td></tr>
<tr><td colspan="2">“治安保卫管理制度”“重点防范部位列表”“治安保卫管理条例”“突发事件处理预案”“突发事件调查报告”“突发事件善后处理方案”“治安保卫管理工作总结”“治安保卫管理工作改进计划”。</td></tr>
</table>

11.3 人员出入管理流程设计与工作执行

11.3.1 人员出入管理流程设计

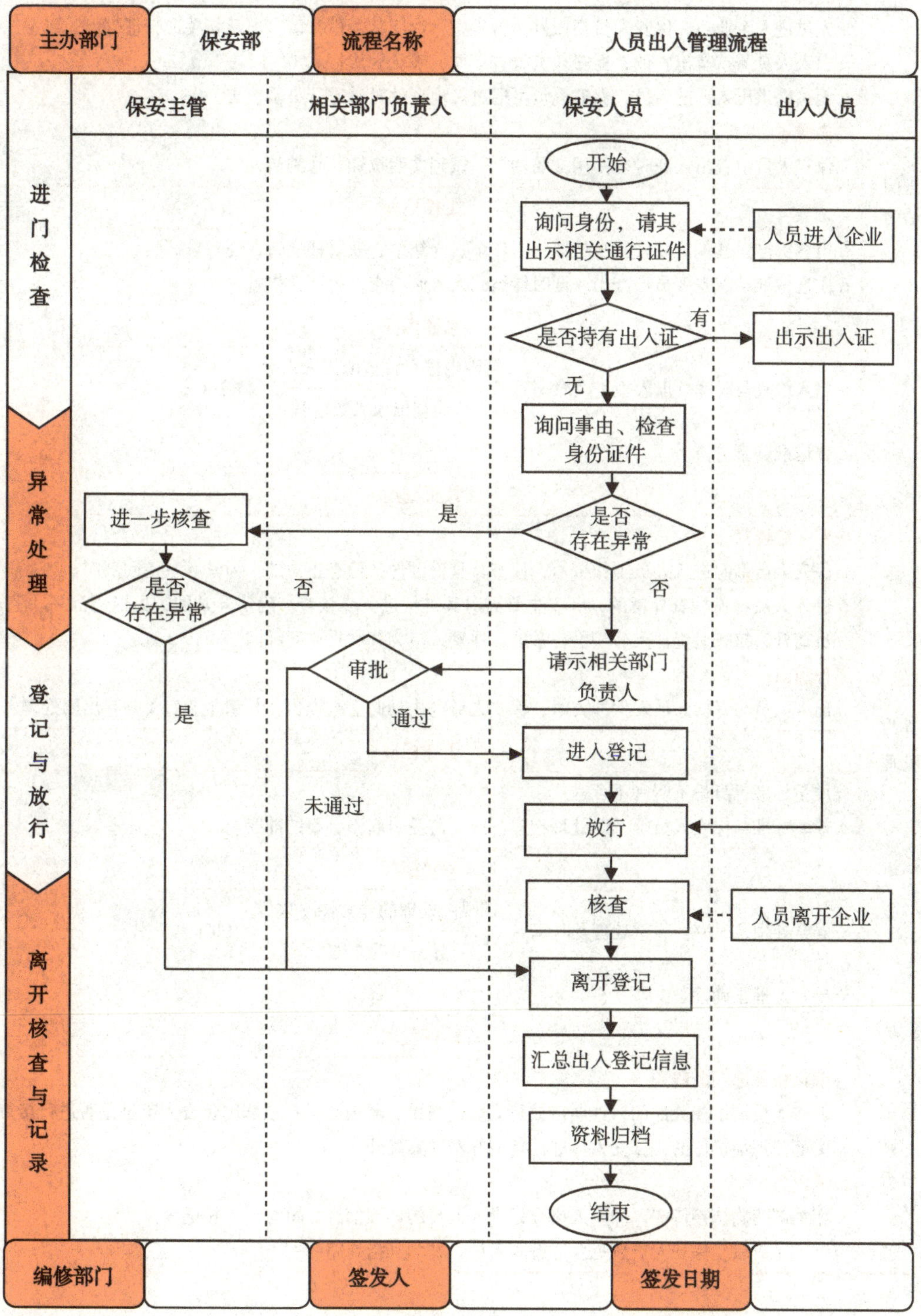

主办部门
保安部
流程名称
人员出入管理流程
保安主管
相关部门负责人
保安人员
出入人员
进门检查
异常处理
登记与放行
离开核查与记录
开始
询问身份，请其出示相关通行证件
人员进入企业
是否持有出入证
有
出示出入证
无
询问事由、检查身份证件
是否存在异常
是
进一步核查
是否存在异常
否
否
请示相关部门负责人
审批
通过
是
进入登记
未通过
放行
核查
人员离开企业
离开登记
汇总出入登记信息
资料归档
结束
编修部门
签发人
签发日期

11.3.2 人员出入管理执行程序、工作标准、考核指标、执行规范

任务名称	执行程序、工作标准与考核指标
进门检查	**执行程序** **询问身份，请其出示相关通行证件** ☆人员进入企业时，保安人员要做好例行检查，询问其身份，请其出示相关通行证件。 ☆出入人员需持有出入证，保安人员检查证件，确认后放行。 ☆无法提供出入证的人员，保安人员可通过其他证件对其进行身份核查。 **工作重点** 保安人员检查出入证时要使用文明用语，做到文明执勤，礼貌待人。 **工作标准** ☆内容标准：其他证件包括身份证、工作证、介绍信、家属证、暂住证等。 ☆质量标准：保安人员检查出入证时能做到人人必检查，无证必核查。 **考核指标** ☆出入检查及时率。出入检查及时率 = $\frac{\text{期限内进行检查的出入人数}}{\text{待检查出入人数总数}} \times 100\%$ ☆登记准确率。
异常处理	**执行程序** **是否存在异常** ☆保安人员询问进入人员工作事由，检查其身份证件，检查正常的，为其联系访问部门。 ☆进入人员身份检查异常的，保安主管需对其进行进一步核查，确认异常的，拒绝通行并劝阻人员离开；核查后确认人员身份正常的，保安人员为其联系访问部门。 **工作重点** 出入人员与保安人员发生冲突时，保安人员需主动向上级报告，并请企业有关领导出面处理。 **工作标准** ☆质量标准：身份不明者不可进入。 ☆效率标准：保安人员须及时处理相应情况，避免引起不必要的冲突。 **考核指标** ☆异常处理及时率。异常处理及时率 = $\frac{\text{期限内处理的异常情况数}}{\text{异常情况总数}} \times 100\%$ ☆异常处理正确性。
登记与放行	**执行程序** **1. 请示相关部门负责人** 保安人员请示相关部门，说明待放行人员的身份、事由等，报该部门负责人审批是否进行接待；相关部门拒绝接待的，保安人员进行登记并劝导其离开。 **2. 进入登记** ☆相关部门确认接待的，保安人员登记进入人员的详细信息，填写出入登记表。 ☆登记完成后，保安人员放行登记进入人员，并为其指导路线。

（续）

任务名称	执行程序、工作标准与考核指标
登记与放行	**工作重点** 保安人员在劝导人员离开时需使用文明用语。
	工作标准
	☆内容标准：登记进入人员的信息包括来访者姓名、联系电话、访问部门、来访事由等。 ☆质量标准：对无出入证人员的放行必须经过领导同意，且登记信息完整、无误。
离开核查与记录	**执行程序**
	1. 离开登记 ☆人员离开企业时，保安人员要对其进行核查。 ☆人员核查无误，保安人员要对人员离开信息进行登记。 **2. 资料归档** 保安人员做好人员出入记录，定期汇总出入登记信息，整理相关资料进行归档。 **工作重点** 保安人员需对离开人员的物品进行核查，如有异常情况及时向上级报告。
	工作标准
	☆质量标准：严格登记离开信息，出入记录保存完好。 ☆参照标准：人员出入登记按照出入管理制度、治安管理制度、出入登记表执行。
执行规范	
“出入管理制度”“治安管理制度”“异常报告”“出入登记表”“交接班记录表”。	

11.4 物资出入管理流程设计与工作执行

11.4.1 物资出入管理流程设计

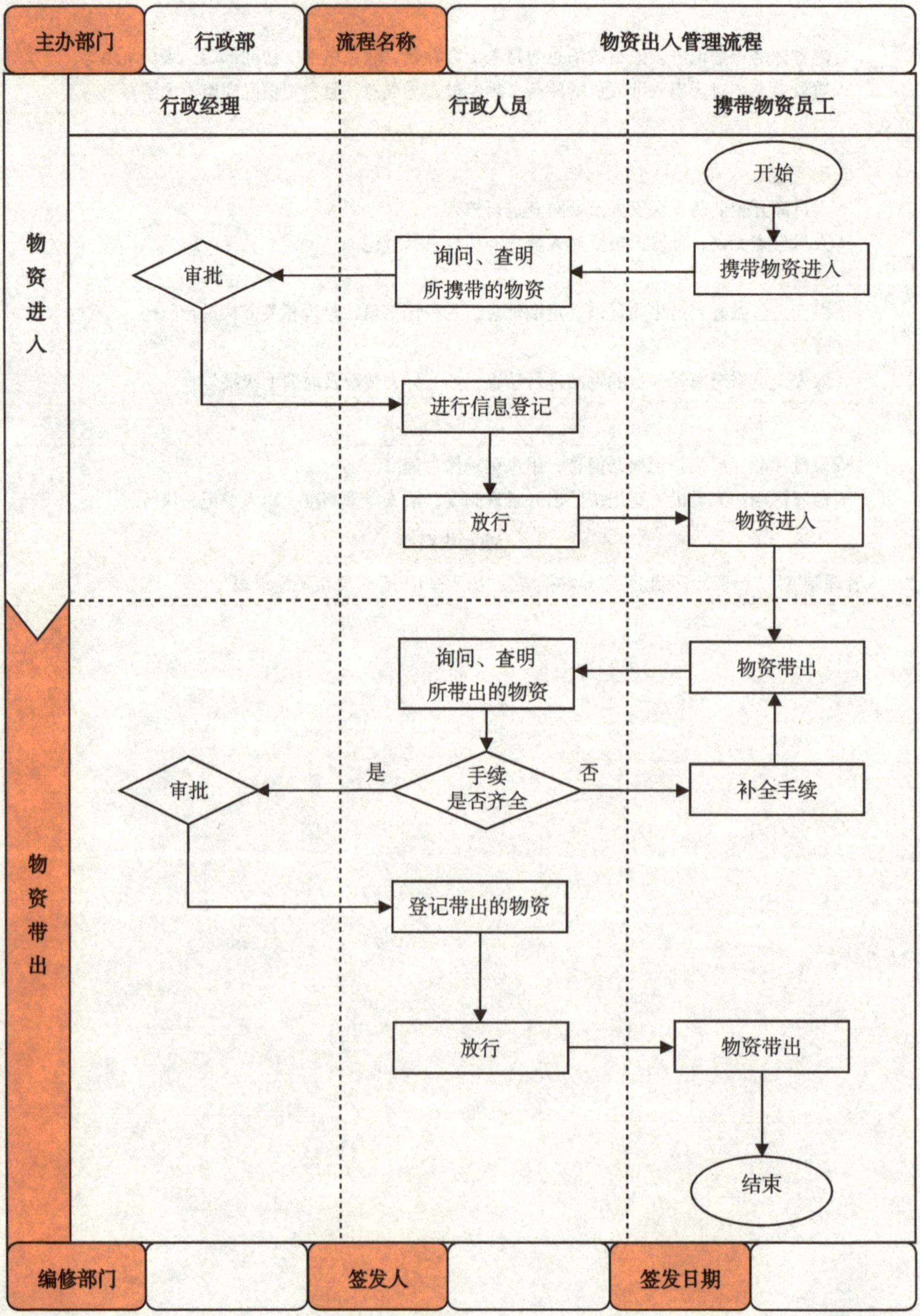

主办部门
行政部
流程名称
物资出入管理流程
行政经理
行政人员
携带物资员工
物资进入
开始
携带物资进入
询问、查明所携带的物资
审批
进行信息登记
放行
物资进入
物资带出
物资带出
询问、查明所带出的物资
手续是否齐全
是
否
审批
补全手续
登记带出的物资
放行
物资带出
结束
编修部门
签发人
签发日期

11.4.2 物资出入管理执行程序、工作标准、考核指标、执行规范

<table>
<tr><th>任务名称</th><th>执行程序、工作标准与考核指标</th></tr>
<tr><td rowspan="6">物资进入</td><td>执行程序</td></tr>
<tr><td>1. 询问、查明所携带的物资
员工携带物资进入企业时，行政人员需进行例行询问，查明物资情况和携带目的，上报行政经理审批。
2. 进行信息登记
员工所携物资确认可以带入企业的，行政人员要对物资和携带物资员工进行信息登记，登记完成后放行。
工作重点
行政人员要对员工带入物资进行细致询问，及时发现存在的问题。</td></tr>
<tr><td>工作标准</td></tr>
<tr><td>☆质量标准：行政人员询查时要礼貌、规范，对于物资可否带入企业按照企业物资出入管理制度中的员工物资询查工作手册执行。
☆内容标准：登记进入物资的内容包括带入人、带入时间、带入地点、放行人等信息。</td></tr>
<tr><td>考核指标</td></tr>
<tr><td>☆登记及时率。$登记及时率=\frac{期限内完成登记的带入物资数}{带入物资总数}\times 100\%$
☆登记正确率，目标值为100%。</td></tr>
<tr><td rowspan="6">物资带出</td><td>执行程序</td></tr>
<tr><td>1. 询问、查明带出的物资
员工携带物资离开企业时，行政人员需询问带出物资明细、查明带出原因，核查物资带出审批单与实际带出情况。
2. 手续是否齐全
☆员工携带物资离开手续不齐全的，行政人员拒绝放行，并要求员工补齐手续。
☆员工携带物资离开手续齐全的，将物资带出信息提交行政经理审批，批准后行政人员要对带出的物资进行登记并对员工放行，物资被带出。
工作重点
对于不能确认的物资，行政人员要及时上报物资所在部门的主管及行政经理。</td></tr>
<tr><td>工作标准</td></tr>
<tr><td>☆质量标准：行政人员对带出物资的查询准确，没有本不应放行的物资出现放行的情况。
☆参照标准：物资出入管理按照企业物资出入管理制度、物资带出审批单、物资带出审批单执行。</td></tr>
<tr><td>考核指标</td></tr>
<tr><td>☆投诉次数。
☆询查准确性。</td></tr>
<tr><th colspan="2">执行规范</th></tr>
<tr><td colspan="2">“物资进入放行单”“物资进入登记表”“企业物资出入管理制度”“物资带出审批单”。</td></tr>
</table>

11.5 安全检查管理流程设计与工作执行

11.5.1 安全检查管理流程设计

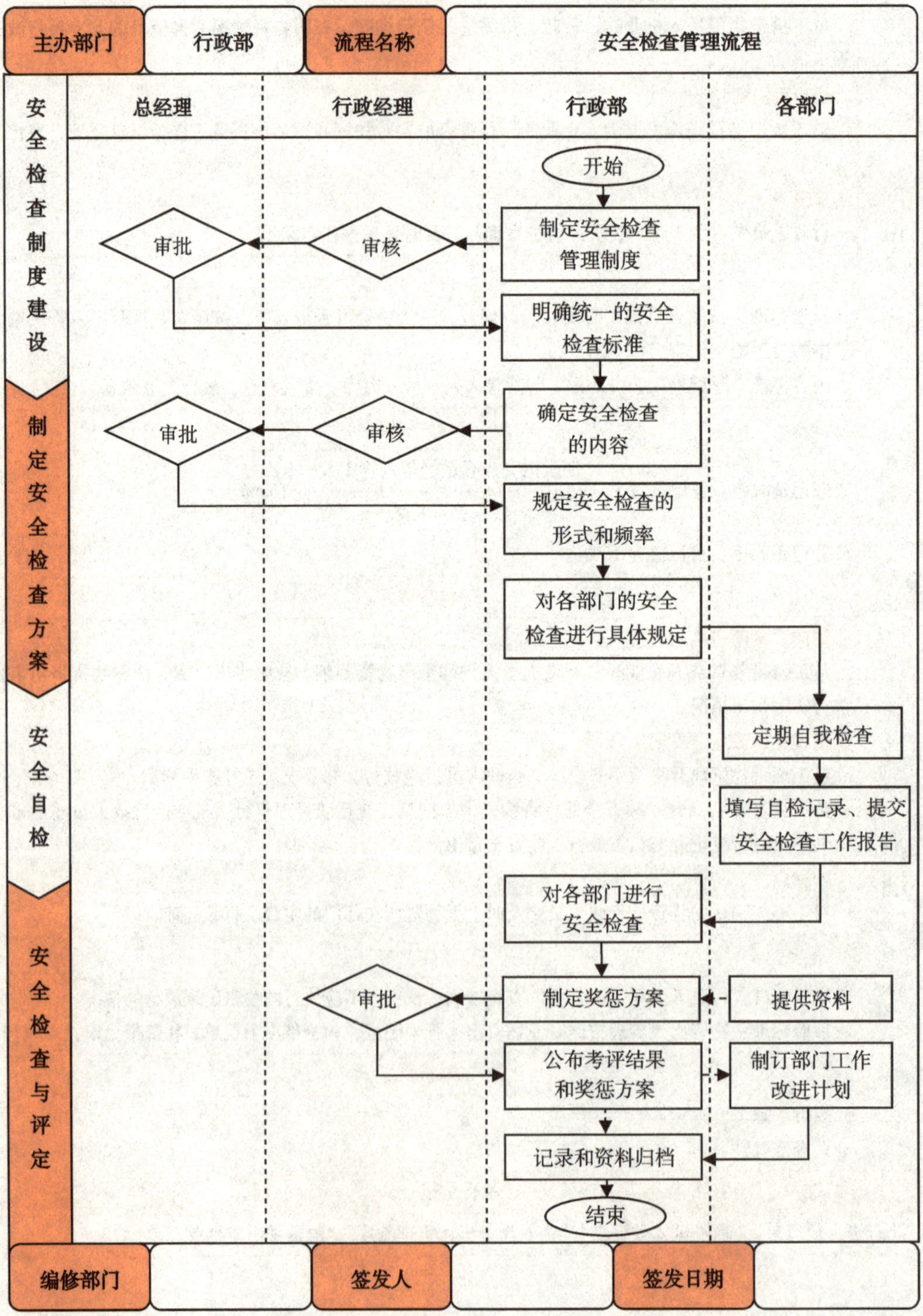
主办部门
行政部
流程名称
安全检查管理流程
安全检查制度建设
制定安全检查方案
安全自检
安全检查与评定
总经理
行政经理
行政部
各部门
开始
制定安全检查管理制度
审核
审批
明确统一的安全检查标准
确定安全检查的内容
审核
审批
规定安全检查的形式和频率
对各部门的安全检查进行具体规定
定期自我检查
填写自检记录、提交安全检查工作报告
对各部门进行安全检查
制定奖惩方案
提供资料
审批
公布考评结果和奖惩方案
制订部门工作改进计划
记录和资料归档
结束
编修部门
签发人
签发日期

11.5.2 安全检查管理执行程序、工作标准、考核指标、执行规范

任务名称	执行程序、工作标准与考核指标
安全检查制度建设	**执行程序**
	制定安全检查管理制度 ☆行政部根据企业生产经营活动的目标，并结合企业的安全要求制定安全检查管理制度，提交行政经理审核后，报总经理审批。 ☆安全检查管理制度审批通过后，行政部负责明确统一的安全检查标准。 **工作重点** 行政人员要了解安全检查的相关知识，熟练掌握后再进行相应制度的制定。
	工作标准
	☆质量标准：行政部制定的安全检查管理制度合理、可操作，各部门员工能严格执行安全检查制度，无违规现象。 ☆效率标准：行政部能在规定时间内完成安全检查管理制度的制定。
	考核指标
	☆安全检查方案制定及时率。安全检查方案制定及时率 $=\frac{期限内完成制定的安全检查方案数}{安全检查方案总数}\times 100\%$ ☆安全检查制度重大错漏数。
制定安全检查方案	**执行程序**
	确定安全检查的内容 ☆行政部根据生产经营过程的实际情况划分安全检查项目，确定安全检查的内容，提交行政经理审核后，报总经理审批。 ☆行政部根据审批通过后的安全检查的内容，规定其检查的形式和频率。 ☆行政部对各部门的安全检查进行具体规定。 **工作重点** 行政部确定安全检查的内容时需要结合各部门的具体情况。
	工作标准
	☆效率标准：行政部能及时确定安全检查的内容，不影响后续工作的开展。 ☆内容标准：安全检查内容的包括设施检查、人员检查、作业检查。
安全自检	**执行程序**
	定期自我检查 ☆各部门根据安全检查管理制度的要求，结合安全检查的内容，定期进行自我检查。 ☆自我检查完成后，各部门要据实填写自检记录、提交安全检查工作报告。 **工作重点** 各部门要详细填写自检记录，总结工作经验，及时发现安全隐患，不断提高安全意识。
	工作标准
	☆质量标准：各部门要准确进行安全自检，并严格按照安全检查的内容执行。 ☆参照标准：各部门自检按照安全检查管理制度、安全检查标准、安全检查方案、安全检查自检表执行。

（续）

任务名称	执行程序、工作标准与考核指标
安全自检	**考核指标** ☆安全自检及时率。$安全自检及时率=\frac{期限内完成自检的部门数}{安全自检部门总数}\times 100\%$ ☆安全自检记录完整率。$安全自检记录完整率=\frac{部门记录的安全自检项目数}{安全自检记录项目总数}\times 100\%$
安全检查与评定	**执行程序** **1. 对各部门进行安全检查** 行政部要按照规定的安全检查形式和频率对各部门、进行安全检查，并严格按照安全检查管理制度的要求进行考核、考评。 **2. 制定奖惩方案** ☆行政部需按照统一的安全检查标准对各部门的安全检查结果进行评分，统计考核成绩，确定奖惩办法，制定奖惩方案，提交行政经理审批。 ☆审核通过后，行政部要及时公布安全检查考评结果和奖惩方案。 **3. 制订部门工作改进计划** ☆各部门及时领取安全检查考评结果及处理意见，并据此进行工作整改，不断提高安全防范水平，制订部门工作改进计划。 ☆行政部负责整理安全检查工作中的记录和资料并进行归档。 **工作重点** 各部门需制订改进计划与行动方案并严格执行，确保改进工作有效落实。 **工作标准** ☆效率标准：行政部能按照企业规定的时限内公布安全检查结果。 ☆质量标准：行政部能严格按照安全检查标准执行，做到无错漏。 **考核指标** ☆安全工作改进及时率。$安全工作改进及时率=\frac{期限内完成改进的部门数}{待改进部门总数}\times 100\%$ ☆安全工作改进计划完成率。$安全工作改进计划完成率=\frac{完成的改进计划项目教}{改进计划项目总数}\times 100\%$
执行规范	
“安全检查管理制度”“安全检查标准”“安全检查方案”“安全检查自检表”“安全检查工作报告”“安全检查表”“安全检查奖惩措施”“安全检查工作改进计划与行动方案”。	

11.6 突发事件处理流程设计与工作执行

11.6.1 突发事件处理流程设计

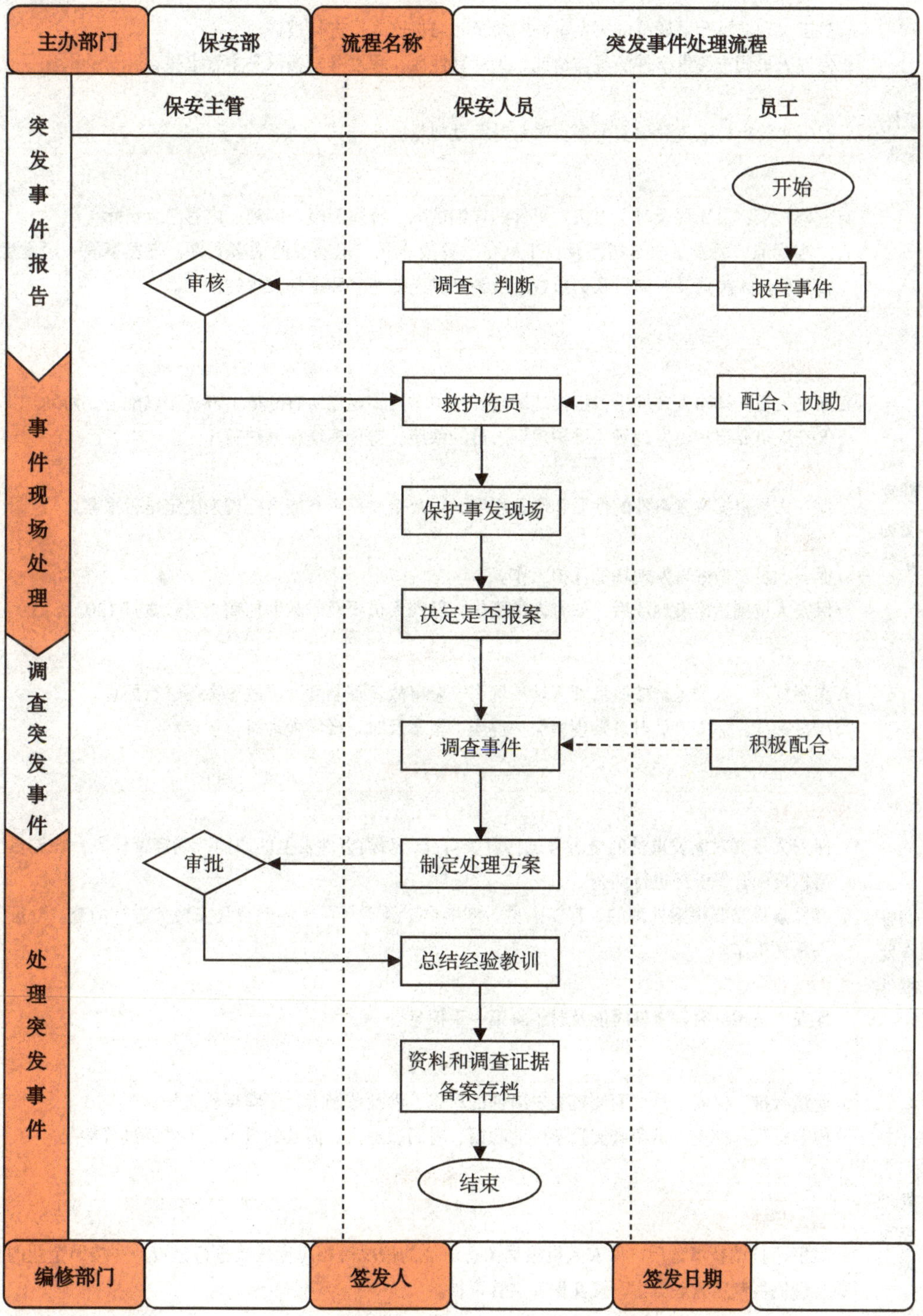

主办部门
保安部
流程名称
突发事件处理流程
保安主管
保安人员
员工
突发事件报告
事件现场处理
调查突发事件
处理突发事件
开始
报告事件
调查、判断
审核
救护伤员
配合、协助
保护事发现场
决定是否报案
调查事件
积极配合
制定处理方案
审批
总结经验教训
资料和调查证据备案存档
结束
编修部门
签发人
签发日期

11.6.2 突发事件处理执行程序、工作标准、考核指标、执行规范

任务名称	执行程序、工作标准与考核指标
突发事件报告	**执行程序**
	报告事件 ☆员工发现涉及公司职员的突发事件时要及时向保安人员进行报告。 ☆保安人员调查突发事件的具体情况，判断其性质、程度等，报保安主管审核。 **工作重点** 保安主管审核通过后保安部要及时赶赴案发现场。
	工作标准
	☆效率标准：员工要及时上报突发事件的详细情况，陈述清晰、客观、内容符合实际。 ☆内容标准：突发事故是指涉及员工盗窃、打架斗殴、抢劫等的刑事案件，突发事故一经发生，相关部门人员要及时向行政部报告突发事件发生的地点和事件发生的情况。
事发现场处理	**执行程序**
	1. 保护事发现场 ☆保安人员抵达事发现场后，根据现场情况救护伤员，现场所有的员工都要予以配合、协助。 ☆保安人员要保护事发现场，维护现场人员的秩序，避免现场证据被破坏。 **2. 决定是否报案** 保安人员根据突发事件的性质和严重程度，以及企业是否有能力处理来决定是否报案。 **工作重点** ☆保安人员要做好事发现场的保护工作。 ☆保安人员到达事发现场后，如有人员受伤，保安人员要及时救助伤病人员或拨打120。
	工作标准
	☆参照标准：保安人员按照治安管理条例、安全事故管理制度、事故预案等进行处理。 ☆质量标准：保安人员对事发现场保护得当，报案及时，现场处理符合规定。
调查突发事件	**执行程序**
	调查事件 ☆保安人员要对突发事件的全过程进行调查研究，明确事件发生的原因，确定责任人，在场员工需积极配合保安部进行调查。 ☆突发事件需要报案处理的，保安人员、涉事员工及现场员工需配合公安机关进行调查、取证等一系列工作。 **工作重点** 保安人员调查突发事件时能及时了解第一手信息 。
	工作标准
	☆质量标准：保安人员全面调查突发事件的原因、涉及范围等，了解事件真相。 ☆内容标准：保安人员调查突发事件的起因、时间、地点、涉及的员工、事件经过等情况。
处理突发事件	**执行程序**
	1. 制定处理方案 突发事件调查清楚后，保安人员根据调查取证的情况对相应责任人进行追责，并按照企业的相关管理制度制定处理方案，提交保安主管审批。

（续）

<table>
<tr><th>任务名称</th><th>执行程序、工作标准与考核指标</th></tr>
<tr><td rowspan="5">处理突发事件</td><td>2. 总结经验教训
☆保安人员要回顾突发事件的处理过程，分析关键因素，总结经验教训，制订对应的预防计划，做到防患于未然。
☆保安人员负责整理突发事件处理过程中的资料和调查证据，进行备案存档，以备查考。
工作重点
保安人员在处理突发事件时要向领导及时汇报，根据领导的指示采取行动。</td></tr>
<tr><td>工作标准</td></tr>
<tr><td>☆效率标准：保安人员能在企业规定的时间内处理好突发事件。
☆质量标准：制订的预防计划合理可行，符合工作计划的制订规范。</td></tr>
<tr><td>考核指标</td></tr>
<tr><td>☆突发事件处理及时性。
☆突发事件处理满意度评分。</td></tr>
<tr><th colspan="2">执行规范</th></tr>
<tr><td colspan="2">“突发事故处理报告”“突发事件调查表”“突发事件处理预案”“突发事件处理办法”“突发事故处理总结”。</td></tr>
</table>

11.7 员工值班管理流程设计与工作执行

11.7.1 员工值班管理流程设计

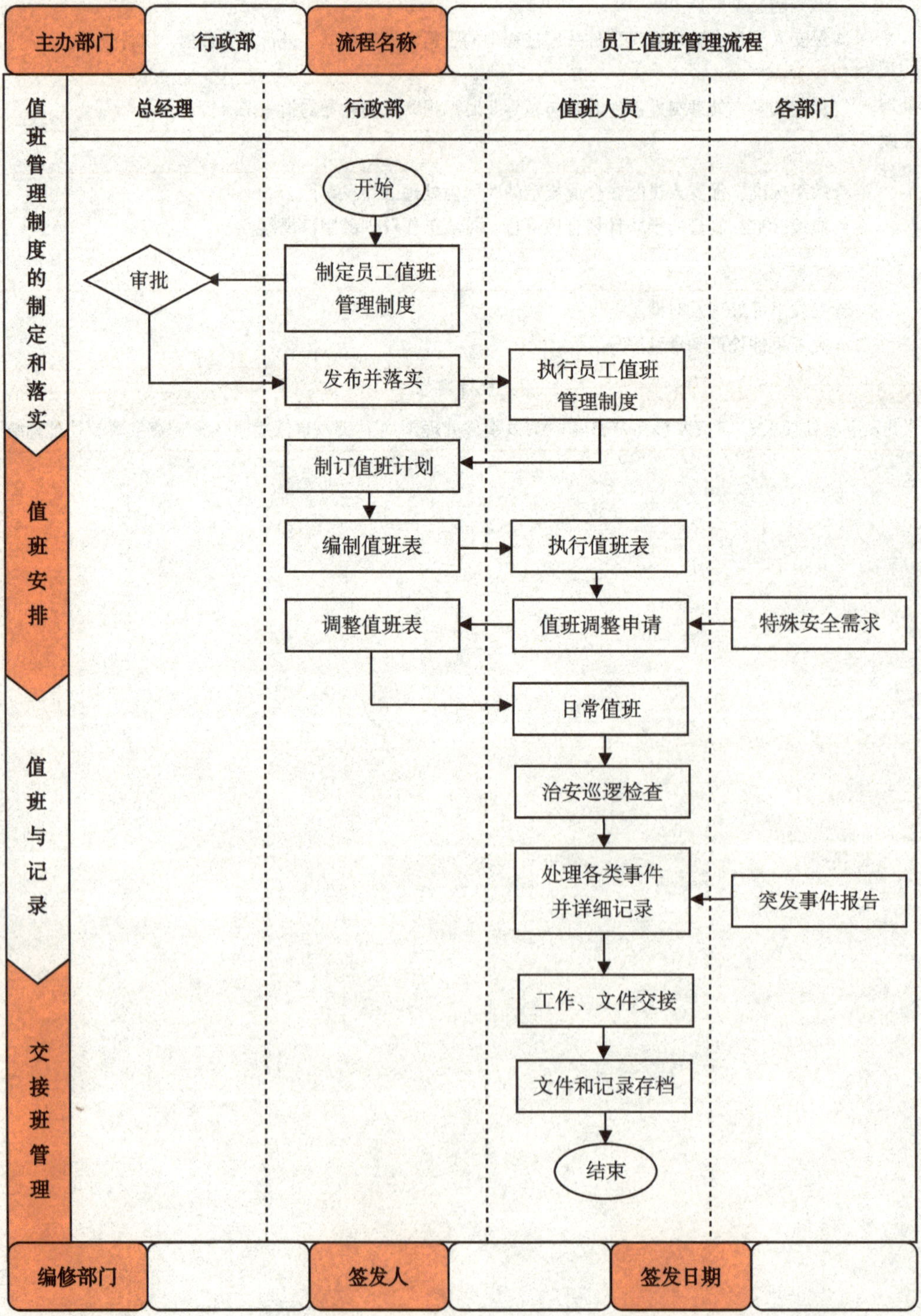

主办部门
行政部
流程名称
员工值班管理流程
总经理
行政部
值班人员
各部门
值班管理制度的制定和落实
值班安排
值班与记录
交接班管理
开始
审批
制定员工值班管理制度
发布并落实
执行员工值班管理制度
制订值班计划
编制值班表
执行值班表
调整值班表
值班调整申请
特殊安全需求
日常值班
治安巡逻检查
处理各类事件并详细记录
突发事件报告
工作、文件交接
文件和记录存档
结束
编修部门
签发人
签发日期

11.7.2 员工值班管理执行程序、工作标准、考核指标、执行规范

任务名称	执行程序、工作标准与考核指标
值班管理制度的制定和落实	**执行程序** **1. 制定员工值班管理制度** 行政部根据生产经营活动的实际情况、安全规定、实际安全需求制定员工值班管理制度。 **2. 发布并落实** 员工值班管理制度提交总经理审批通过后进行发布，由行政部负责落实。 **工作重点** 行政部要在全面了解生产经营活动的实际情况后再制定相应的员工值班管理制度。
	工作标准 ☆质量标准：值班人员严格执行员工值班管理制度，无违规现象发生。 ☆内容标准：员工值班管理制度的内容包括值班人员的工作规范、交接班管理办法与考勤规定等。
	考核指标 ☆制度内容错漏的数量：目标值为 0。 ☆制度的一次性通过率：目标值为 100%。
值班安排	**执行程序** **1. 制订值班计划** ☆行政部根据企业的实际情况和需要，提前制订值班计划。 ☆根据值班计划，行政部负责编制值班表，下发至值班人员，值班人员按值班表执行。 **2. 调整值班表** ☆各部门有特殊安全需求，或值班人员因个人原因不能按值班表正常工作时，要向行政部提出值班调整申请。 ☆行政部负责整理特殊安全需求和值班调整申请，根据实际情况调整值班表，并及时发布。 **工作重点** 如果各部门有特殊活动，可向行政部申请加强安全管理，增加值班人员。
	工作标准 ☆效率标准：值班人员有事需要请假或调班的，至少要提前____日向上级申请。 ☆质量标准：值班计划要符合企业需求，值班表根据各部门的具体要求，在符合规范的基础上可灵活变动。
	考核指标 ☆值班表调整及时率。值班表调整及时率 = $\frac{\text{期限内完成调整的值班表数}}{\text{调整值班表总数}}\times 100\%$ ☆值班表调整出错次数。
值班与记录	**执行程序** **1. 日常值班** 值班人员日常值班时，需要进行治安巡逻检查，做好值班记录和巡逻检查情况记录，保障企业安全。

（续）

<table>
<tr><th>任务名称</th><th>执行程序、工作标准与考核指标</th></tr>
<tr><td rowspan="3">值班与记录</td><td>2. 处理各类事件并详细记录
☆值班人员接收各部门对各类事件的报告，及时控制现场和事态并向领导汇报，按突发事件管理制度进行相应处理。
☆值班人员要详细记录各类事件的现场信息和处理情况，认真填写值班日志。
工作重点
值班人员要对突发事件的处理情况进行详细的记录，处理事故时有据可依，且为交接班准备，确保能够顺利完成交接班工作。</td></tr>
<tr><td>工作标准</td></tr>
<tr><td>☆质量标准：值班需按值班表有计划进行，各类事件处理恰当。
☆质量标准：突发事件的处理按照企业的突发事件管理制度执行。</td></tr>
<tr><td rowspan="4">交接班管理</td><td>执行程序</td></tr>
<tr><td>1. 工作、文件交接
☆值班人员要做好值班工作，完成值班日志，并做好交接班前的准备和检查工作。
☆交接人员要同值班人员共同进行巡逻检查，并做好文件的交接工作。
2. 文件和记录存档
行政部定期将值班工作的文件和记录进行存档。
工作重点
工作交接时需要交接人员与值班人员共同对交接区域进行巡查，有异常及时反映、上报。</td></tr>
<tr><td>工作标准</td></tr>
<tr><td>☆质量标准：值班人员在交班前完成值班日志，避免责任纠纷。
☆效率标准：值班人员按规定时间交接班，不得迟到早退。</td></tr>
<tr><td colspan="2">执行规范</td></tr>
<tr><td colspan="2">“值班管理制度”“员工行为规范”“考勤管理制度”“值班表”“值班调整申请表”“治安管理条例”“突发事件报告”“突发事件处理预案”“值班日志”。</td></tr>
</table>

11.8 安全事故管理流程设计与工作执行

11.8.1 安全事故管理流程设计

主办部门	行政部	流程名称	安全事故管理流程

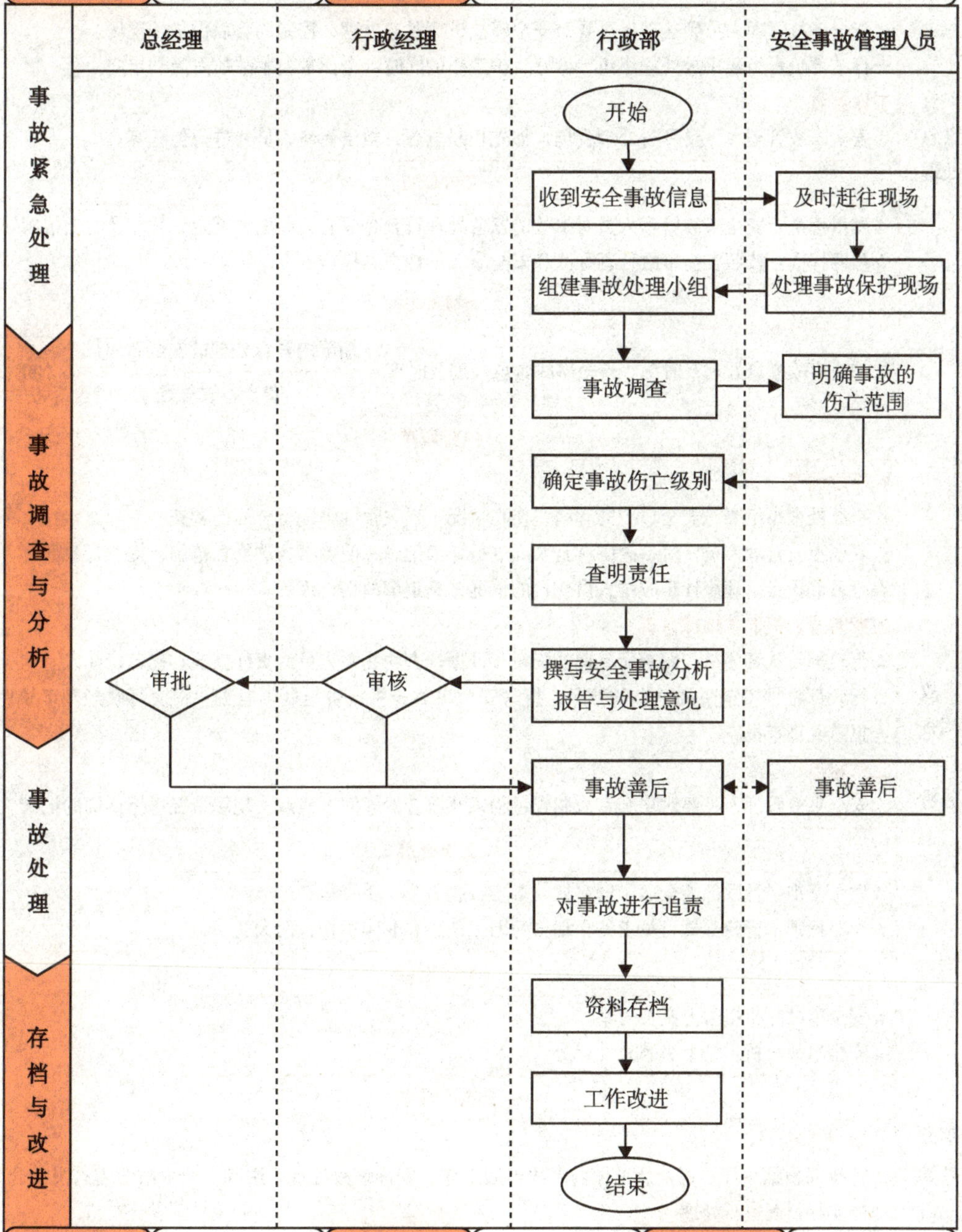

总经理
行政经理
行政部
安全事故管理人员
事故紧急处理
事故调查与分析
事故处理
存档与改进
开始
收到安全事故信息
及时赶往现场
处理事故保护现场
组建事故处理小组
事故调查
明确事故的伤亡范围
确定事故伤亡级别
查明责任
撰写安全事故分析报告与处理意见
审核
审批
事故善后
事故善后
对事故进行追责
资料存档
工作改进
结束

编修部门		签发人		签发日期	

11.8.2 安全事故处理执行程序、工作标准、考核指标、执行规范

任务名称	执行程序、工作标准与考核指标
事故紧急处理	**执行程序**
	1. 及时赶往现场 行政部收到安全事故的汇报信息后，需组织安全事故管理人员及时赶往现场。 **2. 组建事故处理小组** ☆安全事故管理人员到达现场后要对安全事故进行紧急处理，控制局势后保护好现场。 ☆行政部负责组建事故处理小组，做好救护工作的同时，全面掌控事故的发展和走向。 **工作重点** 安全事故管理人员要及时处理现场，如先切断电源，救出受伤人员并进行包扎等。
	工作标准
	☆质量标准：安全事故管理人员对事故的紧急处理符合企业有关制度的规定，并能及时上报领导。 ☆参照标准：按照安全事故处理办法和安全事故处理方案执行。
	考核指标
	安全事故紧急处理及时率。$\text{安全事故紧急处理及时率}=\frac{\text{期限内紧急处理的安全事故数}}{\text{安全事故总数}}\times100\%$
事故调查与分析	**执行程序**
	1. 事故调查 ☆事故处理小组要对安全事故的起因、伤亡情况、损失程度等进行全面的调查。 ☆安全事故管理人员要对事故的调查情况进行详细记录，明确事故的伤亡范围，提交行政部。 ☆行政部负责整理统计事故中人员伤亡的情况，确定事故伤亡级别。 **2. 撰写分析报告与处理意见** ☆行政部要认真分析、调查所掌握的资料和证据，查明相关人员的责任情况，确定责任人。 ☆行政部根据安全事故调查的结果，撰写安全事故分析报告与处理意见，提交行政经理审核后，报总经理审批。 **工作重点** 安全事故管理人员要对安全事故调查过程以及调查的时间、地点、现场情况进行详细的记录。
	工作标准
	☆质量标准：行政部能全面了解事故的真相，收集第一手资料。 ☆参照标准：行政部要将员工伤亡划分为因工伤亡和非因工伤亡两大类。
	考核指标
	☆安全事故分析报告上交及时率。 ☆安全事故分析报告上级满意度得分。
事故处理	**执行程序**
	1. 事故善后 行政部根据领导的审批意见做好事故善后工作，安排事故处理小组和安全事故管理人员结合事故的实际情况进行处理。

（续）

<table>
<tr><th>任务名称</th><th>执行程序、工作标准与考核指标</th></tr>
<tr><td rowspan="3">事故处理</td><td>2. 对事故进行追责
依据安全事故分析报告和确定的事故责任情况，行政部要对事故进行追责，并按规定处理责任人。
工作重点
开展事故善后工作时，要尽量减轻事故对企业造成的负面影响。</td></tr>
<tr><td>工作标准</td></tr>
<tr><td>☆质量标准：行政部开展事故善后工作时能按照要求进行，做到事故责任明晰。
☆效率标准：行政部需在事故处理完成后的____个工作日内完成事故善后与事故追责的工作。</td></tr>
<tr><td rowspan="4">工作改进</td><td>执行程序</td></tr>
<tr><td>1. 资料存档
行政部负责整理安全事故处理记录，并对相关资料进行存档，以备查考。
2. 工作改进
行政部要从事故处理中汲取经验教训，制订改进计划，不断改进安全事故管理工作。
工作重点
处理完事故后，行政部应结合事故处理经验，对安全事故的处理工作进行改进。</td></tr>
<tr><td>工作标准</td></tr>
<tr><td>☆质量标准：改进工作确实能提高企业对安全事故的防范力度和处理效率。
☆参照标准：事故安全处理按照安全事故发生报告、安全事故调查分析报告、安全责任处罚措施执行。</td></tr>
<tr><td colspan="2">执行规范</td></tr>
<tr><td colspan="2">“安全事故处理办法”“安全事故处理方案”“安全事故发生报告”“安全事故调查分析报告”“安全责任处罚措施”“工作改进计划”“档案管理制度”。</td></tr>
</table>

11.9 日常消防管理流程设计与工作执行

11.9.1 日常消防管理流程设计

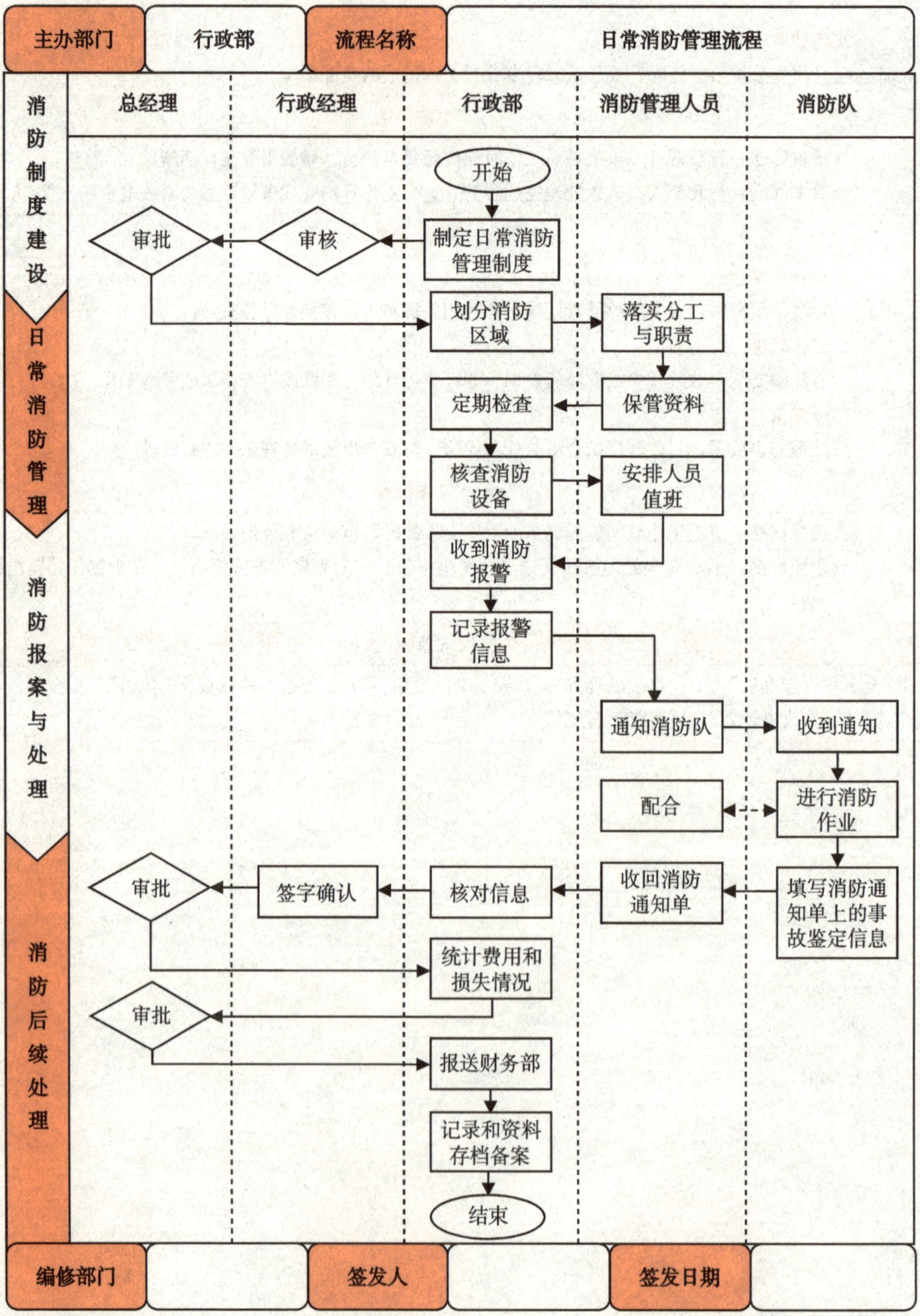

主办部门
行政部
流程名称
日常消防管理流程
总经理
行政经理
行政部
消防管理人员
消防队
消防制度建设
日常消防管理
消防报案与处理
消防后续处理
开始
制定日常消防管理制度
审核
审批
划分消防区域
落实分工与职责
保管资料
定期检查
核查消防设备
安排人员值班
收到消防报警
记录报警信息
通知消防队
收到通知
进行消防作业
配合
填写消防通知单上的事故鉴定信息
收回消防通知单
核对信息
签字确认
审批
统计费用和损失情况
审批
报送财务部
记录和资料存档备案
结束
编修部门
签发人
签发日期

11.9.2 日常消防管理执行程序、工作标准、考核指标、执行规范

任务名称	执行程序、工作标准与考核指标
消防制度建设	**执行程序** **制定日常消防管理制度** 行政部根据企业生产经营活动的管理形式和实际情况制定日常消防管理制度，提交行政经理审核后，报总经理审批。 **工作重点** 行政部建立防火安全委员会、企业兼职消防队、企业义务防火队等防火安全组织，积极开展消防宣传教育活动。 **工作标准** ☆质量标准：行政部要建设一套由各级领导负责、各职能部门参加、自上而下的日常消防管理组织网络。 ☆效率标准：行政部需在____日内完成日常消防管理制度的制定。 **考核指标** ☆消防管理制度制定的完整率。 ☆消防安全管理制度的一次性通过率。
日常消防管理	**执行程序** **1. 划分消防区域** ☆行政部对企业消防管理工作进行区域划分，确定重点防御区域，明确消防等级。 ☆消防管理人员要各司其职，落实分工与职责，记录消防管理工作，保管安全事项对应资料。 **2. 定期检查** ☆行政部定期对日常消防管理工作进行检查。 ☆行政部负责核查消防报警电话、铃声等消防设备的安装及运行情况，安排消防管理人员值班。 **工作重点** 行政部根据消防等级划分消防重点防御区域，安全管理人员要各司其职，落实分工与职责。 **工作标准** ☆质量标准：行政部按规章制度及检查标准进行日常消防检查工作，做到无遗漏、无错误。 ☆数量标准：行政部日常消防检查工作每月需达到____次。
消防报案与处理	**执行程序** **收到消防信息** ☆行政部接到消防报警后，须及时记录报警信息，安排消防管理人员通知消防队，并仔细填写消防通知单。 ☆消防队出警，企业消防管理人员要配合消防队进行消防作业。 **工作重点** 行政部接到消防报警后需要详细询问火情，为消防队提供可靠的信息。 **工作标准** ☆质量标准：消防事故上报准确，行政部能客观地描述火情的现状，以利于事故处理。 ☆效率标准：消防事故处理及时，行政部能在企业规定时限内协助处理事故。

（续）

任务名称	执行程序、工作标准与考核指标
消防报案与处理	**考核指标** ☆消防事故处理的及时性。 ☆消防事故处理领导满意度得分。
消防后续处理	**执行程序** **1. 签字确认** ☆消防作业结束后，消防队填写消防通知单上的事故鉴定信息并交回企业。 ☆消防管理人员收回消防通知单，行政部核对信息，提交行政经理签字确认后，报总经理审批。 **2. 统计费用和损失情况** 行政部负责整理消防工作的费用和损失情况，汇总、统计后报总经理审批后，报送财务部。 **3. 记录和资料存档备案** 行政部收集、整理消防事故处理过程中的相关记录和资料，按照档案管理制度对其存档备案。 **工作重点** 消防队在消防工作结束后，在消防通知单上详细注明事故发生的原因与破坏程度等信息。 **工作标准** ☆参照标准：消防事故的后续处理参照消防安全管理责任书和消防组织方案执行。 ☆质量标准：行政部对每次消防事故都有详细的记录和资料。
执行规范	
“消防安全管理责任书”“消防组织方案”“消防宣传资料”“消防宣传教育活动方案”“消防管理制度”“消防区域责任分配表”“消防安全巡查表”“值班管理制度”“消防通知单”“消防事故记录”。	

第12章 车辆与司机管理

12.1 车辆与司机管理流程设计

12.1.1 流程设计的目的

车辆与司机管理是行政办公日常管理的重要内容之一，企业需制定车辆与司机管理流程，其流程设计的目的如图 12-1 所示。

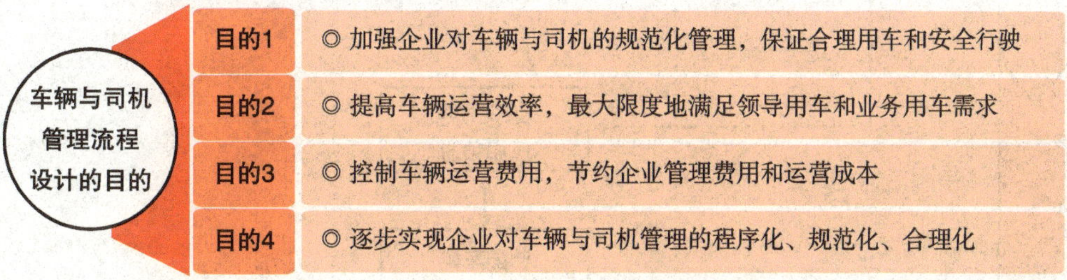

车辆与司机管理流程设计的目的	目的1	◎ 加强企业对车辆与司机的规范化管理，保证合理用车和安全行驶
	目的2	◎ 提高车辆运营效率，最大限度地满足领导用车和业务用车需求
	目的3	◎ 控制车辆运营费用，节约企业管理费用和运营成本
	目的4	◎ 逐步实现企业对车辆与司机管理的程序化、规范化、合理化

图 12-1 车辆与司机管理流程设计的目的

12.1.2 流程结构设计

车辆与司机管理流程结构可根据其所需完成的工作事项进行设计，可分为车辆使用管理流程、车辆维修管理流程、车辆租赁管理流程等，具体的流程结构设计如图 12-2 所示。

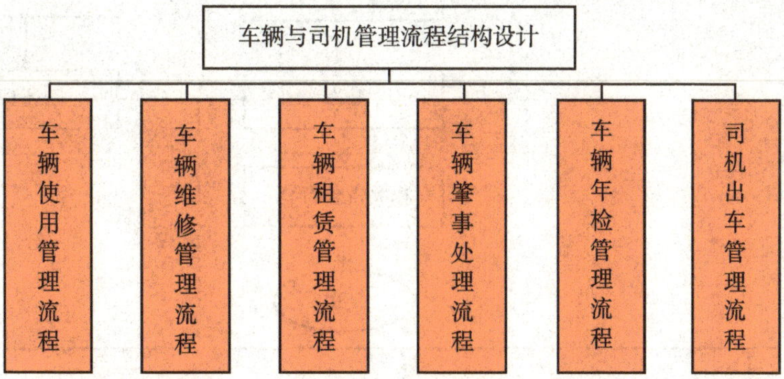

图 12-2 车辆与司机管理流程结构设计

12.2 车辆使用管理流程设计与工作执行

12.2.1 车辆使用管理流程设计

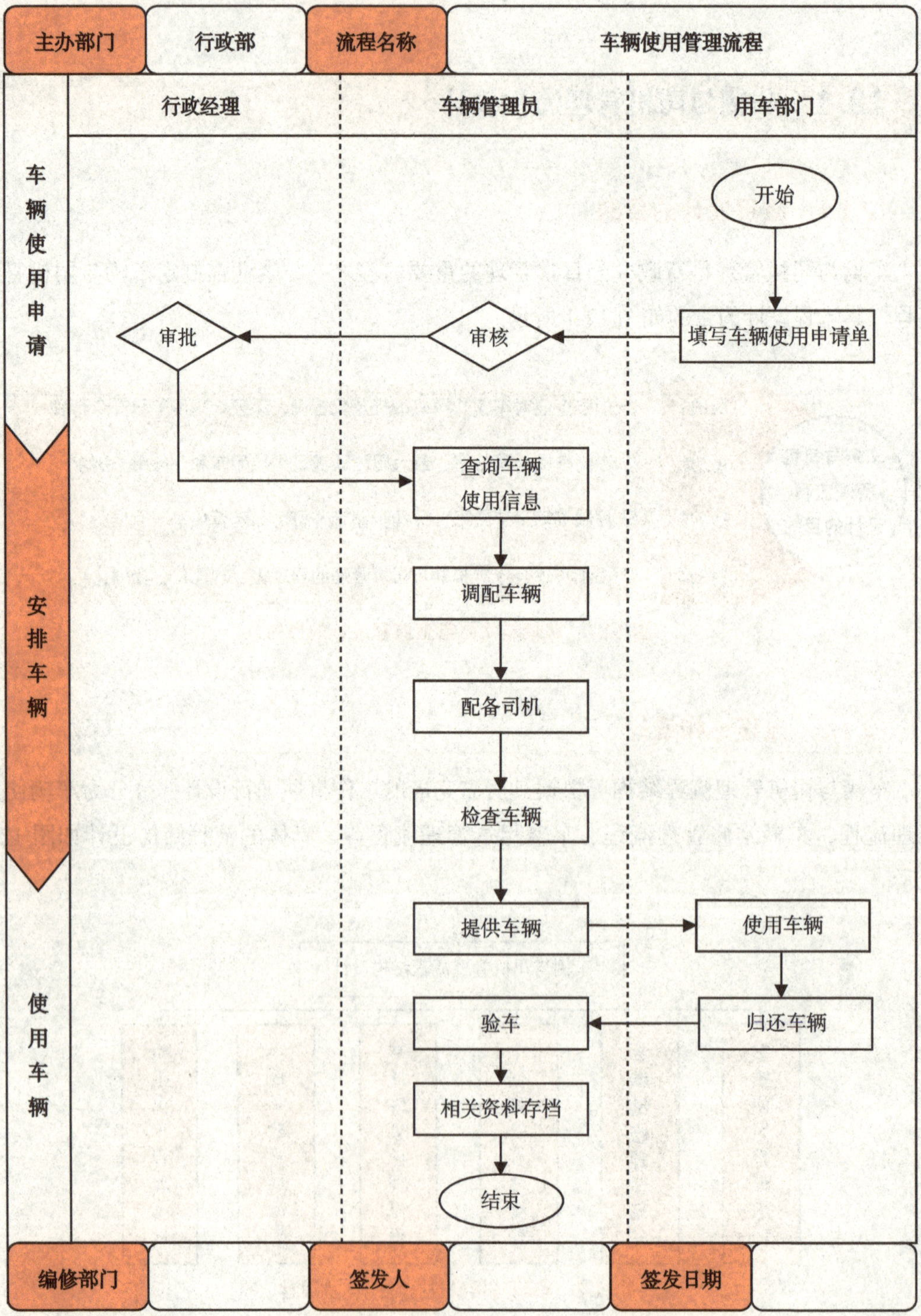
主办部门
行政部
流程名称
车辆使用管理流程
行政经理
车辆管理员
用车部门
车辆使用申请
安排车辆
使用车辆
开始
填写车辆使用申请单
审核
审批
查询车辆使用信息
调配车辆
配备司机
检查车辆
提供车辆
使用车辆
归还车辆
验车
相关资料存档
结束
编修部门
签发人
签发日期

12.2.2 车辆使用管理执行程序、工作标准、考核指标、执行规范

任务名称	执行程序、工作标准与考核指标
车辆使用申请	**执行程序**
	填写车辆使用申请单 企业用车部门根据车辆需求和用车安排填写车辆使用申请单，提交车辆管理员审核后，报行政经理审批。 **工作重点** 用车部门将车辆使用申请单提交车辆管理员后，车辆管理员须及时告知有关车辆使用的具体规定和注意事项。
	工作标准
	☆质量标准：车辆使用申请单填写规范，审核、审批手续符合企业规定。 ☆内容标准：车辆使用申请单的内容包括用车事由、用车时间、用车地点等。
安排车辆	**执行程序**
	1. 查询车辆使用信息 ☆用车申请批准后，车辆管理员要须及时查询车辆的使用信息，明确车辆的可用情况。 ☆车辆管理员根据车辆使用申请单中注明的车辆用途和申请次序调配车辆。 **2. 检查车辆** 车辆管理员要为调配的车辆配备司机，并在司机的协助下对车辆进行检查，确保车辆能正常、安全使用。 **工作重点** 车辆管理员根据车辆使用情况统计表及车辆使用申请单的具体情况，结合车辆请用单送达的先后顺序及办理事情的轻重缓急程度调配车辆。
	工作标准
	☆质量标准：车辆管理员能按事情的轻重缓急对车辆进行灵活调配，以最大满足各用车部门员工的用车需求。 ☆效率标准：车辆管理员需在用车前____日内做好车辆调配工作。
	考核指标
	☆车辆调配合理性。 ☆车辆调配灵活性。
使用车辆	**执行程序**
	1. 提供车辆 车辆管理员通知用车部门车辆调配完毕，将检查没有问题的车辆提供给用车部门。 **2. 验车** ☆车辆使用结束后，用车部门须及时归还车辆。 ☆车辆管理员要对归还的车辆进行检查，确认没有问题后再验收。 **3. 相关资料存档** 车辆管理员对车辆使用的情况进行登记，定期整理用车记录，将相关资料存档，以便日后查阅

（续）

<table>
<tr><th>任务名称</th><th>执行程序、工作标准与考核指标</th></tr>
<tr><td rowspan="6">使用车辆</td><td>工作重点
车辆管理员检查过程细致，能及时发现车辆的损坏情况。</td></tr>
<tr><td>工作标准</td></tr>
<tr><td>☆参照标准：参照车辆使用申请单和车辆管理制度执行。
☆效率标准：车辆归还时车辆管理员能及时对其进行检查。</td></tr>
<tr><td>考核指标</td></tr>
<tr><td>☆车辆使用情况登记及时率。
☆车辆管理员登记的用车信息完整，无缺失或遗漏。</td></tr>
<tr><td></td></tr>
<tr><th colspan="2">执行规范</th></tr>
<tr><td colspan="2">“车辆使用申请单”“车辆管理制度”“车辆使用情况统计表”“车辆损坏情况登记表”“车辆使用登记表”。</td></tr>
</table>

12.3 车辆维修管理流程设计与工作执行

12.3.1 车辆维修管理流程设计

主办部门	行政部	流程名称	车辆维修管理流程

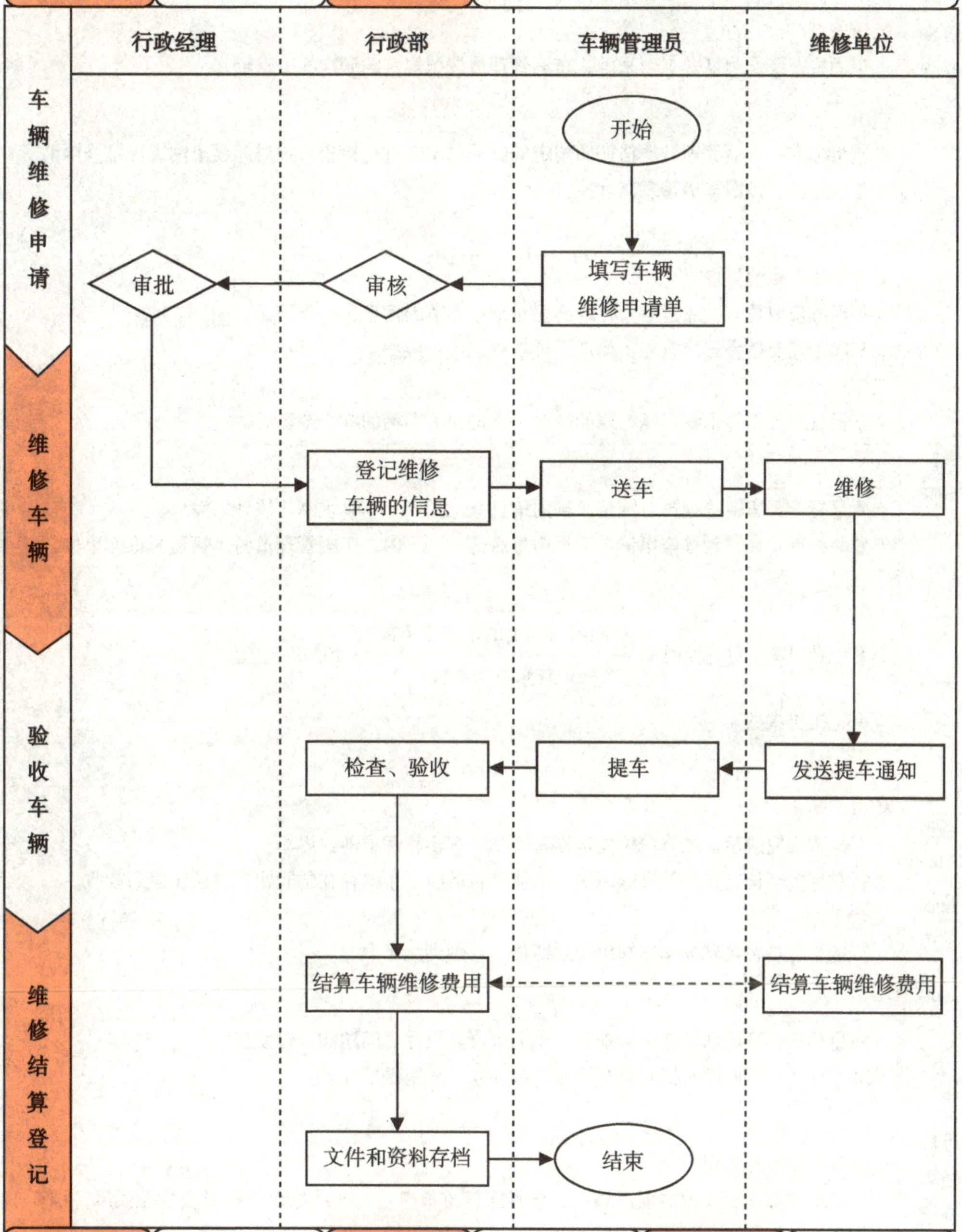

行政经理
行政部
车辆管理员
维修单位
车辆维修申请
维修车辆
验收车辆
维修结算登记
开始
填写车辆维修申请单
审核
审批
登记维修车辆的信息
送车
维修
发送提车通知
提车
检查、验收
结算车辆维修费用
结算车辆维修费用
文件和资料存档
结束

编修部门		签发人		签发日期	

12.3.2 车辆维修管理执行程序、工作标准、考核指标、执行规范

任务名称	执行程序、工作标准与考核指标
车辆维修申请	**执行程序** **填写车辆维修申请单** 车辆管理员定期对企业车辆进行检查，整理车况信息，统计需要维修的车辆，填写车辆维修申请单，提交行政部审核后，报行政经理审批。 **工作重点** 车辆检查要作为日常工作来做，车辆管理员按照规定的频次检查车辆。 **工作标准** ☆质量标准：车辆管理员严格按照规定的流程对车辆进行检查，并对问题车辆提出维修申请。 ☆参照标准：按照车辆管理制度执行。
维修车辆	**执行程序** **登记维修车辆的信息** ☆车辆维修申请审批通过后，行政部要对维修车辆的信息进行登记。 ☆车辆管理员按登记信息将车辆送至维修单位进行维修。 **工作重点** 车辆管理员需要了解车辆维修的情况，掌握相关车辆的维修知识。 **工作标准** ☆质量标准：车辆管理员对维修车辆的信息登记无误，车辆维修能按计划完成。 ☆效率标准：在车辆维修申请单审批通过后的____日内，车辆管理员将车辆送至维修单位。 **考核指标** ☆登记及时率。登记及时率 = $\frac{\text{期限内登记的维修申请数}}{\text{维修申请总数}} \times 100\%$ ☆登记出错次数。
验收车辆	**执行程序** **检查、验收** ☆车辆维修完成后，维修单位发送提车通知，车辆管理员前往提车。 ☆行政部负责检查车辆的维修情况，确认是否解决了车辆存在的问题，确认无误后验收。 **工作重点** 车辆管理员在接到提车通知后需立即提车，做到无延误。 **工作标准** ☆质量标准：行政部检查车辆细致，车辆维修如果存在问题能及时发现。 ☆效率标准：行政部对提回的车辆能及时验收，无拖延情况。
维修结算登记	**执行程序** **1. 结算车辆维修费用** 行政部根据车辆维修的实际情况，统计车辆维修费用，与维修单位核对账目无误后，结算车辆维修费用。

（续）

任务名称	执行程序、工作标准与考核指标
维修结算登记	**2. 文件和资料存档** 行政部负责整理车辆维修管理工作的记录，登记维修项目信息，并对登记的文件和资料进行存档，以备查阅。 **工作重点** 结算维修费用时，行政部要将维修单位提出的维修费用与市场维修费用的价格进行对比，有较大出入的，要与之沟通确认。
	工作标准
	☆质量标准：行政部登记的维修项目信息清晰、明了，便于查找。 ☆内容标准：行政部登记维修车辆的车牌号、维修项目、维修时间、维修费用等信息，将信息存档备查。
	考核指标
	☆登记准确率。$\text{登记准确率}=\frac{\text{正确登记的维修项目数}}{\text{维修项目总数}}\times 100\%$ ☆登记清晰性。
执行规范	
“车辆维修申请表”“维修车辆信息登记表”“提车通知单”“维修车辆验收报告”“车辆管理制度”“车辆维修费用支出表”“车辆维修项目登记表”“档案管理制度”。	

12.4 车辆租赁管理流程设计与工作执行

12.4.1 车辆租赁管理流程设计

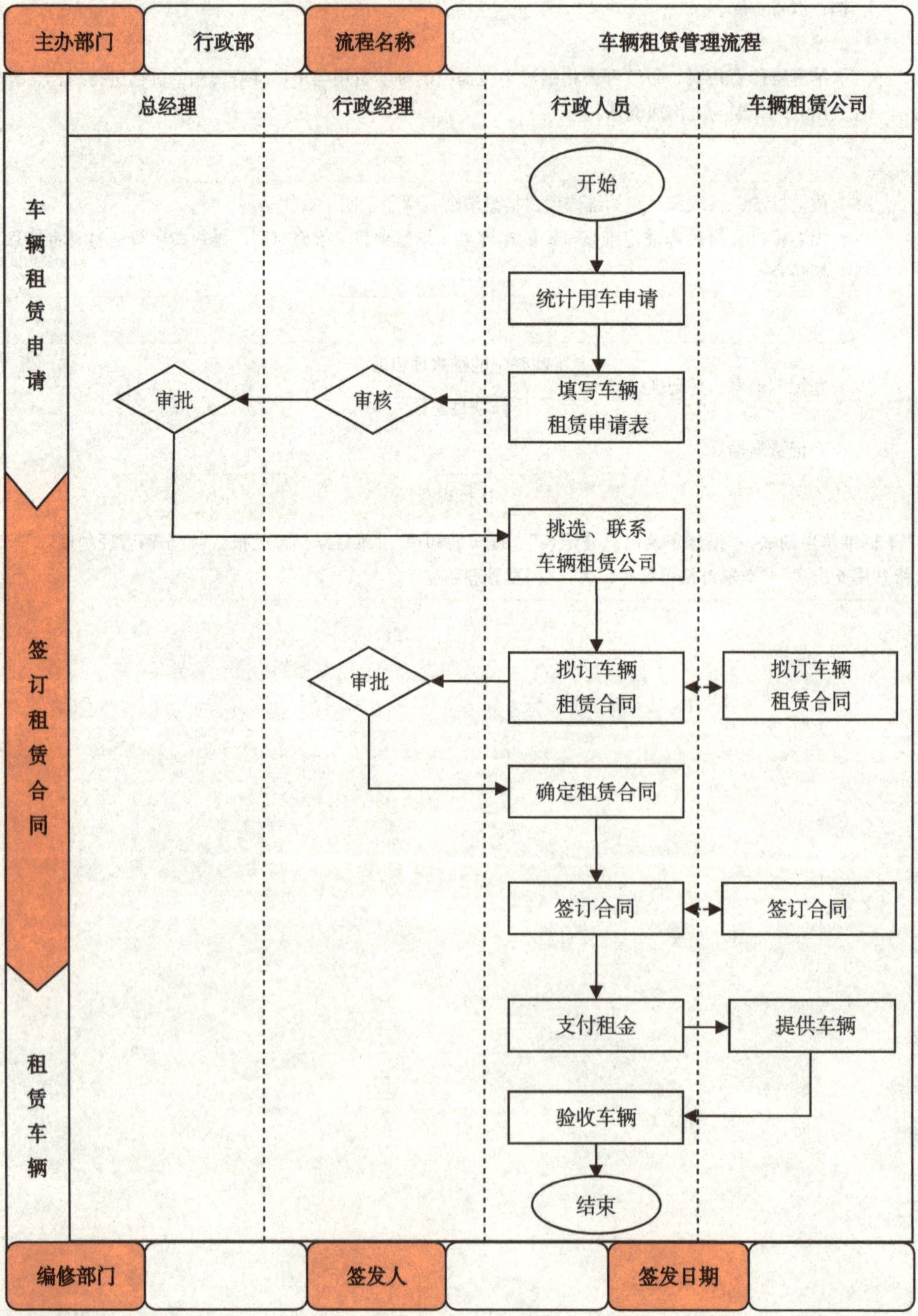

主办部门
行政部
流程名称
车辆租赁管理流程
总经理
行政经理
行政人员
车辆租赁公司
车辆租赁申请
签订租赁合同
租赁车辆
开始
统计用车申请
填写车辆租赁申请表
审核
审批
挑选、联系车辆租赁公司
拟订车辆租赁合同
审批
拟订车辆租赁合同
确定租赁合同
签订合同
签订合同
支付租金
提供车辆
验收车辆
结束
编修部门
签发人
签发日期

12.4.2　车辆租赁管理执行程序、工作标准、考核指标、执行规范

<table>
<tr><th>任务名称</th><th>执行程序、工作标准与考核指标</th></tr>
<tr><td rowspan="4">车辆租赁申请</td><td>执行程序</td></tr>
<tr><td>填写车辆租赁申请表
☆行政人员负责收集各职能部门的用车需求，统计各职能部门的用车申请。
☆行政人员根据用车申请的数据统计，结合企业车辆的使用情况，填写车辆租赁申请表，提交行政经理审核后，报总经理审批。
工作重点
行政人员在统计各职能部门的用车申请时，需要对用车申请是否符合企业规定进行初步核查。</td></tr>
<tr><td>工作标准</td></tr>
<tr><td>☆质量标准：行政人员根据车辆租赁需求，及时填写车辆租赁申请表。
☆内容标准：车辆租赁申请表的内容包括租赁的原因、数量、时间等。</td></tr>
<tr><td rowspan="6">签订租赁合同</td><td>执行程序</td></tr>
<tr><td>1. 挑选、联系车辆租赁公司
车辆租赁申请批准后，行政人员在车辆租赁市场中挑选综合实力强的租赁公司并与其联系，初步沟通车辆租赁事宜。
2. 拟定车辆租赁合同
☆行政人员与车辆租赁公司进行协商、谈判，共同拟定车辆租赁合同，报行政经理审批。
☆根据领导的审批意见，行政人员与车辆租赁公司进一步沟通，确定租赁合同，双方签订合同。
工作重点
行政部选择车辆租赁公司时应注意对方的信誉。</td></tr>
<tr><td>工作标准</td></tr>
<tr><td>☆质量标准：行政人员能选择实力强、信誉好的车辆租赁公司签订租赁合同。
☆效率标准：行政人员需在车辆租赁申请审批后的____日内完成租赁合同的签订工作。</td></tr>
<tr><td>考核指标</td></tr>
<tr><td>☆选择有效性。
☆选择按时完成率。选择按时完成率 = $\frac{\text{期限内挑选的候选公司数}}{\text{候选公司总数}} \times 100\%$</td></tr>
<tr><td rowspan="2">租赁车辆</td><td>执行程序</td></tr>
<tr><td>1. 支付租金
行政人员根据租赁车辆的数量、品牌、时间等合同条件支付车辆租金或租赁定金、押金。
2. 验收车辆
行政人员要对车辆租赁公司送来的车辆进行检查，确保车辆没有问题后再进行验收。</td></tr>
</table>

（续）

任务名称	执行程序、工作标准与考核指标
租赁车辆	**工作重点** 行政人员验收车辆要细致，如果发现车辆存在问题，须及时与车辆租赁公司协商解决。
	工作标准
	☆质量标准：行政人员支付租金数额及支付方式正确，检查车辆时能发现存在的问题。 ☆参照标准：参照车辆租赁申请表和车辆管理制度执行。
	考核指标
	验收及时率。验收及时率 $=\dfrac{\text{期限内验收的租赁车辆数}}{\text{租赁车辆总数}}\times 100\%$
执行规范	
“车辆租赁申请表”“车辆管理制度”“车辆租赁合同”“车辆租金支出单”。	

12.5 车辆肇事处理流程设计与工作执行

12.5.1 车辆肇事处理流程设计

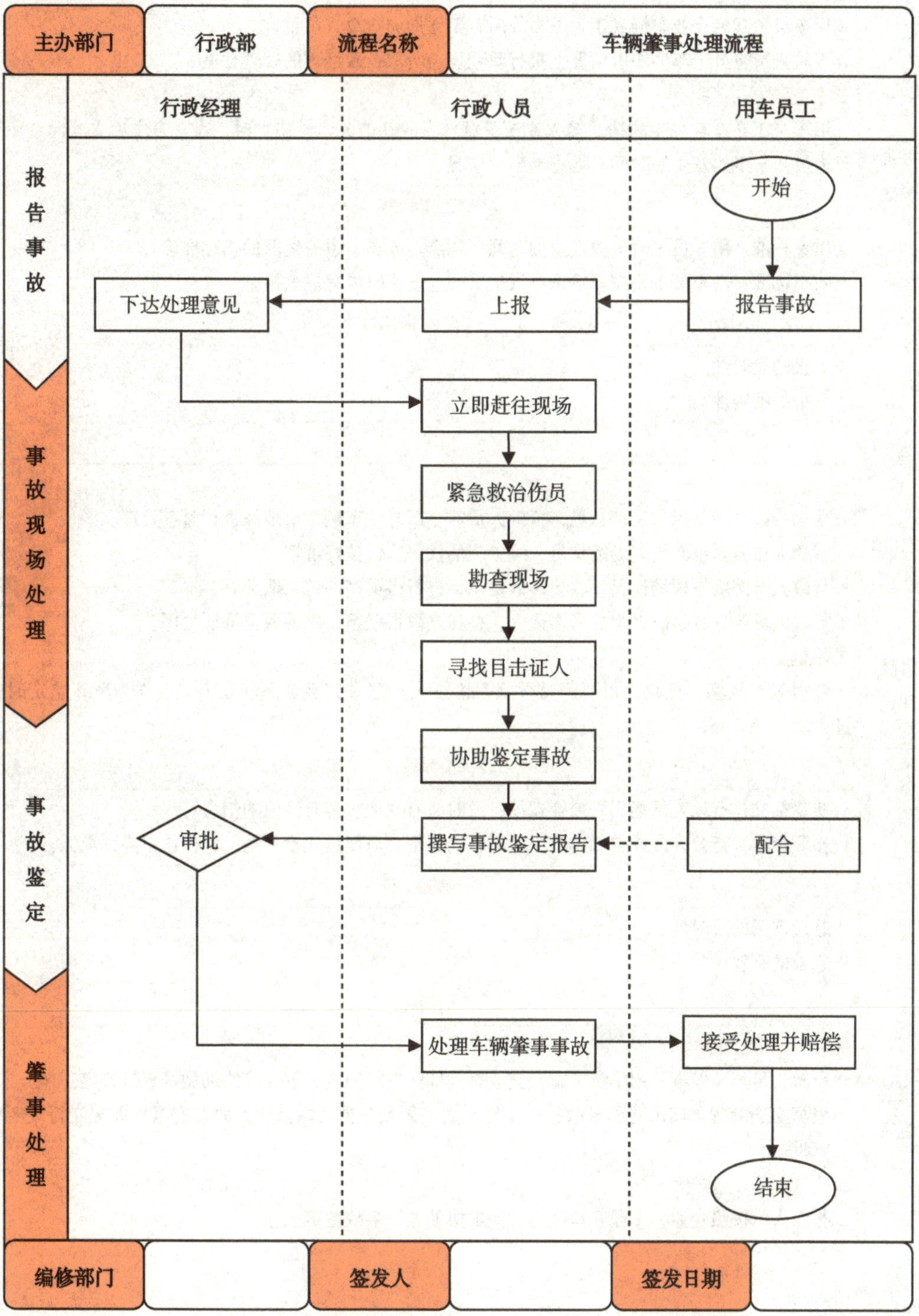

主办部门
行政部
流程名称
车辆肇事处理流程
行政经理
行政人员
用车员工
报告事故
事故现场处理
事故鉴定
肇事处理
开始
报告事故
上报
下达处理意见
立即赶往现场
紧急救治伤员
勘查现场
寻找目击证人
协助鉴定事故
撰写事故鉴定报告
配合
审批
处理车辆肇事事故
接受处理并赔偿
结束
编修部门
签发人
签发日期

12.5.2 车辆肇事处理执行程序、工作标准、考核指标、执行规范

<table>
<tr><th>任务名称</th><th>执行程序、工作标准与考核指标</th></tr>
<tr><td rowspan="6">报告事故</td><td>执行程序</td></tr>
<tr><td>报告事故
☆用车员工驾驶企业车辆发生意外事故后，要立即向行政人员报告。
☆行政人员将员工车辆肇事情况上报行政经理，听取行政经理的处理意见。
工作重点
用车员工在车辆发生相撞、撞人或遭受意外事故并造成人员伤亡时，需在事发后立即向企业行政人员报告事故发生的时间、地点与事故情况 。</td></tr>
<tr><td>工作标准</td></tr>
<tr><td>☆质量标准：用车员工对事故发生的时间、地点、人员、事故情况的描述准确。
☆效率标准：用车员工需在车辆肇事发生后的____小时内完成上报。</td></tr>
<tr><td>考核指标</td></tr>
<tr><td>☆上报的及时性。
☆上报的准确性。</td></tr>
<tr><td rowspan="6">事故现场处理</td><td>执行程序</td></tr>
<tr><td>立即赶往现场
☆根据行政经理下达的处理意见，行政人员需立即赶往车辆肇事现场进行紧急处理。
☆行政人员需紧急救治现场的伤员，维护现场秩序，保护好现场。
☆行政人员需勘查现场情况，收集事故信息，进行多类型的记录取证。
☆行政人员要寻找事故发生的目击证人，并与之取得联系，以备鉴定举证之用。
工作重点
针对肇事现场，行政人员要努力寻找目击证人，记录其姓名及联系方式，作为肇事鉴定时的证人。</td></tr>
<tr><td>工作标准</td></tr>
<tr><td>☆质量标准：行政人员能周密勘查现场，及时、有效地收集有价值的信息。
☆参照标准：行政人员要遵循先救人后勘查的原则，对伤员先行急救，将伤亡率降到最低。</td></tr>
<tr><td>考核指标</td></tr>
<tr><td>☆赶赴现场的及时性。
☆急救的有效性。</td></tr>
<tr><td rowspan="2">事故鉴定</td><td>执行程序</td></tr>
<tr><td>撰写事故鉴定报告
☆行政人员与（肇事）用车员工配合交通管理部门进行调查、取证，协助做好事故鉴定工作。
☆根据交通管理部门出具的事故报告，行政人员须及时撰写内部的事故鉴定报告并提交行政经理审批。
工作重点
行政人员按照企业和交通管理部门的要求协助做好事故鉴定工作。</td></tr>
</table>

（续）

任务名称	执行程序、工作标准与考核指标
事故鉴定	**工作标准**
	☆鉴定标准：交通管理部门、企业车辆管理部门、（肇事）用车员工、目击证人等共同鉴定。 ☆质量标准：行政人员能协助鉴定事故，尽量减少事故对企业的负面影响。
肇事处理	**执行程序**
	处理车辆肇事事故 ☆行政人员根据行政经理的审批意见处理车辆肇事事故。 ☆行政人员按照企业车辆管理制度对（肇事）用车员工进行处理，要求（肇事）用车员工进行必要的赔偿。 **工作重点** 行政人员在处理事故时，需严格按照行政经理的审批意见进行。
	工作标准
	☆参照标准：行政人员能以事实和事故鉴定报告为依据，并严格按照企业车辆肇事处理办法处理（肇事）用车员工。 ☆质量标准：行政人员要依法向保险公司或对方肇事人进行索赔，使企业损失最小化。
执行规范	
“车辆管理制度”“肇事车辆报告”“肇事现场勘查报告”“肇事现场处理报告”“企业内部事故鉴定报告”“企业车辆肇事处理办法”。	

12.6 车辆年检管理流程设计与工作执行

12.6.1 车辆年检管理流程设计

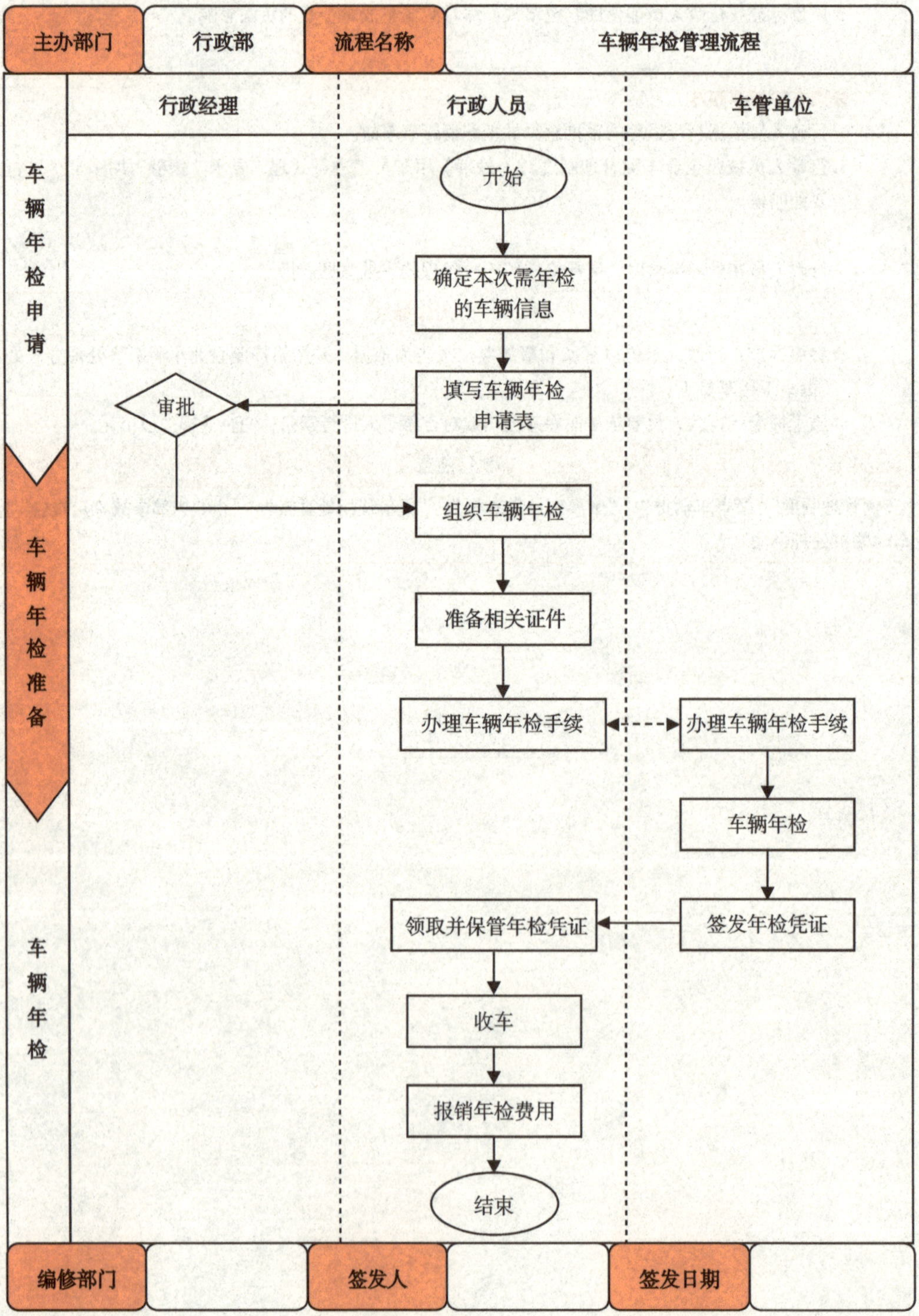

主办部门
行政部
流程名称
车辆年检管理流程
行政经理
行政人员
车管单位
车辆年检申请
车辆年检准备
车辆年检
开始
确定本次需年检的车辆信息
填写车辆年检申请表
审批
组织车辆年检
准备相关证件
办理车辆年检手续
办理车辆年检手续
车辆年检
签发年检凭证
领取并保管年检凭证
收车
报销年检费用
结束
编修部门
签发人
签发日期

12.6.2 车辆年检管理执行程序、工作标准、考核指标、执行规范

任务名称	执行程序、工作标准与考核指标
车辆年检申请	**执行程序** **填写车辆年检申请表** ☆行政人员负责统计车辆的年检时间，汇总车辆年检时间表，确定本次需年检的车辆信息。 ☆行政人员根据需年检的车辆信息填写车辆年检申请表，提交行政经理审批。 **工作重点** 车辆年检申请表的内容包括年检车牌号、数量及年检时间等。 **工作标准** ☆效率标准：车辆年检统计及时，没有因统计不及时造成年检延误的情况。 ☆质量指标：车辆年检材料准备齐全，无缺漏。 **考核指标** ☆统计准确率。$统计准确率=\frac{正确统计的年检车辆数}{年检车辆总数}\times 100\%$ ☆准备年检材料按时完成率。$准备年检材料按时完成率=\frac{期限内准备齐全的年检材料数}{需年检材料总数}\times 100\%$
车辆年检准备	**执行程序** **办理车辆年检手续** ☆根据行政经理的审批意见，行政人员组织车辆年检，核对车辆信息。 ☆行政人员准备好车辆年检手续需要的相关证件，到车管单位办理车辆年检手续。 **工作重点** 办理车辆年检需要准备年检代理人（行政人员）的身份证及复印件、行驶证原件、当年的车辆交强险副本、企业的组织机构代码证书原件、加盖公章的委托书等。 **工作标准** ☆质量标准：行政人员将相关证件准备齐全，车辆年检申请表填写完整。 ☆效率标准：行政人员能在规定时间内完成车辆年检手续。 **考核指标** ☆手续办理出错的次数：目标值为0。 ☆手续办理过期的次数：目标值为0。
车辆年检	**执行程序** **1. 领取并保管年检凭证** ☆车管单位办理车辆年检手续后，对车辆进行年检，并签发年检凭证。 ☆行政人员领取并保管年检凭证，按照国家相关法规将车辆放在指定位置。 ☆行政人员负责将年检完成的车辆收回企业。 **2. 报销年检费用** 行政人员整理车辆年检过程中的费用凭证，统计费用金额，提交行政经理审批后，提交财务部报销。

（续）

<table>
<tr><th>任务名称</th><th>执行程序、工作标准与考核指标</th></tr>
<tr><td rowspan="6">车辆年检</td><td>工作重点
行政人员办理完车辆年检手续后，要认真填写车辆年检报销申请，并带齐车辆年检费用凭证上交行政经理审批后，提交财务部报销。</td></tr>
<tr><td>工作标准</td></tr>
<tr><td>☆质量标准：车辆年检费用凭证粘贴正确，费用明细清晰，报销数额准确。
☆参照标准：车辆的年检费用报销需按照车辆年检规定和车辆管理制度执行。</td></tr>
<tr><td>考核指标</td></tr>
<tr><td>☆年检凭证保管遗失率。年检凭证保管遗失率 $=\frac{\text{遗失的年检凭证数}}{\text{保管的年检凭证总数}}\times 100\%$</td></tr>
</table>

执行规范
“车辆年检时间表”“需年检车辆统计表”“车辆年检申请表”“机动车牌证申请表”“机动车查验记录表”“车辆年检规定”“车辆管理制度”。

12.7 司机出车管理流程设计与工作执行

12.7.1 司机出车管理流程设计

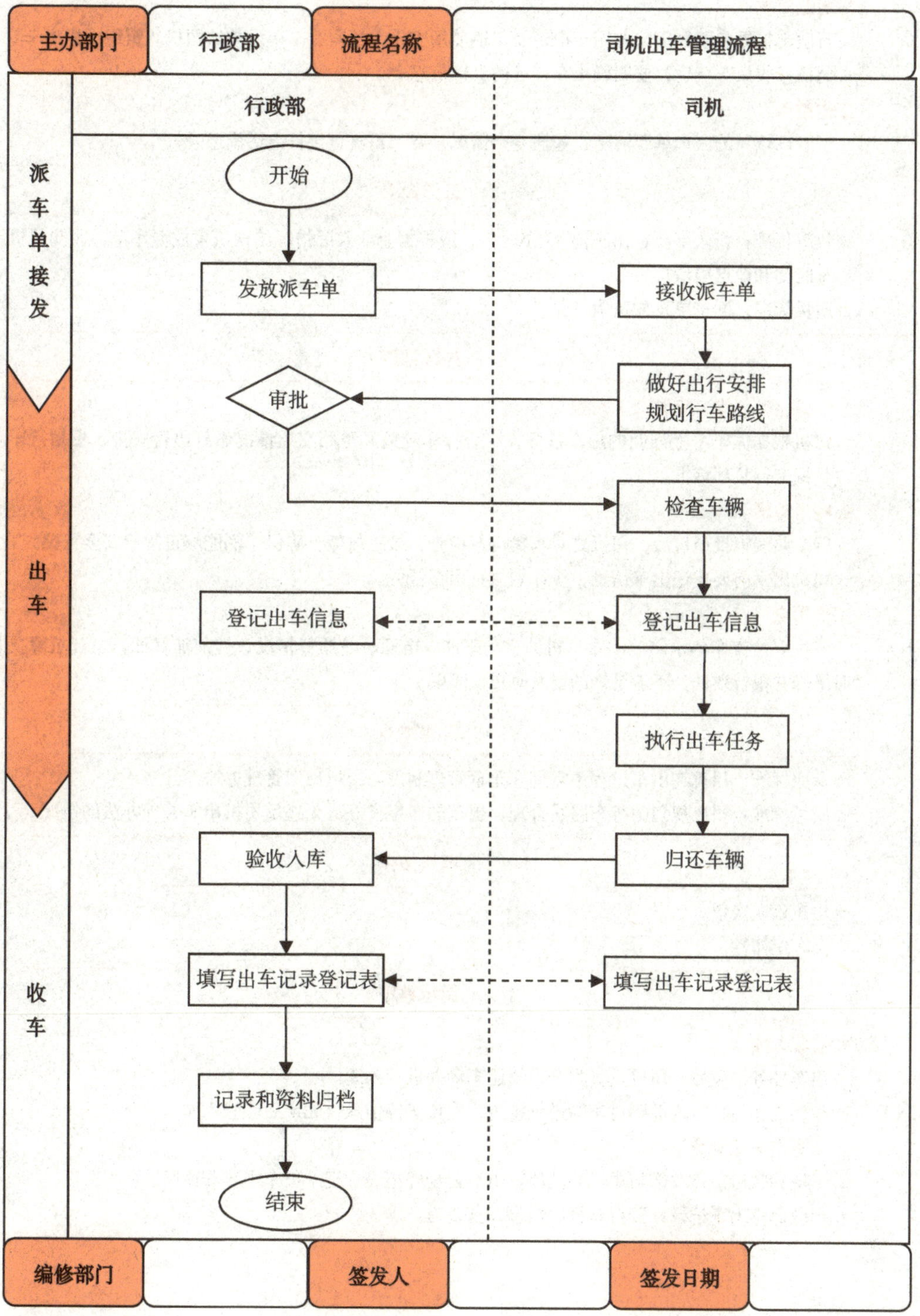

12.7.2 司机出车管理执行程序、工作标准、考核指标、执行规范

任务名称	执行程序、工作标准与考核指标
派车单接发	**执行程序** **发放派车单** ☆行政部根据各职能部门的用车申请及车辆使用安排，填写派车单发放给司机，组织司机出车。 ☆司机接收派车单后，要明确出车任务的具体信息。 **工作重点** 行政部填写的派车单要清晰，如遇复杂情况，要与司机直接打电话沟通。 **工作标准** ☆效率标准：行政部要在出车前 48 小时内，或根据企业实际情况给司机发放派车单，通知司机出车时间和地点等信息。 ☆质量标准：派车单发放正确。
出车	**执行程序** **1. 做好出行安排、规划行车路线** 司机根据派车单上列明的出车任务，结合行车经验和道路交通情况做好出行安排、规划行车路线，提交行政部审批。 **2. 检查车辆** ☆行车路线审批通过后，司机要对车辆进行检查，排除故障，确保车辆能够正常、安全行驶。 ☆司机出发前要登记出车信息，按计划执行出车任务。 **工作重点** 司机要检查车辆水箱、油量、机油、刹车油、电瓶、轮胎等情况，提前加好油，发现故障要及时维修并报行政部，不能维修的要及时更换车辆。 **工作标准** ☆参照标准：司机在出车过程中需遵守车辆管理制度与司机出车管理办法。 ☆质量标准：司机规划的行车路线合理，出车的态度良好，无违反司机出车管理办法的情况。 **考核指标** ☆出车延误次数。 ☆出车纪律性。
收车	**执行程序** **1. 验收入库** ☆出车任务结束后，司机负责收车，归还车辆并进行入库。 ☆车辆入库前，行政部要对车辆进行检查，确认车辆信息，无误后验收入库。 **2. 填写出车记录登记表** ☆车辆验收后，行政部与司机共同填写出车记录登记表，记录出车内容和情况。 ☆行政部将出车记录和资料进行归档，以备查考。

（续）

任务名称	执行程序、工作标准与考核指标
收车	**工作重点** 行政部与司机填写的出车记录登记表完整，无遗漏。
	工作标准
	☆质量标准：司机在出车任务完成后须及时归还车辆，没有出车任务完成后不归还车辆或公车私用的情况发生。 ☆内容标准：出车记录登记表的内容包括出车时间、地点、行车路线、行车距离、行车过程中发生的事件、司机、用车部门 / 人、收车时间、收车时车辆的情况等。
	考核指标
	☆出车的各项记录和资料归档及时，无延误。 ☆归档的记录和资料完整、全面，无缺漏。
执行规范	
“派车单”“车辆检查表”“加油记录表”“司机出车管理办法”“车辆管理制度”。	

第13章 后勤服务管理

13.1 后勤服务管理流程设计

13.1.1 流程设计的目的

后勤服务管理是现代企业行政部门的职责之一，与员工日常办公紧密相关，主要包括卫生管理、宿舍管理和餐厅管理等。

后勤服务管理能为员工的工作、生活提供良好的保障，解除后顾之忧。因此，后勤服务管理流程的设计就显得尤为重要，其设计的目的包括但不限于以下四点：

（1）能更好地保证员工有健康、舒适的工作环境，保证员工高效地开展工作；

（2）合理、规范地解决员工的住宿问题，保证员工正常的休息和生活；

（3）运用现代化的科学管理方法，使餐厅食物达到营养卫生、品种丰富、经济实惠的标准，更好地满足员工的用餐需求；

（4）逐步实现后勤服务管理的科学化、合理化与程序化，进而促进企业管理的规范化、标准化与程序化，不断提高企业的管理水平和竞争力。

13.1.2 流程结构设计

后勤服务管理流程结构可根据其职能事项进行设计，具体如图 13-1 所示。

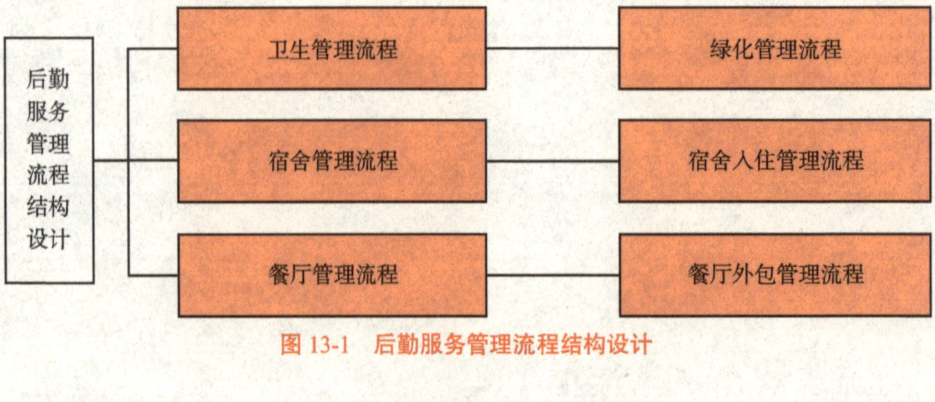

图 13-1 后勤服务管理流程结构设计

13.2 卫生管理流程设计与工作执行

13.2.1 卫生管理流程设计

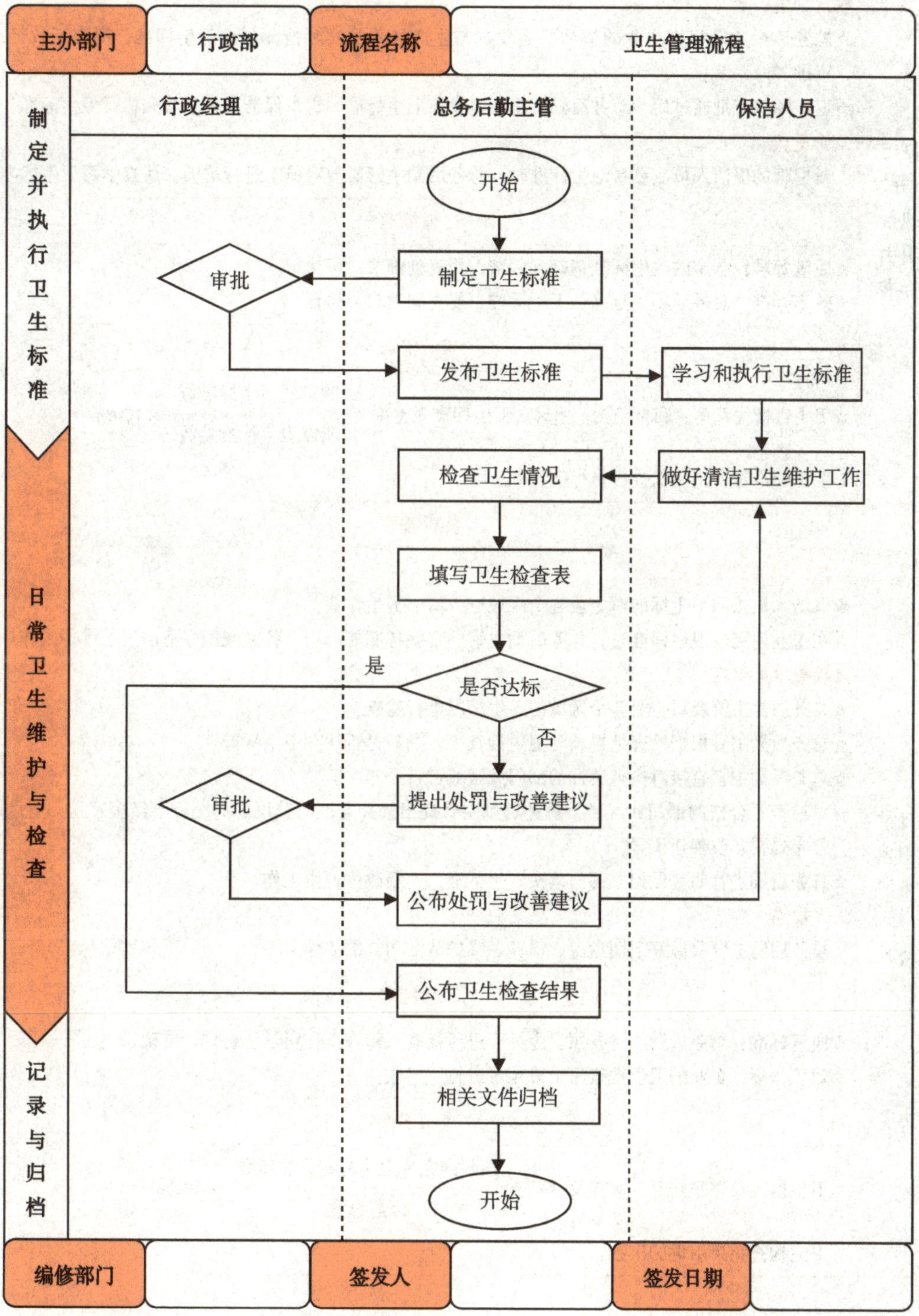

主办部门
行政部
流程名称
卫生管理流程
行政经理
总务后勤主管
保洁人员
制定并执行卫生标准
日常卫生维护与检查
记录与归档
开始
制定卫生标准
审批
发布卫生标准
学习和执行卫生标准
做好清洁卫生维护工作
检查卫生情况
填写卫生检查表
是否达标
是
否
提出处罚与改善建议
审批
公布处罚与改善建议
公布卫生检查结果
相关文件归档
开始
编修部门
签发人
签发日期

13.2.2 卫生管理执行程序、工作标准、考核指标、执行规范

任务名称	执行程序、工作标准与考核指标
制定并执行卫生标准	**执行程序**
	制定卫生标准 ☆总务后勤主管根据企业的清洁卫生要求与生产经营的实际情况制定卫生标准，提交行政经理审批。 ☆卫生标准审批通过后，总务后勤主管负责发布卫生标准，组织保洁人员学习和执行卫生标准。 **工作重点** 新招聘的保洁人员或更新卫生标准时，总务后勤主管需要对员工进行培训，认真学习卫生标准。
	工作标准
	☆质量标准：制定的卫生标准精确到区域，精确到细节，可执行。 ☆效率标准：总务后勤一旦确认卫生标准，要立即发布与执行。
	考核指标
	☆卫生标准完整率：目标值为____%。卫生标准完整率 = $\frac{\text{制定的卫生标准数}}{\text{所需卫生标准总数}}\times 100\%$ ☆卫生标准重大出错次数：目标值为 0。
日常卫生维护与检查	**执行程序**
	1. 做好清洁卫生维护工作 ☆保洁人员按照卫生标准对企业各个区域进行清洁卫生作业。 ☆在企业内更新卫生标准时，总务后勤主管要督促各职能部门、各区域做好清洁卫生维护工作。 **2. 检查卫生情况** ☆总务后勤主管要对企业各个区域的卫生情况进行检查。 ☆总务后勤主管根据检查结果填写卫生检查表，判断是否达到卫生标准。 ☆总务后勤主管直接对检查达标的部门或区域进行公布。 ☆对检查不合格的部门或区域，总务后勤主管提出处罚与改善建议，提交行政经理审批，通过后公布处罚与改善建议。 ☆总务后勤主管要督促相关部门落实卫生标准，不断改进卫生工作。 **工作重点** 总务后勤主管要做好定期盘点、保养、维护清洁用具的工作。
	工作标准
	☆质量标准：总务后勤主管参照卫生标准进行检查，检查工作科学、合理、准确。 ☆效率指标：企业的卫生检查每个月至少进行____次。
	考核指标
	☆卫生检查及时率。卫生检查及时率 = $\frac{\text{期限内完成卫生检查的区域数}}{\text{区域总数}}\times 100\%$ ☆卫生检查结果申诉的次数。

（续）

<table>
<tr><th>任务名称</th><th>执行程序、工作标准与考核指标</th></tr>
<tr><td rowspan="4">记录与归档</td><td>执行程序</td></tr>
<tr><td>相关文件归档
总务后勤主管要对卫生管理工作的内容进行记录，将相关文件进行归档，以备日后查询。
工作重点
总务后勤主管要将检查记录、检查结果、处罚决定、改进建议等进行记录、归档，为相关决策提供信息资料。</td></tr>
<tr><td>工作标准</td></tr>
<tr><td>☆质量标准：总务后勤主管能全面收集与卫生管理相关的资料，并保存完好。
☆参照标准：卫生管理记录和归档工作参照改进跟踪与评估表、卫生管理制度和档案管理制度执行。</td></tr>
<tr><td colspan="2">执行规范</td></tr>
<tr><td colspan="2">“卫生标准”“卫生管理制度”“卫生检查表”“盘点表”“卫生检查结果通知”“处罚条例”“卫生检查记录”“处罚决定与改进建议”“改进跟踪与评估表”“档案管理制度”。</td></tr>
</table>

13.3 绿化管理流程设计与工作执行

13.3.1 绿化管理流程设计

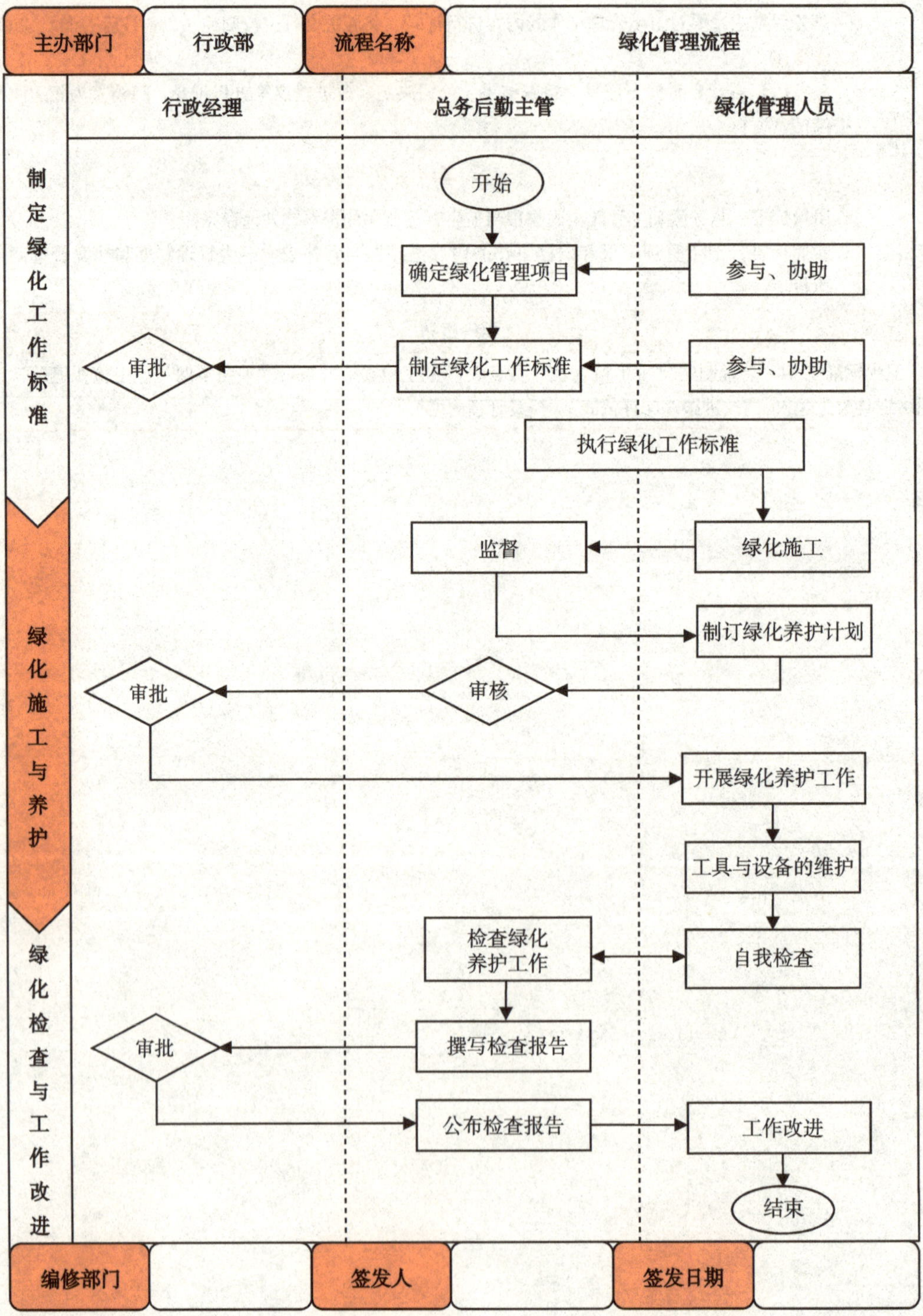

主办部门
行政部
流程名称
绿化管理流程
行政经理
总务后勤主管
绿化管理人员
制定绿化工作标准
绿化施工与养护
绿化检查与工作改进
开始
确定绿化管理项目
参与、协助
制定绿化工作标准
审批
参与、协助
执行绿化工作标准
监督
绿化施工
制订绿化养护计划
审批
审核
开展绿化养护工作
工具与设备的维护
检查绿化养护工作
自我检查
撰写检查报告
审批
公布检查报告
工作改进
结束
编修部门
签发人
签发日期

13.3.2　绿化管理执行程序、工作标准、考核指标、执行规范

任务名称	执行程序、工作标准与考核指标
制定绿化工作标准	**执行程序**
	制定绿化工作标准 ☆总务后勤主管根据企业环卫绿化工作的规定与要求，确定绿化管理项目。 ☆总务后勤主管根据确定的绿化管理项目制定具体的绿化工作标准，提交行政经理审批。 **工作重点** 绿化管理项目与绿化工作标准需要结合企业绿地范围及植物特性。
	工作标准
	☆内容标准：绿化管理项目包括绿化人员管理、绿化养护管理、绿化工具管理等。 ☆总务后勤主管根据绿化管理项目制定绿化工作标准，明确草坪养护标准、乔灌木与花卉养护标准、垂直绿化养护标准等。
	考核指标
	☆绿化工作标准完整率。绿化工作标准完整率 $=\frac{\text{制定的绿化项目标准数}}{\text{绿化项目标准总数}}\times 100\%$ ☆绿化工作标准重大出错处数。
绿化施工与养护	**执行程序**
	1. 绿化施工 ☆绿化工作标准审批通过后，由总务后勤主管和绿化管理人员共同负责执行。 ☆绿化管理人员要结合企业绿化实际需要和绿化工作标准进行绿化施工，由总务后勤主管负责对绿化施工进行监督。 **2. 制订绿化养护计划** ☆绿化施工完成后，绿化管理人员负责制订绿化养护计划，提交总务后勤主管审核后，报行政经理审批。 ☆绿化管理人员根据审批通过后的绿化养护计划开展绿化养护工作。 ☆绿化管理人员要仔细填写绿化养护工作记录，并做好对绿化养护工具与设备的维护工作。 **工作重点** 对于企业的大型绿化施工项目可委托外部的绿化工程承包商进行绿化施工。
	工作标准
	☆质量标准：绿化养护计划明确了绿化工作的范围、内容、标准、频次。 ☆内容标准：绿化养护工作包括除草、浇水、杀虫、修剪、施肥、绿化带的日常维护、绿化带受损处理等。
	考核指标
	☆绿化养护计划制订及时率。 ☆绿化养护计划达成率。绿化养护计划达成率 $=\frac{\text{实施的绿化养护计划数}}{\text{绿化养护计划总数}}\times 100\%$

（续）

<table>
<tr><th>任务名称</th><th>执行程序、工作标准与考核指标</th></tr>
<tr><td rowspan="4">绿化检查与工作改进</td><td>执行程序</td></tr>
<tr><td>1. 检查绿化养护工作
☆绿化管理人员定期对绿化养护工作进行自我检查。
☆总务后勤主管定期对绿化养护工作进行检查，撰写检查报告，提交行政经理审批。
2. 工作改进
☆检查报告审批通过后，由总务后勤主管负责公布。
☆绿化管理人员要做好反省工作，及时总结经验教训，不断改进绿化养护工作。
工作重点
总务后勤主管对检查过程中发现的问题及操作方法不正确的地方须及时进行纠正，避免发生不必要的事故。</td></tr>
<tr><td>工作标准</td></tr>
<tr><td>☆参照标准：绿化养护工作参照绿化管理人员制订的年度工作计划、月度工作计划及绿化养护人员培训计划执行。
☆内容标准：总务后勤主管根据企业的日常检查管理规定进行检查。</td></tr>
<tr><td colspan="2">执行规范</td></tr>
<tr><td colspan="2">“环卫绿化管理制度”“绿化管理项目清单”“绿化工作标准”“绿化施工合同”“绿化养护计划”“绿化养护记录表”“绿化工作检查表”“绿化工作改进措施”“绿化工作改进跟踪表”。</td></tr>
</table>

13.4 宿舍管理流程设计与工作执行

13.4.1 宿舍管理流程设计

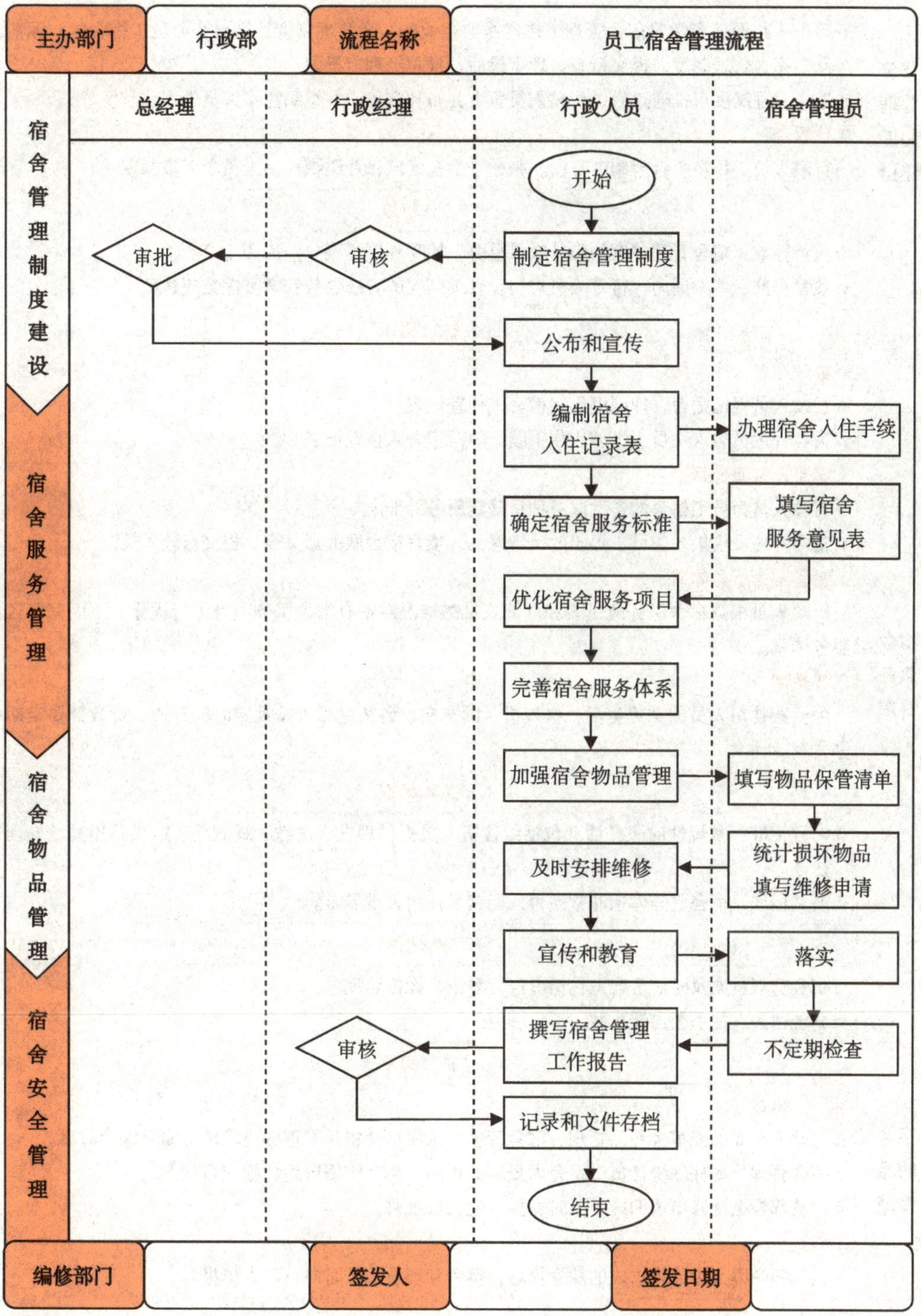

主办部门
行政部
流程名称
员工宿舍管理流程
总经理
行政经理
行政人员
宿舍管理员
宿舍管理制度建设
宿舍服务管理
宿舍物品管理
宿舍安全管理
开始
审批
审核
制定宿舍管理制度
公布和宣传
编制宿舍入住记录表
办理宿舍入住手续
确定宿舍服务标准
填写宿舍服务意见表
优化宿舍服务项目
完善宿舍服务体系
加强宿舍物品管理
填写物品保管清单
及时安排维修
统计损坏物品填写维修申请
宣传和教育
落实
审核
撰写宿舍管理工作报告
不定期检查
记录和文件存档
结束
编修部门
签发人
签发日期

13.4.2 宿舍管理执行程序、工作标准、考核指标、执行规范

任务名称	执行程序、工作标准与考核指标
宿舍管理制度建设	**执行程序** **制定宿舍管理制度** ☆行政人员要认真学习宿舍管理工作优秀的企业的宿舍管理制度，结合企业员工宿舍的实际情况制定宿舍管理制度，提交行政经理审核后，报总经理审批。 ☆宿舍管理制度审批通过后，行政人员负责公布和宣传，并组织住宿人员学习该制度。 **工作重点** 行政人员要将宿舍管理制度打印、张贴于宿舍区域，并组织住宿人员学习该制度。 **工作标准** ☆质量标准：宿舍管理制度的宣传效果显著，接受程度达到____%以上。 ☆数量标准：在一周内，行政人员对宿舍管理制度的有效宣传和学习次数应达到____次。
宿舍服务管理	**执行程序** **1. 办理宿舍入住手续** ☆行政人员根据宿舍管理制度编制宿舍入住登记表。 ☆宿舍管理员为入住员工办理入住手续，填写宿舍入住登记表。 **2. 确定宿舍服务标准** ☆行政人员为员工宿舍的各种服务项目确定服务标准。 ☆宿舍管理员收集入住员工提出的反馈意见，填写宿舍服务意见表，提交行政人员。 **3. 完善宿舍服务体系** 行政人员根据宿舍服务意见表和反馈意见的情况对现有宿舍服务项目进行优化，不断完善宿舍服务体系。 **工作重点** 为活跃住宿人员的文化生活，电视机、阅览室、游艺室每天按规定时间开放，行政部要定期举办文娱活动。 **工作标准** ☆内容标准：常规性的服务活动包括给住宿人员提供理发、洗澡、缝衣服、购买日用品、办理暂住证等。 ☆质量标准：宿舍服务体系非常完善，能满足住宿人员需求。 **考核指标** ☆宿舍管理员能及时对宿舍入住情况进行登记，无拖延现象。 ☆办理宿舍入住手续出错次数。
宿舍物品管理	**执行程序** **及时安排维修** ☆行政人员要加强宿舍物品管理，宿舍管理员按照宿舍物品管理的要求填写物品保管清单。 ☆宿舍管理员要仔细统计员工宿舍内损坏的物品，填写维修申请，提交行政部。 ☆行政部根据维修申请的内容及时安排专业人员维修。 **工作重点** 员工宿舍因人为原因造成的故意损坏，宿舍管理员须及时向行政人员报告。

（续）

任务名称	执行程序、工作标准与考核指标
宿舍物品管理	**工作标准** ☆质量标准：宿舍管理员保证宿舍所有物品能够正常使用，需要维修时能及时维修。 ☆数量标准：宿舍管理员每月至少需检查宿舍____次。
宿舍安全管理	**执行程序** **1. 宣传和教育** ☆行政人员按照宿舍管理制度对住宿人员进行安全管理宣传，加强安全管理教育。 ☆宿舍管理员要认真落实行政人员安排的安全管理宣传和教育任务，不定期对宿舍进行安全管理检查。 **2. 撰写宿舍管理工作报告** ☆行政人员根据员工宿舍管理的实际情况编制宿舍管理登记表，撰写宿舍管理工作报告，提交行政经理审核。 ☆行政人员负责将员工宿舍管理的记录和文件进行存档。 **工作重点** 行政部负责编制宿舍管理登记表，撰写宿舍管理工作报告，为今后宿舍管理工作提供借鉴。 **工作标准** ☆质量标准：经过安全管理教育后，接受教育的住宿人员的安全知识达标率达到100%。 ☆数量标准：宣传人群完全覆盖所有住宿人员。
执行规范	
“宿舍管理制度”“企业内部审批制度”“企业内部审批制度”“宿舍入住登记表”“宿舍物品维修申请表”“宿舍物品维修单”“宿舍管理工作报告”。	

13.5 宿舍入住管理流程设计与工作执行

13.5.1 宿舍入住管理流程设计

主办部门	行政部	流程名称	宿舍入住管理流程

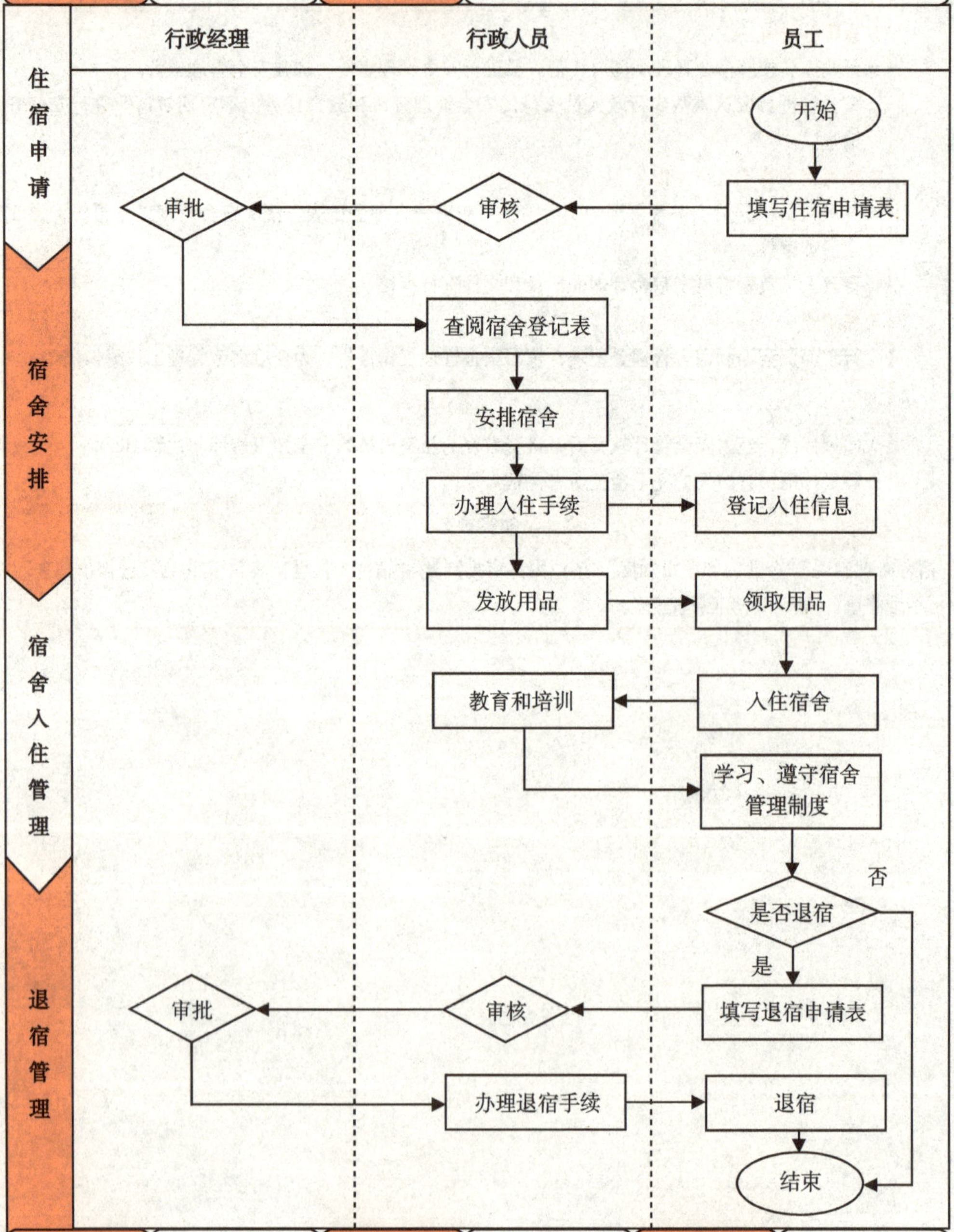
行政经理
行政人员
员工
住宿申请
宿舍安排
宿舍入住管理
退宿管理
开始
填写住宿申请表
审核
审批
查阅宿舍登记表
安排宿舍
办理入住手续
登记入住信息
发放用品
领取用品
入住宿舍
教育和培训
学习、遵守宿舍管理制度
是否退宿
否
是
填写退宿申请表
审核
审批
办理退宿手续
退宿
结束

编修部门		签发人		签发日期	

13.5.2 宿舍入住管理执行程序、工作标准、考核指标、执行规范

任务名称	执行程序、工作标准与考核指标
住宿申请	**执行程序** **填写住宿申请表** ☆对于符合企业宿舍管理制度住宿申请条件的员工，按实际需求填写住宿申请表提交行政部。 ☆行政人员审核住宿申请表的内容后，报行政经理审批。 **工作重点** 行政人员要认真审核员工住宿的申请原因、申请人资格、申请条件是否符合宿舍管理制度。 **工作标准** ☆内容标准：住宿申请表的内容包括员工姓名、部门、性别、住址、住宿申请原因等。 ☆质量标准：行政人员能正确指导员工填写住宿申请表，并按流程和具体规定进行审核。
宿舍安排	**执行程序** **1. 查阅宿舍登记表** 住宿申请表审批通过后，行政人员须及时查阅宿舍登记表，了解宿舍使用情况，为员工安排宿舍。 **2. 办理入住手续** ☆行政人员为员工办理宿舍入住手续，登记入住信息，发放用品。 ☆入住手续完成后，员工领取用品，入住宿舍。 **工作重点** 宿舍登记表须及时更新，以免影响宿舍的使用。 **工作标准** ☆质量标准：行政人员能合理安排宿舍，并按相关规定办理入住手续。 ☆参照标准：入住手续的办理按照宿舍管理制度、住宿申请表和宿舍登记表执行。 **考核指标** ☆入住手续办理及时率。入住手续办理及时率 $=\dfrac{\text{期限内办理的入住手续数}}{\text{入住手续总数}}\times 100\%$ ☆入住手续办理准确率。入住手续办理的准确率 $=\dfrac{\text{正确办理的入住手续数}}{\text{入住手续总数}}\times 100\%$
宿舍入住管理	**执行程序** **教育和培训** ☆行政人员负责对新入住的员工进行宿舍管理制度的教育和培训。 ☆新入住的员工要学习、遵守宿舍管理制度，维护良好的宿舍秩序和环境。 **工作重点** 行政人员在日常工作中要定期安排住宿员工进行宿舍管理制度培训。 **工作标准** ☆内容标准：宿舍管理制度的教育和培训包括宿舍管理制度手册的发放、培训、考试等。 ☆数量标准：新入住员工至少参加____次宿舍管理制度的教育和培训。

（续）

任务名称	执行程序、工作标准与考核指标
宿舍入住管理	**考核指标** ☆教育按时完成率。教育按时完成率 = $\frac{\text{期限内完成教育的新入住员工数}}{\text{新入住员工总数}} \times 100\%$ ☆培训按时完成率。培训按时完成率 = $\frac{\text{期限内培训完成的宿舍管理制度数}}{\text{宿舍管理制度总数}} \times 100\%$
退宿管理	**执行程序** **1. 填写退宿申请表** 当员工因各种原因搬离宿舍时，需按照宿舍管理制度的有关规定填写退宿申请表，提交行政人员审核后，报行政经理审批。 **2. 办理退宿手续** ☆退宿申请表审批通过后，行政人员须及时为员工办理退宿手续并登记退宿信息。 ☆退宿员工按照退宿要求在规定时间内完成退宿手续。 **工作重点** ☆行政人员要认真检查退宿应归还物品，确保宿舍物品齐全、无损坏，若有遗失或损坏，应进行相应处理。 ☆行政人员须及时更新宿舍登记表。 **工作标准** ☆内容标准：退宿手续的内容包括退宿员工信息、宿舍号、退宿时间等。 ☆质量标准：行政人员办理退宿手续准确，需审核、检查的事项能做到无遗漏，处理得当。
执行规范	
“宿舍管理制度”“住宿申请表”“宿舍登记表”“住宿员工信息登记表”“宿舍管理制度手册”“退宿申请表”。	

13.6 餐厅管理流程设计与工作执行

13.6.1 餐厅管理流程设计

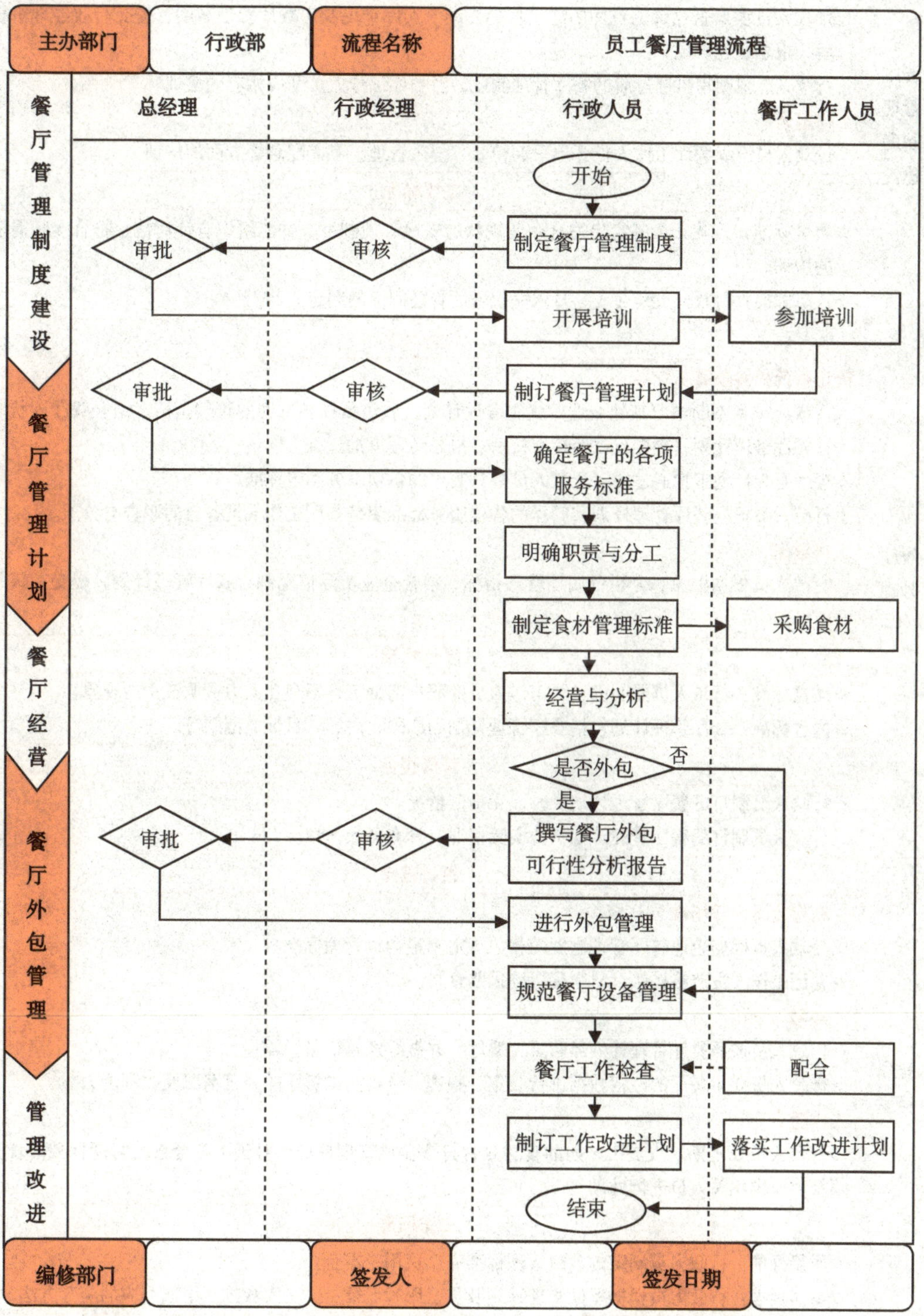

主办部门
行政部
流程名称
员工餐厅管理流程
总经理
行政经理
行政人员
餐厅工作人员
餐厅管理制度建设
餐厅管理计划
餐厅经营
餐厅外包管理
管理改进
开始
制定餐厅管理制度
审核
审批
开展培训
参加培训
制订餐厅管理计划
审核
审批
确定餐厅的各项服务标准
明确职责与分工
制定食材管理标准
采购食材
经营与分析
是否外包
否
是
撰写餐厅外包可行性分析报告
审核
审批
进行外包管理
规范餐厅设备管理
餐厅工作检查
配合
制订工作改进计划
落实工作改进计划
结束
编修部门
签发人
签发日期

13.6.2 餐厅管理执行程序、工作标准、考核指标、执行规范

任务名称	执行程序、工作标准与考核指标
餐厅管理制度建设	**执行程序** **制定餐厅管理制度** ☆行政人员根据企业员工餐厅的建设目标，结合实际情况制定餐厅管理制度，提交行政经理审核后，报总经理审批。 ☆行政人员根据审批通过后的餐厅管理制度，对餐厅工作人员开展相应的培训。 **工作重点** 行政人员组织餐厅工作人员开展采购检验、卫生管理、菜谱配制等方面的培训。
	工作标准 ☆质量标准：行政人员制定出适合企业现状的餐厅管理制度，并能组织有针对性、符合实际需求的培训。 ☆效率标准：行政人员需在____日内完成餐厅管理制度的制定。
餐厅管理计划	**执行程序** **确定餐厅的各项服务标准** ☆行政人员要不断学习其他企业的优秀餐厅计划，收集餐厅各方面的管理指标，结合餐厅现状制订餐厅管理计划，提交行政经理审核后，报总经理审批。 ☆餐厅管理计划审批通过后，行政人员要为餐厅的各项服务确定标准。 ☆行政人员根据餐厅管理计划和餐厅的各项服务标准明确餐厅工作人员各自的职责与分工。 **工作重点** 行政人员根据汇总、分析的餐厅管理指标，结合企业实际情况制订餐厅管理计划，提交上级领导审批。
	工作标准 ☆质量标准：行政人员要明确餐厅工作人员的职责与分工，不存在人力资源浪费的现象。 ☆内容标准：餐厅管理计划包括餐厅管理计划的期限、内容、目标、范围等。
	考核指标 ☆行政人员制订的餐厅管理计划及时，无拖延情况。 ☆行政人员制订的餐厅管理计划符合实际情况，具有可操作性。
餐厅经营	**执行程序** **1. 制定食材管理标准** ☆行政人员根据企业餐厅管理制度的相关规定制定食材管理标准。 ☆餐厅工作人员严格按照食材管理标准采购食材。 **2. 经营与分析** ☆行政人员按照餐厅管理计划经营员工餐厅，并做好经营记录。 ☆行政人员要对餐厅的经营数据进行收集、整理，分析员工餐厅的经营情况及盈利能力。 **工作重点** 行政人员要定期检查员工采购的食材是否符合食材管理标准，对于不符合食材管理标准的食材须及时安排相关人员进行处理。
	工作标准 ☆质量标准：行政人员制定的食材管理标准完全适用于本企业。 ☆参照标准：行政人员根据餐厅管理计划及员工用餐习惯、员工人数等，采取相应的经营方法。

（续）

任务名称	执行程序、工作标准与考核指标
餐厅外包管理	**执行程序** **1. 进行外包管理** ☆如果餐厅需要外包，行政人员要撰写餐厅外包可行性分析报告，提交行政经理审核后，报总经理审批。 ☆餐厅外包可行性分析报告审批通过后，行政人员负责发布外包招标书，选择外包商，进行外包管理。 **2. 规范餐厅设备管理** 不论是企业内部餐厅的工作人员，还是外包商餐厅的工作人员，行政人员都要对其进行统一的餐厅设备的教育和培训，严格执行操作标准，规范餐厅设备管理。 **工作重点** 行政人员要不定期对外包商的外包质量进行调查，保障企业员工的用餐利益。 **工作标准** ☆内容标准：外包餐厅的调查内容包括外包商的餐厅外包经验、能力、所外包餐厅的卫生及饭菜品质、外包企业就餐员工的满意度、外包的合同复印件等。 ☆质量标准：行政人员发布外包招标书、选择外包商的过程符合企业有关制度的规定，机械设备培训安排合理。 **考核指标** ☆餐厅机械设备遗失率。餐厅机械设备遗失率 $=\dfrac{\text{遗失的机械设备数}}{\text{机械设备总数}}\times 100\%$ ☆餐厅机械设备损耗率。餐厅机械设备损耗率 $=\dfrac{\text{损耗的机械设备数}}{\text{机械设备总数}}\times 100\%$
管理改进	**执行程序** **1. 餐厅工作检查** 行政人员定期对餐厅的各项工作进行检查，评估餐厅管理工作的实际情况，收集员工对于餐厅管理的意见和建议。 **2. 制订工作改进计划** 行政人员根据餐厅管理工作的检查和评估结果，结合员工的反馈信息制订工作改进计划，组织餐厅工作人员落实改进计划，不断提升餐厅服务水平。 **工作重点** 行政人员在对餐厅各项工作进行检查时，可让员工代表参与，并收集其意见。 **工作标准** ☆质量标准：行政人员制订的改进计划合理、有效，能明显提高餐厅管理水平。 ☆数量标准：行政人员每月对餐厅至少进行____次工作检查。
执行规范	
"餐厅管理制度""餐厅管理计划""职位说明书""食材购买清单""餐厅经营报表""餐厅外包可行性分析报告""餐厅意见表"。	

13.7 餐厅外包管理流程设计与工作执行

13.7.1 餐厅外包管理流程设计

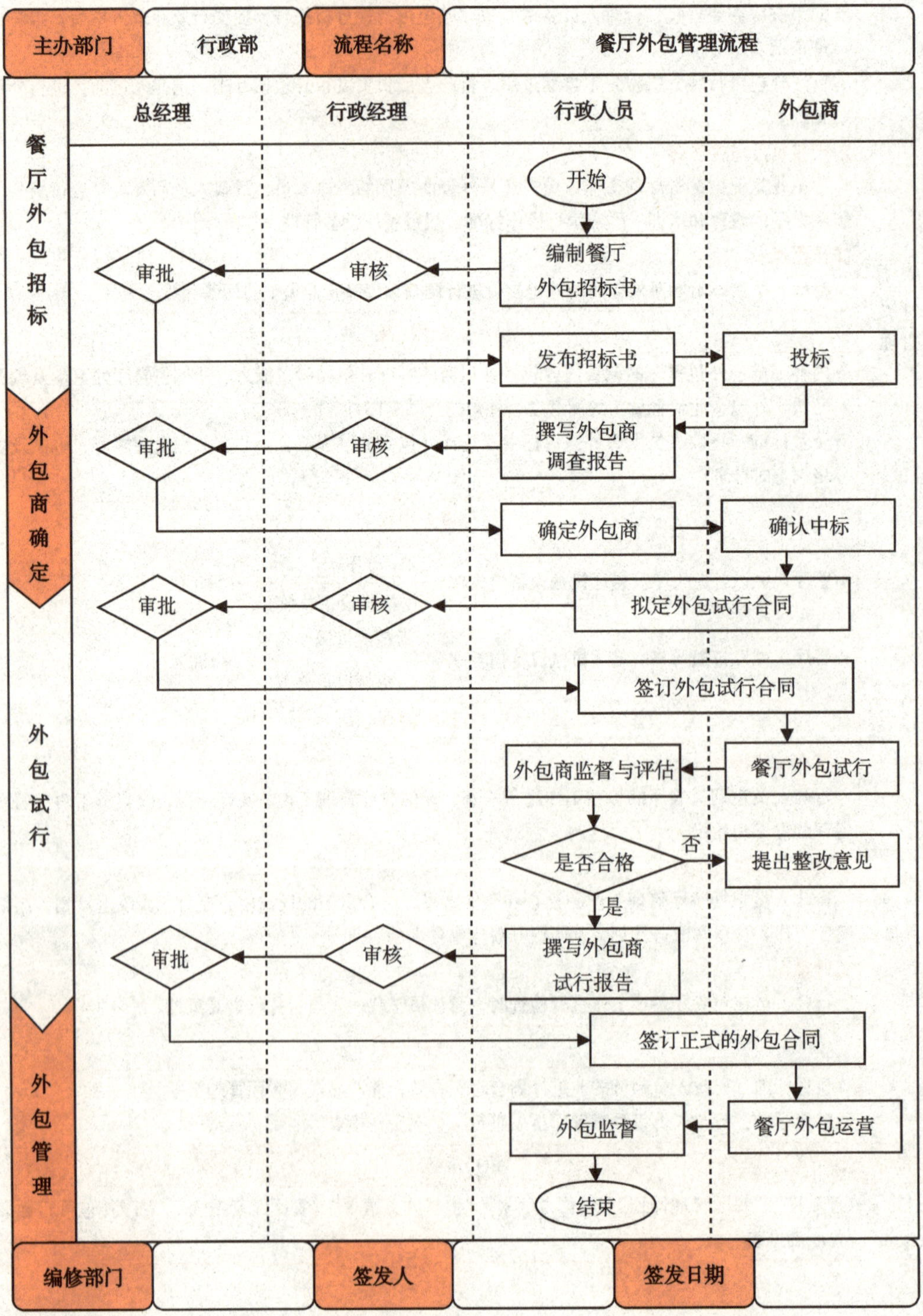

主办部门
行政部
流程名称
餐厅外包管理流程
总经理
行政经理
行政人员
外包商
餐厅外包招标
外包商确定
外包试行
外包管理
开始
编制餐厅外包招标书
审核
审批
发布招标书
投标
撰写外包商调查报告
确定外包商
确认中标
拟定外包试行合同
签订外包试行合同
餐厅外包试行
外包商监督与评估
是否合格
否
提出整改意见
是
撰写外包商试行报告
签订正式的外包合同
餐厅外包运营
外包监督
结束
编修部门
签发人
签发日期

13.7.2 餐厅外包管理执行程序、工作标准、考核指标、执行规范

<table>
<tr><th>任务名称</th><th>执行程序、工作标准与考核指标</th></tr>
<tr><td rowspan="4">餐厅外包招标</td><td>执行程序</td></tr>
<tr><td>编制餐厅外包招标书
行政人员根据下发的餐厅外包文件编制餐厅外包招标书，提交行政经理审核后，报总经理审批。餐厅外包招标书审批通过后，行政人员负责发布招标书，吸引外包商进行投标。
工作重点
行政人员需明确餐厅外包招标书的具体内容，并通过相应的渠道进行发布。</td></tr>
<tr><td>工作标准</td></tr>
<tr><td>☆质量标准：行政人员编制的餐厅外包招标书符合招标书编制规范，无格式或内容错误。
☆效率标准：行政人员能及时编制和发布餐厅外包招标书，不影响后续工作的开展。</td></tr>
<tr><td rowspan="6">外包商确定</td><td>执行程序</td></tr>
<tr><td>1. 撰写外包商调查报告
行政人员负责挑选优秀的外包商，并对候选外包商的各方面能力进行综合分析、调查，撰写外包商调查报告提交行政经理审核后，报总经理审批。
2. 确定外包商
行政人员根据外包商调查报告的审批意见确定外包商，并与其沟通外包试行项目。
工作重点
行政人员对外包商的调查要做到全面、真实，避免因信息遗漏为企业带来风险。</td></tr>
<tr><td>工作标准</td></tr>
<tr><td>☆内容标准：对外包商的调查内容包括外包商的餐厅外包经验、能力、卫生情况及饭菜品质、外包企业就餐员工的满意度、外包项目的合同复印件等。
☆数量标准：行政人员需选取____家及以上的外包商参与投标，并对能满足企业招标要求的外包商展开调查。</td></tr>
<tr><td>考核指标</td></tr>
<tr><td>☆行政人员对外包商的调查内容准确，不道听途说。
☆调查按时完成率。$调查按时完成率=\frac{期限内调查的项目数}{调查项目总数}\times 100\%$</td></tr>
<tr><td rowspan="2">外包试行</td><td>执行程序</td></tr>
<tr><td>1. 拟定外包试行合同
☆行政人员与外包商共同拟定外包试行合同，提交行政经理审核后，报总经理审批。
☆外包试行合同审批通过后，行政人员与外包商签订外包试行合同，外包试行开始。
2. 外包商监督与评估
行政人员监督外包商的工作，对试行外包的餐厅进行成果评估；对于外包工作成果评估不合格的外包商，行政人员要对外包商提出整改意见，限期整改；对于外包工作成果评估合格的外包商，行政人员汇总其试行成果。
3. 撰写外包商试行报告
行政人员根据评估合格的外包商的试行成果撰写外包商试行报告，提交行政经理审核后，报总经理审批。</td></tr>
</table>

（续）

任务名称	执行程序、工作标准与考核指标
外包试行	**工作重点** 行政人员拟定的外包试行合同合理，不存在法律漏洞，能为企业争取最大利益。
	工作标准
	☆内容标准：行政人员对外包商的评估内容包括企业就餐员工的满意度、食材来源、加工与制作过程、厨房工作人员卫生标准、餐厅卫生状况等。 ☆质量标准：行政人员对外包商的评估能以事实为依据，做到公平、公正。
外包管理	**执行程序**
	1. 签订正式的外包合同 外包商通过外包试行后，行政人员与其签订正式的外包合同。 **2. 外包监督** 行政人员负责对外包商的工作进行监督，不定期检查外包餐厅的运营情况，及时发现餐厅外包工作存在的问题并提出改进意见，确保外包餐厅的服务水平，保障员工权益。 **工作重点** 行政人员应制定相应的监督制度，从各方面对餐厅外包工作进行监督。
	工作标准
	☆数量标准：行政人员平均每____天对外包商进行一次监督、检查。 ☆参照标准：餐厅外包工作按照员工餐厅管理制度与餐厅外包合同执行。
执行规范	
“餐厅外包招标书”“餐厅管理制度”“外包商调查表”“外包试行合同”“餐厅外包合同”。	

第14章

网络信息管理

14.1 网络信息管理流程设计

14.1.1 流程设计的目的

网络信息管理是企业重要的职能之一，其内容包括信息网络维护、网络及设备的故障维修、机房管理等事项，网络信息管理流程设计的目的如图 14-1 所示。

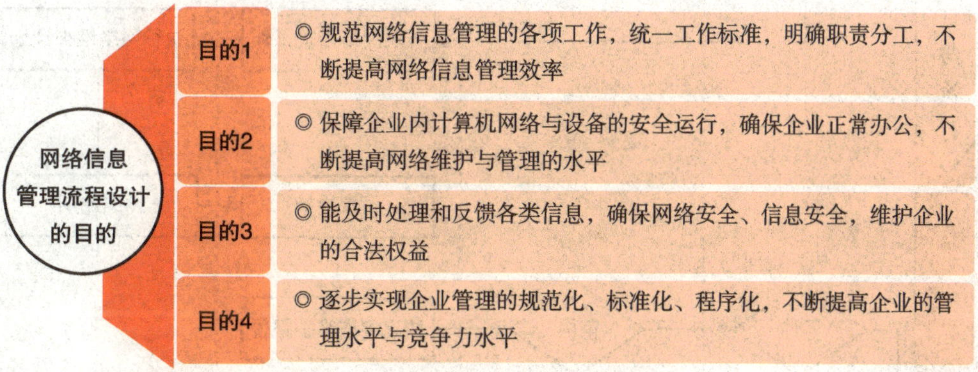

网络信息管理流程设计的目的	目的1	◎ 规范网络信息管理的各项工作，统一工作标准，明确职责分工，不断提高网络信息管理效率
	目的2	◎ 保障企业内计算机网络与设备的安全运行，确保企业正常办公，不断提高网络维护与管理的水平
	目的3	◎ 能及时处理和反馈各类信息，确保网络安全、信息安全，维护企业的合法权益
	目的4	◎ 逐步实现企业管理的规范化、标准化、程序化，不断提高企业的管理水平与竞争力水平

图 14-1 网络信息管理流程设计的目的

14.1.2 流程结构设计

网络信息管理流程结构可按照其主要职能进行设计，具体如图 14-2 所示。

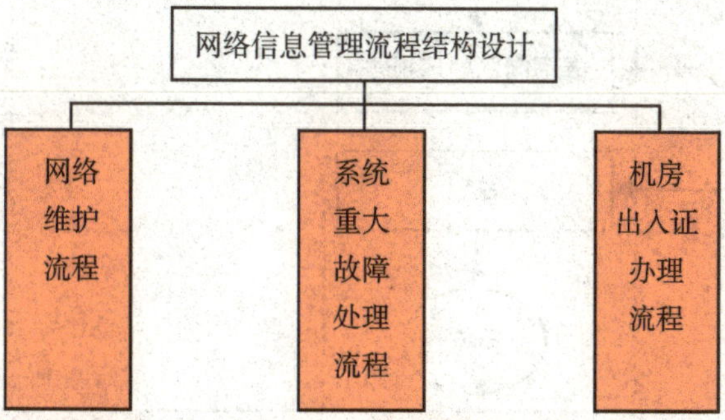

图 14-2 网络信息管理流程结构设计

14.2 网络维护流程设计与工作执行

14.2.1 网络维护流程设计

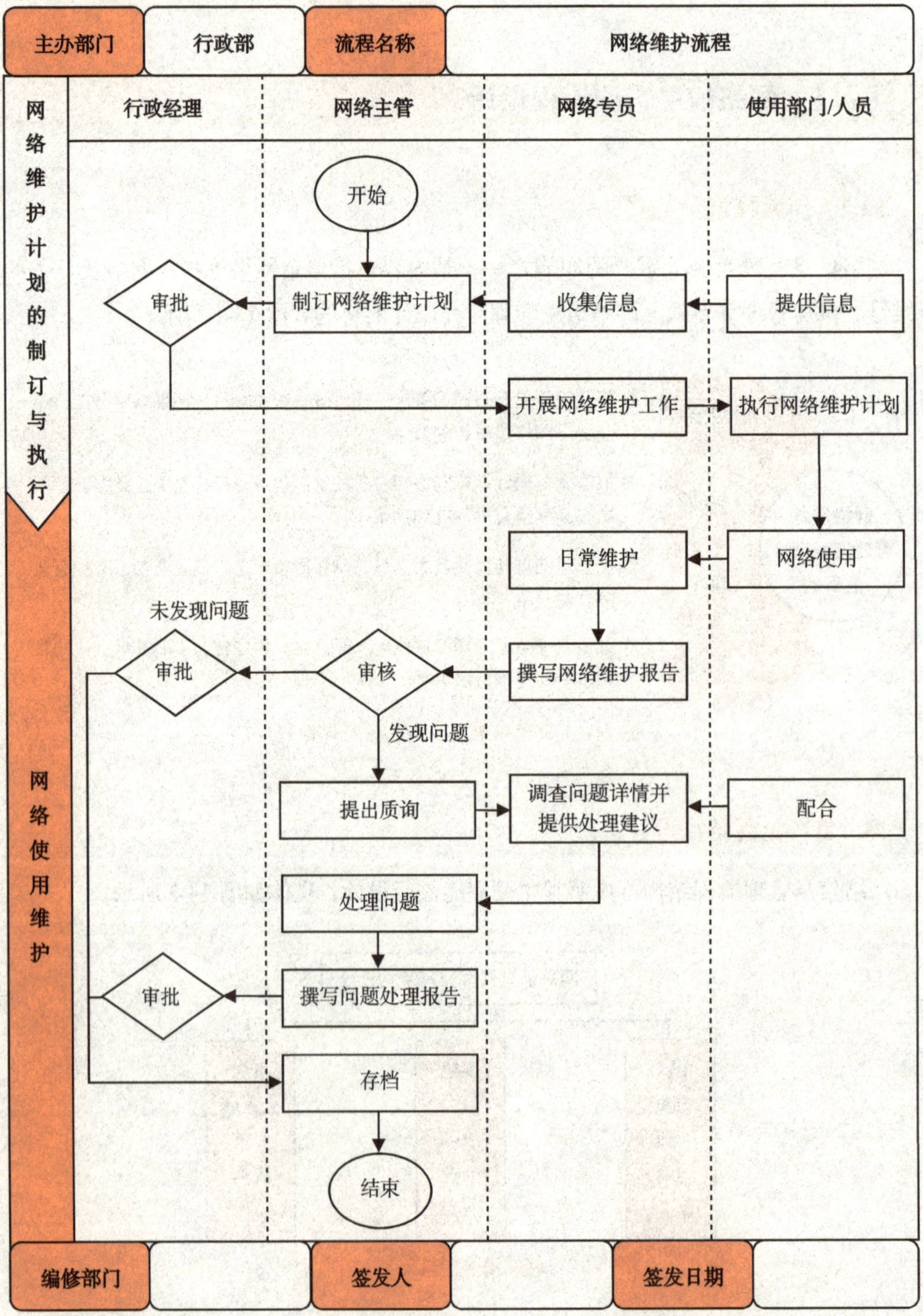

14.2.2 网络维护执行程序、工作标准、考核指标、执行规范

任务名称	执行程序、工作标准与考核指标
网络维护计划的制订与执行	**执行程序** ☆网络专员负责收集各使用部门的网络设备、操作系统、网络安全等方面的信息，提交网络主管。 ☆网络主管根据网络专员提交的企业网络方面的信息制订网络维护计划，提交行政经理审批。 ☆网络维护计划审批通过后，网络专员根据网络维护计划和批示意见开展网络维护工作。 **工作重点** ☆网络维护计划审批通过后各使用部门要认真执行，所列项目和周期未经批准不得删改。 ☆网络维护计划可根据实际需要及时变更与调整。 **工作标准** ☆内容标准：网络专员能规范开展网络维护作业，制定维护作业标准，提高维护作业效率。 ☆质量要求：网络主管制订的网络维护计划内容完整、符合实际、符合工作计划的制订要求，审核与审批能一次通过。 **考核指标** ☆网络主管能在规定的期限内完成网络维护计划的制订工作，不延误维护工作的开展。 ☆网络维护计划完成率。网络维护计划完成率 = $\frac{\text{已实施的网络维护计划数}}{\text{网络维护计划总数}} \times 100\%$
网络使用维护	**执行程序** **1. 撰写网络维护报告** ☆网络专员根据网络信息管理制度对各职能部门的网络进行日常维护。 ☆网络专员定期查看运行记录和网络日志，及时撰写网络维护报告，提交网络主管审核。 ☆网络维护报告经网络主管审核未发现问题的，报行政经理审批后进行存档。 **2. 提出质询** ☆网络维护报告审核发现问题的，网络主管要对问题提出质询。 ☆网络专员需调查问题详情并提供处理建议。 **3. 撰写问题处理报告** 网络主管根据网络专员的处理建议及时处理发现的问题并撰写问题处理报告，提交行政经理审批后进行存档。 **工作重点** 网络专员要在业务空闲时进行日常维护，发现异常须及时处理并记录。处理不了的，报上级处理。 **工作标准** ☆质量标准：网络维护工作按计划进行，确保网络的稳定运行。 ☆参照标准：按照网络维护计划、网络维护管理办法和网络信息管理制度执行。

（续）

任务名称	执行程序、工作标准与考核指标
	考核指标
网络使用维护	☆网络维护报告及时上交率。 $\text{网络维护报告及时上交率}=\frac{\text{期限内提交的网络维护报告数}}{\text{网络维护报告总数}}\times 100\%$ ☆问题处理报告上交及时率。 $\text{问题处理报告上交及时率}=\frac{\text{期限内提交的问题处理报告数}}{\text{问题处理报告总数}}\times 100\%$
执行规范	
“网络维护计划”“网络维护管理办法”“网络信息管理制度”“网络维护记录”“网络维护报告”“问题处理报告”。	

14.3 系统重大故障处理流程设计与工作执行

14.3.1 系统重大故障处理流程设计

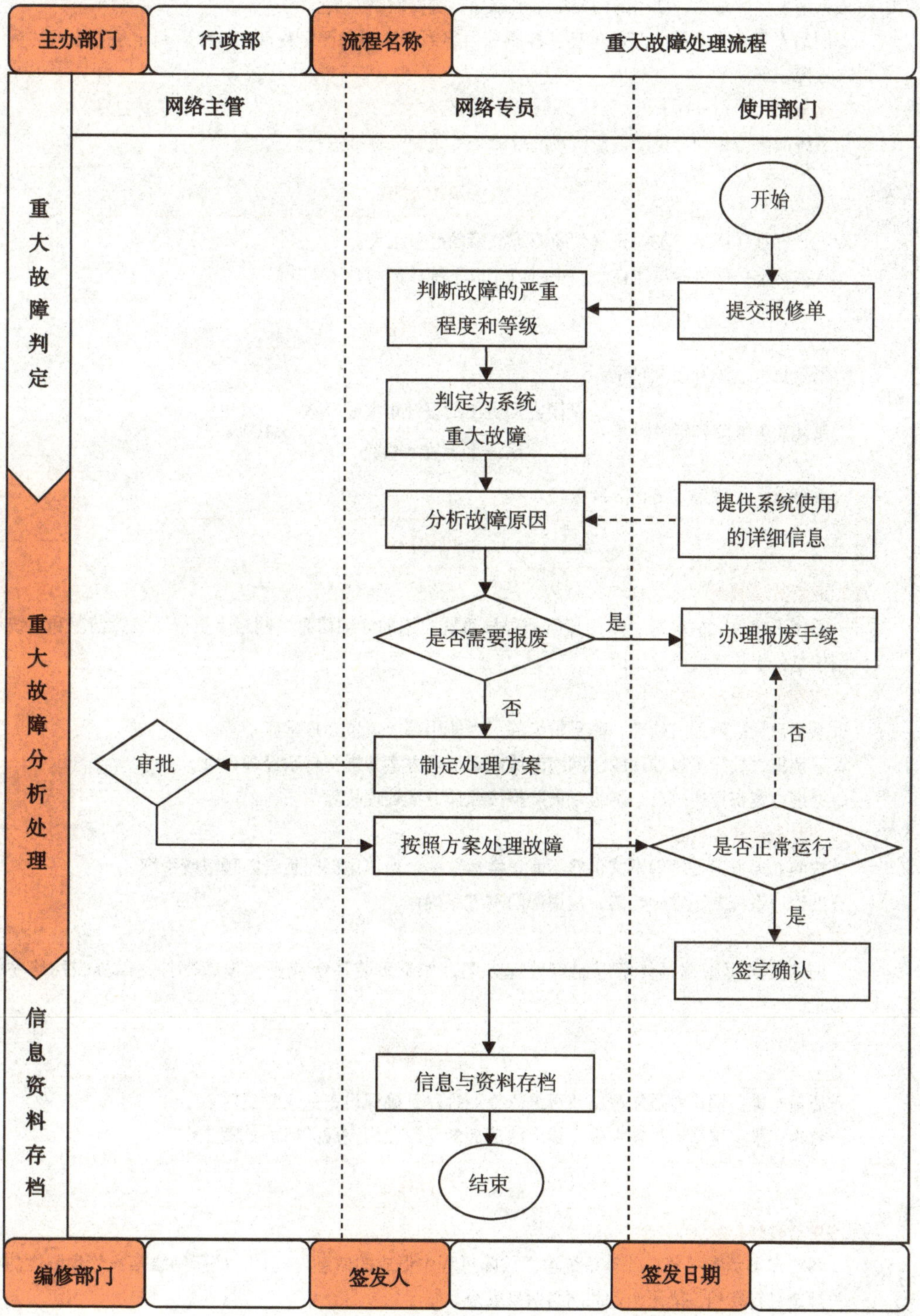

主办部门
行政部
流程名称
重大故障处理流程
网络主管
网络专员
使用部门
重大故障判定
重大故障分析处理
信息资料存档
开始
提交报修单
判断故障的严重程度和等级
判定为系统重大故障
分析故障原因
提供系统使用的详细信息
是否需要报废
是
办理报废手续
否
审批
制定处理方案
按照方案处理故障
是否正常运行
否
是
签字确认
信息与资料存档
结束
编修部门
签发人
签发日期

14.3.2 系统重大故障处理执行程序、工作标准、考核指标、执行规范

任务名称	执行程序、工作标准与考核指标
重大故障判定	**执行程序** ☆系统发生故障后，使用部门需填写报修单，提交网络专员。 ☆网络专员根据系统故障的类型、性质等内容判断故障的严重程度和等级，判定是否为系统重大故障。 **工作重点** 系统故障等级划分要严格按照系统故障的等级划分标准进行。 **工作标准** ☆质量标准：网络专员能正确判断系统故障的严重程度。 ☆效率标准：网络专员需在____小时内完成系统故障的判定工作。 **考核指标** ☆系统重大故障判定及时率。 $系统重大故障判定及时率=\frac{期限内判定出的系统重大故障数}{系统重大故障总数}\times100\%$ ☆系统重大故障判定出错的次数。
重大故障分析处理	**执行程序** **1. 分析故障原因** 系统发生重大故障后，使用部门需提供系统使用的详细信息，网络专员依据故障情况和系统使用信息分析故障的产生原因。 **2. 判断是否需要报废** ☆系统重大故障无法处理、需要报废的，由使用部门负责办理报废手续。 ☆系统重大故障可以处理的，网络专员制定处理方案并提交行政经理审批。 ☆处理方案审批通过后，网络专员严格按照该方案处理故障。 **3. 判断是否能正常运行** ☆按照处理方案处理后系统仍然不能正常运行的，由使用部门负责办理报废手续。 ☆处理后系统能正常运行的，使用部门需签字确认。 **工作重点** 网络专员可根据具体情况制定处理方案，如果重装系统或更换设备部件，需提交网络主管审批。 **工作标准** ☆质量标准：网络专员能严格执行维修作业程序，确保设备的正常运转。 ☆效率标准：网络专员需在发生重大故障后的____日内完成故障的处理工作。
信息记录存档	**执行程序** **信息与资料存档** 网络专员负责整理在处理系统重大故障过程中形成的信息与资料，按照网络信息管理制度的有关规定进行存档，确保企业的网络信息安全。

（续）

任务名称	执行程序、工作标准与考核指标
信息记录存档	**工作重点** 网络专员在整理信息与资料时，要做好网络信息的保密工作，避免企业资料泄露。
	工作标准
	☆质量标准：处理系统重大故障的信息与资料完整，存档符合相关规定。 ☆参照标准：网络专员按照网络信息管理制度与档案管理制度中的有关规定进行整理和存档。
	考核指标
	☆信息与资料的完整率。 ☆存档的及时性。
执行规范	
"报修单""网络信息管理制度""网络维修处理办法""报废申请表""档案管理制度"。	

14.4 机房出入证办理流程设计与工作执行

14.4.1 机房出入证办理流程设计

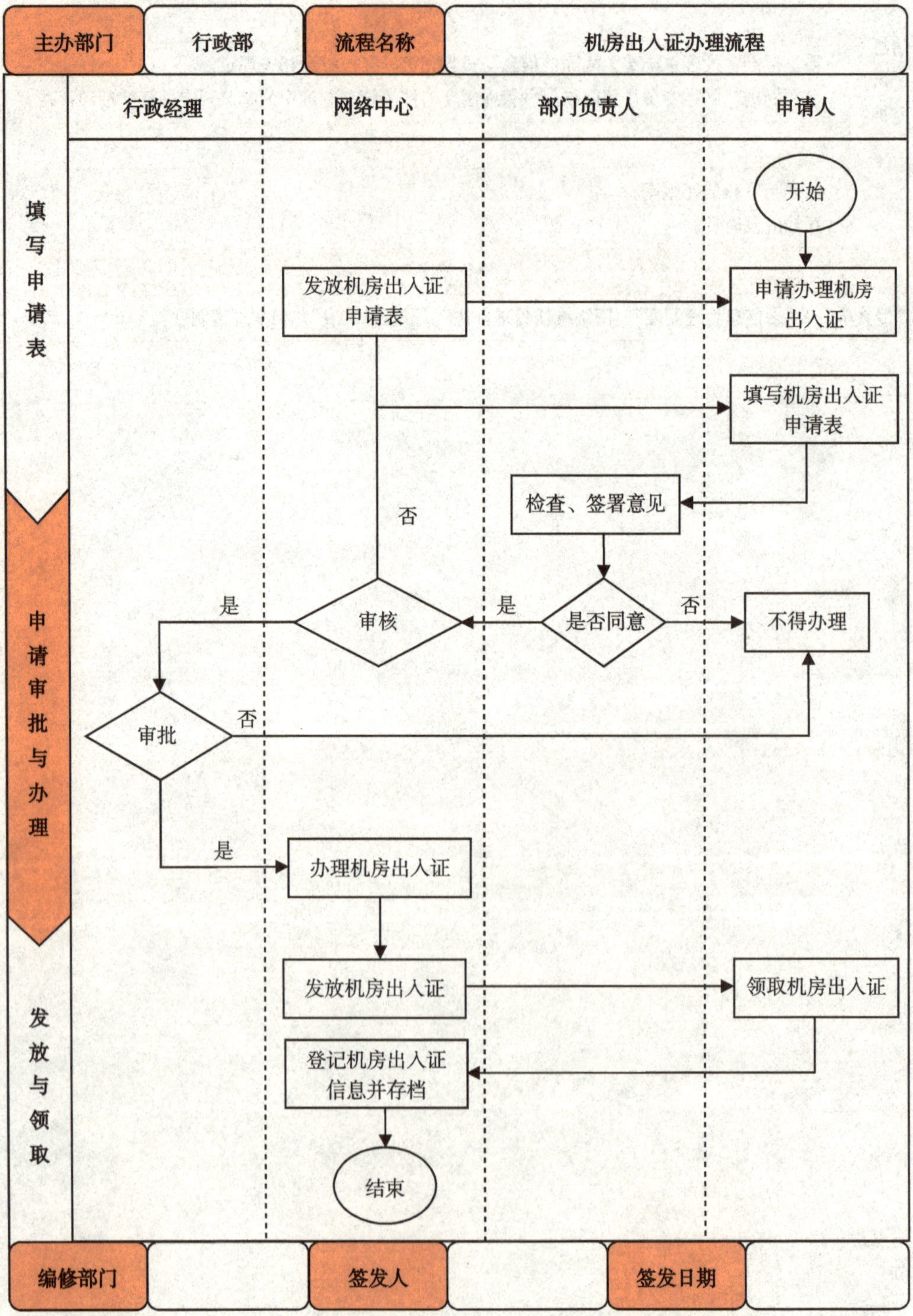
主办部门
行政部
流程名称
机房出入证办理流程
行政经理
网络中心
部门负责人
申请人
填写申请表
申请审批与办理
发放与领取
开始
申请办理机房出入证
发放机房出入证申请表
填写机房出入证申请表
检查、签署意见
是否同意
是
否
不得办理
审核
是
否
审批
否
是
办理机房出入证
发放机房出入证
领取机房出入证
登记机房出入证信息并存档
结束
编修部门
签发人
签发日期

14.4.2 机房出入证办理执行程序、工作标准、考核指标、执行规范

任务名称	执行程序、工作标准与考核指标
填写申请表	**执行程序**
	☆申请人根据实际工作需要申请办理机房出入证，网络中心负责发放机房出入证申请表。 ☆申请人按要求填写机房出入证申请表，提交所在部门负责人进行检查。 **工作重点** 申请人要按实际情况填写机房出入证申请表。
	工作标准
	☆质量标准：申请人能规范填写机房出入证申请表，做到格式规范、清晰、明确。 ☆效率标准：申请人能及时填写机房出入证申请表，不耽误自己的工作。
申请审批与办理	**执行程序**
	1. 检查、签署意见 ☆部门负责人须及时检查申请人的出入证申请表，并签署意见。 ☆部门负责人不同意办理的，申请人不得办理机房出入证；同意办理的，出入证申请表提交网络中心审核。 **2. 审核** ☆网络中心严格照机房管理制度审核申请人的出入证申请表。 ☆审核不通过的，申请人需重新填写机房出入证申请表；审核通过的，报行政经理审批。 **3. 审批** ☆行政经理须及时审批机房出入证申请表，并批示意见。 ☆行政经理不予批准的，申请人不得办理机房出入证；批准通过的，网络中心负责为申请人办理机房出入证。 **工作重点** 机房出入证的内容与规格需符合企业统一标准。
	工作标准
	☆质量标准：机房出入证办理资料齐全，手续规范。 ☆效率标准：机房出入证的审核、审批手续及时，不耽误工作。
	考核指标
	☆审核、审批手续一次性通过率。 ☆审核、审批手续出错次数。
发放与领取	**执行程序**
	☆机房出入证制作完成后，网络中心向申请人发放，申请人签字确认后领取证件。 ☆网络中心按照规定登记机房出入证信息并存档。 **工作重点** 网络中心通知申请人领取机房出入证，并复印机房出入证和机房出入证申请表。

（续）

任务名称	执行程序、工作标准与考核指标
发放与领取	工作标准
	☆质量标准：机房出入证办理过程规范，领取无误，信息完整。 ☆参照标准：机房出入证办理按照机房管理制度执行。
	考核指标
	☆办理与发放及时率。$办理与发放及时率=\frac{期限内完成办理与发放的证件数}{证件总数}\times 100\%$ ☆办理与发放的出入证内容、数量正确，无错漏。
执行规范	
“机房管理制度”“机房出入证申请表”“机房出入证”“机房出入证登记信息”。	